एक कवि की दूसरी नोटबुक

समकालीनता और साहित्य

अपने समय में कविता और गद्य का लेखा-जोखा

एक कवि की दूसरी नोटबुक

समकालीनता और साहित्य

अपने समय में कविता और गद्य का लेखा-जोखा

राजेश जोशी

राजकमल प्रकाशन

ISBN : 978-81-267-1886-3

मूल्य : ₹995

पहला संस्करण : 2010
दूसरा संस्करण : 2015
This book is printed on **Print on Demand** Technology : 2025

प्रकाशक : राजकमल प्रकाशन प्रा.लि.
1-बी, नेताजी सुभाष मार्ग, दरियागंज
नई दिल्ली-110 002

शाखाएँ : अशोक राजपथ, साइंस कॉलेज के सामने, पटना-800 006
पहली मंजिल, दरबारी बिल्डिंग, महात्मा गांधी मार्ग, प्रयागराज-211 001
1, अनमोल सोराबजी संतुक लेन, धोबी तलाव, मरीन लाइंस, मुम्बई-400 002

वेबसाइट : www.rajkamalprakashan.com
ई-मेल : info@rajkamalprakashan.com

SAMKALEENATA AUR SAHITYA
by Rajesh Joshi

सुधीर रंजन सिंह के लिए

भूमिका के एवज में

भूमिका कुछ-कुछ उस दुष्ट बच्चे की तरह होती है जो कक्षा में सबसे बाद में आता है और सबसे आगे की सीट हथिया लेता है। इसी तरह भूमिका भी अन्त में लिखी जाती है और सबसे आगे के पृष्ठों में आकर ठस जाती है। किताब का एक बड़ा हिस्सा...अमूमन दो-तिहाई हिस्सा, ऐसा होता है जो एक ऐसा आंतरिक सृजनात्मक दबाव निर्मित करता है कि रचनाकार उसे लिखे जाने के लिए लगभग परबस हो जाता है। कभी-कभी लगता है कि लिखा गया हर पाठ वस्तुतः एक अस्वाभाविक पाठ है। जो लिखने से बचने और लिखे जाने की बाध्यता के बीच द्वन्द्व का प्रतिफल होता है। मुझे लगता है कि लिखी गई रचना वाचिक के बनिस्बत एक अस्वाभाविक रचना है। **कविता : श्रव्य से पठ्य तक में अज्ञेय ने लिखा है कि छपाई ने एक नया कालबोध उपस्थित करके कविता का स्वभाव बदल दिया**। बदले हुए स्वभाव की खोज-खबर हमारी आलोचना ने कम ही ली है।

आलोचनात्मक गद्य की किताब का दूसरा हिस्सा वह होता है जो आपद्धर्म की तरह किन्हीं मित्रों और पत्रिकाओं के सम्पादकों के दबाव में लिखा जाता है। इस दूसरी नोटबुक में भी ऐसे हिस्से हैं जो समय-समय पर किन्हीं बाहरी बाध्यताओं के चलते लिखे गए। समीक्षाएँ या लेख लिखते हुए मैं अक्सर अहसासे कमतरी का शिकार रहा हूँ। आलोचना या समीक्षा जैसा कोई गद्य लिखने के लिए मैं हमेशा ही अपने को अयोग्य पाता हूँ। लेकिन न तो मैं इसे ठीक-ठीक कर पाता हूँ और न ठीक से इससे बच पाता हूँ। भूमिका लिखने के बारे में जब भी सोचता हूँ तो एक अजीब-सी उलझन में फँस जाता हूँ। बचने और लिखने का एक द्वन्द्व बना रहता है। *भूमिका के एवज* में शीर्षक से लिखे गए इस टुकड़े को लिखे जाने का कारण भी यही है। भूमिका क्यों लिखी जाती है? यह सवाल मेरे मन को कई बार परेशान करता है।

भूमिका लिखने के लिए न तो किसी किस्म का आंतरिक दबाव होता है न बाहरी। किसी ने कहा है कि भूमिका प्रयोजित होती है।

यूँ तो हर किताब, एक अधूरी किताब होती है लेकिन आलोचना की किताब तो मुझे लगता है कि हमेशा ही एक अधूरी किताब होती है। एक ऐसी किताब जिसमें बीच-बीच के पन्ने अक्सर ही गायब होते हैं। कई बार तो बीच की पंक्तियाँ और पैराग्राफ भी। कितने नामों के बारे में हम सोच कर शुरू करते हैं और पाते हैं कि उसमें से कितने ही नाम हर बार विस्मृत हो जाते हैं। हम कई किताबों पर, कई रचनाओं पर लिखने की योजना बनाते हैं, पर वह कभी पूरी नहीं होती। कभी काहिली के चलते और कभी अक्षमता के कारण। जितना हम सोचते हैं उतना लिख नहीं पाते। जितना जानते हैं उतना समेट नहीं पाते। हाथ अक्सर छोटे पड़ जाते हैं। आलोचना में रिक्त स्थानों की पूर्ति स्कूली परीक्षा के प्रश्न पत्र में की गई रिक्त स्थानों की पूर्ति जितनी आसान नहीं होती। भूमिका इस निरर्थक इच्छा के साथ लिखी जाती है कि वह उन रिक्त स्थानों को थोड़ा बहुत भर देगी। हर बार लेकिन वह एक असफल कोशिश ही सिद्ध होती है।

कथाकार के बनिस्बत कवि साहित्य के परिदृश्य पर आलोचनात्मक रूप से ज्यादा विचार करता है। कम-से-कम हिन्दी में तो यही स्थिति है। इसका कोई ठीक-ठीक उत्तर तलाशना मुश्किल है कि ऐसा क्यों होता है। क्या कवि को आलोचनात्मक विमर्श की आवश्यकता कथाकार के बनिस्बत ज्यादा होती है? क्या कथाकार क्योंकि गद्य ही लिखता है और वह उससे इतना अघा चुका होता है कि किसी दूसरे किस्म के गद्य की आंतरिक बाध्यता उसे महसूस ही नहीं होती? कवि के लिए गद्य लिखना क्या स्वाद बदलने जैसा होता है? यह भी हो सकता है कि गद्य कविता के बनिस्बत अधिक सम्प्रेषणीय होता है इसलिए कथाकार को अतिरिक्त रूप से अपना प्रवक्ता बनने की आवश्यकता ही महसूस नहीं होती हो। एक लम्बे एकालाप की गुंजाइश यहाँ है। एक कवि की इस दूसरी नोटबुक में एक खण्ड वह भी है जहाँ कुछ उपन्यास, कहानी और गद्य की अन्य विधाओं पर भी कुछ नोट्स हैं। उपन्यास और हिन्दी उपन्यास मुझे अक्सर ही सोचने के लिए बाध्य करता रहा है। हमारी भाषा में उपन्यास में हुए नवोन्मेष का स्वीकार कुछ कम है। आलोचकों में भी और स्वयं उपन्यासकारों में भी। हिन्दी में विगत दो दशकों में शायद सबसे अधिक उपन्यास लिखे गए हैं।

अधिकांश उपन्यास अधिक पृष्ठोंवाले हैं। लघु उपन्यास की संख्या बहुत तेजी से कम हुई है। इसके कारणों पर विचार किया जाना चाहिए। उपन्यास एक कठिन विधा है। किसी भी समाज का वृहत जीवन उपन्यास जैसी विधा में ही कुछ हद तक अँट पाता है। हिन्दी उपन्यास इसे कितना साध पाता है इसे देखने-परखने के लिए किसी बड़ी नजर की आवश्यकता है। एक कहानीकार यह कहकर अपना पल्ला झाड़ सकता है कि उसे कविता समझ में नहीं आती और वह कविता नहीं पढ़ता या वह कविता के बारे में कुछ नहीं जानता लेकिन एक कवि ऐसे बहाने नहीं बना सकता। उसे कहानियों की गलियों में भटकना और उपन्यास के वृहत भूदृश्य की खाक छानना ही पड़ती है। कहानीकारों ने कम ही कविताएँ लिखी हैं। उल्लेखनीय कविताएँ तो लगभग नहीं। इसके बरक्स कवियों ने अनेक महत्त्वपूर्ण और उल्लेखनीय उपन्यास और कहानियाँ लिखी हैं। मुझे लगता है कि गद्य लिखना कवि की स्वाभाविक आवश्यकता है। कविता लिखना कथाकार की नहीं।

2

छन्द से मुक्ति ने हिन्दी कविता में एक बड़ी हलचल पैदा की थी तो कहना न होगा कि छन्द के बाद तुकों के विन्यास में नवोन्मेष ने भी हिन्दी कविता में बहुत कुछ नया किया था। नए तुक विन्यास में छन्द की स्मृति तो थी लेकिन वह छन्द की ओर लौटना नहीं था। वह छन्द का निषेध है न स्वीकार। वह फ्रीवर्स और छन्द के बीच से निकाली गई कोई पगडंडी है। उसमें नाटकीयता की गुंजाइश अधिक है। छन्द के साथ उसका सम्बन्ध बिठाना ही हो तो ज्यादा-से-ज्यादा यह कहा जा सकता है कि नए तुक विन्यास ने छन्द के जूतों से निकाले गए तस्मों को अपने जूतों में डाल लिया है। छन्द से उसका रिश्ता इससे अधिक नहीं है। मैथिलीशरण गुप्त की तुकें किसी नए तुक विन्यास को प्रस्तावित नहीं करतीं। वे छन्द की बाध्यता से पैदा हुई थीं। वे कई बार बहुत अटपटी और लँगड़ी तुकें थीं। जबरन मिलाई गई जोड़ियाँ। उनमें कसरत अधिक है, कविता कम। तुक विन्यास में पहले नवोन्मेष के लिए भवानी भाई का नाम बिना किसी हिचक के लिया जा सकता है। कभी तुर्गनेव ने रूस के कहानीकारों के बारे में कहा था कि रूस के

हम सारे कहानीकार गोगोल के ओवरकोट की जेब से निकले हैं। इस मुहावरे में थोड़ी छूट ली जाए तो कहा जा सकता है कि रघुवीर सहाय, श्रीकान्त वर्मा और धूमिल की तुकान्तता का सारा कौशल भवानी भाई की कविता के कुरते की जेब से निकला है। तीनों ही कवियों ने तुकों के अलग-अलग और इतने दिलचस्प प्रयोग किए हैं कि कई बार लगता है कि तुकों में कुछ भी नया करने की सारी सम्भावनाएँ चुक गई हैं। बीच-बीच में कवियों ने कोशिशें की हैं लेकिन हर बार लगता है कि बहुत बच-बचकर चलते हुए भी कभी कवि का कन्धा रघुवीर सहाय से टकरा जाता है तो कभी श्रीकान्त वर्मा या धूमिल से। आज की कविता को तुक में कुछ भी नया करने के लिए इन कवियों के प्रभाव से बचना बल्कि बचकर निकलना ज़रूरी होगा। और यह बहुत आसान काम नहीं है।

3

राजनीति की तरह...कई बार मुझे लगता है कि...कविता में गांधीवाद ने कुजात गांधीवादी कवि पैदा नहीं किए। वे कवि भी कुजात गांधीवादी कवि नहीं कहे जा सकते, जो राजनीतिक रूप से कुजात गांधीवाद याने लोहियावाद की राजनीति से कहीं जुड़े हुए थे। इसलिए गांधी पर गांधीवादी कवियों ने एक भी अविस्मरणीय कविता नहीं लिखी। गांधीवाद के रैडिकल सारतत्व को प्रगतिवादी कवियों और प्रगतिशील कविता ने जितना ग्रहण किया उतना स्वयं गांधीवादी कवियों ने नहीं किया। एक पीड़ित व्यक्ति या समूह द्वारा की गई अवज्ञा और असहयोग का जुझारूपन प्रगतिशील कविता में गैर प्रगतिशील या गांधीवादी कवियों की तुलना में कहीं अधिक है।

4

भाषा की श्रेष्ठ कविताओं पर सोचते-विचारते और निर्णय करते हुए, अपनी नज़र को उन रचनाओं तक ही सीमित नहीं किया जाना चाहिए। श्रेष्ठ कविता का संसार केवल ख्यात कवियों की श्रेष्ठ कविता से ही नहीं बनता। वह अनेक अल्पज्ञात या अज्ञात कवियों की अक्सर अदेखी रह गईं या अदीठ कर दी गईं कविताओं से भी

बनता है। श्रेष्ठ कविता की काया में अनेक विस्मृत या अलक्षित कविताओं की मिट्‌टी भी लगी होती है। हिन्दी में एक गोल्डन ट्रेज़री नहीं बनी। इसलिए अनेक ऐसी कविताएँ जो कभी अत्यन्त चर्चित भी हुईं और महत्त्वपूर्ण भी समझी गईं, उन्हें कहीं दर्ज़ नहीं किया गया। उनमें से कुछ बच गईं और बहुत-सी कविताएँ वक्त के साथ धीरे-धीरे विस्मृत हो गईं। कई कवि होते हैं जिनके पूरे रचना संसार में एक या दो ही ऐसी कविताएँ होती हैं जो श्रेष्ठतम कविताओं के बगल में रखी जा सकती हैं। ऐसी कविताओं की कोई सूची हमारे पास नहीं है। उन्हें कभी इकट्‌ठा करने की कोशिश भी नहीं की गई। हिन्दी में हर साल जाने-पहचाने कवियों की जानी-पहचानी कविताओं के ही संकलन बनते रहते हैं। कुछ अल्पज्ञात कुछ अज्ञात कवियों की अल्पज्ञात, अलक्षित और विस्मृत कविताओं का कोई संकलन देखने को नहीं मिलता। कुंभनदास के वे दो दोहे अगर हिन्दी साहित्य का इतिहास में संकलित न होते तो शायद एक दिन भुला दिए गए होते। ऐसे कई कुंभनदास और ऐसी कई काव्य पंक्तियाँ होंगी जो अगर संकलित होतीं तो हमारी स्मृति का और हमारे वाङ्मय का हिस्सा होतीं लेकिन वे उतनी भाग्यशाली नहीं रहीं और उन्हें कोई रामचन्द्र शुक्ल नहीं मिला इसलिए विस्मृत हो गईं। हर कवि के मन में कुछ विस्मृत या कम महत्त्वपूर्ण समझे गए कवियों की एक या दो विलक्षण कविताओं की स्मृति होती है। ये विस्मृत कविताएँ गाहे बगाहे हमारी स्मृति के दरवाजों को खटखटाती रहती हैं। हमारे कवि अपने आप में ही इतने खोये हुए हैं कि उन्हें किसी दूसरे को याद करने और दर्ज़ करने की कोई परवाह ही नहीं है। उनके काव्य रुचिबोध में दूसरे के लिए या तो जगह ही नहीं है या बहुत कम जगह है। हिन्दी कविता का इतना कृशकाय-सा, इतना सीमित-सा संसार बन गया है कि इसमें भटकना तो दूर, चहलकदमी करना भी मुश्किल है। कविता का विमर्श कुछ ऐसा हो गया है कि एक कवि के महत्त्व को रेखांकित करने के लिए दूसरे की हत्या आवश्यक मान ली गई है। उजड्‌डता और अहंकार हमारे समय के विमर्श की भाषा की अनिवार्य भंगिमा है। हमने आन्दोलनधर्मी कविता को कविता की आलोचना से बाहर कर दिया है। कभी-कभी लगता है कि एक अजीब किस्म का दोगलापन हमारी नसों में घुसता जा रहा है। आन्दोलन के समय जिन कविताओं की

जरूरत हमें महसूस होती है, कविता पर होनेवाले विमर्श में हम उन्हें हमेशा भूल जाते हैं। हमने आन्दोलनधर्मी कविता को और उसके महत्त्व को रेखांकित करनेवाले आलोचना के उपकरण ही तैयार नहीं किए हैं। हम अधिक-से-अधिक को सिर्फ खारिज करने पर तुले हैं, जिससे बाकी बचे बंजर में हम ही हम नज़र आ सकें। नज़र में आने के लिए चाहे हम बिजूका ही क्यों न बन जाएँ। असहमतियों के प्रति सहिष्णुता तिरोहित हो चुकी है।

5

एक कवि की नोटबुक से इस दूसरी नोटबुक का मिजाज थोड़ा अलग है। इसमें गद्य की विधाओं पर गाहे-बगाहे लिखी गई टिप्पणियाँ भी हैं। हालाँकि किसी तरह का कोई सिलसिला इनमें नहीं है। न गद्य पर लिखी गई टिप्पणियों में न कविता पर लिखी गई टिप्पणियों में। एक बार फिर पहली नोटबुक वाली बात को दोहराना चाहता हूँ कि यह एक कवि की नोटबुक है। इसलिए इसमें व्यवस्था कम, बहक ज्यादा है। किसी किस्म के आलोचकीय विवेक या वस्तुनिष्ठता की गुंजाइश भी ज़रूरी नहीं कि नज़र आए।

एक कवि की नोटबुक तैयार करते हुए ही मैंने यह सोच लिया था कि अब हर बार किताब के लिए नाम तलाश करने की जहमत मैं नहीं उठाऊँगा और अपनी नोटबुक और टिप्पणियों की किताब के नाम में सिर्फ *दूसरी* या *तीसरी* जैसा शब्द शामिल करता रहूँगा। इसलिए दूसरी नोटबुक कहने का अभिप्राय सिर्फ इतना ही है कि यह मेरे नोट्स और टिप्पणियों का दूसरा संकलन है। इससे अधिक कुछ नहीं।

अनुक्रम

कुछ टिप्पणियाँ

एक कवि की दूसरी नोटबुक

कुछ कवि कुछ किताबें

कुछ कवि और कुछ और किताबें

गद्यकाल

अरघान

कुछ टिप्पणियाँ

बची हुई विश्वसनीय आवाज़

कविता सम्भवतः हमारे समय की वह आखिरी आवाज़ है जिसे बाजार और हिंसा अभी तक मलिन और गुमराह नहीं कर सकी है।

लगभग तीस-पैंतीस बरस पहले या शायद कुछ उससे भी पहले की बात है। बहुत रात हो चुकी थी। मैं दोस्तों से मिलकर घर लौट रहा था। घर से पहले गली के एक मोड़ पर कोने की दुकान के पटिये पर एक आदमी बैठा था। वहाँ अँधेरा था। मैं जैसे ही उस दुकान के करीब से निकला वहाँ बैठे आदमी ने मुझे पुकारा—सुनिए बाबूजी! मैं चौंक गया। वह आवाज़ अप्रत्याशित थी। मैं उसकी तरफ मुड़ा तो वह बोला—आपके पास माचिस होगी? मैं सिगरेट पी रहा था। मैंने सिगरेट उसकी ओर बढ़ा दी। लेकिन उसने कहा—नहीं, मुझे माचिस चाहिए। उसका यह नखरा मुझे बुरा लगा। लेकिन मैंने माचिस निकालकर उसे दे दी। उसने माचिस ली और बोला—दो-चार तीलियाँ ले लूँ? ले लो—मैंने कहा। उसने कुछ तीलियाँ निकाल लीं। बाद में पता चला कि वह हर दिन इसी तरह माचिस की तीलियाँ लोगों से इकट्ठी करता रहता है।

कभी-कभी लगता है कविता भी अँधेरे कोने में बैठे उस आदमी की ही तरह है जो माचिस की तीलियाँ इकट्ठी करती रहती है। पाकिस्तान के शायर अफ़ज़ाल अहमद की एक नज़्म भी यही कहती है कि मैंने शायरी ईज़ाद की और उससे आग खरीदी, जिससे मैं उस ज़बर के हाथ जला सकूँ जिसने नीलामी में आखिरी बोली ईज़ाद की। कविता बदलाव की प्रक्रिया के लिए इसी तरह अग्नि की समिधा को इकट्ठा करती है। वह भी जब किसी अँधेरे कोने से हमें अचानक आवाज़ लगाती है तो हम अचकचा-से जाते हैं। चौंक जाते हैं, शायद थोड़ा-सा डर भी जाते हैं। हम कई बार उस कविता से बचना चाहते हैं जो तीलियों की माँग करती है। जो हमें अहसास कराती है कि हमारे पास एक माचिस है। बहुत सारे कवियों से अलग-अलग तीलियाँ माँगकर वह कवियों की एक अदृश्य-सी बिरादरी बनाती है।

लेकिन हमारे समय की यह विडम्बना ही है कि जिस आग को मनुष्य ने रोशनी और रोटी बनाने के लिए खोजा था आज उसी आग का हत्यारे निर्दोष नागरिकों, स्त्रियों और मासूम बच्चों को ज़िन्दा जलाने, उनके घर-द्वार और काम-धन्धों को खाक करने के लिए निर्लज्जता और बर्बरता के साथ इस्तेमाल कर रहे हैं। रघुवीर सहाय ने कई बरस पहले आने वाले वक्त के बारे में यह आशंका व्यक्त की थी कि खतरा होगा, खतरे की घंटी होगी और उसे बादशाह बजाएगा रमेश। गुजरात उस घंटी की शायद पहली आवाज़ है। हमारी अर्थव्यवस्था में बढ़ रही अपस्फीति भूख, बेरोज़गारी और हिंसा का एक ऐसा स्याह अध्याय लिख रही है, जो फासीवाद की खुराक बन रहा है। साम्प्रदायिक फासीवाद हमारी देहरी लाँघ चुका है। यह एक ऐसा दलाल फासीवाद है जो वित्तपूँजी के प्रपंचों से नाभिनालबद्ध है।

हमारे समय में वर्चस्व प्राप्त कर चुकी शक्तियों ने अपनी वास्तविक आकांक्षाओं के रूपक को हिन्दी-उर्दू की साझा विरासत के कवि वली दकनी की मजार को नेस्तनाबूत करके व्यक्त कर दिया है। सांस्कृतिक राष्ट्रवाद के इस असल रूपक में विन्यस्त अभिप्रायों को समझना कठिन नहीं है। हमारी कविता जो बरसों से पुल और कश्तियाँ बनाने में जुटी रही उसके लिए यह एक खतरनाक इशारा है। इतिहास से डरे हुए लोग इतिहास से सबक सीखने के बजाय उसे विकृत करके अपने को सुरक्षित समझने का भ्रम पाल रहे हैं। आधुनिक मनुष्य का अपने समाज को बनाने का सारा बौद्धिक चिन्तन और कर्म, धर्म से नहीं, धार्मिक पाखण्ड से प्रतिस्थापित करने की कुटिल कोशिशें की जा रही हैं। तादूयूश रोजेविच ने लिखा है कि मुझे पूरा विश्वास नहीं है कि धर्म स्वयं को पुनर्जीवित करने में सक्षम है। धर्म की ओर, विभिन्न सम्प्रदायों की ओर लौटने के पीछे भय की भावना है। हमारा विवेक समस्त प्रजातियों के आसन्न विनाश के भय से धर्म में शरण ले रहा है। उसने अपनी क्रूरताओं, कुटिलताओं और तुच्छताओं से हमारी रोज़मर्रा की भाषा को भी इतना गन्दा कर दिया है कि अपने जातीय मिथकों को भी कविता में छूने से हिचक-सी होती है।

इस समय जो कविता लिख रहा है वह एक ऐसा कवि है जो दो शताब्दियों के बीच आवाजाही कर रहा है। उसके पास पिछली सदी में बने और टूटे स्वप्न और स्मृतियाँ भी हैं और इस सदी की नई वास्तविकताएँ भी। आज के कवि को उद्योग और प्रौद्योगिकी जैसी दो अलग-अलग चरित्रों वाली विकट प्रणालियों और उसकी जटिल वास्तविकताओं के बीच आवाजाही करनी पड़ रही है। अन्तःकरण विहीन मुक्त बाजार और लोकतान्त्रिक स्पेस को दिनोदिन कम करती प्रौद्योगिकी ने समाज की गति और संरचना को ही नहीं बदला है, हर रचना की प्राख्या और उपाख्या को भी बदल दिया है।

नई सदी को समझने और उसके अन्तस में उतरने के लिए पिछली सदी के अँधेरे बन्द कमरों में बार-बार चक्कर लगाना और उसके बन्द तहखानों में झाँकना जैसे हमारी नियति बन गया है। मनुष्यता के एक बड़े सच को व्यक्त करने के लिए कविता को अपने समय के कठिन ब्यौरों में जाने और उनका अतिक्रमण करने की जरूरत है। शमशेर ने शायद कविता के इसी काम को मनुष्य के सामाजिक जीवन के उत्कर्ष के लिए निरन्तर संघर्ष की लीला कहा था। संघर्ष की इस लीला के लिए जिन मानवीय समूहों से ताकत और ऑक्सीजन मिलनी चाहिए थी, नहीं मिल रही है। प्रतिरोध की शक्तियाँ बिखरी हुई और कमजोर हैं। लेकिन कविता एक जिद्‌दी आशा है क्योंकि वह सिर्फ पिटते हुए मनुष्य को ही नहीं, लड़ते हुए मनुष्य को देखने और उसके पक्ष में बोलने का साहस कर सकती है।

उद्‌दंडता और आतंक के सामने लगभग निरुपाय और असहाय से लग रहे माहौल में क्या हम अपनी कविता से कोई उम्मीद कर सकते हैं? क्या हमारी कविता सचमुच कोई छोटा या बड़ा हस्तक्षेप कर सकती है? ये सवाल किसी-न-किसी रूप में सभी के मन में होंगे। मुझे कई बार लगता है कि कविता से बाहर आकर दृश्य में हस्तक्षेप करना, कविता से बाहर आना नहीं, कविता का ही जैविक विस्तार है। कविता की आंतरिक इच्छाओं, उसके सपनों, पवित्र दुआओं और गालियों का विकीरण उसके अणु के अनिवार्य और अपरिहार्य विस्फोट में अन्तर्निहित है। ऐसा लग सकता है कि मैं कविता के बारे में कुछ ज्यादा ही वाचाल और मुखर हो रहा हूँ। मार्क्स ने कविता को मनुष्यता की भाषा कहा है। मैं मनुष्यता की इस बोली-बानी के पक्ष में बोलना चाहता हूँ। क्योंकि कविता ही मेरी नागरिकता है। कविता प्रतिरोध की आवाज़ है इसलिए वह यारी के पुल बनाती है। वह ताकतवर और क्रूर की पराजय की इच्छा करती है। वह उन हाथों का गीत गाना चाहती है जो अनाज की गन्ध और खनिजों की धूल से भरे हैं।

लगभग तीस-बत्तीस साल पहले मैंने कविता लिखना शुरू किया था। मैं अपने स्कूल और कॉलेज के दिनों से ही बैक बेंचर्स की मण्डली में रहा आया। अध्यापक का चेहरा ब्लेक बोर्ड की ओर मुड़ते ही हम लोग क्लास से बाहर निकल जाते और हमारा अधिकांश समय केन्टीन, सिनेमा हॉलों या सड़कों पर बीतता। पटियों पर रात गए तक बिछी रहने वाली शतरंजों, सँकरी गलियों में धँसे हुए छोटे-छोटे चायघरों, उनके पीछे पीली मद्धिम रोशनी और सिगरेट के धुएँ से भरे कमरों में रखे कैरमों के

आसपास ही हमारा अधिकांश समय बीतता था। अक्सर जब रात गए घर लौटने में देर हो जाती तो मैं और मेरे दोस्त स्टेशन की ओर निकल जाते और सुबह तक प्लेटफार्मों पर आती-जाती रेल गाड़ियों को हाथ हिला-हिलाकर विदा करते रहते। मैंने अपनी कविता के सबक इन्हीं पाठशालाओं में पढ़े थे। पता नहीं मेरी कविता किन-किन चीजों से बनी है लेकिन उसमें कहीं-न-कहीं इंजनों की सीटियों की आवाज़ जरूर मौजूद होगी, ऐसा मुझे लगता है। इस सबके साथ ही हम अपने शहर की छोटी-सी कम्युनिस्ट पार्टी और उससे जुड़ी ट्रेड यूनियनों के लिए भी छोटे-मोटे काम करते रहते। जीवन का यह बेहद अपना सा, आत्मीय चेहरा हमारे सामने था। उस चेहरे से हमारे नाकनक्श और आदतें कुछ-कुछ मिलती-जुलती-सी थीं। इस पब्लिक फेस को ही मैं अपनी कविता में रचना चाहता रहा हूँ। इस सबके बीच मैं पहले उर्दू की कविता और उसके कवियों के ही सम्पर्क में आया। साझा संस्कृति के प्रति उसके गहरे लगाव और सम्प्रेषणीयता की उसकी कोशिशों ने मुझे हमेशा ही आकर्षित किया। हिन्दी की समकालीन कविता से मेरा परिचय थोड़ा देर से हुआ। हमारी आवारगी और जिम्मेदारी के बीच एक विरोधाभास था। पर उसमें से कुछ भी छोड़ना न तब सम्भव था न बाद में रहा। हमारे समय की छीनाझपटी, लूटपाट और बाजार की उत्तेजक गतियों ने हमारे फुर्सत के लम्हों को हमसे छीन लिया है।

इस बीच एक सवाल हिन्दी के सभी सोचने-समझने वालों को बेचैन करता रहा है कि हिन्दी का अपना समाज आज भी नहीं बन पा रहा है। हिन्दी की फिल्म, इलेक्ट्रॉनिक मीडिया और अखबार सभी ने हिन्दी के साथ दगा की है। यह किसी भोली मूढ़ता या अज्ञान के चलते नहीं हुआ है। एक सुचिन्तित राजनीतिक कुटिलता ने इसे रचा है। सांस्कृतिक विपन्नता के इस दृश्य को छद्म सांस्कृतिक बहसों और अमरीकी साम्राज्यवाद के आउटडेटेड कचरे के रूप में आए सांस्कृतिक राष्ट्रवाद से भरने की कोशिश की जा रही है। एक ऐसा कानफोडू शोर खड़ा कर दिया गया है जिससे रचना की आवाज़ को अकेला और असहाय किया जा सके। इस वास्तविकता के बीच ही लेकिन हमें अपनी कविता लिखना भी है और उसे बाँचना भी है।

अन्त में मैं साहित्य अकादमी के प्रति सचमुच आभारी हूँ। प्रतिरोध की कविता की विश्वसनीयता में इस सम्मान से कुछ इजाफ़ा होगा और भारतीय भाषाओं की यह बिरादरी कुछ और बड़ी, कुछ और मजबूत हो सकेगी। धन्यवाद।

[साहित्य अकादेमी सम्मान 2002 के अवसर पर दिया वक्तव्य, 18 फरवरी, 2003।]

कविता और पंडोरा की पेटी से आती एक धीमी आवाज़

हमारी आँख आज से पहले कभी इतनी अधिक रंग-बिरंगी और प्रतिक्षण बदलती इमेजेज़ से नहीं घिरी रही। इलेक्ट्रॉनिक मीडिया ने चारों ओर बिम्बों का एक मेला-सा रच दिया है। बिम्बों की इस अतिशयता ने हमारे देखने, सोचने, समझने और हमारे पूरे व्यवहार को वैसा नहीं रहने दिया है जैसा वह दो-ढाई दशक पहले था। दिक और काल का वह बोध भी जो अस्सी के दशक से पूर्व था, बहुत कुछ बदल चुका है या बदलता जा रहा है। बदलाव की गति जितनी तेज है उसको व्यक्त करने का कौशल हम उतनी ही तेजी से प्राप्त नहीं कर पा रहे हैं। आधार में हुए परिवर्तन संस्कृति में उतनी ही तेजी से व्यक्त नहीं होते हैं। *दुहामेल* ने कभी फिल्मों के सम्बन्ध में कहा था कि चलते-फिरते बिम्बों ने मेरे विचारों को बेदखल कर दिया है। आज के कवि के सामने यह संकट ज्यादा विकट हो चुका है। बिम्बों का यह आक्रमण आज के कवि की निजता में दखल दे रहा है और सोचने की स्पेस को सीमित कर रहा है। कविता के लिए यह दिनोंदिन जटिल होता समय है। कविता ने बिम्बों की जिस भाषा को सदियों में रचा था आज वह संकट में है, क्योंकि बाजार और नई प्रौद्योगिकी ने बिम्बों की एक प्रतिभाषा तैयार कर ली है। अगर कविता की भाषा इस प्रतिभाषा के निकट जाएगी तो, दोनों एक-दूसरे को नष्ट कर देंगी। कविता जो कि सम्भवतः मनुष्य की सबसे आदिम और सबसे आधुनिक सृजनात्मक गतिविधि है, उसके भविष्य का प्रश्न मनुष्यता के भविष्य से और उसके स्वप्न से भी जुड़ा है। आदिम समाज से लेकर आज तक आए बदलावों के साथ-साथ मनुष्य के इन्द्रिय-बोध में हुए परिवर्तनों से जुड़ा है। कविता के भविष्य के सन्दर्भ में विचार करने के लिए पूँजीवादी अनुमान या उत्तर आधुनिक टोटके बहुत कारगर नहीं हो सकते। पीछे लौटने के सारे पुल टूटे हुए हैं और वे शरण-स्थल भी जर्जर होकर कभी के ढह चुके हैं जिनकी ओर थकान या ठहराव के क्षणों में अक्सर हसरत भरी निगाह से देख लिया जाता था। लगता था कि शायद कठिन समय में एक बार फिर छन्द, संगीत या नृत्य जैसी विधाओं के पास लौटकर कविता अपना अस्तित्व बचा लेगी। आधार वक्तव्य की इस बात

से एक हद तक सहमत हुआ जा सकता है कि कविता की पारम्परिक ज़मीन वस्तुतः तो खिसक चुकी है। गोल्डमान का विचार था कि बाजार का अर्थशास्त्र मनुष्य को इण्डीवीजुअल, एक स्वतन्त्र इकाई बनाते हुए कविता को एक ऐसी एकल आवाज़ बना देगा जो आंतरिक रूप से थकान और बाहरी रूप से क्षरण की शिकार होगी और अन्ततः उसकी मृत्यु हो जाएगी। प्रौद्योगिकी और नए मुक्त बाजार ने इस विचार को और अधिक जटिल ही बनाया है। समकालीन कविता एक ऐसे नृशंस और निर्दय समय के आमने-सामने है जहाँ पंडोरा की पेटी से आती बहुत धीमी आवाज़, बाजार और प्रौद्योगिकी के उन्मादी शोर में दबी हुई है।

2

इस समय कविता का आंतरिक संकट उतना आंतरिक नहीं है जितना बाहरी है। कविता के बाहर बिम्बों का जमघट लगा है। इन बिम्बों को कविता ने नहीं रचा है, ऐसी किसी कला ने भी नहीं जिसके साथ कविता अपने अन्तर्सम्बन्ध तलाश सके। संचार माध्यमों और बाजार से निर्मित बिम्ब कविता के बिम्ब का विपर्यय है। मुझे लगता है शायद इसीलिए अस्सी के दशक और उसके बाद की कविता बिम्ब बनाने से बचने की कविता है। अपनी ही जीवन-भर की पूँजी से कतराने की कविता। कम्प्यूटर ग्राफिक्स वास्तविकता को एक आभासी वास्तविकता से प्रतिस्थापित कर रहा है। वर्तमान और आनेवाले समय की कविता का एक बड़ा संकट इस आभासी वास्तविकता के बरअक्स वास्तविकता को रचने का ही नहीं, इसे आभासी वास्तविकता के बरअक्स अधिक विश्वसनीय बनाने का भी है। यह ऐसा समय है जब एक तकनीकी चूहे को हथेली में लेकर आप एक सत्रह इंच के स्क्रीन पर बहुत बड़ी दुनिया को नाप सकते हैं। आगे और पीछे जाने का खेल खेल सकते हैं। कुछ देर को ऐसा लग सकता है कि हमारे विज़न का विस्तार हो रहा है जबकि यह सिर्फ सूचनाओं का ही विस्तार है। कविता के लिए हालाँकि कोई फल वर्जित फल नहीं होता। वह हर फल को चख लेती है। ऐसा करते हुए वह कई बार अपने स्वर्ग से निष्कासित भी हो जाती है। लेकिन अपनी बहिश्त से बार-बार होते निर्वासन और भटकन में उसके भविष्य के कई सूत्र छिपे होते हैं। मीडिया द्वारा रची गई बिम्बों की प्रतिभाषा भी एक हद तक कविता में देखी जा सकती है। कविता इस बीच ज्यादा आख्यानात्मक हुई है। लगभग निरअलंकृत छोटे-छोटे उपाख्यान उसने रचे हैं। उसमें महीन और अक्सर अदेखे रह जाने वाले विवरण बढ़े हैं। उसमें आकस्मिकताएँ और अलक्ष्य कर दिए गए परिचित दृश्य हैं। मीडिया द्वारा रचा जा रहा बिम्ब एक विखण्डित बिम्ब है, इसी में उसके बाजार

की रणनीति और राजनीति भी अन्तर्निहित है। वह हमारे इन्द्रिय-बोध को विकृत करने की कोशिश करता है, इसके भावी परिणाम युद्ध के प्रति हमारी संवेदनात्मकता के क्षरण में दिखाई देते हैं। बाजार और प्रौद्योगिकी के बिम्बों की कतार कविता की घेराबन्दी करने की कोशिश कर रही है। मीडिया द्वारा रचा जा रहा बिम्ब अक्सर बहुत वाचाल बिम्ब होता है। उसे कम समय में ज्यादा बोलने और जल्दी आकर्षित करके अपना काम निकालना होता है। वह सोचने की स्पेस देने की अय्याशी नहीं कर सकता। अगर वह अवकाश देगा तो दूसरा बिम्ब आकर उसकी जगह ले लेगा। क्योंकि यह मसला सिर्फ बिम्ब तक सीमित नहीं है, बाजार की प्रतिस्पर्धा से जुड़ा है। कविता का बिम्ब अपनी प्रवृत्ति में इससे बिल्कुल उल्टा होता है। वह एक अवकाश रचता है, वह चीजों और स्थितियों के पास ले जाने के लिए एक संवेदनात्मक ज्ञान की पगडण्डी बनाता चलता है। वह स्वयं बोलने के बजाय व्यक्त और वर्णित सच्चाइयों को अधिक-से-अधिक बोलने का अवसर देता है।

कविता के भविष्य के सन्दर्भ में सोचते हुए इस बात की ओर भी गौर किया जाना चाहिए कि वर्तमान वर्चस्वशाली शक्तियाँ लगातार भविष्य को अनिश्चय में धकेल देने के लिए इतिहास पर चोट कर रही हैं। यह उनकी राजनीति और रणनीति का जरूरी हिस्सा है। इस तरह वर्तमान पूँजीवाद और साम्राज्यवाद एक किस्म की निर्विकल्पता का एहसास पैदा करने में लगा है। निर्विकल्प राजनीतिक स्थितियाँ तनाव के गहरे क्षणों में सिनिसिज़्म को बढ़ाती हैं। एक आशंका इस बात की हो सकती है कि भविष्य की कविता में सिनिसिज़्म बढ़े। लेकिन कविता में इसके विपरीत एक प्रक्रिया घटित होती भी दीख रही है। मुझे लगता है कविता इस समय कहानी के बनिस्बत उपन्यास के ज्यादा करीब आई है। क्योंकि कविता ही शायद एक ऐसी विधा है जो भविष्य का स्वप्न देख सकती है और उपन्यास इतिहास को बचाने का उपक्रम कर सकता है। इस निकटता के चलते हो सकता है कि विखण्डन के विरुद्ध भविष्य की कविता एक व्यापक और विलक्षण बिम्ब की सृष्टि करने में समर्थ हो सके। कहीं-न-कहीं यह एहसास जरूर होता है कि इस निकटता में भविष्य की कविता के कुछ अदृश्य सूत्र छिपे हैं।

3

समय बदल चुका है, यह महज मुहावरा नहीं है। औद्योगिकीकरण ने अपनी संरचनाओं और मानवीय सम्बन्ध के स्वरूपों के साथ जिस समय की निर्मिति की थी वह बदल चुका है। प्रौद्योगिकी अब अपनी संरचनाएँ और मानवीय सम्बन्धों

के नए स्वरूपों की निर्मिति कर रही है। मानवीय सम्बन्ध को एक हद तक तकनीकी सम्बन्ध में रूपांतरित करने की कोशिश कर रही है। यह एक प्रौद्योगिकीय समय है जहाँ कम्प्यूटर ने सेकिण्ड को भी मिली सेकिण्ड, माइक्रो सेकिण्ड, नैनों सेकिण्डस् और पीको सेकिण्ड में बाँट दिया है। औद्योगिकीय समय में समय और गति के बीच जो अनुपात था वह कई गुना बढ़ गया है। राजेन्द्र शर्मा ने ठीक ही मुहावरा इसके लिए बातचीत में इस्तेमाल किया कि झूले पर बैठे बच्चे को अचानक मेरी गो राउण्ड पर बिठा दिया गया है। आदिम मनुष्य ने जिस पहिए का आविष्कार किया था और आज तक समय और गति के यंत्रों में जिसकी उपस्थिति की अपरिहार्यता बनी हुई थी, डिज़िटल टैक्नोलॉजी ने उस अपरिहार्यता को अंशतः ही सही पर पहली बार धता दिखा दिया है। औद्योगिकीकरण के तहत उत्पादन स्थितियों में जो परिवर्तन हुए थे उन सबको बकौल बेन्यामिन संस्कृति के विभिन्न क्षेत्रों में व्यक्त होने में पचास साल से भी ज्यादा समय लग गया था। प्रौद्योगिकी के विस्तार को तो अभी तकरीबन दो दशक ही हुए हैं। क्लासकीय कलाएँ यूँ भी आधार में होने वाले परिवर्तनों का प्रभाव ग्रहण करने में अपना समय लेती हैं। विचार और शब्द से जुड़ी कलाओं में होने वाले परिवर्तनों की गति ललित कलाओं के बनिबस्त थोड़ी तेज होती है। आधुनिकता के साथ पहली बार कविता का संगीत से सम्बन्धविच्छेद हुआ था और उसकी जगह एक किस्म की नाटकीयता ने प्राप्त कर ली थी। प्रौद्योगिकी के साथ किसी बड़े आन्दोलन और विचार ने अभी तक कोई मूर्त रूप नहीं लिया है। समय के इस बड़े परिवर्तन के जो प्रभाव होंगे वे अभी धरती के भीतर छिपी जलनाड़ियों की तरह हैं जिन्हें कविता अभी अपने तलवों में महसूस करने की कोशिश कर रही है। कविता का एक मौलिक गुण यह भी है कि वह पूर्वानुमानों को गलत सिद्ध करती है। उसकी हर अगली पंक्ति अन-अनुमानित होती है। कवि अजन्ता के बारे में लेख में केदारनाथ सिंह ने कवि अजन्ता का एक वाक्य उद्धृत किया है, जो कविता की ताकत और स्वभाव को ज्यादा बेहतर ढंग से व्यक्त करता है कि कविता की दुनिया न्यूटन के गुरुत्वाकर्षण सिद्धान्त का अतिक्रमण करती है और इसीलिए वह कविता होती है। इसलिए उत्पादन स्थितियों और सम्बन्धों में हो रहे परिवर्तनों से कविता के भविष्य के बारे में किसी किस्म के सरल रैखिक नतीजे निकालना बहुत सही नहीं होगा। यह तो तय है कि इस समय की कविता ठीक-ठीक वही नहीं है जो अस्सी से पहले की कविता थी। यह उसका अनुकरण या विस्तार भी नहीं है। ऐसा भी कतई नहीं है कि भविष्य का मार्ग खोज पाने में असफल होकर आज की कविता अपने लिए डिफेंस का तर्क तैयार कर रही है, जैसा आधार वक्तव्य में मान लिया गया है। सच तो यह है कि हमें नए स्वरूपों को देखने की कुछ ज्यादा ही हड़बड़ी है। नए स्वरूपों को आकार लेने में समय लगता

है। इस समय के मूल चरित्र को और इसके तहत मानवीय सम्बन्धों और स्थितियों में आ रहे परिवर्तनों को पकड़ने और उन्हें व्यक्त करने की भाषा और मुहावरा ईजाद करने की बचैनी कविता मैं है, उसे पूरी तरह न पकड़ पाने की असमर्थता का बोध भी, उसकी थकान और हताशा भी। लेकिन इस पर जल्दी में निर्णय सुनाना जिरह से पहले फैसला सुनाने की तरह होगा।

4

औद्योगिकीकरण ने ऐसी स्पेसेस को निर्मित किया था या ऐसा करना उसकी बाध्यता थी जिसमें एक ही वर्ग के बहुत सारे लोग एक ही समय में, एक ही जगह इकट्ठे होते थे। उनमें अलगाव और जुड़ाव की प्रक्रियाएँ साथ-साथ घटित होती थीं। प्रौद्योगिकी ने ऐसी बड़ी स्पेसेस को लगभग खत्म-सा कर दिया है। वह छोटे-छोटे केबिन या छोटी स्पेसेस बनाती है जिसमें एक-दो या लगभग उँगलियों पर गिने जा सकने लायक लोग ही एक जगह, एक समय के लिए उपस्थित होते हैं। काँच के पारदर्शी केबिन बगल वाले की उपस्थिति का अहसास भले कराते हों लेकिन उसके साथ संवाद करने की सुविधा अक्सर नहीं देते। इन असंवादी स्थितियों के बीच अनुभव की जगह सिकुड़ रही है। अनुभव और ज्ञान की जगह सूचना ने अधिगृहीत कर ली है। अन्तर्राष्ट्रीयता का बोध बदल चुका है। अब वह सूचनाओं का या इन्टरनेट चिट- चेटिंग का हिस्सा है। उस बोध को अर्जित करने की आवश्यकता नहीं है, वह रेडीमेड रूप में उपलब्ध है।

इस प्रौद्योगिकी को, इसके संचार माध्यमों और इसके बाजार को हमेशा एक सनसनी की जरूरत है। सनसनियाँ असली हों या नकली उसे फर्क नहीं पड़ता। वह सनसनी को पैदा करने के लिए किसी भी हद तक जा सकती है। ऐसा करते हुए किसी किस्म की नैतिक बाधा उसे महसूस नहीं होती। नैतिकता के मानदण्ड बदल चुके हैं। नई प्रौद्योगिकी किसी अन्तराल में विश्वास नहीं करती। क्रिकेट की सनसनी के खत्म होते ही वह युद्ध की सनसनी में ले जाती है। युद्ध को भी ये माध्यम एक सोप आपेरा की तरह प्रस्तुत करते हैं। इराक अमेरिका की लड़ाई को बहुत सारे लोग एक सोप आपेरा की तरह भजिए खाते और चाय पीते हुए देख रहे थे। आंतरिक सूनेपन को भरने के लिए कई तरह की सनसनिएँ ईजाद की जा रही हैं। कुछ साल पहले शेखर कपूर नाइन ए. एम. नामक फिल्म बनाना चाहते थे जिसमें एक न्यूज़ चैनल अपने गिरते हुए रैटिंग को बढ़ाने के लिए दो कमजोर पड़ोसी देशों के बीच 9 बजे एक युद्ध करवा देता है। प्रौद्योगिकी अपने सांस्कृतिक परिवेश के प्रति इतनी ही निरपेक्ष होती है। वहाँ विकल्प नहीं होते, उसमें जनतान्त्रिक

स्पेस लगातार सिकुड़ती चली गई है। उससे जुड़े बाजार का चेहरा भी इससे भिन्न नहीं है। वह उतना ही अमानवीय और क्रूर है। गद्य बाजार की इस सनसनी को अपनी भाषा में कई बार ग्रहण कर लेता है। वह वैचारिक रूप से बाजार के विरुद्ध होते हुए भी, कई बार बाजार के ही उपकरणों का इस्तेमाल करता है। लेकिन कविता के लिए सनसनी से भरी भाषा बहुत काम नहीं आती। कविता को बाजार बहुत बरगला नहीं पाता। कविता को आंतरिक रूप से करप्ट करना मुश्किल होता है इसलिए सृजन विरोधी शक्ति संरचनाएँ उस पर बाहर से आक्रमण करती हैं। वे वस्तुतः कविता के अस्तित्व के ही विरोध में हो जाती हैं।

5

कविता! मुझे लगता है हिन्दी कविता का भविष्य अनिवार्य रूप से उसके उत्तर औपनिवेशिक होने में है। अचिन विनायक ने एक व्याख्यान में कहा था कि राजनीतिक संघर्ष मात्र हथियार या आर्थिक रूप से लड़ा जाने वाला संघर्ष नहीं है 'विल' का—इच्छा-शक्ति या कहें संकल्प का भी संघर्ष है। कविता के भविष्य में इस इच्छा-शक्ति के संघर्ष की बहुत जरूरी भूमिका है। पूर्वी यूरोप के कई अच्छे-बुरे प्रभावों से हमारी कविता और कविता सम्बन्धी आग्रहों को मुक्त करना है। कविता के भविष्य के लिए उपनिबेश घी समस्याओं को सामने रखकर अपने देशज स्वरूपों को प्राप्त करना कविता का एक अनिवार्य एजेण्डा होना चाहिए तभी हम भारतीय समाज की शक्ति संरचनाओं और उसके अन्तर्विरोधों को समझ पाएँगे। तभी हमारी जातीय विशेषताओं और कविता में कोई यारी बन सकेगी। नामवरजी ने अपने सम्पादकीय—इतिहास के प्रेत में एक महत्त्वपूर्ण टिप्पणी की है कि क्रान्ति की कविता इतिहास के प्रेतों से नहीं भविष्य के फरिश्तों से ही प्राप्त की जा सकती है। हालाँकि उन्होंने यह आशंका भी उसके साथ जोड़ दी है कि हम इन्तजार करें फरिश्ते का और प्रकट हो प्रेत। यह समय ही शायद ऐसा है कि इसमें होप को बाहर निकालने से पहले एक आशंका खोपड़ी से बाहर आ जाती है। मैं किसी भविष्यवक्ता की तरह कविता के भविष्य का कोई अनुमान लगाना नहीं चाहता। नाज़िम हिकमत की एक पंक्ति के सहारे कह सकता हूँ कि 'अब न तो भविष्यद्रष्टा का दम्भ रहा न शब्दशिल्पी का वाक्छल'। लेकिन, चाहे यह एक तरह की जिद ही हो, तो भी मैं पंडोरा की पेटी से आती उस बहुत कमजोर और धीमी आवाज़ को सुनना और एक बार फिर उस पेटी को खोलकर होप को बाहर आने देना चाहता हूँ, कम-से-कम कविता के भविष्य के सन्दर्भ में।

देखो जैसे समय कभी नहीं होता घड़ी के भीतर
[समकालीनता और कविता]

समकालीनता एक ऐसा पद बन गया है जिसे अपनी सुविधा के लिए चाहो तो रबर की तरह तान लो या नसवार की डिबिया की तरह बहुत छोटा कर लो। उसे कभी ठीक-ठीक परिभाषित करने की ज़हमत नहीं उठाई गई। इसलिए रचनाकार हो या आलोचक, अपनी सुविधा के हिसाब से इसकी व्याख्या करता रहा है। व्याख्या करने की वैचारिक कसरत से बचते हुए ही इस पद का अक्सर इस्तेमाल किया जाता रहा है। इस कामचलाऊपन ने इसकी सैद्धान्तिक व्याख्या की सम्भावनाओं को लगता है बहुत कम कर दिया या लगभग खत्म कर दिया है। शायद इसीलिए इसका न तो कोई अवधारणात्मक स्वरूप ही तय हो पाया है न किसी किस्म का मानकीकरण किया जा सका है। कवि को कुछ हद तक बहकने के प्रकृति प्रदत्त अधिकार हासिल हैं, फिर एक ऐसे पद के बारे में जो अभी ठीक-ठीक परिभाषित नहीं है, बहकने को और अधिक अधिकार मिल जाते हैं। इसलिए मेरी बातें अगर असंयत, निरर्थक और ऊट-पटाँग-सी हों या लगें तो उम्मीद करता हूँ कि उन्हें उदारतापूर्वक क्षमा कर दिया जाएगा।

विगत तीस-तैंतीस वर्ष की कविता याने लगभग सत्तर बहत्तर की बाद की कविता में ऐसे काव्य आन्दोलन नहीं उभरे जिनका नामकरण छायावाद या नई कविता की तरह काव्य प्रवृत्तियों या काव्य समय में आए बदलाव के आधार पर किया गया हो। साठ के दशक में अकविता और उसके आसपास कवि समूहों ने अपनी अलग अस्मिता के चलते अपने समूहों और अपनी कविता के कई नामकरण किए मसलन सनातन सूर्योदयी कविता, युयुत्सावादी कविता, अस्वीकृत कविता, अकविता, क्षुत्कातर कविता, सकविता, उत्कविता, विकविता, लिम्बादलमोतवादी कविता, एबसर्ड कविता, ठोस कविता, कोलाज कविता, युवा कविता, विचार कविता आदि और इसी तरह भूखी पीढ़ी, श्मशानी पीढ़ी, नंगी पीढ़ी, आदि। हो सकता है नामकरण की इस अतिशयता ने ही शायद नामकरण की इस महिमा से एक किस्म की ऊब और निरर्थकता के अहसास को पैदा किया हो। सगुण और निर्गुण के द्वैत को खत्म करने के लिए जिस नाम की महिमा बखानी गई, समकालीन कविता ने उसे छोड़कर अनाम यात्री हो जाने

को ज्यादा बेहतर मान लिया होगा। शायद इसीलिए पिछले तीस पैंतीस वर्ष की कविता के लिए समकालीनता जैसे पद का इतना अधिक इस्तेमाल किया गया। इससे पूर्व कभी इस शब्द का इतना अधिक इस्तेमाल किया गया हो याद नहीं पड़ता। पूर्व में किसी काव्य आन्दोलन में जब उसकी प्रवृत्तियों का अतिक्रमण करनेवाली कोई प्रवृत्ति कविता में दिखाई देती थी, तो उसी काव्य आन्दोलन के तहत एक श्रेणी और गढ़ ली जाती थी। रीतिबद्ध कविता की हद को लाँघने वाली कविता के लिए रीतिमुक्त की श्रेणी बना ली जाती थी। मुक्तिबोध भी नई कविता के ही भीतर दो धाराओं की बात करते हैं। दूसरी धारा के लिए अलग नामकरण को प्रस्तावित नहीं करते। लेकिन सत्तर के बाद की कविता की दिक्कत यह है कि उसमें जो भी, जैसा भी और जिस भी पीढ़ी के रचनाकार द्वारा जो लिखा जा रहा है उसे समकालीन कविता के तहत ही समेट लिया गया है। समकालीनता न तो प्रवृत्ति के आधार पर बनाई गई श्रेणी है न विचारधारात्मक श्रेणी। यह तो एक ऐसी सराय है जिसमें कोई भी अपना बिस्तरा डालकर रह सकता है। इसने विगत तीस-पैंतीस बरस में लिखे जा रहे साहित्य की आलोचना को जितना आसान बना दिया है उतना ही कठिन भी।

2

विनोद कुमार शुक्ल की एक पंक्ति है कि घड़ी देखना समय देखना नहीं होता। तो समकालीनता को घड़ी या कैलेण्डर से तय करना मुमकिन नहीं है। एक रचनाकार के लिए समकालीनता अपने समय में रहने और रचना करने भर की सुविधा नहीं हो सकती। यह सहज ही प्राप्त या प्रदत्त विशेषण भी नहीं हो सकता। समकालीनता को अर्जित करना होता है। अपने समय के साथ मुठभेड़ करते हुए, उसमें हस्तक्षेप करते हुए, हर रचनाकार को अपनी समकालीनता स्वयं अर्जित करनी होती है। समकालीनता सिर्फ रचना की अन्तर्वस्तु से जुड़ा प्रश्न नहीं है। यह शिल्प और भाषा का भी प्रश्न है। शिल्प और भाषा में पुरानेपन के साथ एक नई अन्तर्वस्तु लेकर की गई रचना समकालीन नहीं बन सकती। समकालीनता निजी काव्य मुहावरा नहीं है जिसे एक बार साधकर हमेशा के लिए काम चलाया जा सके। वस्तुतः हर महत्त्वपूर्ण रचना अपनी समकालीनता को अर्जित करने की एक सतत् प्रक्रिया है और प्रविधि भी। समकालीनता को अर्जित करना और करते रहना, एक सतत् प्रक्रिया है। अगर यह प्रक्रिया किसी रचनाकार में रुक जाती है या रचनाकार ही उसके प्रति उदासीन हो जाता है तो बहुत सम्भव है कि अपने समय में सबसे अधिक समकालीन रहा रचनाकार, रचनारत रहते हुए भी देखते-ही-देखते अपनी अगली पीढ़ी के रचनाकारों के लिए और रचना परिदृश्य के लिए समकालीन न रह

जाए। सुमित्रानन्दन पन्त अपनी सृजनात्मकता के उत्तरार्ध में उसी तरह समकालीन नहीं रह पाए जैसे वे छायावाद के दौर में थे। लेकिन ठीक-ठीक यही बात निराला पर लागू नहीं होती। केदानाथ सिंह की एक कविता से रूपक उधार लेकर कहा जा सकता है कि तालस्ताय की उस साइकिल को जिसने धूल झाड़कर इतिहास में प्रवेश किया था उसे हर आदमी और हर समय के पीछे-पीछे घंटी बजाकर बाहर निकलने का रास्ता खोजना होता है। कई बार दो अलग-अलग समयों के रचनाकार किसी खास क्षण में आपस में समकालीन हो सकते हैं जबकि एक ही समय के दो महत्त्वपूर्ण रचनाकार आपस में सबसे कम समकालीन लग सकते हैं। मुझे तो यह भी लगता है कि एक ही समय में कई समकालीनताएँ समान्तर रूप से विद्यमान होती हैं।

एक एशियाई समाज में जहाँ सड़क पर बैलगाड़ी और कार एक साथ मौजूद हों, बगल की पटरी पर रेलगाड़ी चल रही हो और आसमान में हवाई जहाज। जहाँ अबेकस और केलकुलेटर का इस्तेमाल एक साथ हो रहा हो, वहाँ एक रचनाकार एक ही समय में मौजूद कई अलग-अलग समयों का समवर्ती होकर भी, या होकर ही समकालीन हो सकता है। कभी-कभी लगता है कि हमारी समकालीनता कुछ उलझी हुई पहेली है। इसमें कबीर और 9/11 के बाद की रचना किसी खास क्षण में समकालीन हो सकते हैं। केदारनाथ सिंह समय का ऐसा ही रसायन तैयार करते हैं :

कि आपको लगेगा जैसे ब्रह्मसूत्र
पढ़ रहा है मुक्तिबोध को
और शाकुंतल का हिरन
कुछ कह रहा है पद्मावत के तोते से
और बीजक का कोई पद
किसी पोथी से छिटककर
मनु से बहस कर रहा है
और रासो की कोई सबसे पुरानी प्रति
धीरे-धीरे गुनगुना रही है
किसी युवा कवि की अप्रकाशित कोई कविता।

अस्सी के दशक में आए कवि अजीत चौधरी अपनी एक छोटी-सी कविता में समकालीनता को एक अलग ढंग से देखने की कोशिश करते हैं। उनके लिए *घास का अनाम फूल और मैदान पर झुक आया तारा समकालीन हैं। छाया और धूप समकालीन हैं।* और इसी तरह *मूर्तियों की चुप्पी और कविताएँ समकालीन हैं।*

जीवन की अन्य अभिव्यक्तियों में जो समकालीनता है, रघुवीर सहाय कविता की समकालीनता को उससे अलग नहीं करते। दो विपरीतताओं के बीच एक समकालीनता हो सकती है और यही शायद उसकी द्वन्द्वात्मकता है।

3

समकालीन कविता में समकालीनता का तत्त्व क्या है? इस प्रश्न को उठाते हुए रघुवीर सहाय मानते हैं कि *समकालीनता मानव भविष्य के प्रति पक्षधरता का दूसरा नाम है।* इस तरह समकालीनता एक वैचारिक या विचारधारात्मक प्रवर्ग या श्रेणी बन जाती है। क्योंकि इसी टिप्पणी में मानव भविष्य को स्पष्ट करते हुए उन्होंने लिखा कि *मानव भविष्य में एक ऐसे जीवन की कल्पना निहित है जिसे आज की भाषा में समाजवादी कहते हैं।* पक्षधरता की यह अवधारणा समकालीनता को एक राजनीतिक प्रत्यय भी बना देती है। विजेन्द्र इसे सौन्दर्यशास्त्र की श्रेणी में लाते हुए लिखते हैं कि *जनतन्त्र में यह सर्वहारा की शक्ति को स्वीकारने का संकेत है। जनतन्त्र की इस प्रतिज्ञा को यदि कोई कवि नहीं निभाता तो उसके समकालीन होने पर संदेह होगा और न वह अपने समय की मुख्य सामाजिक गतिकी को पकड़ पाएगा।* विजेन्द्र मानते हैं कि अगर ऐसा नहीं होगा तो यह समकालीनता से स्थगन है, पलायन है। उनके लिए अपने समय में लिखना एक बात है। *समकालीन होना दूसरी बात। एक बड़ा और समर्थ कवि वही है जो अपने समय में लिखकर समकालीन भी है।* और इसलिए वे मानते हैं कि इस समय अनेक कवि मुख्य सामाजिक गतिकी को नहीं पकड़ पाने के कारण समकालीन नहीं हैं। विजेन्द्र भारतीय वर्ग समाज को नए सिरे से रचने वाले सर्वहारा और उसके संघर्ष को जनतन्त्र की प्रमुख अन्तर्वस्तु मानते हैं। तय है कि काफी कुछ समानता के बावजूद समकालीनता के बारे में रघुवीर सहाय और विजेन्द्र की दृष्टि में कुछ अन्तर है। दृष्टि की यह भिन्नता दोनों कवियों की कविता में ही एक भिन्नता पैदा नहीं करती उनकी समकालीनता भी कुछ अलग हो जाती है। मतलब यह कि समकालीन कविता की कोई कामन केमिस्ट्री या समान राजनीतिक सामाजिक दृष्टि सम्भव नहीं है। इस समकालीनता में एक किस्म की समसामयिकता अन्तर्निहित है। बकौल साहीजी के जिसके कारण *अनावश्यक अतीत से छूटकर हम वर्तमान में फैल जाते हैं और जीवित मानवता के साथ समन्वित हो जाते हैं।*

4

समय की सामाजिक गतिकी की बात करने के बावजूद विजेन्द्र और रघुवीर सहाय दृष्टि के प्रश्न को इतना प्रमुख बना देते हैं कि समकालीनता का जो प्रमुख घटक है याने समय, उसका प्रश्न कहीं पीछे छूट जाता है या धुँधला जाता है। समकालीनता में यही सवाल शायद सबसे टेढ़ा है। कई बार लगता है कि प्रासंगिकता और समकालीनता एक-दूसरे में गड्ड-मड्ड हो गए हैं। येहूदा अमीखाई की कविता की एक पंक्ति है—*देखो, जैसे समय कभी नहीं होता घड़ी के भीतर...।* समकालीनता

का समय भी घड़ी या कैलेण्डर की तिथियों में नहीं होता। युवा आलोचक सुधीर रंजन मानते हैं कि हमारे अपने सन्दर्भ में उन्नीसवीं सदी की शुरुआत 1857 के विद्रोह से और बीसवीं सदी की शुरुआत 1947 में मिली आजादी से मानी जानी चाहिए। जिस तरह इरिक हाब्सबाम बीसवीं सदी की शुरुआत प्रथम विश्वयुद्ध से प्रस्तावित करते हैं जिसके अन्त में रूसी क्रान्ति सफल हुई।

स्पष्ट है कि कोई भी ऐसी घटना जो देश या अन्तर्राष्ट्रीय स्तर पर समय को पूर्व और बाद में विभाजित कर देती हो जैसा विश्वयुद्ध, रूसी क्रान्ति या आजादी ने किया, समकालीनता के निर्धारण के लिए जरूरी होगी। इस तरह समकालीनता इतिहास की निरन्तरता से बाहर और विच्छिन्न समय की अलग इकाई नहीं होगी। दृष्टि का प्रश्न भी इसी में अन्तर्निहित होगा। वर्तमान में समकालीन कविता पर बात करते हुए क्या हम ऐसी तिथियों को तय कर सकते हैं? यह थोड़ा विवादास्पद मामला है। देश के स्तर पर एक तिथि 1975 का आपातकाल हो सकती है। जब पहली बार भारतीय बुर्जुआजी का आंतरिक संकट आत्यंतिक रूप से सामने आया और ऐसे संकट के समय उसका चरित्र क्या होगा, वह आत्यंतिक रूप से किन हथकंडों का इस्तेमाल करेगा और किन जनविरोधी हदों तक जाएगा, इसकी एक बानगी भारतीय समाज के सामने एक भयावह खतरे के रूप में उजागर हुई। दूसरी तिथि सोवियत संघ में समाजवादी महास्वप्न के विघटन की मानी जा सकती है। शीतयुद्ध की समाप्ति। विश्व समाज का मोनोपोलर होना। अमरीकी साम्राज्यवाद का अत्यधिक शक्तिशाली होते जाना। प्रौद्योगिकी, उदार अर्थनीति और मुक्त बाजार। भूमण्डलीकरण और नई सैद्धान्तिकी। ये कुछ ऐसे मुद्दे हो सकते हैं जिनके आधार पर वर्तमान कविता में समकालीनता की हदें तय की जा सकती हैं।

5

मुझे लगता है कि सत्तर के दशक में विशेष रूप से आपातकाल के बाद की कविता केवल मूल्य के स्तर पर ही नहीं, अपनी संरचना और स्वभाव में भी पहले की कविता के बनिस्बत ज्यादा जनतान्त्रिक हुई और अपने कुछ अधिक विशिष्ट होने के दर्प से बाहर आई। उसने गद्य और कविता के लिए बने हुए अलग-अलग किस्म की भाषा-भंगिमा के कटघरों को तोड़ दिया। जो प्रेमचन्द और प्रसाद के यहाँ ज्यादा स्पष्ट नज़र आते थे और अज्ञेय, मुक्तिबोध और अमरकान्त और परसाई की भाषा में कुछ धुँधले होने के बावजूद मौजूद थे। इस कविता ने प्रगतिवाद की कविता परम्परा को अपने लिए पुनः आविष्कृत किया और आत्मसंघर्ष के साथ ही जीवन के व्यापक और बाह्य संघर्ष से अपना रिश्ता जोड़ा। इस कविता ने उत्तर आधुनिक विमर्श और

औपनिवेशिक मानसिक ग्रन्थियों के विरुद्ध एक सक्रिय प्रतिरोध के रूप में कविता में अपनी स्थानीयता को खोजा और दर्ज़ किया। यहाँ यह स्पष्ट कर देना ज़रूरी है कि ये परिवर्तन केवल सत्तर के आसपास दृश्य पर आई कवि पीढ़ी में ही लक्षित नहीं हो रहे थे, इन्हें काव्य परिदृश्य में उपस्थित अलग-अलग पीढ़ियों के कवियों में भी लक्ष्य किया जा सकता था। नई कविता के उत्तरार्ध में आए कवि रघुवीर सहाय, केदारनाथ सिंह, कुँवर नारायण आदि में भी इसे देखा जा सकता था। लेकिन अकविता के कई कवि और यहाँ तक कि नक्सल आन्दोलन से प्रभावित कई कवि इस बदलते हुए दृश्य को नहीं समझ पाने या अपनी समकालीनता को अर्जित करने की प्रक्रिया को निरन्तरता नहीं दे पाने के कारण या तो चुप हो गए या लिखते रहने के बावजूद कम-से-कम समकालीन नहीं रह गए।

सोवियत संघ में समाजवादी व्यवस्था के विघटन के बाद विश्व परिदृश्य में बहुत तेजी से और बहुत बड़े बदलाव हुए हैं। इन बदलावों को रेखांकित करने का अर्थ यह कतई नहीं कि कविता कोई समाजशास्त्रीय मश्क़ है लेकिन वह जीवन में हो रहे बड़े परिवर्तनों से निस्पृह रहकर लिखे जाने वाला कोई भजन भी नहीं है। शीतयुद्ध की तथाकथित समाप्ति के बाद इस परिदृश्य में न केवल सामाजिक और राजनीतिक परिवर्तन हुए हैं बल्कि वर्चस्व की शक्तियों के ही नहीं, सामान्य मनुष्य के व्यवहार में भी बहुत सारे परिवर्तनों को लक्ष्य किया जा सकता है। नब्बे के बाद की कविता में एक महास्वप्न के बिखर जाने की उदासी और निराशा के साथ ही वर्चस्व की शक्तियों, मुक्त बाजार और प्रौद्योगिकी की आक्रामकता, उद्दण्डता और हिंसा के प्रति गहरे क्षोभ और प्रतिरोध को भी सुना-पढ़ा जा सकता है। समकालीन कविता की दुविधाओं और बेचैनियों को वाल्टर बैन्जामिन के इस कथन के परिप्रेक्ष्य में समझे जाने की कोशिश की जानी चाहिए कि *प्रौद्योगिकी के कारण मानव मन को जटिल किस्म की ट्रेनिंग लेनी पड़ी है।* इस प्रौद्योगिकी का चरित्र और भाषा क्लासिकल औद्योगिकीकरण के चरित्र और भाषा से आत्यन्तिक रूप से भिन्न है। प्रौद्योगिकी और जरायु पूँजीवाद की सैद्धान्तिकी की आक्रामकता को बिल गेट के इस कथन में सुना जा सकता है कि *इंटरनेट एक प्रचंड लहर है जो कम्प्यूटर इंडस्ट्री को अपनी लपेट में ले रही है और बहुत से लोग जो इस लहर में तैरना सीखने में संकोच करेंगे, डूब जाएँगे।* कहना न होगा कि समकालीन कविता नई प्रौद्योगिकी और बाजार की आक्रामक उद्दण्डता के विरुद्ध प्रतिरोध का नया पाठ है। वह अभी नई हिकमतों को तलाश रही है। उसकी बेचैनियाँ और दुविधाएँ उसकी समकालीनता का साक्ष्य हैं।

[भारतीय उच्च अध्ययन संस्थान शिमला और इलाहाबाद विश्वविद्यालय हिन्दी विभाग द्वारा समकालीनता का प्रश्न और हिन्दी साहित्य विषय पर आयोजित सम्भाषिका में पढ़ा गया आलेख।]

समकालीन कविता के संकट

[कविता की कक्षा में एक बैक बेंचर कवि की कुछ टिप्पणियाँ]

समकालीनता के पद का निर्धारण मुझे लगता है समय को विभाजित करने वाली ऐतिहासिक घटनाओं के सन्दर्भ में ही किया जाना चाहिए। लेकिन अक्सर अपनी सुविधा के अनुसार इस पद का उपयोग बहुत मनमाने ढंग से कर लिया जाता है। अपनी सुविधा से उसका विस्तार या संकुचन कर लिया जाता है। इस तरह के अमूर्तन समकालीनता को एक अमूर्त पद बना देते हैं। मैं सोचता हूँ कि एक महाजाति के जीवन में घटित हुई एक ऐसी घटना जो सामूहिक मन-मस्तिष्क को विचलित कर डालती है, जो समय को अवधारणात्मक या मानसिक स्तर पर उस घटना के पहले और बाद में की स्थितियों में बाँट देती है, उसे समकालीनता को निर्धारित करनेवाली एक सीमा-रेखा मान लिया जाना चाहिए। इसमें कोई संदेह नहीं कि ऐसी हर बड़ी घटना मात्र एक घटना भर नहीं होती। न वह किसी एक क्षण में घटित होती है और न उस खास क्षण में वह समाप्त होती है। वह एक वृहत प्रक्रिया होती है जिसके सूत्र उसके अतीत और भविष्य में दूर तक फैले होते हैं। लेकिन उसका एक आत्यन्तिक क्षण होता है जिसे एक विभाजक रेखा की तरह स्वीकार किया जा सकता है। स्वतन्त्रता का संघर्ष एक सतत् प्रक्रिया है लेकिन फिर भी हम 15 अगस्त, 1947 को एक काल्पनिक विभाजक रेखा मानकर हमारे समय को स्वतन्त्रता पूर्व और स्वातन्त्रोत्तर में विभाजित कर लेते हैं। यह विमर्श के लिए तय की गई सुविधा मात्र नहीं है। इसे मात्र सुविधा भर मान लेना एक किस्म का सरलीकरण होगा। 85 से 90 के दशक में घटी कई महत्त्वपूर्ण घटनाओं पर विचार किया जाना हमारे जातीय मानस को समझने के लिए मुझे बहुत जरूरी लगता है। इन घटनाओं ने हमारी मानसिक बनावट में कुछ महत्त्वपूर्ण बदलाव किए हैं। हमारा मानस आज ठीक-ठीक वही नहीं है जो अस्सी या पिच्यासी से पूर्व था। किसी तरह के समाजशास्त्रीय अर्थ में मैं घटनाओं और कविता के बीच किसी सम्बन्ध को तलाशने की कोशिश नहीं करना चाहता, मैं सिर्फ समकालीनता पद की अपने लिए एक इकाई बनाना चाहता हूँ जिससे इस दौर की कविता के अन्तःकरण में हुई उथल-पुथल को समझने की कुछ

हिकमतें तलाश की जा सकें। 85 में बिलगेट्स के विण्डो का आना एक बहुत बड़ी घटना है जिसने कम्प्यूटर को उसकी विशिष्ट स्थिति से बाहर ला दिया। एक छोटे-से स्क्रीन पर ब्रह्माण्ड की परिक्रमा कर लेने वाला चूहा एक सामान्य मध्यवर्गीय की हथेली के नीचे आ गया। एकाएक ही जीवन की रफ्तार का सारा गणित बदल गया। गति के सारे पुराने समीकरण बदल गए। मानवीय सम्पर्क की जगह एक तकनीकी सम्पर्क ने ले ली। सी. एन. एन. का प्रवेश, सूचना के अधिकार और मुद्रा के प्लास्टिक मुद्रा में रूपान्तरण के साथ ही सोवियत संघ में समाजवादी समाज के पराभव ने इस समय के बीच एक विभाजक रेखा खींच दी। शीतयुद्ध की समाप्ती की घोषणा अमेरिका ने जिस आक्रामक तेवर और उद्दण्डता के साथ की, उसने एरोगेन्स को जैसे हमारे समय की मुख्य प्रवृत्ति बना दिया है। इसी के अनकरीब धार्मिक कट्टरवाद के उभार और बावरी मस्जिद के विध्वंस ने भी हमारे समय को विभाजित करने की एक रेखा खींची।

मुझे लगता है कि समकालीनता पद को इस्तेमाल करने के लिए हम इन विभाजक रेखाओं को स्वीकार किए बिना आगे नहीं बढ़ सकते। इन घटनाओं के बाद हिन्दी कविता के अन्तःकरण का आयतन बदल गया है। कविता में होने वाले बदलाव को दो और दो चार के गणित की तरह नहीं समझा जा सकता। जीवन में होने वाली उथल-पुथल और कविता के बीच का रिश्ता बहुसंस्तरीय और काफी जटिल है। मैं जीवन में हो रहे इन बदलावों और कविता की पूरी काया में हो रहे परिवर्तन के बीच जो सम्बन्ध है उसे समझने की एक प्रारम्भिक-सी कोशिश करना चाहता हूँ। इसे देखने के लिए किसी अतिरिक्त प्रमाण की ज़रूरत नहीं है कि कविता की युयुत्सा और उसकी उदासी, दोनों में फर्क आया है। *फर्क नहीं पड़ता* हमारे समय का मुहावरा नहीं हो सकता। हाथ में पकड़े हुए रिमोट का एक बटन दबते ही सामने का दृश्य बदल जाता है। की-बोर्ड पर एक गलत *की* के दबते ही चीजों के अर्थ बदल जाते हैं। हालाँकि इतने बरस बाद भी इस प्रौद्योगिकी, इसके विश्वग्राम और बाजार से बनाई गई संरचनाएँ अभी तक ठीक-ठीक आकार ग्रहण नहीं कर सकी हैं। इससे पैदा हुई थ्योरी और रचना का भी एक निश्चित चरित्र अभी तक नहीं बना है। सोवियत संघ के पराभव और नए धार्मिक कट्टरतावाद के उभार के बाद पोलिश कवि *ताद्यूश रोजेविच* ने कहा था कि *सोवियत संघ का टूटना, चर्च का प्रभुत्व, इनमें से कोई भी घटना, कला, संगीत, नाटक, कविता या दर्शन में नए रूपाकार लेकर नहीं आई है।* मुझे लगता है समकालीन कविता की सम्भवतः यह पहली सबसे बड़ी दिक्कत है। कविता इस बदले हुए समय का पूरा पोर्ट्रेट तैयार नहीं कर पा रही है। वह पर-साक्ष्य के आधार पर अलग-अलग किस्म की आँख, कान, नाक जोड़कर एक चेहरा बना भी ले तो यह चेहरा हमारे समय का सही और पूरा चेहरा नहीं होगा। कविता का

काम पर-साक्ष्य से नहीं चलता उसे अपने समय के चेहरे के नाक-नक्श खुद देखने और बनाने होते हैं। मात्र अवधारणाओं के रूपक बनाकर कविता को सम्भव नहीं किया जा सकता। प्रौद्योगिकी अपने सांस्कृतिक परिवेश के प्रति बहुत हद तक निरपेक्ष और निःसंग होती है। वहाँ विकल्पों के लिए गुंजाइश नहीं होती। वर्षों के सतत् संघर्ष के बीच जिन लोकतान्त्रिक पद्धतियों और संरचनाओं ने आकार ग्रहण किए थे, एक साइबर स्पेस या कहें कि एक साइबर जनतन्त्र उनकी जगह ले लेने की कोशिश कर रहा है। इस साइबर जनतन्त्र में न्याय के लिए उतनी लोकतान्त्रिक जगह भी नहीं है जितनी पूँजीवादी जनतन्त्र के पारम्परिक ढाँचों में विद्यमान थी। लोकतान्त्रिक स्पेस के लगातार संकुचन में समकालीन कविता एक तरह की घुटन को महसूस कर रही है। इस सफोकेशन के असर उसकी पूरी बनक में महसूस किए जा सकते हैं। इस प्रौद्योगिकी ने राष्ट्र राज्य को कमजोर किया है, समाज में दिनोंदिन बढ़ती असहिष्णुता, उद्‌दण्डता, हिंसा और आतंक इसी का उत्पाद है। हिंसा और आतंक इस दौर की कविता की प्रमुख चिन्ता हैं। सम्भवतः हिन्दी में हिंसा और आतंक को लेकर इतनी अधिक कविताएँ पहले कभी नहीं लिखी गईं। यह निरा संयोग नहीं कि कुमार अंबुज के एक संग्रह का नाम ही *क्रूरता* है। वरिष्ठों में चन्द्रकान्त देवताले, विष्णु खरे, मंगलेश डबराल, अरुण कमल के साथ इस बीच आई एक पूरी युवतम पीढ़ी के कवि सुन्दर चन्द ठाकुर, हेमन्त कुकरेती, संजय कुंदन, मदन वात्स्यायन, निर्मला गर्ग, आशुतोष दुबे, पवन करण, आर. चेतनक्रान्ति आदि सभी में इस चिन्ता को पढ़ा जा सकता है। तद्‌भव के ताजे अंक में आशुतोष दुबे की एक छोटी-सी कविता है—रीमिक्स। यह कविता इस पूरे दौर का एक दिलचस्प रूपक तैयार करती है :

उत्तर आधुनिक काल में
अतीत और वर्तमान की गजब मिक्सिंग हुई है
हो चुके और हो रहे में
चीजें इस कदर गड्ड-मड्ड हुईं
कि एक ग्लोबल किस्म के बाजारकाल में
एक देसी किस्म का भक्तिकाल जा मिला
अभी यह सब चल ही रहा था
कि ऐन इसके बीच वीरगाथाकाल आ कूदा
फिर तो ऐसी जोरदार खुदाई मची
कि सारी कायनात पर उसकी धूल उड़ी
और साफ-साफ कुछ भी देख पाना नामुमकिन हो गया
पीपल के पीछे

और बेरी के नीचे
रीतिकाल का काँटा चैनल-चैनल गड़ गया
जो अखिल भारतीय स्तर पर मीठा-मीठा चुभा
कलियुग में त्रेता का रथ निकला
तो द्वापर का महाभारत मचा
राजसूय के बाद शान्ति स्थापना हुई
और विकास का पथ प्रशस्त हुआ

पुराण, इतिहास के कपड़े ले भागा
तो इतिहास को जिसने जो चाहा पहनाया
इससे वर्तमान के लिए एक आदर्श सम्भव हुआ
और एक दिशा मिली
जिसके तहत सब
पूरब की तरफ मुँह किए
पश्चिम की ओर चलने लगे।

[रीमिक्स : आशुतोष दुबे]

इसी तरह युवतम कवि नीलेश रघुवंशी की यह पंक्ति भी कि *आकाश समेत सारी धरती को ले लिया चपेट में,* आततताइयों ने। हमारे समय की हिंसा आतंक और आशंकाओं से भरे समय की भयावहता का ही आख्यान है।

2

इस समय की एक अजीब विडम्बना यह भी है कि इतनी बड़ी ऐतिहासिक घटनाओं के बावजूद प्रतिरोध की शक्तियों की कोई ऐतिहासिक भूमिका नहीं बन पा रही है। कोई केन्द्रीय नेतृत्व या व्यापक जन आन्दोलन नहीं है। बिना दो काँटों के घड़ी में समय को दिखाना सम्भव नहीं, बिना प्रतिरोध की शक्ति के जीवन के समय को भी एक ऐतिहासिक समय में रूपांतरित नहीं किया जा सकता। प्रौद्योगिकी ने जिस केन्द्र को अलोपित करके एक केन्द्रविहीनता का विभ्रम खड़ा किया था, प्रतिरोध की शक्तियों में भी वैसा ही विभ्रम बना हुआ है। कविता अपने केन्द्र को तलाशने के उपक्रम में अपनी प्रविधियों को तलाश कर रही है। सम्भवतः आख्यान या कहें कि छोटे-छोटे उपाख्यानों का कविता में पुनर्वास इसी कोशिश का परिणाम है। उसमें लगातार बढ़ते हुए विवरण, ब्यौरे सूचनाओं की शक्ति और उनके वर्चस्व का एक हद तक प्रभाव भी है लेकिन दूसरे छोर पर वह सूचनाओं के वर्चस्व का प्रतिकार भी हैं।

सारे ब्यौरे या विवरण मात्र सूचनाएँ नहीं हैं वे जीवन के लगभग अलक्ष्य किए जाते रहे विवरण भी हैं और जीवनानुभवों को उनके छोटे-छोटे अलक्षित ब्यौरों के साथ दर्ज़ करने का उपक्रम भी। इस कोशिश ने हमारी भाषा को सघन और गझिन बनाया है। भाषा का फैलाव हुआ है। उसकी शब्द-सामर्थ्य का विस्तार हुआ है। यह सिर्फ भाषा का विस्तार नहीं है, अनुभव का विस्तार है। आज की कविता के पास विषयों का कोई संकट नहीं है। उसमें एक साथ इतने अधिक चरित्र, घटनाएँ और दृश्य हैं जो सम्भवतः पहले कभी नहीं थे। कविता राजनीतिक और वैयक्तिक दायरों का अतिक्रमण करके बाहर आई है। व्यक्तिगत अनुभव एक सामूहिक अनुभव में अन्तर विलयित होते हुए अपना विस्तार कर रहा है। कविता की राजनीतिक दृष्टि उसकी सामाजिकता में अन्तर्निहित है। वह ज्ञान को निरपेक्ष ज्ञान बनाने की चालाकियों के विरुद्ध है। वह उसे अपने और व्यापक जीवन के सामूहिक अनुभवों के साथ, उन्हें जीवनसापेक्ष बनाते हुए उपयोग कर रही है। तय है कि इस संक्रमण की स्थिति में, जब व्यापक प्रतिरोध का कोई सम्बल उसको प्राप्त नहीं हो रहा है और साहित्यिक दृश्य पर किसी किस्म की सम्यक् आलोचना नदारत है, उसमें कई भटकाव नज़र आ सकते हैं। आते भी हैं। उसकी युयुत्सा और उसकी उदासी के बीच जिस तरह का सन्तुलन होना चाहिए वह कई बार गड़बड़ाता हुआ दिखाई देता है। बहुत बार लगता है कविता अ-पोलेटिकल होती जा रही है। उसकी युयुत्सा का स्वर सामूहिक आवाज़ की जगह वैयक्तिक खीज या झुँझलाहट भर बनकर रह जाता है। कविता एक हद तक नगरीय अधिक होती गई है। बद्रीनारायण, एकान्त और लीलाधर मण्डलोई जैसे थोड़े से ही अपवाद हैं जिनकी कविता में किसानी, लोक जीवन और दलित समाज के जीवन की छवियाँ और ध्वनियाँ मौजूद हैं, जो मध्यवर्गीय जीवन अनुभव का अतिक्रमण कर जाती हैं। कई बार लगता है कि कविता में आने वाले विवरण और ब्यौरे उसके मन्तव्यों को व्यक्त करने और उसके अर्थ को और अधिक व्यापक बनाने के बजाय उसकी आड़ बनते जा रहे हैं। हिंसा या आतंक के प्रति कविता वास्तविक मनोभावों और उसके आवेगों को प्रकट कर सकने के बजाय एक गढ़ी हुई प्रतिक्रिया बनने लगती है। प्रतिरोध की एक औपचारिकता भर। कभी-कभी यह महज एक फैशन या चालू मुहावरा नज़र आती है। ऐसा नहीं कि ये सारी प्रवृत्तियाँ, ऐब और कमियाँ समकालीन कविता में नहीं हैं। मेरा काम इस कविता की सारी खामियों को जस्टीफाई करना नहीं है। मैं तो सिर्फ इस बदल चुके परिदृश्य और लगातार बदल रहे परिदृश्य के बीच कविता में आ रहे बदलाव को समझने की कोशिश करना चाहता हूँ। यह कविता अपनी ओर से बहुत ज्यादा नहीं बोलती, वह व्यक्त और वर्णित सच्चाइयों और वास्तविकताओं को ज्यादा से ज्यादा बोलने की स्पेस बनाती है। अगर

इसमें कवि का वक्तव्य है भी तो वह एक किस्म का अण्डर स्टेटमेण्ट है, जो पंक्तियों के बीच पढ़े जाने की दरकार रखता है। यह इस कविता की एक बड़ी खूबी भी है और कई बार इसकी सीमा भी क्योंकि इस तरह एक किस्म की समझदारी या बौद्धिक विश्लेषणात्मकता युयुत्सा का स्थानापन्न भी बन जाती है।

3

युवा आलोचक जयप्रकाश ने अपने एक लेख *पाठ में कविता का सौन्दर्य* में यह प्रश्न उठाया है कि *इधर विकसित हो रहे ज्ञानाश्रयी समाज नॉलेज बेस्ट सोसाइटी में कविता का क्या स्थान दिखाई देता है? सभ्यता की गति-प्रौद्योगिकी और उससे जुड़े सांस्कृतिक बदलावों के साथ वह किस तरह से कदम मिला सकेगी?* 90 के बाद के इस पूरे समय में लिखी जा रही कविता के सामने सम्भवतः यह एक केन्द्रीय प्रश्न है। इसी का उत्तर ढूँढ़ने की कोशिश हमारे समय की कविता कर रही है और उसकी सारी हिकमतें इसी प्रश्न का उत्तर देने की कोशिश हैं। मुझे लगता है कि जिसे ज्ञानश्रयी समाज का नॉलेज बेस्ड सोसाइटी कहा जा रहा है वह सूचनाश्रयी समाज है, इन्फार्मेशन बेस्ड सोसाइटी है। इसने सूचना की शक्ति को ब्रह्म शक्ति मान लिया है। वह सूचना को ज्ञान का स्थानापन्न मानने और मनवाने की जिद ठाने है। समकालीन कविता सूचनाओं के वर्चस्व की जगह जीवन के अलक्षित विवरणों और जीवन के छोटे-छोटे आख्यानों को रचकर इस ज्ञानाश्रयी या सूचनाश्रयी समाज का ही एक प्रतिआख्यान रचने की कोशिश कर रही है। इतना तो मानना ही होगा कि इस कविता ने जीवन द्रव्य के विलुप्त होते जा रहे स्रोतों को पुनः तलाशने और जीवित करने की कोशिश की है। इसी कोशिश में वह वर्चुअल रियलिटी को विश्वसनीय बनाने की कोशिश करने के बजाय जीवन के छोटे-छोटे प्रसंगों को अपनी काव्य वस्तु बनाकर, आभासी यथार्थ के बरक्स एक वास्तविक जीवन का यथार्थ रचना चाहती है। हो सकता है कि विचारधारा के प्रति पहले जैसे हठ और प्रतिबद्धताओं का कुछ अभाव-सा यहाँ दिखाई दे, कुछ भटकाव भी लेकिन वह जीवन दृष्टि को विचार के बजाय वर्ग और निम्नवर्गों के साथ तादात्म्य से प्राप्त करने की कोशिश करती जान पड़ती है। इस कोशिश के चलते ही 70 के बाद की कविता की भाषा पर विशेष ध्यान दिया जाना चाहिए। हिन्दी कविता हमेशा ही कविता की भाषा को जीवन की भाषा से अलगाने की कोशिश करती रही है। उसने हमेशा साहित्य और विशेष रूप से कविता के लिए एक अलग साहित्यिक किस्म की भाषा या भाषा-भास रचने की कोशिश की। यह महज संयोग नहीं है कि जिस दौर में छायावाद के कवि कविता

की भाषा को लगातार दुरूह बनाते चले जाने की कसरत कर रहे थे उसी दौर में हिन्दी गद्य में प्रेमचन्द की और अन्य कथाकारों की भाषा जीवन के अधिक-से-अधिक निकट होती हुई दिखाई देती है। एक ही दौर में प्रेमचन्द और पन्त की या प्रसाद और प्रेमचन्द की भाषा दो विपरीत छोरों पर खड़ी थी। कविता को हमेशा कुछ विशिष्ट बनाए रखने का यह दर्प लम्बे समय तक हिन्दी कविता में बना रहा है। कहना न होगा कि यह पहली बार सत्तर के आसपास टूटता है। कविता एक अलग और विशिष्ट साहित्यिक भाषा का लिबास उतारकर फेंक देती है और सम्भवतः पहली बार हिन्दी गद्य और कविता की भाषा के बीच का फर्क खत्म हो जाता है। मुझे लगता है इस कविता की आलोचना के सामने एक संकट यह भी है कि उसके सारे उपकरण कुछ अलग और विशिष्ट भाषा भंगिमाओं में लिखी जाने वाली कविता को जाँचने- परखने के ही रहे हैं। आलोचना अपने पूर्व संस्कार से बाहर नहीं आ पा रही है इसलिए भी पिछले तीस-पैंतीस साल की कविता में भाषा के स्तर पर आए इस बहुत बड़े बदलाव को स्वीकार नहीं कर पा रही है।

मैं कविता की कक्षा में एक बैक बेंचर कवि हूँ, जो हाजिरी ही नहीं कभी-कभी किसी की प्राक्सी लगाकर अध्यापक का चेहरा ब्लेकबोर्ड की ओर घूमते ही बाहर निकल जाता है। कविता में आ रहे बदलाव को समझने और समझाने का काम आलोचकों और पढ़े-लिखे कवियों का है मैं शरारतन उनकी प्राक्सी मार रहा हूँ। मुझे कुमार अम्बुज की एक काव्य पंक्ति याद आ रही है जो कहती है *एक सबसे बड़ा चुम्बक है उम्मीद*। हम उस चुम्बक पर भरोसा करना चाहते हैं अपनी इस दौर की कविता के बारे में।

पर हिन्दी का प्रश्न अब हिन्दी का प्रश्न नहीं रह गया

भाषा में होने वाले महत्त्वपूर्ण परिवर्तन किसी स्वाभाविक गति नियम से अक्सर नहीं होते। भाषा में आए अप्रत्याशित नवोन्मेष उस भाषा के समाज में होने वाली किसी बड़ी उथल-पुथल, जन आन्दोलनों या समाज में उत्पादन के उपकरणों और उनके साथ बनने और बदलने वाले मानवीय सम्बन्धों में होने वाले परिवर्तनों का परिणाम होते हैं। नए परिवर्तनों को आत्मसात करने और विक्षेप की प्रक्रिया का नैरंतर्य भी भाषा में जारी रहता है। हिन्दी के नई चाल में ढलने के बाद पहला आकस्मिक नवोन्मेष छायावाद के दौर में दिखाई देता है। बीसवीं सदी के दूसरे दशक के उत्तरार्ध और तीसरे दशक के प्रारम्भ में भारतीय समाज में तीन महत्त्वपूर्ण घटनाएँ घटीं। संवैधानिक सुधार। जिसके तहत 1919 में औपनिवेशिक भारत में द्विशासन का प्रयोग किया गया। अर्थव्यवस्था में महत्त्वपूर्ण बदलाव हुए और भारतीय स्वाधीनता संग्राम में गांधी का उदय हुआ। इन घटनाओं ने हिन्दी के विकास की स्वाभाविक गति को अप्रत्याशित रूप से बदल दिया। भाषा में एक गुणात्मक परिवर्तन हुआ। हजारों नए शब्दों के प्रवेश के साथ ही अभिव्यक्ति की भंगिमाएँ और तेवर बदल गए। आधुनिक हिन्दी जैसी अवयस्क और सबसे कम उम्र की भाषा न केवल एकाएक वयस्क हो गई बल्कि वह उम्रदराज़ अन्य भारतीय भाषाओं के समतुल्य आकर खड़ी हो गई। बराबर की कदकाठी के साथ। यह वही दौर था जब गांधीजी के नेतृत्व में पहला प्रचंड साम्राज्यवाद विरोधी आन्दोलन उठ खड़ा हुआ। मताधिकार के कारण होने वाले परिवर्तनों को धता दिखाकर इस घटना ने भारतीय स्वाधीनता संग्राम की गति को एक लम्बी छलाँग में बदल दिया। भाषा में होने वाले अप्रत्याशित नवोन्मेष का दूसरा दौर मुझे लगता है 1980 के आसपास शुरू हुआ। वैश्वीकरण, मुक्त बाज़ार उदार अर्थनीति, नई प्रौद्योगिकी और सूचना संचार की क्रान्ति ने सामाजिक और मानवीय सम्बन्धों में एक नई उथल-पुथल पैदा की। अस्सी और नब्बे के दशक में हम अपनी भाषा में बहुत सारे नए शब्दों के आकस्मिक प्रवेश को रेखांकित कर सकते हैं। भाषा फिर एक संक्रमण की स्थिति से गुजरती प्रतीत होती है। इसमें बहुत सारी नई और नकली भंगिमाएँ भी

दिखाई दीं। नए किस्म की चुस्त, चाकचौबन्द और चतुर मुहावरेबाजी। आधुनिकता का भ्रम देती, अकारण चलाई जाने वाली अमूर्त अवधारणाएँ। भाषा में आया पहला परिवर्तन अगर साम्राज्यवाद के विरुद्ध जन संघर्ष के कारण पैदा हुआ था तो दूसरा परिवर्तन कुछ हद तक साम्राज्यवाद से समझौते और समर्पण की राजनीति का परिणाम है। पहले परिवर्तन के लिए भाषा ने अपनी शब्द सम्पदा को समृद्ध करने के लिए अपने जातीय स्रोतों की तलाश की थी लेकिन इस नए परिवर्तन में वह नकल और अनुवाद का मुँह जोहती ही ज्यादा दिखाई देती है। यह महज संयोग नहीं है कि भाषा में आए पहले नवोन्मेष की अनुगूँज सबसे पहले कविता और सृजनात्मक साहित्य की भाषा में सुनाई दी थी। उसने बदली हुई संवेदना और सृजनात्मकता को नए शब्द और नई भंगिमाएँ दी थीं। जबकि इस दूसरे परिवर्तन की पदचाप साहित्यिक थ्योरी, आलोचना और विज्ञापन की भाषा में ही ज्यादा सुनाई दे रही है। संघर्ष और समझौते के बीच का फर्क ही इन भाषा भंगिमाओं के बीच का फर्क भी है।

2

वैश्वीकरण का नवउदारवाद कल्याणकारी राज्य की अवधारणा का विलोम है। इस नवउदारवाद से समझौता करने में सोशल डेमोक्रेट, दक्षिणपंथी शक्तियों से न तो एक कदम पीछे हैं न चारित्रिक रूप से भिन्न हैं। सत्ता प्राप्त करने के लिए दोनों ही शक्तियाँ नई अर्थनीतियों के प्रति अपनी वफादारी सिद्ध करने की होड़ में लगी हैं। आर्थिक संकटों के चलते श्रम के लिए नई सुविधाएँ और छूट देने के जो विकल्प कल्याणकारी राज्य में पूँजीवाद ने पैदा किए थे वे लगभग निरस्त हो चुके हैं और अब पूँजीवाद उन पर हमले करने पर उतारू है। श्रमिकों और किसानों को मिलने वाली सुविधाओं और सब्सीडियरी को खत्म करने के दबाव बढ़ाए जा रहे हैं। यह वैश्वीकरण का वास्तविक चेहरा है। खूँखार और आक्रामक। नवउदारवाद में श्रमशील जनता के प्रति किसी किस्म की उदारता की कोई गुंजाइश नहीं है। तीसरी दुनिया के मुल्कों के जनतन्त्र के अंतःकरण का आयतन सीमित हो रहा है, सिकुड़ रहा है। इसकी पोषाक जितनी भड़कीली है, इसकी भाषा उतनी ही आक्रामक है। इसमें शर्म, संकोच, लिहाज या शोषित पीड़ित गरीब जनता के प्रति एक दिखावटी प्रेम के लिए भी शब्द नहीं बचे हैं। इसमें उजड्डता और उद्दण्डता की आक्रामक मुद्राएँ हैं। वह लालच पैदा करनेवाले जुमलों और छवियों से लदी हुई भाषा है। यह संकट सिर्फ हिन्दी के सामने ही नहीं, सभी भारतीय भाषाओं के सामने मुँह बाये खड़ा है। नवउदारवाद एक ऐसा बाँझ प्रत्यय है जिसमें नए उत्पादन की क्षमताएँ नहीं हैं। वह सिर्फ पूँजी के

पुनर्वितरण का प्रपंच रच रहा है। विकास की दर में तेजी से आई गिरावट ने बेरोज़गारी के आँकड़ों को अपनी अतियों तक पहुँचा दिया है। एक आँकड़े के अनुसार अमीरी-गरीबी के बीच का अनुपात एक और पिचहत्तर हो गया है। असमानता अपनी सीमा पार कर चुकी है। दक्षिणपंथी शक्तियाँ और सोशल डेमोक्रेट्स दोनों ही इससे नज़र चुराने और इस संकट से बचने के नए-नए बहाने ढूँढ़ रहे हैं। गैरज़रूरी विवाद पैदा करके जनता को भ्रमित कर रहे हैं। एक-दूसरे पर आरोप मढ़ रहे हैं। असल मुद्दों से भटकाने के लिए नए-नए वितण्डे खड़े किए जा रहे हैं। दक्षिणपंथी इसे कभी अल्पसंख्यकों के सिर थोप देते हैं, कभी घुसपैठियों के। समाज में साधुओं, साध्वियों, धार्मिक गुरुओं और प्रवचनकारों की एक भीड़ धरती फाड़कर मंच पर आ गई है। हिन्दी के अखबार और इलैक्ट्रॉनिक मीडिया परेशानहाल भारतीय मनुष्य को धर्म, अध्यात्म और ज्योतिष की शरण में जाने का रास्ता दिखा रहा है। समाचारों के चैनल से ज्यादा इस समय धार्मिक और आध्यात्मिक प्रवचनों के चैनल हैं। समाचार की भाषा सनसनी और जासूसी के कारनामों से भरी है। साफ्ट पोर्नोग्राफी और खतरनाक एक्शन की फिल्मी भाषा आज के युवा की भाषा और देह भाषा दोनों को विकृत करने में लगी है।

3

वैश्वीकरण नए साम्राज्यवाद का सिर्फ एक व्यापारिक या आर्थिक आक्रमण नहीं है। उसकी मंशा आर्थिक और राजनीतिक प्रभुत्व पाने की ही नहीं, सांस्कृतिक प्रभुत्व पाने की भी है। भाषा संवाद का माध्यम भी है और संस्कृति की वाहक भी। औपनिवेशिक दौर में हिन्दी या भारतीय भाषाओं को नष्ट करने या विकृत करने में साम्राज्यवाद सम्भवतः इसलिए सफल नहीं हो सका क्योंकि अपनी भाषाओं का गौरव और उन्हें विकसित करने की प्रक्रिया स्वाधीनता संग्राम का अनिवार्य हिस्सा थी। हमारी भाषाओं के लिखित रूप न केवल मौजूद थे बल्कि उनकी एक समृद्ध परम्परा भी मौजूद थी। इसलिए अफ्रीका या लातिनी अमेरिका की तरह यहाँ की भाषाओं को नष्ट नहीं किया जा सका। न्गूगी व थ्योंगो का लेख *अफ्रीकी साहित्य की भाषा* अफ्रीकी भाषाओं की त्रासदियों को समझने के लिए ही नहीं वैश्वीकरण के दौर में भारतीय भाषाओं और हिन्दी पर मँडराते नए संकट के प्रति सावधान होने के लिए भी सूत्र देता है। अफ्रीकी भाषाओं का यह संकट इस बात से ही जाना जा सकता है कि वहाँ चिनुआ एचेबे और गैब्रियल ओकारा जैसे बड़े लेखकों ने न केवल अंग्रेजी भाषा के समर्थन में वक्तव्य दिए बल्कि अंग्रेजी को ही अपनी सृजनात्मक अभिव्यक्ति का भी माध्यम बनाया। चेख हामिदु काने का यह वाक्य

कि *तोपों से शरीर पर अधिकार किया गया और स्कूलों से आत्मा पर,* हमें अपनी वर्तमान स्थितियों के प्रति जितना विचलित करता है उतना ही सावधान भी करता है। थ्योंगो के इसी लेख में जाफरी मूर हाउस के विचारों का एक उद्धरण है कि *महत्त्वपूर्ण बात यह है कि अंग्रेजी को उपनिवेशवाद का प्रतीक मानकर अस्वीकार नहीं किया गया, उल्टे इसे यह मानकर अपनाया गया कि यह कबीलावाद के कलंक से मुक्त राजनीतिक तौर पर एक तटस्थ भाषा है।* यह दिलचस्प संयोग ही है कि पिछले दिनों दलित लेखक चिन्तक चन्द्रभान प्रसाद का एक लेख प्रकाशित हुआ–*दलितों का उद्धार करेगी अंग्रेजी।* इसमें भी इससे मिलता-जुलता तर्क दिया गया है कि *एक अन्तराल के बाद दलितों ने महसूस किया कि एकमात्र अंग्रेजी माता ही है जो जातिभेद मिटा सकती है।* चन्द्रभान प्रसाद का मत है कि *अंग्रेजी माता दलितों को सदियों से हो रहे अत्याचार और उत्पीड़न से मुक्त होने का मौक़ा देकर इस वर्ग को मजबूती दे सकती है।* चन्द्रभान इस बात के लिए लार्ड मैकाले का शुक्रिया अदा करने का आग्रह करते हैं कि उनके कारण ही देश में पहली बार अछूत लोग शिक्षा प्राप्त करने लायक बन सके। चन्द्रभान की तकलीफ सच्ची है और विचलित करती है। लेकिन अंग्रेजी भाषा इसका हल है इससे सहमत नहीं हुआ जा सकता। हिन्दी कभी भी उच्च जातियों की बपौती नहीं रही। हिन्दी इस देश की निर्धन जनता के संघर्षों के बीच पैदा हुई और विकसित हुई। अंग्रेजी के पक्ष में दलील देने वाले एक तरफ चन्द्रभान प्रसाद हैं तो दूसरे प्रीतीश नन्दी जैसे अंग्रेजी के पत्रकार हैं। उनका एक लेख हाल में प्रकाशित हुआ है–*अंग्रेजी भी बनेगी भारतीय मेधा की प्रतीक*। प्रीतीश नन्दी मानते हैं कि भारतीय समाज में जाति समुदाय और धर्म पर आधारित राजनीति से प्रेरित सारे विभाजन गौण हो चुके हैं और सिर्फ एक विभेद अस्तित्व में है, वह है अंग्रेजी जानने वाले और न जानने वाले लोगों का। उनका मानना है कि वैश्वीकरण के बढ़ने के साथ-साथ अंग्रेजी विश्व के साथ ही देश के भीतर भी सम्बन्धों को जोड़ने वाले सबसे बड़े औजार के रूप में विकसित होती जाएगी। उनकी अंग्रेजी का जनाधार क्या है यह उनके इस कथन से स्पष्ट हो जाता है कि *अंग्रेजी भाषा ने मेट्रो इंडिया को बाँध रखा है। यह व्यवसाय और व्यापार की भाषा है, यह शिक्षित मध्यवर्ग की भाषा है।* उनका मत है कि यह हमारे आज की भाषा है। हिन्दी और अंग्रेजी का मिश्रण तो हो ही गया है। और इस सबसे उन्हें ऐसा लगता है कि हम अंग्रेजी को मिलाकर एक नई मातृभाषा रच रहे हैं। मतलब यह कि अब मेट्रो इंडिया और व्यापार व्यवसाय की भाषा ही हमारी भाषा होगी। मध्यवर्ग की भाषा ही विराट जनता की भाषा का फैसला करेगी।

हिन्दी पर हो रहे ये आक्रमण कितने ही शेखचिल्लियाना लगें लेकिन इनके पीछे

छिपी खतरनाक मंशाओं को समझना ज़रूरी है। यह हमला वैश्वीकरण की सांस्कृतिक नीतियों का योजनाबद्ध और सुविचारित हमला चाहे न हो लेकिन यदि यह सुविचारित और योजनाबद्ध नहीं भी है तो भी यह वैश्वीकरण द्वारा पैदा की जा रही सोच का ही परिणाम है। किसी मुगालते में बने रहकर अखबार और इलैक्टॉनिक मीडिया और बुद्धिजीवियों द्वारा रचे जा रहे इस दुश्चक्र के प्रति असावधान नहीं हुआ जा सकता। हिन्दी ज्यादा निशाने पर है। लेकिन अन्य भारतीय भाषाभाषी लोगों को इसे स्पष्ट रूप से समझ लेना चाहिए कि हिन्दी को नष्ट करने में अगर वैश्वीकरण की नीतियाँ सफल होती हैं तो उनके लिए अन्य भारतीय भाषाओं को नष्ट करने का रास्ता बहुत आसान हो जाएगा।

एक कवि की दूसरी नोटबुक

सृष्टि और कविता

कविता उतनी ही प्राचीन है जितनी यह सृष्टि। बल्कि चारलोटी कुशमन तो कहता है कि सृष्टा ने जब सृष्टि की कल्पना की तो वह एक कविता थी। पुराण, बाइबल, कुरान आदि ग्रंथों में सृष्टि की उत्पत्ति को लेकर रची गई कथाओं में कविता या कला के साथ उसके सम्बन्ध की कोई कल्पना नहीं दिखाई देती। चारलोटी कुशमन की यह कथा उनसे ज्यादा अर्थवान और दिलचस्प है क्योंकि इसमें सृष्टि और कला के आदिम सम्बन्ध की कल्पना की गई। बल्कि सृष्टि की उत्पत्ति को कला की उत्पत्ति के रूपक में ही व्याख्यायित किया गया। तय है कि मनुष्य जब भी विकसित हुआ होगा वह कल्पनाशीलता और चेतना से विहीन नहीं रहा होगा। उसने जिस तरह आग, भाषा, आवास और मानवीय सम्बन्धों को रचा होगा, क्या वह कविता और कला का ही आदि स्वरूप नहीं है? रामचन्द्र शुक्ल ने लिखा है कि *कविता सृष्टि सौन्दर्य का अनुभव कराती है*। सृष्टि के सौन्दर्य और भयावह सौन्दर्य को महसूस करने के बाद ही मनुष्य ने देवताओं से लेकर टोने-टोटकों और जादू-मंतर आदि की कल्पनाएँ की होंगी। नाट्यम में उद्धृत चारलोटी कुशमन की कथा कला के मूल स्रोतों की कल्पना करती है। कहती है कि *सृष्टा ने जब सृष्टि की कल्पना की तो वह एक कविता थी। जब उसने इस परिकल्पना को साकार रूप दिया तो वह वास्तुशिल्प था, स्थापत्य कला थी। जब इसे उसने रंगों से भर दिया तो वह चित्रकला हो गई और अन्त में ब्रह्मा ने जब इसे प्राणियों और मनुष्यों से आवास्य कर दिया तो यह भूमंडल मंच एक दिव्य और शाश्वत नाटक बन गया।*

भाष्य के साथ खेल करने की थोड़ी छूट ली जाए तो इस कथा की एक व्याख्या यह भी की जा सकती है कि नाटक ही एक ऐसी कला है जो मनुष्य के सृष्टि में आने के बाद सम्भव हुई, बाकी कलाएँ उससे पहले ही रची जा चुकी थीं। और कथा जिसका इस सृष्टि कथा में कहीं कोई उल्लेख नहीं वही वास्तव में मनुष्य द्वारा ईजाद की गई सबसे आधुनिक कला है।

मुक्तिबोध की डायरियाँ

मुक्तिबोध की डायरियों के तीन तरह के सम्पादन अब तक हुए। पहला तो मुक्तिबोध ने ही किया था *एक साहित्यिक की डायरी* के नाम से। इसमें दस टिप्पणियाँ थीं। फिर मुक्तिबोध की मृत्यु के बाद श्रीकान्त वर्मा ने इसमें तीन टिप्पणियाँ और जोड़ दीं कुटुयान और काव्य सत्य, कलाकार की व्यक्तिगत ईमानदारी एक तथा दो। *मुक्तिबोध रचनावली का* सम्पादन करते हुए नेमिचन्द्र जैन ने उस दौर में छपी और बिना छपी, पूरी और अधूरी सभी टिप्पणियों को एक जगह कर दिया। मुझे लगता है कि मुक्तिबोध के द्वारा सम्पादित *एक साहित्यिक की डायरी* को अलग से देखा जाना चाहिए और बाकी उसी दौर में साहित्यिक की डायरी की तरह ही लिखी गई रचनाओं का एक अलग हिस्सा बनाकर विचार किया चाहिए। सिर्फ दस टिप्पणियों को ही साहित्यिक की डायरी में रखने के पीछे मुक्तिबोध का मन्तव्य क्या रहा होगा, इसे जानना चाहे मुश्किल हो पर अनुमान तो किए ही जाने चाहिए। कभी-कभी ऐसे अनुमान भी कुछ नई बातों को जन्म देते हैं।

यूँ ये डायरियों जैसी डायरियाँ नहीं हैं। डायरी का फार्म भी इनमें नहीं है। ये छोटे-छोटे निबन्ध जैसे हैं। इन्हें पर्सनल एसेज़ या ललित निबन्धों की श्रेणी में नहीं रखा जा सकता। ये आख्यानात्मक गद्य है। इसमें रूपक हैं, बिम्ब हैं, दृश्य है। स्वगत और संवाद का एक ड्रामा है। विचार से पहले मुक्तिबोध विचार का एक रूपक-सा तैयार करते हैं। कई बिम्ब, पारिवारिक और सामाजिक दृश्य, फंतासियाँ और स्वगत और संवाद की मिली-जुली तकनीक से मुक्तिबोध एक तरह का नाटक तैयार करते हैं। विचार और नाटक का यह युग्म रचना-प्रक्रिया और सौन्दर्यशास्त्र के प्रश्नों को सामाजिक प्रश्नों से जोड़ता है। मुझे लगता है कि मुक्तिबोध के दिमाग में यह बात रही होगी कि सौन्दर्यशास्त्र के या रचना-प्रक्रिया के जो प्रश्न हमेशा साहित्यिकों तक ही सीमित रह जाते हैं। उन्हें सामान्य पाठकों के बीच भी ले जाया जाना चाहिए। इसलिए उन्होंने साहित्यिक प्रश्न और सामाजिक या कहें कि वृहत मानवीय प्रश्नों को मिलाकर उनका एक ऐसा ड्रामा

तैयार करने की कोशिश की जो इन प्रश्नों को सीमित साहित्यिकों से बाहर सामान्य पाठकों तक ले जा सके। इसलिए मुझे साहित्यिक की डायरी का फार्म बहुत दिलचस्प लगता है। अक्सर इसमें छोटे-छोटे संवादात्मक निबन्ध हैं। बहसें हैं। तीसरा क्षण जो कमोबेश एक थोड़ा लम्बा निबन्ध है उसमें तीसरे क्षण या रचना-प्रक्रिया वाली बात पर आने से पहले तक पूर्वरंग जैसा है जो स्वगत और संवाद की शैली में है। उसे एक छोटी दर्शक संख्या के लिए नाटक के रूप में प्रस्तुत किया जा सकता है। कई छोटे-छोटे रूपक, कई छोटे-छोटे दृश्य वहाँ उभरते हैं। बावड़ी है, उसमें सीढ़ियाँ हैं, अँधेरा है और अन्तिम सीढ़ी पर बैठा *मैं* है। अन्य टिप्पणियों में भी कई प्रश्न हैं, एक मित्र की पत्नी का प्रश्न चिह्न, उसमें कई पारिवारिक दृश्य और सवाल आते हैं। तो इन निबन्धों का जो फार्म है वह न तो पूरी तरह वैचारिक निबन्ध वाला है न ललित निबन्ध वाला, यह कुछ हद तक कथात्मक निबन्ध हैं।

2

नेहरू के आभा मंडल के प्रति एक किस्म के मोह के बावजूद नई कविता का दृश्य एक विभाजित दृश्य है। मुझे लगता है साठ के आसपास जब नेहरू युग से मोहभंग होना शुरू हुआ उसके असर में यह दरार और अधिक चौड़ी होती गई। अज्ञेय और मुक्तिबोध का फर्क यहीं प्रकट होता है। मुक्तिबोध नेहरू के पक्ष में होते हुए भी नेहरू युग का एक क्रिटीक भी तैयार कर रहे होते हैं। तीसरा क्षण में गांधी को लेकर मुक्तिबोध की एक टिप्पणी है कि *गांधीवाद ने भावुक कर्म की प्रवृत्ति पर कुछ इस ढंग से जोर दिया है कि सप्रश्न बौद्धिक प्रवृत्ति दबा दी गई है। असल में यह गांधीवादी प्रवृत्ति प्रश्न, विश्लेषण और निष्कर्ष की बौद्धिक क्रियाओं का अनादर करती है*। गांधी बनाम नेहरू के इस वाद-विवाद में मुक्तिबोध का झुकाव नेहरू की तरफ अधिक रहा होगा।

साहित्यिक की डायरी में रचना-प्रक्रिया को लेकर जो सारा विमर्श है वह वस्तुतः फंतासी की रचना-प्रक्रिया को लेकर ही अधिक है। नेहरू युग में जो नेहरू के आभा-मंडल के प्रति मोहित थे उनको फेन्टेसी में जाने की आवश्यकता नहीं थी। लेकिन जो नेहरू युग का एक आलोचनात्मक पाठ अपनी रचना में तैयार करना चाहते थे उनके लिए फेन्टेसी एक बाध्यता भी रही होगी और एक अनिवार्यता भी। नेहरू युग की राजनीति एक किस्म की परदे की राजनीति है। परदों के भीतर चलती राजनीति। इसके आलोचनात्मक पाठ के लिए एक अनकर्टेण्ड फार्म, परदाविहीन काव्य रूप बहुत कारगर नहीं हो सकता था। फेन्टेसी इसीलिए शायद सबसे उपयुक्त

फार्म था, जिसे मुक्तिबोध ने चुना। इसीलिए शायद रचना-प्रक्रिया की सारी बहस में वे बार-बार फेन्टेसी को केन्द्र में रखकर बात करते हैं। मुझे लगता है तीसरा क्षण की सारी बहस वस्तुतः नेहरू युग के आलोचनात्मक पाठ की कविता कैसी हो, कैसे बने, इसी का विश्लेषण या इसी की जद्दोजहद है।

3

साहित्यिक की डायरी पढ़ते हुए बार-बार एक बात बल्कि कहना चाहिए कि एक प्रश्न मुझे परेशान करता है। आइन्सटाइन की थ्योरी ऑफ रिलेटीविटी...सापेक्षता का सिद्धान्त आ चुका था। साहित्यिक हलकों में भी इसके असर थे और साहित्यिक थ्योरीज़ पर भी इसका प्रभाव पर्याप्त था। लेकिन डायरी में संशय हैं, संदेह हैं, ऊहापोह है, बेचैनी है पर सापेक्षता की चर्चा नहीं है। मुक्तिबोध अक्सर एब्सल्यूट की तरफ जाते हैं। लेकिन शायद मुक्तिबोध ही ऐसे पहले लेखक हैं जो अपने पाठक को प्रश्न करने को उकसाते हैं। हमें प्रश्नाकुल बनाते हैं। मुक्तिबोध ने साहित्य को लेकर, समाज और परिवार को लेकर, अपने से पूर्व के साहित्यिकों की रचना को लेकर जितने प्रश्न किए, शायद ही इससे पहले किसी लेखक ने किए होंगे और मुक्तिबोध की रचना और विचार ने जितने प्रश्न पैदा किए उतने प्रश्न भी पहले शायद ही किसी रचनाकार ने पैदा किए होंगे।

प्रश्न शब्द शायद उनकी कविता और गद्य दोनों में बार-बार आने वाला शब्द है। उनकी एक कविता का शीर्षक ही है *जब प्रश्नचिह्न बौखला उठे।*

शमशेर की डायरियाँ पढ़ते हुए

[एक इम्प्रेशन-सा कुछ]

नभ की सीपी जो रात्रि की कालिमा में पड़ी थी, धीरे-धीरे उषा की कोमल लहरों में धुलती और निखरती जा रही है।

28 मई 40 : प्रातः

शमशेर की डायरियाँ मुझे ऐसा लगता है, उनकी कविता का ही विस्तार और प्रदीपन हैं। कविता की पूर्व स्मृतियों-सी। आगे जाती और फिर पुकारती हुई...लौट आ ओ धार...या फूल की पंखुड़ी फिर फूल में लग जा। कविता में जैसे उनका शब्द ठोस भी है लेकिन भारहीन भी। शमशेर का वाक्य एक ऐसी स्पेस है...एक दिक, जिसमें शब्द ठोस होकर भी भारहीन होता जाता है। इसलिए वह स्थिर नहीं तैरता-सा प्रतीत होता है, अपने आसपास के अन्तराल में, शब्दान्तराल में, उसे अपनी गति, अपने प्रदीपन और मध्यम सुर से भरता हुआ। डायरी में शमशेर ने लिखा है *बीच का मध्यम सुर हर हालत में अच्छा रहता है।* शायद शमशेर की संवेदना, कविता और गद्य दोनों में, इस मध्यम सुर का अतिक्रमण नहीं करती। वहाँ हल्की हवा में उठती लहरें हैं। कहा जा सकता है कि वह एक उभयचरी संवेदना है। जितनी जल में उतनी थल में। जितनी धरा पर उतनी नभ में।

2

बिम्बहीन दर्पण-सा कुछ मैला नीला आकाश।

6 मई 40 : सुबह 10 बजे

शमशेर की अभी बहुत थोड़ी-सी डायरियाँ ही संकलित हैं। शमशेर बहादुर सिंह की कुछ गद्य रचनाएँ में और यहाँ वहाँ पत्रिकाओं में। इन डायरियों को पढ़ना एक अलग अनुभव भी है और नहीं भी। अलग शायद इसलिए कि वहाँ व्यक्तित्व के बीच कोई

हल्की-सी भी विभाजक रेखा नहीं है। साही या वात्स्यायन को शमशेर की कविता में एक विभाजन दिखता है। शायद इसलिए...याने एक व्यक्तित्व जहाँ शमशेर की राजनीति या वैचारिकता मुखर होकर प्रकट होती है। और दूसरा जहाँ उनकी कविता अपनी शमशेरियत में डूबी-सी है। डायरियाँ में तो लेकिन ये दोनों रंग एकमेक हैं। एक-दूसरे में गुँथे बुने से। डायरियाँ तो शमशेर का सबसे पर्सनल गद्य हैं। वहाँ उनका आत्म कवचहीन है। या एक और कवच ओढ़ना चाहता हुआ। जो कवच अदृश्य हो, निरहंकार, तटस्थतम निर्मलता का।

एक कवच मैं और ओढ़ना चाहता हूँ
एक अदृश्य कवच निरहंकार, तटस्थतम्
निर्मलता का।
6.3.63

3

जैसे बारिश ने अच्छी-सी चाय पी ली हो और अब देर तक जागने के लिए तैयार हो।
5.6.55

अगर सचमुच कोई विभाजन रेखा शमशेर के कवि व्यक्तित्व में है तो उसकी हल्की-सी दरार भी इस सबसे पर्सनल गद्य में क्यों नहीं?

डायरियाँ पढ़ना एक तकलीफ से गुजरने-सा है। वहाँ उनके स्वप्न हैं, इच्छाएँ हैं, उनकी तकलीफें हैं और अकेलापन है। उनकी सोच समझ है, उनके बिम्ब हैं, उनके स्केच के कई टुकड़े हैं। कई टुकड़े आलोचनात्मक गद्य के भी। सब एक-दूसरे में मिला-जुला-सा। एक-दूसरे को ढाँपता और उजागर करता-सा। उलझा-सुलझा-सा। बेखुदी में खोया और सजग...जागता सा। अगल-बगल। शायद इसीलिए वहाँ अपने प्रिय रचनाकारों पर बेबाक टिप्पणियाँ हैं...इतनी बेबाक कि न कोई संकोच न कोई लिहाज...।

4

जब एक महाकवि महाकाव्य लिखता है व्यास या वाल्मीकि तो पूरे विन्यास के अलावा क्या उसकी नज़र छोटे से छोटे जुज़ पर नहीं रहती? एक सूक्ष्म भावना को क्या वह तौल नहीं रहा होता, जब वह भारी-भारी सर्ग के विस्तारों को धीरे-धीरे पार

करता होता है, एक महाकवि? वह कहीं खो नहीं जाता : चारों तरफ का सब हिसाब रखता चलता है। वह केन्द्रीय आत्मा अपने पूरे सौरमण्डल से परिचित होता है, शायद होता है...।

14.3.63 बरमी मन्दिर सारनाथ

शमशेर की दुनिया सिर्फ ज़मीनी दुनिया नहीं, एक ब्रह्माण्डीय दुनिया है। वहाँ आसमान में गंगा की रेत चमकती है। उसमें हम एक जगह से प्रवेश कर लेने के बाद यह नहीं जानते कि इससे बाहर जाने का रास्ता कहाँ खुलेगा। इसी दिन की डायरी में शमशेर ने लिखा है *अन्तरिक्ष जिस धातु का बना है उस पर मुझे आश्चर्य होता है। क्या धातु तरलतम् होकर पारदर्शी नहीं हो सकता...विरल क्षीण होकर इतनी सूक्ष्म वायवीय, जितना कि यह आकाश का तनोबा? अन्ततः सब बातें बिजली की शक्तियाँ हैं और हम भी उसी के प्रवाह हैं, अपनी शारीरिक सीमाओं में संगठित। इसी संगठन में कहीं कविता के स्रोत भी हैं...बन्धन भी मुक्ति भी।*

यही है शायद शमशेर का कौशल जो धातु को न केवल तरल बनाना चाहता है बल्कि पारदर्शी भी बना देने की इच्छा करता है। उनका सारा संसार अन्दर से, अपनी आंतरिकता में बेहद गुंफित है। सब चीजें जैसे बिजली की शक्ति से जुड़ जाती हैं। और अपनी अभिव्यक्ति में अलग भी बनी रहती हैं।

5

हवा और इस बारिश में—गीला आइना-सा चमकता रहा रह-रह कर।

5.6.55

डायरी में एक जगह लिखा है *मैं अवचेतन को नहीं मानता। और आगे मैं अपनी पसन्द नापसन्द के दायरे से ऊपर उठने, आब्जेक्टिव होने के लिए संघर्ष करता हूँ। यानि कवि कलाकार को मार-मार कर आलोचक बनाता हूँ।* कवि को आलोचक बनाने की प्रक्रिया में शमशेर कवि को कितना ही मारते हों पर वह मरता नहीं। और अधिक चौकन्ना हो जाता है। तभी न फरवरी 54 की डायरी का पहला वाक्य है *प्रयोगवाद नर्वस ब्रेकडाउन का आर्ट है। या तो उससे पैदा होता है या उस तरफ जाता है।* रास्ते की इस ढलान को वे जानते हैं। शायद इसीलिए शमशेर और मुक्तिबोध नई कविता में शामिल होकर भी इसकी सीमा का सबसे अधिक अतिक्रमण करते हैं।

डायरी में एक जगह लिखा है, *आर्ट में आर्टिस्ट की पर्सनालिटी उसी तरह छिपी*

रहती है जिस तरह बदन में रूह। यह बात सबसे अधिक उन्हीं पर लागू होती है। चाहे कविता हो या गद्य या कुछ भी, वह हमें कहीं कोई विभाजक रेखा नहीं खींचने देता। हर जगह शमशेर और उनकी शमशेरियत मौजूद है। कहीं अनुपस्थित नहीं। अब उन आलोचकों का क्या करें जो मानते हैं कि रचना और रचनाकार के व्यक्तित्व के बीच कोई ताल्लुक नहीं होता। शमशेर के लिए तो *आर्टिस्ट बच्चा होता है यही उसकी कॉमेडी और ट्रेजेडी है।* इसलिए आब्जेक्टिविटी संवेदनाशून्य नहीं।

6

हाथी दाँत के अन्दर
जो मोती जल रहा है
वह फ़िज़ूल नहीं।
27.1.63

क्यों अकेला हो जाता है इंसान, खासतौर से एक साहित्यिक? और आगे है, रचनाकार के साथ हमारा व्यवहार, हमारा साहित्यिक परिदृश्य...*अफसोस कि बात है कि हम अपने साहित्यिकों से प्यार करना नहीं जानते। उन्हें समझना नहीं जानते या चाहते।* क्यों है यह माहौल? यह डायरी तो साठ के दशक की है, लेकिन क्या इसमें कोई बदलाव आया है? बद से कुछ बदतर ही हुआ है। उपभोक्ता संस्कृति और चरम आत्ममुग्धता। चाहने वाली, अपने अलावा किसी दूसरे को चाहने वाली, समझने की, किसी दूसरे को समझने की कोशिश करने वाली आँख कहाँ है?

इस छोटी-सी डायरी में बहुत कुछ है। कविता, हिन्दी की ग़ज़ल, कवि सम्मेलनों की हालत और भी बहुत कुछ लेकिन इस सबकुछ में जिसे पहचाना जा सकता है, जाना जा सकता है वह शमशेर है...एक मात्र..।

घास कितनी नर्म है और मिट्टी कितनी नाजुक और नर्म और साफ और आसमान कितना खिलंदड़ा। है ना?

दो महान् त्रासदियाँ : गोदान और कामायनी

भारतीय समाज में बीसवीं सदी का चौथा दशक भयानक मंदी और गहरी निराशा से शुरू हुआ था। इस गहरी निराशा के बीज कहीं-न-कहीं गांधी-इरविन समझौते में मौजूद थे। समझौते के दूसरे दिन 5 मार्च, 1931 को जवाहर लाल नेहरू ने अपनी आत्मकथा में लिखा था कि *अब हमारी स्वाधीनता का, अर्थात् हमारे उद्देश्य का, महत्त्वपूर्ण प्रश्न बाकी रहा और समझौते की धारा नम्बर दो से मुझे यह मालूम पड़ा कि यह भी खतरे में जा पड़ा है। क्या इसीलिए हमारे लोगों ने एक साल तक अपनी बहादुरी दिखाई? क्या हमारी बड़ी-बड़ी जोरदार बातों और कामों का ख़ात्मा इसी तरह होना था? क्या कांग्रेस का स्वाधीनता प्रस्ताव और 26 जनवरी की प्रतिज्ञा इसीलिए की गई थी? इस तरह के विचारों में डूबा हुआ मैं मार्च की उस रात भर पड़ा रहा और अपने दिल में ऐसी शून्यता महसूस करने लगा कि मानो उसमें से कोई कीमती चीज सदा के लिए निकल गई हो।* इसके बाद नेहरू ने टी. एस. इलियट की दो पंक्तियाँ उद्धृत की हैं—*इस तरह होता है दुनिया का अन्त। धमाके से नहीं, रिरियाहट के साथ।* विजयदेव नारायण साही ने लघुमानव के बहाने हिन्दी कविता पर एक बहस निबन्ध में इसका उल्लेख किया है। उन्होंने लिखा था कि *ऊपर से सब कुछ वैसा ही था, वैसा ही रूप रंग, वैसी ही तरंगें, वैसा ही संघर्ष, वैसे ही शब्द लेकिन पंडित नेहरू के शब्दों में, मन में एक विराट रिक्तता आ गई, जैसे कुछ बहुत मूल्यवान हमेशा-हमेशा के लिए चला गया।* भारतीय इतिहास का यह एक महत्त्वपूर्ण कालखण्ड है। चेहरे की भंगिमा मन के भाव को व्यक्त नहीं कर रही थी। यही वह समय है जब हिन्दी की दो कालजयी रचनाएँ *गोदान* और *कामायनी* लिखी जा रही थीं। चाहे दोनों ही रचनाएँ उम्मीद या आनन्द के नोट तक अपना विस्तार करती हों लेकिन अपने सारतत्त्व और पढ़ने के बाद मन पर बचे रह गए प्रभाव में महान् ट्रेजे़डीज़ ही हैं।

होरी की मृत्यु या मनु की निराशा से उपजी रिक्तता का सम्बन्ध क्या सिर्फ चौथे दशक की मंदी और राजनीतिक परिस्थितियों से ही है। मुझे लगता है कि इस निराशा का सम्बन्ध जितना चौथे दशक की सामाजिक राजनीतिक परिस्थितियों से है, उतना ही स्वयं रचनाकार की निजी जीवन स्थितियों से भी है। क्योंकि दुर्भाग्य से

यही वह समय है जब प्रेमचन्द और प्रसाद दोनों को असाध्य बीमारी ने घेर लिया था और दोनों को ही अपनी आसन्न मृत्यु का आभास हो चुका था। प्रसाद और प्रेमचन्द के बारे में लिखे गए संस्मरणों में इसके अनेक संकेत मौजूद हैं।

प्रेमचन्द घर में के अन्तिम अध्याय **उनके अन्तिम दिन** में शिवरानी देवी ने लिखा है :

एक दिन बेहोशी दूर हुई तो बोले–शिवप्रसादजी गुप्त ने एक मातृ मन्दिर बनवाया है, महात्माजी उसका उद्घाटन करेंगे, उसे देखने के लिए लाखों की भीड़ वहाँ जमा होगी।

मैंने कहा–आप अगर तब तक अच्छे हो जाएँगे तो मैं भी आपके साथ चलूँगी।

आप हँसकर बोले–मैं भगवान से प्रार्थना करता हूँ कि रानी, तुम्हारी बातें सच निकलें। पर मैं देखता हूँ रानी, तुम्हारी इस जन्म की तपस्या सफल होती नहीं दिखती।

इसी तरह पुरुषोत्तमदास मोदी द्वारा सम्पादित किताब **अंतरंग संस्मरणों में जयशंकर प्रसाद** में प्रसाद के होम्योपैथ डॉक्टर की बेटी मैत्रेयी सिंह ने 1930 की एक बातचीत का हवाला दिया है कि *उसी समय उन्होंने कामायनी लिखना प्रारम्भ कर दिया था। उन्होंने पिताजी से कहा डॉक्टर साहब मैं कामायनी लिख रहा हूँ। यह महाकाव्य है। मैं चाहता हूँ कि आप मेरा इलाज करें। कम-से-कम इतना समय मुझे मिल जाए जिससे मैं इस महाकाव्य को पूर्ण कर सकूँ।*

इस निजी निराशा और मृत्यु के आभास के बावजूद प्रेमचन्द या प्रसाद ने *गोदान* या *कामायनी* को एक मार्बिड उपन्यास और महाकाव्य नहीं बनने दिया। मुझे लगता है कि होरी की मृत्यु या मनु की निराशा में जो एक थरथराहट है उदासी का जो एक बहुत ही निजी और गहरा स्पर्श है, वह कहीं-न-कहीं प्रेमचन्द और प्रसाद की निजी निराशा और उदासी से भी पैदा हुआ होगा। ये दोनों ही रचनाएँ साहित्यिक और मूल्यगत या समाजशास्त्रीय मूल्यांकन के साथ ही एक मनोवैज्ञानिक और आत्मपरक मूल्यांकन की भी दरकार रखती हैं। प्रेमचन्द और प्रसाद दोनों ही समाज की एक गहरी निराशा में अपनी निजी निराशा को विलयित कर देते हैं। *गोदान* या *कामायनी* में वह क्या है जो बार-बार पढ़े जाने के बाद भी हर बार हाथ से छूट-सा जाता है? वह बार-बार पढ़े जाने को हमें बाध्य करता है। एक सूत्र कहीं पकड़ में आता है तो दूसरा कहीं छूट जाता है! मुझे लगता है कि इन दोनों ही अद्वितीय रचनाओं में कहीं-न-कहीं एक वृहत्तर समाज की निराशा और रचनाकार की निजी निराशा का एक अद्वितीय यौगिक बन गया है जिसे समझने के लिए जितना वस्तुनिष्ठ होने की ज़रूरत है उतना ही आत्मनिष्ठ होने की।

त्रिलोचन और हिन्दी कविता की दूसरी आधुनिकता

विष्णुचन्द्र शर्मा द्वारा सम्पादित कवि के एक अंक में नलिनविलोचन शर्मा की कविताओं पर लिखते हुए त्रिलोचन शास्त्री ने हिन्दी कविता में आधुनिकता की एक दूसरी धारा की ओर संकेत किया था। यह धारा प्रयोगवाद के बरक्स प्रपद्यवाद की अवधारणा लेकर आई थी। प्रयोगवाद और नई कविता पर बात करते हुए प्रपद्यवाद या नकेनवाद की धारा को अक्सर अलक्ष्य कर दिया जाता है या चलते-चलाते टिप्पणी करके हिन्दी आलोचना उससे किनारा कर लेती है। आजादी के बाद का वह दौर जिसमें आधुनिक हिन्दी कविता ने अपनी कदकाठी को प्राप्त किया, सिर्फ राजनीतिक रूप से नेहरू युग नहीं था, हिन्दी की आधुनिक कविता भी नेहरू के प्रति ज्यादा प्रतिश्रुत थी। गद्य की स्थिति कविता से थोड़ी भिन्न नज़र आती है। जैनेन्द्र और रेणु की उपस्थिति के चलते गद्य का एक बड़ा हिस्सा व्हाया लोहिया या जयप्रकाश के गांधी के प्रति झुका हुआ लगता है। हिन्दी की आधुनिक कविता को रेखांकित करने के लिए जो मानदण्ड अपनाए गए, उसमें कहीं-न-कहीं पक्षपात-सा नज़र आता है। हो सकता है इसका कारण नेहरू के ऑरा का जादू रहा हो।

त्रिलोचन ने नकेनवाद के बजाय प्रपद्यवाद की वकालत करते हुए लिखा कि *हम नकेनवाद की जगह प्रपद्यवाद को अच्छा समझते हैं क्योंकि इसमें प्रवृत्ति और कर्म का संकेत निहित है।* केसरी कुमार और दूसरे लेखकों द्वारा प्रयोगवाद और प्रपद्यवाद पर किए गए दृष्टिनिक्षेप के हवाले से उन्होंने लिखा कि *प्रयोगवाद स्वच्छन्दतावाद या रोमैंटिसिज़्म की ओर झुका हुआ है जबकि प्रपद्यवाद में बौद्धिकता की विशेष प्रवृत्ति है। इन दोनों वादों के पहले भी इस प्रकार की प्रवृत्तियाँ रही हैं पर दोनों प्रवृत्तियों में जितना पार्थक्य आज है उतना पहले नहीं देखा गया।* याने ये दोनों धाराएँ अपने रास्ते पूरी तरह से अलगा चुकी थीं। यह टिप्पणी पचास के दशक में लिखी गई है। इस टिप्पणी से यह तो स्पष्ट है कि प्रयोगवादियों की तुलना में नकेनवादियों का रवैया रोमैंटिसिज़्म के प्रति ज्यादा अनुदार और आलोचनात्मक था। डॉ. नामवर सिंह ने इसी दौर में मुक्तिबोध की कविता की विवेचना करते हुए लिखा था कि यहाँ *इलियट का यह विचार युक्तिसंगत प्रतीत*

होता है कि बौद्धिक और चिन्तक कवि में अन्तर करना चाहिए। निराला की तरह मुक्तिबोध भी चिन्तक कवि हैं। बौद्धिक के बरक्स चिन्तक कवि के पक्ष में दी गई इस दलील में परोक्ष रूप से कहीं-न-कहीं प्रपद्यवाद का विरोध भी अन्तर्निहित है।

त्रिलोचन का मानना है कि *प्रयोगवाद का छायावाद से बीज-वृक्ष-न्याय सम्बन्ध बना रहता है। प्रपद्यवाद में विचार की प्रखरता या भावों का संकेत मिलता है। विचारों में सूत्र तत्त्व ही रहता है, विस्तार नहीं। विस्तार को कविता में स्थान नहीं।* मुझे लगता है कि त्रिलोचन की आधुनिकता *(जो बकौल केदारनाथ सिंह आधुनिकता के सारे प्रचलित साँचों को) अर्थात् नई कविता के साँचों को (अस्वीकार करते हुए भी आधुनिक है)* के सूत्र (प्रयोगवाद और प्रपद्यवाद के पुराने विवादों और पूर्वग्रहों से बाहर आकर) कहीं-न-कहीं हिन्दी कविता की इस दूसरी आधुनिकता में तलाश किए जाने चाहिए। शायद ऐसा करने से हमें पचास के दौर में लिख रहे बहुत सारे ऐसे कवियों को समझने के सूत्र भी मिलें जिन्हें नई कविता के आन्दोलन ने अदेखा कर दिया और शायद मुक्तिबोध को समझने के भी जिनकी आधुनिकता नई कविता के साँचे में अक्सर *अनफिट* बनी रहती है।

1857 एक विस्मृत कविता की याद

1857 के प्रथम स्वाधीनता संग्राम के सन्दर्भ में जब भी हिन्दी की किसी कविता को याद करना होता है तो सुभद्रा कुमारी चौहान की झाँसी की रानी ही सबसे पहले याद आती है। 1857 के डेढ़ सौ वर्ष होने पर हिन्दी की कई साहित्यिक पत्रिकाओं ने विशेषांक प्रकाशित किए हैं। मेहनत से निकाले गए इन विशेषांकों ने इतिहास के कई अल्पज्ञात और अज्ञात तथ्यों को खोजने और समेटने की कोशिश की है। कई बार लगता है कि साहित्यिक पत्रिकाओं द्वारा इतिहास की सामग्री को जुटाने में जो श्रम किया गया उससे आधा भी श्रम साहित्य में लिखे गए को जुटाने और खोजने में किया होता तो एक महत्त्वपूर्ण साहित्यिक दस्तावेज तैयार हो सकता था जो नहीं हो सका। आवश्यक नहीं था कि 1857 के स्वाधीनता संग्राम के पक्ष में या समर्थन में कही गई टिप्पणियों को ही इकट्ठा किया जाता। उन तथ्यों को भी दर्ज़ किया जाना चाहिए था जहाँ 1857 का विरोध किया गया। (कुछ-कुछ ऐसा किया भी गया, लेकिन यह वही सामग्री थी जिसकी जानकारी पहले से ही अधिकांश लोगों को थी।) इससे हिन्दी साहित्य में समझ के विकास को परखने में कुछ मदद मिलती। भारतेन्दु ने उस दौर के कई इतिहासकारों की ही तरह इसे बलवा कहा था। उस दौर के अन्य रचनाकार और उसके बाद के रचनाकार इसे किस तरह देख रहे थे इसका एक दस्तावेज तैयार किया जाना चाहिए था। अमृतलाल नागर के अलावा वृन्दावनलाल वर्मा ने भी कई कहानियाँ एक छोटी-सी किताब में इकट्ठा की थीं। किताब का नाम है—*1857 के अमरवीर*। वृन्दावनलाल वर्मा ने भूमिका में लिखा था कि संग्रह की सारी कहानियाँ इतिहास के तथ्यों पर आधारित हैं। इसके साथ ही हर कहानी के बारे में उन्होंने इतिहास के हवाले दिए हैं। अलग दृष्टि के साथ ही सही लेकिन आचार्य चतुरसेन शास्त्री ने भी कुछ कहानियाँ 1857 पर लिखी थीं।

लोकप्रिय और जासूसी उपन्यासकार की तरह प्रसिद्ध ओमप्रकाश शर्मा ने भी एक उपन्यास *साँझ का सूरज* के नाम से 1857 पर लिखा था। ओमप्रकाश शर्मा अपने प्रारम्भिक जीवन में एटक और भारतीय कम्युनिस्ट पार्टी के सदस्य रहे। बाद में वे प्रगतिशील लेखक संघ से जुड़े और उन्होंने कई सामाजिक उपन्यास लिखे। उनके

एक उपन्यास की भूमिका तो डॉ. रामविलास शर्मा ने भी लिखी है। उन्होंने नज़ीर अकबराबादी पर एक उपन्यास लिखा—*काला ताजमहल।* लेकिन उनके उपन्यास को किसी ने याद नहीं किया। एक गुत्थी मैं कभी नहीं सुलझा पाता कि मार्क्सवादी रचनाकारों में वह कौन-सी ग्रंथि है जिसके चलते वे साहित्य से किनारा करके बार-बार इतिहास में घुस जाने की कोशिश करते है। कहीं-न-कहीं उन्हें इतिहास में काम करना साहित्य के बनिस्बत ज्यादा बड़ा और ज़रूरी काम लगता है। इतिहास दृष्टि होना एक बात हो सकती है। लेकिन उसके लिए इतिहास के अनुशासन में एक अनधिकृत घुसपैठ करना ज़रूरी तो नहीं। उस अनुशासन के अपने नियम कायदे हैं। हमारे बहुत से साहित्यिक एक चिन्दी लेकर वहाँ बजाज हो जाना चाहते हैं। इतिहास के आख्यान को लेकर कहानी, उपन्यास या कविता लिखा जाना एक अलग बात है। उसे समझा जा सकता है। लेकिन ऐसा काम बहुत कम हुआ। इतिहास के साथ नए तरह के रिश्ते बनाने का काम तो और भी कम। शायद सलमान रूश्दी के दोयम दर्जे के उपन्यासों की लोकप्रियता और इतिहासवाद के नए उभार के चलते इधर के उपन्यासों में एक बार फिर इतिहास और आख्यान के रिश्तों को तलाशा गया है। 1857 के प्रति साहित्यिकों की टिप्पणियों के दस्तावेजीकरण न होने के कारण ही ऐसे सरलीकरणों का जन्म होता है जिससे *जो खुद एक बेहतर गुलामी से ज़्यादा कुछ नहीं चाहते थे* जैसे स्वीपिंग रिमार्क हमारी पूरी परम्परा के बारे में कविताओं में दिखाई पड़ते हैं।

2

किसी भी महाजाति के स्वाधीनता आन्दोलन में ऐसे दौर आते हैं जब उसे पराजय का मुँह देखना पड़ता है। डिप्रेशन के, हताशा के ऐसे दौर भारतीय स्वाधीनता संग्राम में भी रहे हैं। लेकिन कोई भी महाजाति इतिहास में अपनी पराजय का स्यापा करने के बजाय अपने संघर्ष को एक महागाथा, एक रूपक या उससे आगे बढ़कर एक मिथक में बदल देती है। ऐसा करते हुए वह अपनी हताशा से उबरने की कोशिश करती है। संघर्ष की शक्तियों को फिर से संगठित करती है। मिथक की निर्मिति में कुछ अतिरंजना होना स्वाभाविक है। लेकिन ठीक इसी समय इतिहास की व्याख्या करने वाली एक ऐसी धारा भी समाज में होती है जो बाल की खाल निकालने का काम करती है। ऐसे इतिहासज्ञ गौण तथ्यों को मुख्य तथ्यों की तरह प्रस्तुत करके पूरे संघर्ष का अवमूल्यन करने की कोशिश करते हैं। उन्हें शायद जनता के द्वारा तैयार मिथक को ध्वस्त करने में एक किस्म का सेडिस्ट प्लेजर मिलता है। इस बीच 1857 को लेकर ऐसे तथ्यों का एक ढेर लग गया है। इतिहासकारों की ऐसी

बिरादरी महाजाति के संघर्ष के इतिहास में कुछ अलक्षित, अज्ञात या अल्पज्ञात तथ्यों को जोड़ने का काम चाहे एक स्तर पर करती हो लेकिन उस संघर्ष के सन्दर्भ में लिखी जानेवाली साहित्यिक कृति, रंगकर्म या किसी भी कला की रचना-प्रक्रिया में उसकी कोई सार्थक भूमिका नहीं होती। सृजन की जड़ें हमेशा जनता द्वारा तैयार मिथक से ही अपनी खुराक ग्रहण करती हैं।

1857 की लड़ाई अब सिर्फ एक इतिहास नहीं, भारतीय जनता के संघर्ष का एक मिथक है। अब इतिहास के अलक्षित तथ्यों को रेखांकित करके आप उसमें कुछ जोड़ तो सकते हैं लेकिन उसमें से कुछ घटा नहीं सकते। क्या इतिहास के तथ्य मिथक की सत्ता को प्रतिस्थापित कर सकते हैं? विज्ञान की खोज से कविता से चाँद का बिम्ब क्या प्रतिस्थापित हो गया या उसमें कुछ बदल गया? आज भी हमारा एक अत्यन्त प्रिय कवि उससे गप्प लड़ाता है।

3

मैं 1857 के बारे में लिखी गई एक कविता जिसे 1857 के डेढ़ सौ बरस के उत्सव में किसी ने याद नहीं किया और उसके कवि की एक बार फिर याद दिलाना चाहता हूँ। उस कविता का नाम था *रोटी और कमल* और कवि का नाम था रामकृष्ण श्रीवास्तव।

रामकृष्ण श्रीवास्तव के बारे में प्रमोद वर्मा ने लिखा है कि *वे हमारे बीच के शायद सबसे जेन्युइन कवि थे। वे नागपुर में मुक्तिबोध के सम्पर्क में आए थे। मुक्तिबोध उनकी सहज और बर्बर प्रतिभा पर एकबारगी मुग्ध हो उठे। रामकृष्ण की सहजात सृजनात्मक प्रतिभा को चिन्तन का आधार और बौद्धिकता का आलोक मिला। सन् 51-52 से मध्यप्रदेश के तरुण कवियों की टोली, मुख्यतः रामकृष्ण के माध्यम से ही मुक्तिबोध के आसपास जुड़ने लगी*। (प्रमोद वर्मा : एक महत्त्वपूर्ण किन्तु अधूरी काव्य यात्रा) रामकृष्ण श्रीवास्तव को भी एक छोटा ही जीवन मिल सका। उनका जन्म 4 अक्टूबर 1926 को जबलपुर में हुआ और 29 सितम्बर 1969 को अकोला में उनका निधन हो गया। उनका एक संग्रह उनकी मृत्यु के बाद प्रकाशित किया गया था—*चट्टान की आँखें*। इसकी पर्याप्त चर्चा भी उस दौर में हुई थी। 1956 में जब मध्यप्रदेश का पुनर्गठन हुआ तो उन्होंने अकोला में ही रहने का निर्णय लिया। एक लम्बे समय तक रामकृष्ण श्रीवास्तव छन्द और एक किस्म के तुकान्त रूप विधान में ही कविता लिखते रहे। प्रमोद वर्मा का मानना है कि रोटी और कमल कविता के बाद एक लम्बे समय के लिए रामकृष्ण श्रीवास्तव ने कविता लिखना बन्द कर दिया। इस निर्वासन का क्या कारण रहा इसे जानने का कोई उपाय अब हमारे पास नहीं है। *कमल और रोटी* 1857 पर

लिखी गई लम्बी कविता है। सम्भवतः छन्द में लिखी गई यह उनकी अन्तिम कविता है। यह कविता सम्भवतः 1857 की शताब्दी के समय लिखी गई होगी। कविता में एक पंक्ति आती है—*आज से सौ साल पहले ठीक ऐसा ही समा था।* यह दिलचस्प संयोग है कि 1857 पर आधुनिक हिन्दी की दो महत्त्वपूर्ण कविताएँ लोकप्रिय छन्द में ही सम्भव हुईं। जबकि सुभद्रा जी की *झाँसी की रानी* लगभग 1930 से पूर्व लिखी गई और रामकृष्ण श्रीवास्तव की रोटी और कमल 1957 के आसपास। याने दोनों कविताओं के बीच सत्ताईस साल का अन्तर है। और दोनों ही कवियों का सम्बन्ध जबलपुर मध्यप्रदेश से रहा है। हो सकता है कि यह महज संयोग हो, लेकिन कोई ऐसा कारण भी हो सकता है जिसे हम अभी रेखांकित नहीं कर पा रहे हों। 1857 पर बड़े-बड़े विशेषांक निकालते हुए इस कविता की याद किसी को नहीं आई। रोटी और कमल कोई बहुत पुरानी कविता नहीं है। डेढ़ सौ बरस पूर्व के इतिहास में पहुँचने की हड़बड़ी में अपनी स्मृति के घोड़े दौड़ाने वाले पचास साल पहले की कविता को अलक्षित करते हुए निकल गए।

कविता की शुरुआत 1857 के सौ बरस बाद के दृश्य से होती है। यह नेहरू युग है। नेहरू युग से मोहभंग की शुरुआत नहीं हुई है। लेकिन रामकृष्ण श्रीवास्तव के यहाँ इस समय का बहुत तीखा क्रिटीक दिखाई पड़ता है। यह वही समय है जब रघुवीर सहाय, श्रीकान्त वर्मा, केदारनाथ सिंह, सर्वेश्वर आदि कवि नई कविता में प्रवेश करते हैं। नई कविता यहाँ से बदलना शुरू होती है। हो सकता लोहिया के प्रवेश ने भी इसकी पृष्ठभूमि को तैयार किया हो। रामकृष्ण कहते हैं *साम्राजी साँप ने जैसे हमें फिर डस लिया है, घेरकर चारों तरफ से गुंजलक में कस लिया है।* कुछ और पद यहाँ उद्धरित करता हूँ :

रोटियों का रूप धर के राह में बैठे हुए हैं
साँप के बच्चे हमारी बाँह में बैठे हुए हैं
कुछ दिखाई दे रहे, कुछ थाह में बैठे हुए हैं
साँप के बच्चे कमल की छाँह में बैठे हुए हैं।

एक पद और इसी सन्दर्भ में देखें—

रोटियाँ, याने कि जीवन मौत के मुँह में पड़ा था
रोटियों की ताक में साम्राज्य का कुत्ता खड़ा था
कमल, याने संस्कृति पर साँप जहरीला चढ़ा था
पँखुरिया मसली हुई थीं कमल कीचड़ में गड़ा था।

डेढ़ सौ बरस बाद यह दृश्य थोड़ा और काला और जटिल हो चुका है। एक लम्बी प्रस्तावना के बाद इतिहास के कई ब्यौरे बहुत सघन आवेगात्मक लय में कविता में गुँथे हैं। यह सिर्फ हमारे शौर्य की ही नहीं हमारी असफलता और पराजय की भी गाथा है। इसमें गहरी हताशा है, टीस है, गुस्सा है। इसमें 1857 की विफलता से ज्यादा आजादी के बाद की विफलता और विकलता है। क्रान्तियाँ जब विफल होती हैं तो किस तरह के शब्द और पद उनके लिए इतिहास में गढ़े जाते हैं इस पर भी रामकृष्ण श्रीवास्तव की नज़र थी :

सँपेरा जागे कि तब तक साँप सिर पर चढ़ चुके थे,
रौंदकर हमको हमारे शत्रु आगे बढ़ चुके थे
विदेशी ताले हमारे खजानों में पड़ चुके थे,
क्रान्ति को, वे गदर का इतिहास कहकर गढ़ चुके थे।

1857 के लिए ठीक-ठीक कोई शब्द या पद हम पहले भी तय नहीं कर पाए और आज भी एक ऊहापोह हमारे बीच बना हुआ है। मुझे कई बार लगता है कि हमने इतिहास की सबसे महत्त्वपूर्ण घटनाओं के स्मरण को भी एक कर्मकांड में बदल दिया है। इसलिए हमारे पास अपनी महत्त्वपूर्ण और जेन्यूइन रचनाओं की भी कोई स्मृति नहीं बची है।

1857 और पाकिस्तान की एक कविता

अहमद फ़राज़ की एक नज़्म है **शुहदा–ए–जंगे आज़ादी 1857 के नाम।** कविता के नीचे कोई तारीख़ नहीं है जिससे जाना जा सके कि यह कब लिखी गई। लेकिन इसकी दूसरी पंक्ति से ऐसा लगता है कि यह सम्भवतः 1857 की शताब्दी के समय लिखी गई होगी। कविता की दूसरी पंक्ति है–*सौ बरस बाद सही दिन तो वो आया आखिर*। अहमद फ़राज़ ने इसे ज़ज्बे मुक़द्दस कहा है और उसमें शहीद होने वालों को शहीदाने अज़ीम कहा है। अहमद फ़राज़ मानते हैं कि नंगे-वतन की ख़ातिर जो जंग लड़ी गई उसमें हम हारे और शत्रु की जीत हुई। लेकिन कल की यह हार ही आने वाले समय में जीत की तम्हीद बनी। भूमिका बनी। और वादी ए मर्ग याने मृत्यु की वह उपत्यिका उम्मीद की चरम सीमा बन गई। हाथों के कटने के बावजूद मशालें उठी रहीं, रोशन रहीं। चाहे इस बात की ख़बर अत्याचारियों को हो या न हो लेकिन जो किरन क़त्ल हुई शोला ए खुर्शीद बनी। अगर यह नज़्म 1957 में लिखी गई तो उस समय पाकिस्तान में फ़ौज़ी तानाशाही आ चुकी थी।

मुझे नहीं पता कि पाकिस्तान में 1857 के 150 बरस पर कोई खास आयोजन हुए या नहीं। लेकिन सम्भवतः शताब्दी के समय लिखी गई इस कविता को पाकिस्तान की राजनीतिक सरगर्मियों के सन्दर्भ में देखना महत्त्वपूर्ण हो सकता है। अहमद फ़राज़ यह मानते हैं कि 1857 के क्रान्तिकारियों ने उस काले घेरे पर एक चोट की थी लेकिन उसके बाद के समय में हमने हर जुल्म की दीवार को ढाने का काम किया है। अहमद फ़राज़ एक जुझारू और लोकप्रिय शायर थे। लम्बे समय के लिए वह पाकिस्तान से निर्वासित भी रहे। कुछ बरस पहले वह हिन्दुस्तान आए थे। सज्जाद ज़हीर की याद में मुम्बई में नदिरा ज़हीर द्वारा आयोजित एक हिन्दी उर्दू के कविता पाठ में उन्होंने हिस्सेदारी की थी। इस कविता पाठ के दौरान ही एक छोटी-सी मुलाकात मेरी उनसे हुई थी। मुझे नहीं पता कि 1857 पर इधर निकले हिन्दी पत्रिकाओं के किसी अंक में अहमद फ़राज़ की इस नज़्म को याद किया गया है या नहीं। बहरहाल। इस कविता का आठ पंक्तियों का पहला हिस्सा

लड़ाई के विस्तार की ओर संकेत करता है। और अपनी आज की लड़ाई, अपने संघर्ष को 1857 की लड़ाई का ही विस्तार मानता है। कवि मानता है कि उस दौर के शहीदों ने जिस लड़ाई को शुरू किया था, सौ साल बाद वह लड़ाई आगे बढ़ी है। पाकिस्तान की परिस्थितियों में शायद इसे कहा जा सकता था। पाकिस्तान के अवाम और बुद्धिजीवियों ने तानाशाही के खिलाफ़ बड़े पैमाने पर संघर्ष किया है। जनतंत्र की बहाली के लिए उन्हें लम्बी यातनाओं से गुजरना पड़ा है। लेकिन हमारी स्थितियों में भी क्या इसे इस तरह कहा जा सकता था? क्या जुल्म और अँधेरे घेरों के प्रति हमारा संघर्ष 1857 की लड़ाई को आगे बढ़ाता है? अहमद फ़राज़ की नज़्म का पहला हिस्सा है :

तुमने जिस दिन के लिए अपने जिगर चाक किए
सौ बरस बाद सही दिन तो वो आया आख़िर
तुमने जिस दश्ते–तमन्ना को लहू से सींचा
हमने उसको गुलो-गुलज़ार बनाया आख़िर
नस्ल-दर-नस्ल रही जहदे मुसलसल की तड़प
इक इक बूँद ने तूफ़ान उठाया आख़िर
तुमने इक ज़र्ब लगाई थी हिसारे शब पर
हमने हर जुल्म की दीवार को ढाया आख़िर

अहमद फ़राज़ की शायरी मुझे लगता है कि गुलाबी रोमान की शायरी है जिसमें दाईं बाजू में प्रेम है और बाईं बाजू संघर्ष।

परफेक्शनिस्ट का नकचढ़ापन

हमारे शहर में एक लेडीज़ टेलर हुआ करते थे। लेकिन वे पुरुषों का कुर्ता भी सीते थे, और सचमुच कमाल का कुर्ता सीते थे। हालाँकि सिर्फ अपने बहुत करीबी और जान-पहचान के लोगों के ही कुर्ते सीते थे। हर किसी के बस का भी नहीं था कि उनसे कुर्ता सिलवाता। उनका मानना था कि कुर्ता सीने का काम काम की तरह नहीं किया जा सकता। कुर्ता सीना मूड से ताल्लुक रखता है। मशीन से कुर्ता सीने वाले तो हर गली में मिल जाते हैं पर कुर्ता मशीन से नहीं सिया जाता उसमें हाथ का काम होता है। कि कुर्ते में लगाने के लिए आजकल सीप के बटन भी बामुश्किल ही मिलते हैं। कुर्ता पहनने की तमीज़ हर किसी के बूते की बात नहीं। उनसे कुर्ता सिलवाने जाओ तो ऐसी बहुत सारी बातें भी उनसे सुनना ज़रूरी होता। जब मूड आता तभी कुर्ता सीते। कभी-कभी तो छह-छह महीने लग जाते। कपड़ा हाथ में लेते ही वे कह देते कि अब कपड़ा दे दिया है तो इसे भूल जाना, जब सिल जाएगा तो इत्तिला कर दी जाएगी। इसी तरह एक हलवाई थे। वो सिर्फ मावे की जलेबियाँ बनाते थे। दूकान में कोई शो केस जैसी चीज नहीं थी। भट्टी सुलगाकर कड़ाही चढ़ाते तो नियमित ग्राहक आकर खड़े हो जाते। जलेबी बनती जाती और बिकती जाती। गलती से कोई उन्हें न जाननेवाला ग्राहक आ जाए और कह बैठे जरा जल्दी कर दीजिए...तो वो उसे घूरकर देखते और कहते जल्दी वाली जलेबी उधर चौराहे पर मिलती है। आप उधर ही निकल जाएँ। यहाँ मुश्किल है। ग्राहक सिटपिटाकर रह जाता या चुपचाप दबे पाँव खिसक लेता।

पान खाने के शौकीन लोगों के पान वाले भी तय होते हैं। ऐसे पान वाले शहर में मुश्किल से दो-चार ही होते हैं। मगर पहली-पहली बार आप उनके पास गए हैं तो वे आपको पहले तो यह बताएँगे कि पान खाना होता क्या है। फिर पान बनाने और उसमें लगने वाले समय के बारे समझाएँगे। जल्दी के खिलाफ वो एक वक्तव्य देंगे वगैरह-वगैरह।

हर परफेक्शनिस्ट यह मानकर चलता है कि वह अपने हुनर में सबसे बेहतर है। इसे वह पहले ही आपसे मनवा लेता है। उसे आपकी राय की आवश्यकता नहीं

होती। आप उसके सामने एक याचक की तरह होते हैं।

मुझे लगता है कि दक्षता में एक किस्म का जिद्दीपन और नकचढ़ापन भी होता है। गालिब जब कहता है कि रेख़्ता के एक तुम ही उस्ताद नहीं गालिब तो इसमें एक ध्वनि यह भी है कि कम-से-कम इस समय तो तुम ही उस्ताद हो हाँ अगले जमाने में एक मीर भी था। शमशेर ने कहीं परफेक्शनिस्ट होने के प्रति अपने आग्रह को स्वीकार किया है, अपनी डायरी में, अपने बारे में। शमशेर विनम्र थे, दिखते भी थे पर मुझे अक्सर लगता है कि वे अपने काव्य कौशल के प्रति बेहद जिद्दी भी थे। परफेक्शनिस्ट को अपने हुनर में बहुत ज्यादा भरोसा होता है। अपने हुनर को उसने काफी मशक्कत से कमाया होता है। यह वह सिफत नहीं है जिसे कुदरती कह कर उसकी मेहनत को नज़रअन्दाज़ कर दिया जाए। ऐसा अगर आप भूल से कह दें तो वह तत्काल इसका प्रतिवाद करेगा, कहेगा मियाँ अपने उस्ताद के पास बहुत पापड़ बेलकर इसे हासिल किया है। परफेक्शनिस्ट अक्सर प्रोलिफिक नहीं होता। इसलिए कई बहुत प्रतिभाशाली लेखक अचानक लिखना बन्द कर देते हैं। उनके लिखना बन्द करने के और भी कई कारण होते होंगे लेकिन कहीं-न-कहीं एक कारण मुझे लगता है कि परफेक्शन के प्रति अति आग्रही होना भी होता है। सौमित्र मोहन और ज्ञानरंजन जैसे महत्त्वपूर्ण लेखकों के लिखना बन्द होने के पीछे कहीं एक कारण यह भी काम करता रहा होगा ऐसा मुझे अक्सर लगता है। लगातार लिखते रहने के लिए अपनी जिद का अतिक्रमण करना होता है। परफेक्शनिज़्म अक्सर तो क्राफ्ट के स्तर पर प्रकट होता है। लेकिन इसे सिर्फ क्राफ्टमेनशिप के खाते में भी नहीं डाला जा सकता। पान वाले का या हलवाई का परफेक्शनिज़्म तो स्वाद में प्रकट होता है।

नीरो का संगीत प्रेम

पहल 82 में कुँवर नारायण की एक कविता छपी है *नीरो का संगीत प्रेम।* यह एक विचलित कर देने वाली कविता है।

तकरीबन दो-तीन दशक पहले एक वाक्य अक्सर कला और कविता के बारे में सुनाई देता था कि कला मनुष्य को बेहतर मनुष्य बनाती है। कला के बारे में यह वाक्य कलाकारों की ओर से बोला गया एक रोमानी वाक्य ही अधिक है। जो कला के बारे में एक सकारात्मक ढंग से विचार करता है। इसमें बेहतर मनुष्य एक सूटेबल ब्वाय जैसा लगता है। इसमें कभी यह नहीं जोड़ा गया कि कला मनुष्य को परिवर्तन की आकांक्षा से और उसके लिए किए जाने वाले सक्रिय संघर्षों से जोड़ती है। या यह कि कला यातना के विरुद्ध एक सक्रिय प्रतिरोध है। इसमें कला के एक-दूसरे चरित्र के बारे में विचार ही नहीं किया गया। गुस्ताव जैनुक से बातचीत में काफ्का ने कहा था कि सच्ची कला समय का दर्पण होती है...एक ऐसी घड़ी जो कभी-कभी समय से तेज़ चलती है। कम-से-कम काफ्का ने कला के आगे सच्ची जैसा विशेषण जोड़ कर कला को एक सामान्यीकरण से अलग कर दिया था। याने सच्ची कला के अलावा भी कलाएँ होती हैं, शायद वे ऐसी घड़ी की तरह होती होंगी जिनमें समय हमेशा ठहरा रहता है या जो वास्तविक समय से काफी पीछे चल रही होती है। ऐसी कलाएँ वर्चस्वशाली वर्गों और उनकी सत्ता के पक्ष में अपना काम करती रहती हैं। यही नहीं ऐसी कलाओं को अक्सर वर्गीय समाजों में प्रभुत्व और केन्द्रीय स्थिति प्राप्त रहती है। काफ्का कला और प्रार्थना दोनों को कामना की उद्विग्न क्रियाएँ कहता है। वह मानता है कि मनुष्य उनसे अपनी इच्छाशक्ति को बढ़ाना और उसके पार जाना चाहता है। लेकिन कला के भी कई रूप हो सकते हैं। रघुवीर सहाय अपनी एक कविता में इसके दो विभेद करते हैं। एक वह कला है जो तकलीफों को जानकर भी उसका वर्णन नहीं करती। और दूसरी कला वह है जो *बहुत-सी कला है।* रघुवीर सहाय सवाल करते हैं कि *कला बदल सकती है क्या समाज?* और दूसरी ही पंक्ति में कहते हैं *नहीं, जहाँ बहुत कला होगी परिवर्तन नहीं होगा।* कला की प्रशंसा में बोले जाने वाले अति वाक्यों

से सोच का यह तरीका एकदम भिन्न था। यह कविता उस दौर में छपी थी जब भारतीय सत्ता अपनी छवि को आकर्षक बनाने के लिए इस बहुत-सी कला का बहुत कुशलता से उपयोग कर रही थी।

कुँवर नारायण की कविता कला के एक भयानक और अमानवीय चेहरे की ओर इंगित करती है। वहाँ भी कला की दो श्रेणियाँ हैं। एक वह जो शासक की कला है और दूसरी वह जिसे शायद काफ्का ने सच्ची कला कहा था। कुँवर नारायण की यह कविता एक छोटी-सी कहानी को बहुत सादगी से बयान करती-सी लगती है। कुँवर नारायण की कविता में यूँ भी तापक्रम बहुत परिवर्तित नहीं होता। क्रूर और त्रासद प्रसंगों में कुँवर नारायण अपनी भाषा के तापक्रम को लगता है और कम कर देते हैं जिससे स्थिति की क्रूरता और भयावहता को हम उसके नग्नतम रूप में महसूस कर सकें। बयान के बीच कवि का हस्तक्षेप कम हो जाता है। और आवेग इतना थमा हुआ-सा कि आप उसकी थरथराहट को भी महसूस न कर सकें। उनकी कविता पढ़ते हुए शब्दों की न्यूनतम लेकिन स्पष्ट आवाज़ को हम जितना महसूस करते और सुनते हैं, उसके आसपास फैली जगह की खामोशी को भी उतना ही महसूस करते और सुनते हैं। वह अपने आसपास की खामोशी से अपने शब्दों और अन्तर्वस्तु की ताकत प्राप्त करती है।

कहानी इतनी-सी है कि रोमन सम्राट नीरो संगीत का प्रेमी था और बेला बजाता था। वह अपने को दुनिया का बेजोड़ बेलाकार मानता था। एक दिन उसके सिपाही एक गायक को पकड़कर लाते हैं जिसे लोग सबसे बड़ा गायक मानते थे। यहाँ एक-एक बारीक-सी बात को रेखांकित कर देना ज़रूरी है क्योंकि ऐसी बातें कई बार अलक्षित रह जाती हैं। नीरो के बारे में कवि ने लिखा है कि वह अपने को दुनिया का बेजोड़ बेलाकार समझता था। और पकड़कर लाए गए गायक के बारे में लिखा है कि उसे लोग देश का सबसे बड़ा गायक मानते थे। एक कला वह है जिसने अपनी श्रेष्ठता को स्वयं घोषित कर रखा है जबकि दूसरी कला वह है जो लोगों द्वारा स्वीकृति प्राप्त कर चुकी है। सिपाही लाए गए गायक को भाले से कौंचते हुए उससे सम्राट के सामने गाने को कहते हैं। उसकी आवाज़ ही नहीं निकल पाती है। उसे यातनाएँ दी जाती हैं और वह दर्द से चीखने लगता है। सम्राट को उसका चीखना सुरीला लगता है। उसने ऐसा आर्तनाद कभी अपने बेला पर नहीं निकाला था। यह है सेडिस्ट प्लेज़र! परपीड़ा से उपजा सुख। लेकिन कविता यहीं समाप्त नहीं होती। वह इस परपीड़ा के सुख को परपीड़ा के सुख की कला में रूपान्तरित होने की कहानी का आगे बखान करती है। हुक्म होता है कि गायक को कैद में रखा जाए जिससे वह भाग न सके। और रोज़ जब नीरो बेला बजाने का अभ्यास करे उसे नीरो के सामने लाया जाए और यातना दी जाए। धीरे-धीरे गायक अपना

गायन भूल गया। उसे सिर्फ रोना याद रहा। सिपाही रोज़-रोज़ उसे नई-नई यातनाएँ देकर तड़पाते थे। कुँवर नारायण इस टिप्पणी के साथ कविता को समाप्त करते हैं कि कला और दर्द के बीच रिश्ते को समझने का नीरो का यह अपना तरीका था। इस कविता में जो बहुत कुछ अनकहा है। इंगितों में कहा हुआ है और पंक्तियों के बीच छिपा है उसके कूट खोलने की ज़रूरत है। शासक या प्रभुत्वशाली वर्ग की कला और जनता की सच्ची कला के रिश्ते। शासक की कला दृष्टि और जनता की सच्ची कला के साथ उसके व्यवहार। यातना और रुदन को कला में बदलने की शासक की इच्छा और अभ्यास। ऐसी बहुत-सी बातें हैं जो इसके अन्तरपाठ में विन्यस्त हैं। भारतीय समाज में विगत तीन दशकों में आए भयावह संकट और उस समय सत्ता और शासक वर्ग की कला दृष्टि और संकट के प्रति उसके व्यवहार के कई उदाहरण हमारे सामने हैं। सत्ता के संस्कृति कर्म की व्याख्या के लिए इस कविता का पाठ शायद कुछ नई सूझ पैदा करे।

सोमदत्त की दो कविताएँ

सोमदत्त को व्यक्ति के रूप में नहीं जानने या कम जानने वालों को उनकी लम्बी कविता *क्रागुएवात्स* उनकी प्रतिनिधि कविता लग सकती है। लेकिन मुझे लगता है कि महत्त्वपूर्ण होते हुए भी वह सोमदत्त के मूल स्वभाव की कविता नहीं है। सोमदत्त भावुक भी थे और बीच-बीच में उनमें एक किस्म का आदर्शवाद भी जोर मारता था। मध्यवर्गीय आदर्शवाद की एक बड़ी समस्या यह है कि वह निर्धन और शोषित की कमियों या गलत आदतों के कारणों की पड़ताल नहीं करता, वर्गीय समाज की संरचना में अन्तर्निहित खामियों पर उसकी नज़र ही नहीं जाती। इसलिए वह सारा दोष निर्धन पर थोपता जाता है। वह बहुत जल्दी उपदेशक की भूमिका में आ जाता है। और ऐसा करते हुए वह अपनी तरफ देखना भी भूल जाता है। सोमदत्त जब अपने स्वभाव के खिलंदड़ेपन के नज़दीक होते हैं तो उनकी विश्लेषक क्षमताएँ ज्यादा जागृत और ज्यादा बारीक ढंग से काम करती हैं।

सोमदत्त की एक कविता है *हरामीपन हर जगह है*। इस कविता के जन्म की भी एक दिलचस्प-सी कथा है। फ़ज़ल ताबिश और सोमदत्त अच्छे दोस्त थे। अक्सर जब सोम नई कविताएँ लिखते तो फ़ज़ल के घर या सोम के घर पर उन्हें सुना जाता। इसमें फ़ज़ल भी अपनी नई ग़ज़लें या नज़्में सुनाते। फ़ज़ल की एक खास आदत थी कि उनकी ग़ज़ल में एक शेर ज़रूर ऐसा होता था जिसमें कुछ शरारत हो। छेड़छाड़ हो। सोमदत्त उसे हरामीपन वाला शेर कहते। यह शब्द बार-बार इस्तेमाल होता। एक दिन अचानक सोमदत्त ने कहा कि उसने एक नई कविता लिखी है *हरामीपन हर जगह है*। कविता में हरामीपन शब्द का इस्तेमाल वैसा ही नहीं था जैसा बातचीत में वह होता था। इसमें शरारत भी थी और थोड़ा बारीक-सा तंज़ भी। इसमें एक ऐसा व्यंग्य है जो सीधे आहत नहीं करता, नसों को गाहे-बगाहे खटखटाता रहता है। इसलिए सोमदत्त की यह कविता अगर आपने पढ़ी है तो स्थितियों और प्रसंगों के साथ वह बीच-बीच में याद आती है। इस कविता की दूसरी ही पंक्ति में जो *मुझमें, आपमें और उसमें* है वह एक बड़ा वृत्त तो बनाता है लेकिन यह कविता नौकरशाही और साहित्यिक समाज से बाहर नहीं

निकलती। मुझमें आपमें और उसमें से बना वृत्त नौकरशाही और साहित्यिक समाज से बाहर निकलकर, न तो राजनीतिज्ञों को छूता है न किसी अन्य समुदाय को। शायद इसका एक कारण यह हो सकता है कि इस शब्द का इस्तेमाल सोम वर्गमित्रों की आलोचना के लिए करना चाहते थे। इसमें नौकरशाही थी और साहित्यिक मित्र। अगर कविता का दायरा फैलाया जाता तो हरामीपन शब्द का उपयोग इसी अर्थ में करना सम्भव नहीं होता। सारी कविता बचकर, कटकर या सरककर निकलने की प्रवृत्ति के इर्द-गिर्द घूमती है। यह शब्द मध्यवर्ग की चारित्रिक विशेषता का जितना प्रामाणिक प्रतिनिधित्व करता है उतना किसी अन्य वर्ग का नहीं।

कविता का अन्तिम हिस्सा बहुत संक्षेप में ही सही लेकिन अपने दौर के लेखन की एक आलोचना भी है :

हरामीपन हर जगह है
जैसे कविता में भी, कहानी में भी
नाटकों में भी
चरित्र जूझकर निकलते हुए नहीं
सरक कर निकलते हुए हर कुछ से।

2

सोमदत्त की दूसरी कविता जो मुझे बहुत पसन्द है उसका शीर्षक है—*राजनेता का अधसच सपना।* दोनों कविताओं को एक-दूसरे का पूरक भी माना जा सकता है। सोमदत्त बुंदेली बोली समूह से आए थे। कुछ वर्ष के लिए उनका तबादला इन्दौर हो गया था। इस तरह मालवी बोली के इलाके से उनका सम्पर्क हुआ। बोलियों के प्रति सोमदत्त में बहुत आकर्षण था। दो अलग-अलग बोलियाँ बोलने वाले समूहों के सम्पर्क में आने से उनकी कविता में तेजी से बदलाव हुए। *किस्से अरबों हैं* (कविता संग्रह) की अनेक कविताओं में इस फर्क को देखा जा सकता है। मेरे एक मित्र ने कई वर्ष पहले कहा था कि हिन्दी में अक्सर ऐसे कवियों ने बहुत महत्त्वपूर्ण काम किया है जो दो अलग-अलग भारतीय भाषा समूहों के सम्पर्क में रहे हैं। निराला और मुक्तिबोध इसके अद्वितीय उदाहरण हैं। यह अवधारणा नियम की तरह नहीं प्रतिपादित की जा सकती। ऐसे कई कवि भी हिन्दी में महत्त्वपूर्ण कवि हुए हैं जो निराला या मुक्तिबोध की तरह दो भाषा परिवारों से सम्बद्ध नहीं थे। लेकिन इससे दो भाषा परिवारों से सम्बद्ध होने की अवधारणा को एकदम खारिज नहीं किया जा सकता। दो भाषा या बोलियों में आवाजाही करते हुए, उनके मिलने और टकराने से

कुछ-न-कुछ तो होता है जिसकी ध्वनियाँ कविता में और कविता की भाषा में कुछ नया जोड़ती हैं। निराला की कविताओं की भाषा में जो एक अलग-सी ध्वनि सुनाई देती है वह कहीं-न-कहीं बंगला से प्राप्त प्रभावों से आई तो लगती ही है। बुंदेली और मालवी बोली में आवाजाही ने सोमदत्त की उस दौर की कविताओं में भी बहुत कुछ बदला था। माँदर बज रहा है, मघा, फुगावा और राजनेता का अधसच सपना जैसी कविताएँ सोमदत्त की कविताओं में थोड़ी अलग-सी लगती हैं। यह अलग क्या है इसकी ठीक-ठीक व्याख्या सम्भव नहीं है। राजनेता का अधसच सपना की जो लय है और जो फैंटेसी है वह आधुनिक फैंटेसी के मिजाज की नहीं है। वह अपनी पूरी बनावट में लोकवार्ता के ज्यादा नज़दीक है। इस कविता में हर वाक्य का अन्तिम हिस्सा दूसरी पंक्ति का अगला हिस्सा बन जाता है और इस तरह पिछला वाक्य अगले वाक्य को धक्का देकर आगे बढ़ाता है। लगता है जैसे सारे वाक्य मिलकर एक उठती-गिरती लय जैसा वाक्य बनाते हैं। इस तरह की लय और वाक्य की ऐसी संरचना सोमदत्त की किसी अन्य कविता में नहीं मिलती। पहली पंक्ति की अर्धाली दूसरी पंक्ति के प्रारम्भ में जुड़ जाती है और दूसरी पंक्ति की अर्धाली तीसरी के प्रारम्भ में और हर पैराग्राफ अन्तिम पंक्ति को खुला छोड़ देता है :

घास का बघनखा पहने मैं हिरनों के झुंड में
हिरनों के झुंड में, घोड़े पर सवार शूर
घोड़े पर सवार, किए हिरण गिरफ्तार मैंने
हिरण गिरफ्तार नन्हीं मत पेटी में बहार
गूँज रही जै जैकार

जै जैकार पर सवार यह राजनेता है जो विराट जनसागर के बीच पनडुब्बी-सा निर्भय है। इसके पाँवों तले लाखों चींटियाँ हैं, जिनकी आँखों में शक्कर के पहाड़ हैं। चारों ओर मारामार है। इस मारामार पर सवार राजनेता आमसभा से लौटता है। इस आमसभा के दृश्य में हार हैं, फूल हैं और चापलूसी के गुलाल हैं। चींटियों में बर्दाश्त करने की अपार क्षमता है। राजनेता आमसभा से लौटता है और चींटियों की इस ढीठ बर्दाश्तगी की कोमल गादी पर खुर्राटे भरता सोता है। नींद है, कुर्सी है और घुमाघुम वादे हैं। घुमाघुम वादों में मरते खपते लोग हैं। लेकिन अन्तिम पंक्तियों में अचानक दृश्य बदलता है। यहाँ तक मक्कारी और चालाकियों से भरा भारतीय जनतन्त्र का चिरपरिचित दृश्य है। सोमदत्त राजनेता के लिए किसी भी अतिरिक्त विशेषण का उपयोग किए बिना, उसके चरित्र को खोलते जाते हैं, जैसे प्याज के छिलके हटा रहे हों। कविता के अन्तिम पैरे में दृश्य बदलता है। यह नींद में घटित हो रहा है। राजनेता का आंतरिक भय ही विद्रोह की फैंटेसी में बदल जाता है :

नींद थी कुर्सी थी घुमाघुम वादे थे
घुमाघुम वादों में मरते खपते लोग
मरते खपते लोगों में यकायक अजीब जोश
अजब जोश जैसे हो जंगल में लगी आग
आग, आग, हाँ मशाल नत्थू खैरों के हाथों में
डरा तो टूटी नींद
टूटी नींद पर बगटुट मैं भागा आमसभा से।

सोमदत्त इसे राजनेता का अधसच सपना कहते हैं क्योंकि इसमें कविता के अन्तिम दृश्य का सच होना बाकी है। सोमदत्त सजग कवि थे। और संयत भी।

वनस्पतियों और परिन्दों के नाम

इधर की हिन्दी कविता में पेड़ और परिन्दे तो बहुत हैं लेकिन कविता पढ़ते हुए लगता है कि वे एक अमूर्त पद से ज्यादा कुछ नहीं। कविता में पेड़ों, फूलों, परिन्दों के नाम लगातार कम होते गए हैं या लगभग गायब। कवि जैसे पेड़ों और परिन्दों को उनके नाम से जानता ही नहीं। किस मौसम में, उसके क्षेत्र में कौन-सी हवाएँ चलती हैं, यह शायद ही वह बता पाए। क्या इसे नगरीकरण के कारण प्रकृति से हो रहे अलगाव कहकर टाला जा सकता है? कहीं-न-कहीं हमारी वस्तुनिष्ठता में खोट की तरह इसे नहीं देखा जाना चाहिए? पेड़ या चिड़िया लिख देने से हमारे मानस में किस पेड़ या किस परिन्दे का चित्र बनेगा? मेरे पिता ईशनारायण जोशी ने पिछले कई बरस लगाकर एक कोश तैयार किया, कालिदास के वृक्षों, फूलों और वनस्पतियों के नामों का। उसमें कालिदास की कविता में आए वृक्षों के सारे नाम हैं, उनके वैकल्पिक नाम हैं और वनस्पतिशास्त्र के अनुसार उनके नामों और उनकी प्रजातियों का भी उल्लेख है। इस कोश को देखकर हैरत होती है कि कालिदास अपनी कितनी सारी वनस्पतियों को उनके नाम से जानते थे। कहीं नेरूदा ने कहा है कि वे अपनी कविता में अपने देश के अनेक ऐसे वृक्षों और परिन्दों को नाम देने की कोशिश करना चाहते हैं, जिनको अभी तक उनकी भाषा नाम नहीं दे पाई है। हिन्दी कविता कम-से-कम इस मामले में तो लगातार विपन्न होती कविता है। विजेन्द्र इस अर्थ में हिन्दी के शायद सबसे विलक्षण कवि हैं कि उनकी कविता में अपने आसपास की अनेक वनस्पतियों के, कुछ तो लगभग जंगली मानी जाने वाली वनस्पतियों के नाम और उनका पूरा वैभव मौजूद है। इब्बार रब्बी की भरतपुर के पक्षी विहार पर लिखी थोड़ी-सी कविताओं को भी यहाँ याद किया जा सकता है। अगर हिन्दी कविता का कोई चार्ट तैयार किया जाए तो छायावाद और कुछ हद तक प्रगतिवाद की कविता के बाद की कविता में वनस्पतियों और परिन्दों को उनके नाम से पुकारे जाने का चलन लगातार कम होता हुआ दिखाई देगा। ऐन्द्रिकता की चर्चा भले ही बढ़-चढ़कर की गई हो, चिड़िया और पेड़ भी कविता में भले ही बड़ी तादात में आए हों पर पेड़ों के नाम लगभग नदारत हैं। ऋतुओं और हवाओं के नाम भी नहीं हैं। शायद यह मान लिया

गया है कि ऋतुओं और अलग-अलग हवाओं के नाम लेना गीतकारों या नवगीतकारों का ही काम है।

अलग से प्रकृति चित्रण वाली कविता लिखना न तो आज सम्भव है और न ज़रूरी। लेकिन जो वृक्ष, परिन्दे, हवाएँ, ऋतुएँ हमारे जीवन प्रसंगों के बीच आती जाती हैं, उन्हें तो उनके नाम से पुकारा ही जा सकता है। गंगा, जमुना, नर्मदा, सतलज जैसी कई बड़ी नदियों पर तो उनके नामों का गुणगान करती कविताएँ मिल जाती हैं लेकिन यात्राओं में न जाने कितनी छोटी-छोटी नदियाँ हम सबके जीवन में आई होंगी, कविता में उनके नाम खोजना लगभग असम्भव-सा है।

नाम में बहुत कुछ धरा है। नाम से किसी को पुकारा जाना या दर्ज किया जाना सिर्फ स्मृति का मामला नहीं, यह उस पेड़ या परिन्दे से हमारे लगाव के अनुपात को भी प्रकट करता है।

आवारगी और कविता

साठ के दशक के रचनाकार के मिजाज में एक किस्म की आवारगी थी। यह उसके जीवन व्यवहार का एक जरूरी हिस्सा थी। मुझे लगता है उस दौर की सामाजिक-राजनीतिक और सांस्कृतिक स्थितियों में भी उसके कारण कहीं-न-कहीं मौजूद थे। अराजकता और आवारगी में एक हल्की-सी फाँक है। अकविता के कवि इस बारीक-सी रेखा को बहुत बार लाँघ भी जाते थे। आवारगी में एक किस्म की लापरवाही है, बौद्धिक बेफिक्री है, कैरियर के प्रति विद्रोह है, व्यवस्थित जीवन के प्रति नापसन्दगी है। इसमें चायघर है, ढाबे हैं, बहसें हैं और अनेक ठीहों सड़कों और रातों के संस्मरण हैं। प्रगतिवाद का कवि घुमक्कड़ तो था पर आवारा नहीं था। घुमक्कड़ आदमी में लोक और भूगोल की विविधताओं को ज्यादा से ज्यादा दर्ज़ करने का आग्रह था। आवारगी में लम्बी यात्राओं का होना जरूरी नहीं था। उसकी आवारगी का भूगोल सीमित था। उसमें गलियाँ और सड़कें और कुछ निश्चित से स्थान थे। वह एक ही शहर में रहते हुए भी आवारा हो सकता था। बल्कि उसमें अपनी जगहों से गहरा लगाव था। जीवन के भीतर हो रही टूट फूट पर उसकी नज़र ज्यादा थी। नकली किस्म की भावुकता और आदर्शवाद के प्रति उसकी चिढ़ बार-बार व्यक्त होती थी। उसकी निराशा और नकार में नाउम्मीदी से ज्यादा असन्तोष था। गुस्सा था। लेकिन आज जब साठ के दौर की बेहतर रचना को देखो तो लगता है कि उसमें आवारगी और सतर्कता या कहें कि कला के प्रति एक चौकन्नापन एक साथ था। कहानी और कविता दोनों में ही। यह सिर्फ अकविता या साठोत्तरी कहानी का ही गुण नहीं है, नक्सलबाड़ी के प्रभाव से आई कविता में भी इसे पढ़ा जा सकता है। दो लगभग विपरीत-सी दिखती इन प्रवृत्तियों का बेहद सधा हुआ इस्तेमाल उस दौर की रचनाओं में दिखाई देता है। अन्तर्वस्तु और मूल्य के स्तर पर आवारगी है और शिल्प और भाषा के स्तर पर बेहद सतर्कता भी। घंटा का पेट्रोला इसके बिना सम्भव ही नहीं होता। वेणु गोपाल की कई कविताएँ अपनी आवारगी के चलते ही बनी हैं। पंकज सिंह और वीरेन्द्र डंगवाल की कविता में आवारगी और सतर्कता के द्वैत और उसके सन्तुलन के बहुत दिलचस्प उदाहरण दिखाई देते हैं। वीरेन्द्र में पंकज की

बनिबस्त सतर्कता कुछ कम है। हो सकता है कि उसकी सतर्कता में एक ऐसी सतर्कता मौजूद हो कि वह महसूस कम होती है। यह भी एक किस्म का कौशल हो सकता है। पंकज सिंह की कविता में भी यह द्वैत मुझे लगातार महसूस होता है। क्या यह डर विचारधारा के प्रति कमिटमेण्ट के कारण पैदा हुआ था या यह दूसरों द्वारा गलत समझ लिए जाने का डर ज्यादा था? मुझे लगता है अकविता के कवि में यह भय कम है, तुलनात्मक रूप से। नक्सलबाड़ी विद्रोह के साथ विचारधारा और प्रतिबद्धता को लेकर चलने वाली बहसों ने इसे शायद ज्यादा जटिल बनाया होगा। इसके चलते लगता था कि कवि अपने ही अनुभव को सेन्सर कर रहा है। यह सच है कि नक्सलबाड़ी के बाद पूर्ण निषेध वाली अराजकता कुछ कम हुई। लेकिन इससे कवि में अपने अनुभवों की सेन्सरशिप बढ़ी। पंकज सिंह की कविता में सन्तुलन को बनाने या बचाने के बजाय अक्सर सतर्कता उसकी आवारगी के अनुभवों पर हावी हो जाती है। लेकिन जब भी आवारगी की स्मृतियाँ और अनुभव बौद्धिक या वैचारिक सतर्कता को चकमा देकर उसकी कविता में प्रवेश कर जाते हैं तब वह ज्यादा सहज होता है। इसीलिए शायद एक खीज से भरा सवाल उसकी कविता में आता है कि *फिलहाल कितनी सावधानियों का सिलसिला है यह जीवन*। नए संग्रह जैसे पवन पानी में एक कविता है—जब कुछ पैसे आएँगे। इसमें तीन पंक्तियाँ हैं :

जब कुछ पैसे आएँगे
रात-रात भर होंगी तेज बहसें मुसलसल
आएगी दोस्तों के लिए राजस्थानी शराब की एक बोतल।

साठ के उत्तरार्ध और सत्तर के दशक की शुरुआत के ऐसे और इससे भी ज्यादा सघन अनुभव उसके फिक्स डिपाजिट में मौजूद है। जिन्हें पंकज बहुत कम इस्तेमाल करता है। तेज बहसें और राजस्थानी शराब की बोतल। इसमें उस दौर के गुस्से, आवारगी और उम्मीद सबको एक साथ पढ़ा जा सकता है। ऐसा मुझे लगता है। लेकिन इससे लगातार बचने की कोशिश उस पूरे अनुभव को कविता में रूपांतरित नहीं होने देती। मुझे लगता है दूधनाथ सिंह या और भी उन्मुक्त होकर काशीनाथ सिंह अपनी फक्कड़ी और आवारगी के अनुभव के कहानी में आने से कम परहेज़ करते हैं। भाषा और शिल्प के बेहद चौकन्नेपन के बावजूद उस लुम्पेन जीवन के अन्तर्विरोध और जीवन्तता उनकी रचना में ज्यादा उन्मुक्त होकर प्रवेश करते हैं।

खेल और कविता

1987 में अवधनारायण मुद्गल के सम्पादन में *अड़तीस खेल कहानियाँ* नाम का एक संग्रह प्रकाशित हुआ था। इसमें खेल को विषय बनाकर लिखी गई कई विदेशी, भारतीय और कुछ हिन्दी की कहानियाँ भी थीं। इसमें प्रेमचन्द की *गुल्ली डंडा* तो थी लेकिन *शतरंज के खिलाड़ी* नहीं थी। इसमें हॉकी को विषय बनाकर लिखी गई अशोक सेक्सरिया की एक महत्त्वपूर्ण कहानी *दुखवा कासे कहूँ मोर सजनी नहीं थी।* हो सकता है कि और भी कुछ महत्त्वपूर्ण कहानियाँ छूटी हों। हर संग्रह की एक सीमा होती है। फिर यह संग्रह सिर्फ हिन्दी की खेल कहानियों का नहीं था। इसमें विदेशी और भारतीय भाषाओं की भी कुछ कहानियाँ थीं। अगर खेल को विषय बनाती या अपने विवरण में शामिल करती हिन्दी कविता का कोई संग्रह तैयार करना हो तो बहुत विचार करने पर भी यह कुछ असम्भव-सा लगता है। घरों या गाँव की चौपाल पर खेले जाने वाले चौसर जैसे खेल के सन्दर्भ तो कई बार भक्तिकाल की कविता में भी दिख जाते हैं। युवतम पीढ़ी की कवयित्री नीलेश रघुवंशी के पहले संग्रह घर निकासी में भी एक कविता है—*चौसर।* इसमें कुछ उम्रदराज़ ग्रामीणों के चौसर खेलने का रोचक वर्णन है। कविता खेल को बिम्ब या रूपक में बदलकर किसी अन्य बात की ओर संकेत करने की कोशिश नहीं करती। महाभारत के एक केन्द्रीय प्रसंग के बावजूद चौसर एक ऐसा खेल नहीं है जिसे इंडोर खेलों में कैरम या शतरंज जितनी भी मान्यता कभी मिली हो। राजेन्द्र शर्मा के पहले संग्रह *शेरों ने मुँह धोये* में विसात पर चलते हुए शीर्षक की एक कविता है जो स्याह सफेद चौखानों और मोहरों के साथ शतरंज का एक रूपक तैयार करती है। लेकिन वह शतरंज के खेल को बहुत जल्दी ही एक रूपक में बदल देती है। कुश्ती को अगर खेल के अन्तर्गत रखें तो नर्मदा प्रसाद खरे की कविता *नागपंचमी* की याद की जा सकती है। इस कविता की लय और सारा ताना-बाना इतना मजेदार था कि बचपन में दो-एक बार पढ़कर ही लगभग पूरी कविता याद हो जाती थी। एक कारण अगर कविता की लय थी तो दूसरा कारण यह भी था कि पचास-साठ के दौर में छोटे शहरों में कुश्ती के दंगलों का चलन भी काफी था। विष्णु खरे के संग्रह सबकी आवाज़ के पर्दे में, में क्रिकेट को

लेकर तीन कविताएँ हैं। पहली कविता स्कोर बुक में मिडिल स्कूल के दिनों के एक मैच और कॉलेज के दिनों के एक मैच की याद है। हैट्रिक का एक संयोग है, पहली बार बालिंग में और दूसरी बार कैच पकड़ने में। एक हद तक यह क्रिकेट में संयोग की भूमिका की ओर भी इशारा करती है। यह कविता अपने को क्रिकेट के उन खास क्षणों की याद तक ही महदूद रखती है। क्योंकि यह कम-से-कम स्कूल और कॉलेज स्तर के खेल पर केन्द्रित है इसलिए उसमें खेल से जुड़ी कुछ जानकारियाँ और पारिभाषिक शब्दावली का बहुत सटीक उपयोग है। दूसरी कविता कवर ड्राइव भी क्रिकेट के खेल को खेल की ही तरह लेती है। वह क्रिकेट को किसी अन्य चीज का प्रतीक नहीं बनाती। कविता का अन्त एक दबी छुपी-सी इच्छा के नामालूम से कारण पर होता है। सिंगल विकेट सिरीज़ के बारे में ठीक-ठीक यही नहीं कहा जा सकता। तीनों ही कविताएँ किसी प्रोफेशनल खिलाड़ी या किसी बड़े टूर्नामेण्ट को लेकर नहीं लिखी गई हैं। लेकिन तीनों में खेल की बारीकियों के बहुत सुन्दर ब्यौरे मौजूद हैं। हालाँकि यह विष्णु खरे की कविता की खूबी भी है कि वे ब्यौरों का बहुत सटीक और काव्यात्मक इस्तेमाल करने का हुनर जानते हैं यहीं एक कविता और याद की जा सकती है। नागार्जुन की मैथिली कविता के संग्रह पत्रहीन नग्न गाछ की—गोल कर ही डाला। यह कविता बास्केट बाल खेल रही ऐंग्लो इंडियन लड़कियों पर है। कविता में तो स्पष्ट संकेत नहीं हैं लेकिन लगता है कि ये खिलाड़ी कुछ हद तक प्रोफेशनल खिलाड़ी हैं। लेकिन हिन्दी में लिखी गई कविताओं में कहानियों की तरह अक्सर प्रोफेशनल खिलाड़ी नज़र नहीं आते। उसकी चिन्ता किसी प्रोफेशनल टीम की अक्सर नहीं है। हालाँकि कहानियों में भी ऐसा हमेशा नहीं होता।

अस्सी के बाद की हिन्दी कविता को याद करें तो दो ही कविताएँ याद आती हैं, जो खेल को लेकर लिखी गईं। जिनकी पर्याप्त चर्चा भी हुई और जो बिलाशक अच्छी और महत्त्वपूर्ण कविताएँ कहीं जा सकती हैं। एक है संजय चतुर्वेदी की फुटबॉल जैसा ही कोई प्यारा खेल और दूसरी कात्यायनी की हॉकी खेलती लड़कियाँ।

पिछले दिनों हॉकी के खेल को लेकर बनी फिल्म *चक दे इण्डिया* की समीक्षा में कात्यायनी की कविता को तो याद किया गया लेकिन अशोक सेक्सरिया की कहानी शायद किसी को याद नहीं आई। इसी तरह दनदनादन गोल की समीक्षा करते हुए क्या किसी को संजय की फुटबॉल जैसा ही कोई प्यारा खेल की या सत्तर के दशक में जिगर जेगर पर आधारित नाटक फुटबॉल की याद आई? यह इस बात का भी संकेत है कि हाल के महत्त्वपूर्ण लेखन के प्रति भी हमारी स्मृतियाँ कितनी धुँधली होती जा रही हैं।

संजय की कविता फुटबॉल जैसा ही कोई प्यारा खेल में फुटबॉल खेलने वाले

बच्चे वो हैं जो स्कूल नहीं जाते। स्कूटर मैकेनिकों के चेले हैं। दर्जियों के कारीगर हैं। चायघरों में काम करनेवाले बच्चे हैं। इनकी कमीजें फटी हैं। सुबह की रोटी के बाद इन्होंने कुछ खाया नहीं है। ये अँधेरा होने के बाद फुटबॉल खेलने आते हैं मैदान में। लेकिन ये अपनी सुध-बुध बिसराकर खेल रहे हैं। ये वैसे बच्चे नहीं हैं जिनके पास खेल के साधन और समय होता है। इसलिए फुटबॉल को यहाँ खेल से बाहर जाकर एक बिम्ब में परिणित होना ही था और वह होती है। वह जैसे इन बच्चों की वर्गीय स्थितियों से पैदा हुई गैरबराबरी की तकलीफ़ का शमन भी है और प्रतिरोध भी। वह अर्जित की गई स्वतन्त्रता है। चाहे वह कुछ देर के ही लिए की गई हो। यह बेचैन करनेवाली करुणा की कविता है। इसलिए इस कविता में एक उल्लास का दृश्य भी है और उसके पीछे से झाँकती गहरी टीस भी। यह फुटबॉल शताब्दियों के पार जाती है। कब्रों, मकबरों, इबादतगाहों और हवेलियों के शीशों को तोड़ती है। इस फुटबॉल में सपने हैं कि किसी दिन दुनिया के सनमक़दों को तोड़कर हरे-हरे मैदान बनेंगे। और फिर एक दिन सब मिलकर फुटबॉल जैसा ही कोई प्यारा खेल खेलेंगे।

कात्यायनी की हॉकी खेलती लड़कियाँ संजय के फुटबॉल खेलने वाले लड़कों से अलग हैं। इस कविता को पढ़ते हुए शशांक की *घंटी* कहानी बरबस ही याद आती है। यहाँ वर्गीय पहचान के बनिस्बत लिंग-अस्मिता का प्रश्न प्रमुख हो गया है। ये एक छोटे शहर की लड़कियाँ हैं। ये लड़कियाँ चूल्हे की आँच और मूसल की धमक से दूर निकल आई हैं। घरों पर इनका इन्तज़ार हो रहा है। इन्हें देखने आए वर पक्ष के लोग इन्तज़ार कर रहे हैं। इनकी माएँ इनका इन्तज़ार कर रही हैं कि ये आएँ तो सन्तोषी माँ की कथा सुनाएँ और वे अपना व्रत तोड़ें। दफ्तर से लौटे पिता इन्तज़ार कर रहे हैं कि लड़कियाँ आएँ तो पकौड़ी और चाय बनाएँ। ये सारे ब्यौरे मध्यवर्ग या निम्न मध्यवर्ग के ही हैं। यहाँ भी एक अर्जित स्वतन्त्रता है लेकिन इसके पीछे किसी दुख की गहरी परछाईं नहीं है। इसमें हमारे घरों में लड़कियों को लेकर सोचने समझने के ढंग से टकराव की ध्वनियाँ हैं। ये लड़कियाँ उस सोच से निपटने की तैयारी करती अपने घर लौटती हैं। यह कविता भी एक स्वप्न पर ही समाप्त होती है लेकिन इस स्वप्न में किसी बड़े बदलाव की आकांक्षा का कोई दृश्य नहीं है सिर्फ एक संकेत-सा है जो स्त्रियों की विश्वव्यापी स्वतन्त्रता की ओर संकेत-सा करता लगता है :

सो जाएँगी लड़कियाँ
और सपने में दौड़ती हुई बॉल के पीछे
स्टिक को साधे हुए हाथों में
पृथ्वी के छोर पर पहुँच जाएँगी...

कवि की पीठ

उसने कहा कि कवि का काम सिर्फ पाँच इन्द्रियों के चौकन्ना होने से नहीं चलता। कवि की पीठ भी संवेदनशील होनी चाहिए, स्त्रियों की तरह। तुम्हें गुरुशरण याद है, उसने कॉलेज के दिनों के एक दोस्त को याद करते हुए कहा। वह सामने जाती हुई लड़की को देखकर कहता कि वह चाहे तो बिना कोई आवाज़ निकाले लड़की की चाल को बदल सकता है। शुरू-शुरू में कुछ दोस्त उससे शर्त लगा लेते। वह लड़की की पीठ के खुले हुए हिस्से को घूरना शुरू करता और थोड़ी देर बाद ही लड़की पल्लू से अपनी पीठ ढकने लगती जबकि एक बार भी मुड़कर नहीं देखती। पर पता नहीं कैसे वह यह महसूस कर लेती थी कि कोई उसे घूर रहा है। दोस्त गुरुशरण से शर्त हार जाते।

कवि की पीठ को स्त्री की तरह संवेदनशील होना चाहिए, उसने कहा। कविता की गाय कवि की पीठ के पीछे दीवार पर अपने सींग खुजला रही होती है। मन का चंचल बन्दर वहीं एक डगाल से दूसरी डगाल पर छलाँगें मार रहा होता है और संवेदना की गिलहरी वहीं पेड़ पर चढ़-उतर रही होती है...यही आदत उसकी बुरी है। वह उपमाएँ खड़ी करने लगता है। रूपक बनाने लगता है। मैंने कई बार कहा कि कविता के ये उपकरण अब बहुत काम के नहीं रहे। हालाँकि कवि की पीठ के संवेदनशील होने वाली बात ने मेरे दिमाग में अपना काम करना शुरू कर दिया था।

कविता पाठ में दोहराई जानेवाली पंक्तियाँ

कविता का वाचिक पाठ कविता के लिखित पाठ से भिन्न होता है...अक्सर। अगर ऐसा नहीं होता है तो कवि से इसकी उम्मीद भी की जाती है और माँग भी। लिखे हुए या प्रकाशित पाठ में जो पंक्ति सिर्फ एक ही बार लिखी या छपी है, उसमें से कई पंक्तियों को कवि पाठ करते समय दोहराता है। लिखित पाठ में उस पंक्ति पर किसी किस्म का अलग से कोई बलाघात कवि ने नहीं दिया होता है लेकिन पंक्ति को दोहराने से एक अतिरिक्त बलाघात उस पंक्ति पर आ जाता है। इस तरह दोहराई गई पंक्ति पाठ के बाद अन्य पंक्तियों से अलग और विशिष्ट हो जाती है। कवि जिन पंक्तियों को वाचिक पाठ के समय दोहराता है ज़रूरी नहीं है कि कोई पाठक अपने एकांत में उस कविता को पढ़ते हुए उन या उन्हीं पंक्तियों को दोहराए। हो सकता है उसे किसी भी पंक्ति को दोहराने की आवश्यकता ही न हो। यह भी हो सकता है कि वह किसी ऐसी पंक्ति को दोहराए जिसे वाचिक पाठ के समय कवि ने कभी न दोहराया हो। इसलिए कवि द्वारा पाठ किए जाते समय किन्हीं पंक्तियों का दोहराया जाना कवि का अपना आग्रह है। हालाँकि कोई पंक्ति ऐसी भी हो सकती है जिसके दोहराए जाने की माँग श्रोता द्वारा की जाए। कविता पाठ में ऐसा कई बार होता है।

अगर वाचिक पाठ को लिखित पाठ बनाया जाए याने दोहराई गई पंक्तियों को दो-दो बार लिखा जाए तो शायद यह किसी को भी स्वीकार नहीं होगा। और अगर लिखित पाठ की ही तरह कवि अपनी किसी भी पंक्ति को दोहराए बिना कविता का पाठ करे तो श्रोता को लगेगा कि कवि को पाठ करना नहीं आता। आग्रह के बाद भी अगर वह पंक्ति को नहीं दोहराता है तो उसे दम्भी माना जा सकता है। और इन दोनों ही पाठों को स्वीकार करें तो मानना चाहिए कि हर कविता के कम-से-कम दो पाठ होते हैं। दोनों पाठों में आन्तरिक सम्बन्ध होते हुए भी दोनों पाठ अंशतः अलग भी होते हैं। कविता का नाद-सौन्दर्य उसके वाचिक पाठ में अधिक प्रकट होता है। हालाँकि वाचिक पाठ से उसके भाव-सौन्दर्य पर भी अतिरिक्त बलाघात आता है। शुक्ल जी ने भाव-सौन्दर्य और नाद-सौन्दर्य के संयोग में ही कविता की सृष्टि को देखा था।

नींद और कवि

नींद और कवि की दुश्मनी पुरानी है। नींद से कवि का रिश्ता जागे और रोवे का है। कवि के सपने भी अक्सर जागी आँख के सपने हैं। कहानीकार और रात का रिश्ता थोड़ा भिन्न है। रात जब गहराने लगती है, बातें कम होती जाती हैं। बातें भी जैसे सोने चली जाती हैं और बतियाने वाले भी। कहने और सुनने वाले गए तो कहानीकार का काम खत्म हो जाता है। याद आता है कि जितेन्द्र कुमार के पहले संग्रह का नाम था *रतजगा* और हाल में विजय कुमार का संग्रह आया है *रातपाली।* याद नहीं आता कि किसी कहानी संग्रह का या कहानी का ऐसा नाम पढ़ा हो। एक सूची तैयार की जाए तो पता चलेगा कि कविता में रात ज्यादा है, कहानी में दिन और दोपहर। कहानीकार को बाहर देखना पड़ता है। कवि बाहर देखे को बार-बार भीतर देखता है। हालाँकि इस तरह के सामान्यीकरण महज दिलचस्प बहक भर हैं। बहकने का अधिकार भी तो कहानीकार के बनिस्बत कवि को ज्यादा ही है। यूँ कहानीकार भी कहीं-न-कहीं कवि ही होता है। निर्मल वर्मा का उपन्यास है *रात का रिपोर्टर।* इस पद में लेकिन एक किस्म की जिम्मेदारी का अहसास ज्यादा है। इनमें अनिद्रा का मजा और भटकन कम है। थोड़ा और बहका जाए तो इस नतीजे पर भी पहुँचा जा सकता है कि *अँधेरे में* कविता में कवि नींद को खोकर अपनी परम अभिव्यक्ति अनिवार पाना चाहता है जबकि *पूस की रात* कहानी का नायक खेत को खोकर अपनी नींद को पा लेने से खुश है।

वो और होंगे जो कवि हों और जिन्हें अच्छी नींद और अच्छी कविता एक साथ मिल जाए।

अराजक कविता का पुनर्पाठ

अकविता या उसके समानान्तर चलने वाले हंगरी जनरेशन, भूखी पीढ़ी आदि के आन्दोलनों की सबसे अधिक हलचलें बनारस, बंगाल या बिहार में दिखाई दी थीं। तीव्र असहमतियों, मोहभंग और अराजकता के इन आन्दोलनों को जिन मिथकों ने सबसे अधिक प्रभावित किया वे या तो शैव भक्ति के मिथक थे या शाक्त परम्पराओं में मिथक। वैष्णव भक्ति और परम्परा के मिथकों ने इन मिथकों को लगभग प्रभावित नहीं किया। जिस तरह के बोहेमियन या अवांगार्द व्यवहार साठोत्तरी के रचनाकारों में था उसका कोई तालमेल वैष्णव भक्ति से नहीं बन सकता था। शैव भक्ति के जैसे विद्रोही कवि कश्मीर या दक्षिण में दिखाई देते हैं वैसे हिन्दी के भक्ति आन्दोलन में नज़र नहीं आते। इसके भौगोलिक और सामाजिक कारणों की खोज-खबर ली जानी चाहिए। कश्मीर की ललदद्य और दक्षिण की अक्का महादेवी शैव परम्परा की ऐसी कवयित्रियाँ हैं जो निर्वस्त्र होकर विद्रोह की आत्यन्तिकता तक जाती हैं। वैष्णव परम्परा की विद्रोही कवि मीरा विद्रोह की ऐसी आत्यन्तिकता तक जाती नहीं दिखतीं। अक्का महादेवी या ललदद्य जैसे जोखिम भी वे नहीं उठातीं। शायद इसीलिए कविता की भाषा शिल्प और मूल्यों के प्रति तीव्र असहमतियों से भरे और सब कुछ को तोड़-फोड़ डालने को उतावले साठोत्तरी के कवि शैव और शाक्तों की परम्परा के प्रति ज्यादा आकर्षित होते हैं। बनारस और कलकत्ता उस दौर की हलचल के मुख्य केन्द्र बन जाते हैं। गिंसबर्ग, फर्लिंगगेट्टी आदि बनारस में डेरा डालते हैं और उनका प्रभाव पूरी पीढ़ी पर दिखाई देने लगता है। हिन्दी कविता के अन्तस को थोड़ा टोहने-टटोलने की कोशिश की जाए तो साठोत्तरी कविता के छोटे-से हिस्से को छोड़कर उसके अधिकांश हिस्से के तार कहीं-न-कहीं वैष्णव भक्ति की कविता से जुड़े लगते हैं। उसके प्रतिरोध और आधुनिकता दोनों में भक्ति की इसी काव्य परम्परा के आसपास का व्यवहार दिखाई देगा। उसमें जब प्रतिरोध के स्वर मुखर होते हैं या वह विद्रोही भंगिमा के निकट जाती है तब भी वह ज्यादा से ज्यादा निर्गुण धारा के निकट तक ही जाती है। छिन्नमस्ता या शैव मिथकों से बनी परम्परा जैसी आक्रामकता और विद्रोह उसमें लक्षित नहीं होते। सम्भवतः साठोत्तरी कविता का एक

छोटा हिस्सा ही सही, वह इन विद्रोही भक्ति परम्पराओं से अनुप्राणित दिखाई देता है। उसकी व्यग्रता, उसकी बेचैनी और उसकी अराजकता के तार शैवों और शाक्तों की काव्य परम्पराओं से जुड़े लगते हैं। मुझे लगता है कि साठोत्तरी कविता के पुनर्पाठ की ही नहीं, भक्ति की विद्रोही और अराजक परम्पराओं के पुनर्पाठ की भी ज़रूरत है।

गुण्डा कवि और उसकी कविताई

पिछले दिनों आशीष त्रिपाठी ने मुझे एक दिलचस्प किताब भिजवाई—तेग अली की *बदमाश दर्पण।* कविता संग्रह का यह नाम जितना रोचक है, उसके कवि का परिचय भी उतना ही मजेदार है।

तेग अली एक गुण्डे थे। उन्नीसवीं शताब्दी के मध्य में वे अपने उरूज़ पर थे। वे बनारस के उत्तरी भाग के मुहल्ले तेलियानाला मुत्तसिल भदाऊँ के निवासी थे। भारतेन्दु के समकालीन थे। उन्होंने काशिका में ग़ज़लें लिखीं थीं। राहुल सांकृत्यायन ने बनारस की भोजपुरी का यही नामकरण किया था। उनके एकमात्र संग्रह *बदमाश दर्पण* में उनकी सम्पूर्ण याने तेईस ग़ज़लें संकलित हैं। भारतेन्दु से वे उमर में बड़े थे और भारतेन्दु मण्डल में शामिल थे। रामचन्द्र शुक्ल के हिन्दी साहित्य के इतिहास में लेकिन तेग अली का नाम नहीं है। भारतेन्दु ने एक काल्पनिक मुशायरे का खाका लिखा था जिसमें तेग अली की कुछ ग़ज़लें भी शामिल की थीं। उनकी मृत्यु भारतेन्दु के बाद हुई। उनके एक शेर में 1887 के काबुल और तुर्किस्तान के बीच युद्ध का उल्लेख मिलता है। नारायण दास ने *बदमाश दर्पण* की भूमिका में तेग अली के जीवन और कृतित्व का विस्तार से वर्णन किया है। बदमाश दर्पण का पहला संकलन जीवन प्रेस के बाबू रामकृष्ण वर्मा ने 1895 में किया था। इसके बाद रुद्र काशिकेय के भाष्य के साथ भी एक संस्करण प्रकाशित हुआ। वर्तमान में जो बदमाश दर्पण मिलता है वह नारायण दास की व्याख्या के साथ है। नारायण दास मानते हैं कि सन् 1707 में औरंगजेब की मृत्यु के बाद मुगल साम्राज्य का पतन शुरू हो चुका था। ईस्ट इण्डिया कम्पनी ने अपने पाँव पसारना शुरू कर दिया था। जनता पर दोहरी मार थी। काशी की जनता त्रस्त थी। निराशा से भरे इसी समय में एक नए सम्प्रदाय का उदय हुआ। जिन्हें काशी में गुण्डा कहा जाता था। जयशंकर प्रसाद ने अपनी प्रसिद्ध कहानी *गुण्डा* में अठारवीं सदी के मध्य के ख्यात गुण्डे नन्हकू सिंह का ही खाका खींचा है। तेग अली नन्हकू सिंह के बाद के दौर के प्रसिद्ध गुण्डों में से एक थे। गुण्डा शब्द की उत्पत्ति संस्कृत के गुण्ड शब्द से हुई है। गुण्डयति का अर्थ है आश्रय से ढाँप लेना या रक्षा करना।

तेग अली का पेशा गुण्डई था। रुद्र जी इस बात से असहमत थे। लेकिन खुद तेग अली ने एक ग़ज़ल में लिखा है *न कौनो काम करीला न नौकरी बा कहूँ/बइठ के धूर क रसरी रजा बटत बाटी।* उनकी ग़ज़लों में जुआ खिलाना, दुकानदारों से खर्चा वसूलना, महाजनों से इच्छित चीजें छीन लेना, लड़ना-भिड़ना, मारपीट, लाठी चलाना, चाकू चलाना आदि का वर्णन मिलता है। प्रेम प्रदर्शन का अन्दाज़ भी बिल्कुल अलग ढंग का है। उसमें माशूका स्त्री भी है और कई जगह लड़के भी। उसमें शराब और साकी नहीं है। शराब की जगह दूधिया ठण्डई है, भाँग बूटी है। अखाड़े हैं। मुगदर है, लाठी है। कुश्ती और कसरत है। कई बार तो वह अपने माशूक से कहते हैं कि अखाड़े में आकर वह अपना बदन बनाए।

तेग अली संगीत के शौकीन थे। उनकी ग़ज़लों में तरह-तरह के वाद्ययंत्रों का उल्लेख मिलता है। वे रहीम और रसखान की परम्परा के कवि लगते हैं। उनकी ग़ज़लों में राम, कृष्ण, दुर्गा, गंगा, तुलसी, प्रयाग, वृंदावन, द्वारिका आदि का जिक्र बार-बार आता है। उनकी ग़ज़लों में अनेक मिठाइयों के नाम आते हैं—बासौंधी, बर्फी, खाजा, खुरमा, बुंदिया, मगदल, हलुआ आदि।

हिन्दी में अपराध जगत की आन्तरिक छवियाँ लगभग नहीं हैं। पश्चिम की तरह अपराध जगत को अन्दर से जानने वाले लेखक या स्वयं कभी अपराधी रहे लेखक हमारी भाषा में नहीं हैं। अच्छा जासूसी लेखन भी हिन्दी में नहीं हुआ। चर्चा के समय ज्यादा से ज्यादा नीले फीते का जहर और श्रीलाल शुक्ल के आदमी का जहर को गिना दिया जाता है। मुक्तिबोध ने कहीं इस समस्या की तरफ इशारा किया था। हिन्दी आलोचना में उनके जासूसी साहित्य को पढ़ने और उसकी चर्चा करने को उनके दुर्गुणों की तरह देखा गया। हिन्दी कविता की एक सीमा उसकी भाषा की अत्यधिक शालीनता में भी है। उसमें हमारे समय के बर्बर अपराधी चरित्र की भयावहता के लिए उपयुक्त भाषा और बिम्ब विधान नहीं हैं। वह अपने समाज के भीतर पनप रही अपराध की बर्बर दुनिया से लगभग अपरिचित है। तय है कि हमारे समय के गुण्डों का चरित्र नन्हकू सिंह या तेग अली जैसा नहीं है। लेकिन प्रसाद जैसी कोई कोशिश भी हमारे यहाँ नहीं है। सुल्ताना डाकू या डाकू मानसिंह पर इक्का-दुक्का नौटंकी भले ही मिल जाए।

2

तेग अली के कुछ शेर देख लेना दिलचस्प भी होगा और उसकी ग़ज़ल के तेवर को थोड़ा समझा भी जा सकेगाः

रोज कह जालऽ कि आईला से आवत बाटऽ।
सात चौदऽ कऽ ठेकाना तूँ लगावत बाटऽ॥

तुम रोज कह जाते हो कि अभी आता हूँ लेकिन अभी तक आते ही रह गए। यह तो तुम सात से चौदह साल की सजा करवाने का इन्तजाम कर रहे हो :

ई छलावा न रही पल्ले परले देखब नऽ।
पिरथी मूँड़े पै तूँ काहे के उठावत बाटऽ॥

यह तुम सिर पर पृथ्वी क्यों उठाए ले रहे हो। जब तुम मेरे पल्ले पड़ोगे तो यह शेखी गायब हो जाएगी।

●●●

दुआरे राजा के जूआ परल बा जानऽ लऽ।
रजा अधेली कऽ पत्ती हमार बटलै बा॥

तुम तो जानते ही हो राजा के दरवाजा में जुआ होता है। और यह भी कि उस अड्डे की नाल की आमदनी में मेरी भी आधे की साझेदारी है।

●●●

चढ़ जालैं कौनो पै सारे तऽ लेईला।
कंचन कऽ गोप मोती कऽ माला तेरे बदे॥

कोई साला मेरे हत्थे चढ़ जाएगा तो तुम्हारे लिए मैं खरे सोने की गोप और मोतियों की माला झटक लूँगा।

●●●

बिन चुकौले लहू कऽ मोल न छोड़ब तोहें रजा।
गोजी से बा कपार गयल फट तोरे बदे॥

तुम्हारे पीछे लाठी बाजी करने में मेरी खोपड़ी फट गई। मैं अपने खून का मोल तुमसे वसूले बिना नहीं छोड़ूँगा।

●●●

दुरगा उठावऽ नाहीं तऽ बिछुआ घुसेरीला।
सबके छलब न तेग के रमधै छलल करब॥

दुर्गा की कसम खाकर कहो कि सबको भले छलूँ लेकिन राम कसम तेग को कभी नहीं छलूँगा। नहीं तो मैं अभी बिछुआ घुसेड़ता हूँ।

चूमीला माथा जुलफी कऽलट मूँ में नाईला।
संझा सबेरे जीभी में नागिन डँसाईला॥

मैं उसका माथा चूम लेता हूँ और उसकी लट को मुँह में लेता हूँ। गोया सुबह शाम जीभ पर नागिन से डसवाता हूँ।

तेईस ग़ज़लों में तकरीबन 200 शेर हैं। और उनके कई रंग हैं।

एक स्त्री का कवि होना

राजुला शाह ने तनाव के ताजा अंक में ईरान की कवयित्री फरूग़ फरूख़ज़ाद की कविताओं का अनुवाद किया है। इन अनुवादों के साथ एक छोटी-सी भूमिका है जो चौंकाती भी है और विचलित भी करती है। राजुला ने लिखा है कि *भारत की तरह ईरान में भी लेखकों की जीवनियों का चलन नहीं है।* यह सही है लेकिन आगे जिस तरह के उद्धरण राजुला ने दिए हैं वे हमसे अलग हैं। यहाँ लेखक की जीवनियाँ लिखने से लेखक को या समाज को किसी तरह की दिक्कत का सामना नहीं करना पड़ता। प्रेमचन्द, शरदचन्द और निराला की भी अच्छी जीवनियाँ यहाँ लिखी गई हैं। लेकिन ईरान में लेखक अपने ऊपर कोई जीवनीपरक लेख लिखे जाने को बर्दाश्त नहीं करता। रेज़ा बराहेनी और नादेर नादेरपुर ने अपने ऊपर लिखे गए जीवनीपरक लेख पर किस तरह प्रतिक्रिया की इसका उल्लेख इस भूमिका में है। इस भूमिका में सबसे ज्यादा चौंकाने वाली बात है ईरान में एक स्त्री का कवि होना। राजुला ने लिखा है कि कवि परमीन एत्तेमासी 1907-41 एक स्त्री कवि होने के आपातकाल का क्लासिक उदाहरण है। उसने पहले तो एक छद्म नाम रखा जो पुरुषवाचक था। और अपनी कविता से भी यह कोशिश की कि किसी तरह उससे स्त्री की कविता होने का तनिक भी संदेह न हो। इसी परिदृश्य में फरूग़ फरूख़ज़ाद पहली कवि थी जिसने अपने स्त्री होने को नहीं छिपाया और अपना संग्रह छपवाया। यह अपने बूते छपने वाला पहला संग्रह था। इस कवयित्री के तीन संग्रह आए *दीवार, विद्रोह* और *एक दूसरा जन्म।* कुल बत्तीस वर्ष की आयु में इस कवयित्री का एक कार दुर्घटना में निधन हो गया।

ईरान की परिस्थितियों और हमारी परिस्थितियों के स्वभाव में थोड़ी भिन्नता है। स्त्री के कवि होने को इतना खतरनाक हमारे समाज में नहीं माना गया। चाहे बहुत अच्छा न भी माना गया हो। लेकिन यह गुत्थी हिन्दी समाज में हमेशा से तंग करती रही है, खासतौर से हिन्दी के आधुनिक साहित्य को कि वे क्या कारण हैं कि हिन्दी में कविता लिखने वाली स्त्रियों की संख्या हमेशा बहुत कम रही है जबकि गद्य में लिखने वाली स्त्रियों की संख्या कविता की तुलना में हमेशा बेहतर रही है। अपवाद

अगर छोड़ दें तो स्त्री कथाकार कवयित्रियों की तुलना में हमेशा बेहतर रचनाकार रही हैं। क्या हमारी सामाजिक संरचना में ऐसी कोई गुत्थियाँ हैं जिसमें एक स्त्री का गद्यकार होना तो सम्भव है लेकिन कवि होना मुश्किल है। या सामाजिक और सांस्कृतिक संरचना ऐसी है जिसमें स्त्री जिस तरह के अनुभव को अर्जित करती है, उससे उसका गद्यकार होना कवि के बनिस्बत ज्यादा स्वाभाविक है? या इस संरचना में स्त्री अपनी मुक्ति कविता के बनिस्बत गद्य में ज्यादा महसूस करती है? ईरान जैसे बन्द समाज में एक स्त्री का कविता लिखना एक विद्रोह का अहसास उसे देता है, जबकि हमारे छद्म रूप से खुले समाज में एक स्त्री के कविता लिखने का वही अर्थ पैदा नहीं होता। फरूख़ज़ाद की कविताएँ उस अर्थ में स्त्रीवादी कविताएँ नहीं हैं। जिस अर्थ में हिन्दी में इधर कवयित्रियों द्वारा लिखी जा रही हैं।

राजुला शाह कवि है, कहानीकार है और छोटी-छोटी फिल्में बनाती हैं। इन अनुवादों को पढ़कर लगता नहीं कि हम अनुवाद पढ़ रहे हैं। फरूख़ज़ाद को देश छोड़कर भागना नहीं पड़ा। भूमिका में उसने यह स्वीकार किया है कि मुझे तेहरान प्यारा है। *मुझे प्यार है उस तीखी चुटीली धूप से, उन भारी-भरकम सूर्यास्तों से, उन धूल-भरी गलियों से और उन अधम, अभागे अभिशप्त और पतितजनों से।* फरूख़ज़ाद ने लिखा है कि *मैं जीवन के हर क्षण में कवि होने में विश्वास करती हूँ।*

ऐसा विश्वास शायद बहुत बड़ी चुनौतियों और गहरे संघर्ष से ही प्राप्त होता होगा। ऐसे कथन कहीं-कहीं मीरा, अक्का महादेवी या ललदद्य की याद दिलाते हैं। मुझे लगता है, हमेशा तो नहीं पर अक्सर लगता है कि हिन्दी की स्त्री कवियों ने स्त्री होने के संघर्ष को अपनी कविता का कटघरा बना लिया है।

बाहर और भीतर का समय

कविता के भीतर का समय कविता के बाहर के समय की अनुरचना नहीं है। उसका अनुकीर्तन भी नहीं। बाहर का समय जो एक सामाजिक और राजनीतिक समय है। जीवन के कार्यकलापों और हलचलों से भरा समय है। कविता के भीतर का समय इसी बाहर के समय से आयत्त किया गया समय है। लेकिन यह बाहर के समय की अनुकृति नहीं है। यह एक पुनर्सृजित समय है। कविता या रचना में पुनर्सृजित जीवन की तरह। किसी भी कला में जो शब्द, ध्वनि, रंग या दृश्य द्वारा रची गई है, समय उसका अनिवार्य हिस्सा है। तारकोवस्की की बात मानें तो जैसे संगीत में ध्वनि, चित्र में रंग और नाटक में पात्र होते हैं उसी तरह। अगर इस तर्क को कविता पर लागू करें तो कहा जा सकता है कि कविता में लय एक पुनर्सृजित समय है या कम- से-कम यह कहा जा सकता है कि लय में जो अन्तर्निहित गति है वह रचना के बाहर के समय के दबाव को प्रकट करती है।

हालाँकि समाजशास्त्री अन्दाज़ में रचना के बाहर के समय और भीतर के समय में किसी किस्म के जोड़ बिठाने की कोशिश रचना को निरर्थक सवालों के कटघरे में खड़ा कर देगी। हर छोटी-बड़ी घटना का साक्ष्य हम रचना में ढूँढ़ने लगेंगे और जब वह नहीं मिलेगा तो हम रचना के सामाजिक होने पर प्रश्न खड़े करेंगे। रचना के भीतर पुनर्सृजित समय और बाहर के वास्तविक समय में कोई सीधा तालमेल ढूँढ़ना, तारकोवस्की का पद उधार लेकर कहूँ तो कहा जा सकता है कि भिन्न व्यास के नलों को जोड़ने की कोशिश की तरह होगा।

2

हर व्यक्ति की एक बायोलॉजिकल क्लाक होती है। एक कवि अपनी इस बायोलॉजिकल क्लाक को सामाजिक-राजनीतिक समय की क्लाक से मिलाता है। लेकिन हर व्यक्ति की बायोलॉजिक क्लाक अलग होती है। इसलिए एक ही दिक और समय में रह रहे अलग-अलग कवि बाहरी समय के प्रति अलग-अलग ढंग से प्रतिक्रिया करते हैं। इसमें उनके निजी अनुभव और दृष्टि की भी भूमिका होती होगी शायद।

कविता में चीजें

अस्सी के बाद से कविता में ब्यौरे बढ़े हैं। घटना हो, चीज हो या चीजें या प्रकृति, वह उसके ज्यादा से ज्यादा और ऐसे ब्यौरे देने की कोशिश करती है जो अलक्षित हों या कम लोगों को ही जिनकी जानकारी हो। कई बार तो ऐसे ब्यौरे भी कविता में चले आते हैं जिनकी उस कविता में कोई आवश्यकता ही नहीं थी। ऐसे ब्यौरे कविता को सम्प्रेषणीय तो बनाते हैं लेकिन साथ ही लम्बा और उबाऊ भी बना डालते हैं। लगता है जैसे कवि आपको सब कुछ बता देना चाहता है। कुछ भी ढका छिपा न रहे। वह अधिक-से-अधिक जानकारी चीजों या व्यक्त घटना या दृश्य के बारे में दे देने की कोशिश करता है। कविता अपने सारे पत्ते खोल देती है। ऐसा करते हुए कवि उसकी सारी अलौकिकता और रहस्य को एकदम समाप्त कर देता है। हर जिज्ञासा को खत्म कर देता है। कोई प्रश्न या कुछ छोड़ दिए गए को पाने या जानने की आकुलता समाप्त हो जाती है। ऐसा लगता है जैसे किसी ने वनस्पति को वनस्पतिशास्त्र में बदल दिया है। कविता पढ़ लेने के बाद कई बार जब वह याद आती है तो उसके बारीक और कुछ विलक्षण से ब्यौरे याद आते हैं। कविता याद नहीं आती।

मन में कविता में व्यक्त भाव से अधिक जानकारियों का बोझ होता है।

तारा पीठ की तारा...तारा माँ

शान्तिनिकेतन से निकलकर हम लोग तारा पीठ चले गए। कहा जाता है कि हिन्दुओं के 51 पीठों में से 5 पीठ वीरभूमि जिले में स्थित हैं। एक कथा के अनुसार सुदर्शन चक्र छिन्न होकर सती देवी की आँख में गिरा था इसलिए तारापुर का नाम तारापीठ हुआ। यह तारापीठ रामपुर स्टेशन से तकरीबन छह मील दूर द्वारका नदी के किनारे पर बना है। यहाँ रामकृष्ण परमहंस की ही तरह वामखेपा को भी भगवती के बड़े उपासकों में माना जाता है। तारा तांत्रिकों की देवी है। मन्दिर के पास ही एक श्मशान है। इसमें तरह-तरह के साधुओं, भिखारियों और अन्तिम संस्कार के लिए आए लोगों का अच्छा-खासा जमघटा लगा हुआ था। खूब चहल-पहल थी। वहीं एक ओर चिता जल रही थी और दूसरी तरफ भोग तैयार हो रहा था। बड़े-बड़े भगौनों में खाना तैयार हो रहा था। कहा जाता है कि जब तक कोई चिता न जल जाए, तारा माँ का भोग नहीं चढ़ता। जिस दिन कोई अन्तिम संस्कार न हो उस दिन भोग भी नहीं चढ़ता। मन्दिर में दर्शनार्थियों की भीड़ थी। बहुत सँकरी-सी जगह थी। बहुत गौर से उस मूर्ति के दर्शन करना भी सम्भव नहीं। पूजा चढ़ाइए और बढ़ते जाइए। दिन के वक्त मूर्ति का चेहरा ही दिखता है बाकी प्रतिमा फूलों और कपड़ों से ढकी रहती है। रात में ही प्रतिमा का वक्ष उघाड़ा जाता है जहाँ स्तनपान करते शिव हैं। गरल के पान के बाद तारा ने शिव को स्तन पान कराया था। गरल के ताप को शायद इसी तरह कम किया होगा शिव ने। मुझे लगता है कि कर्मकाण्डी लोगों ने हमारे मिथक और पौराणिक आख्यानों के बीच अजीब ढंग से हस्तक्षेप किया है। मिथकों और आख्यानों तक पहुँचने की सारी गलियाँ कर्मकाण्डी लोगों की उन्मादी भीड़ ने चाँप ली हैं। प्रतिमाओं और उनसे जुड़े आख्यानों के सांस्कृतिक वैभव और अर्थ तक पहुँचना सम्भव ही नहीं रहा है। हिन्दी क्षेत्र की हालत तो और भी बदतर है। इसमें तो पौराणिक मिथक सांस्कृतिक मिथक बनने से पहले ही धार्मिक पाखण्डियों ने हथिया लिए हैं। उन्हें कभी हमारी पूरी जातीयता के सांस्कृतिक मिथक बनने ही नहीं दिया गया। बंगाल में दुर्गा या महाराष्ट ‸ में गणेश फिर भी उनकी भाषायी

जातीयता के एक सांस्कृतिक प्रतीक बन जाते हैं लेकिन हिन्दी में ऐसा प्रतीक सम्भव नहीं हुआ। अब तो यह स्थिति और भी ज्यादा भयानक है। हिन्दी क्षेत्र में कोई भी पौराणिक प्रतीक धार्मिक प्रतीक की सीमा को अतिक्रमित करके सांस्कृतिक प्रतीक में रूपान्तरित होने की प्रक्रिया को पूरा ही नहीं कर पाया। धार्मिक पाखण्डियों ने उसे बीच रास्ते में ही चाँप लिया। कभी-कभी मुझे लगता है कि हिन्दी कविता में शायद यह भी एक कारण है कि उसमें अपने पौराणिक आख्यानों की स्मृति लगातार कम से कमतर होती गई है।

एक उदास कविता

वेणु गोपाल एक औघड़ कवि थे। उसकी उदासी उसकी त्वचा को भेदकर कभी उसके चेहरे पर नहीं आती थी। उसके मन की हलचल और बेचैनियों को जानना थोड़ा कठिन था। उसके द्वारा कठिन से कठिन परिस्थितियों में बोले जाने वाले जुमलों से लगता था कि वह बहुत आशावादी है। लेकिन यह ठीक ऐसा ही था नहीं। उसके व्यक्तित्व से लेकर उसकी आवाज की टोन में एक अजीब-सा ठहरापन और धैर्य था। शायद बहुत ऊबड़खाबड़ जीवन स्थितियों ने सहन करने और हर स्थिति में धीरज बनाए रखने का फ़न उसे सिखा दिया होगा। इस बात को प्रसिद्ध रंगकर्मी कारंत और राजेन्द्र गुप्त ने शायद सबसे बेहतर ढंग से पहचाना भी और नाटक में इस बात का इस्तेमाल भी किया। वेणु को एक अभिनेता की तरह देखना, वेणु को एक व्यक्ति की तरह और एक कवि की तरह देखने से बहुत अलग था। मंच पर उसकी उपस्थिति बहुत रोचक थी। उसकी आवाज़ का भारीपन जैसे पूरे वातावरण को भर देता था। दूसरे अभिनेताओं की तुलना में उसकी आवाज़ इतनी अलग होती थी कि उसे अलग से पहचाना जा सकता था। अंधों का हाथी में पाँच अंधे याने चार अंधे और एक अंधी जब मंच पर आते हैं और ज़मीन को टटोलकर बैठ जाते हैं तब तक कोई आवाज़ नहीं होती। बैठने के बाद एक छोटा पॉज़ लेकर वेणु पहला वाक्य बोलता है—क्या हम वहाँ आ गए जहाँ हमें आना था। इस वाक्य को वह इतने सपाट और ठहराव के साथ बोलता है कि सारे नाटक की लय को जैसे तय कर देता है। वेणु एक कमाल का अभिनेता था। पंछी ऐसे आते हैं में आर. एस. एस. का कार्यकर्ता बंडा हो, रस गन्धर्व का कैदी, अंधों का हाथी का अंधा—एक या सबसे बड़ा सवाल का चपरासी। छोटी से छोटी भूमिका में भी उसकी उपस्थिति अनदेखी नहीं की जा सकती थी। यह दोनों खूबियाँ उसकी आवाज़ और उसकी काया की भी थीं और उसकी अभिनय की ब्रिलिएंस की भी।

वेणु की कविता अपने इस स्वभाव को जानती थी। उसकी कविता चाहे क्रान्ति की बात करे तब भी उसकी पूरी लय में एक ठहराव है। एक बातचीत करने का

अन्दाज़ है और इस बातचीत में भी कोई बहुत हड़बड़ी या बेचैनी नहीं है। वेणु की कविता भारतीय जनता के स्वभाव में जो ठहराव है और एक किस्म की लापरवाही है। यथास्थिति है। बहुत दूर तक अन्याय को बर्दाश्त करने की जो क्षमता है उसे भी पहचानती थी। उसकी कविता में इस ठहराव का जिक्र बार-बार आता है। कविता की कहन में वह इसे एक प्रविधि की तरह इस्तेमाल करता है। भाषा में भी और अभिनय में भी। कई बार तो मुझे लगता है कि उसकी कविता भाषा में उसके अभिनय का अनुकरण करती है। इस अर्थ में वह एक नाटकीय कविता है :

ओफ! न जाने कितनी बार हो चुका है यह सब।
और तुम हो कि अभी भी यही सब पूछ रहे हो
कि गार्ड ने हरी झण्डी दिखलाई कि नहीं? सिग्नल
हुआ कि नहीं? और हिन्दुस्तान ने,
मेरा मतलब है ट्रेन ने, सीटी दी कि नहीं?

यही वेणु की कविता का सबसे स्वाभाविक अन्दाज़ है, और वेणु की कविता का यह अन्दाज़ हिन्दी कविता के सबसे मुखर वाग्मिता के दौर में था। 1 सितम्बर 2008 को जब उसकी मृत्यु की खबर आई तो लगा जैसे मंच पर एक सन्नाटा छा गया है, लगा कि अभी एक भारी आवाज़ इस सन्नाटे को भर देगी...पर ऐसा नहीं हुआ।

उपन्यास और उपन्यास

कभी-कभी लगता है कवि द्वारा लिखे गए उपन्यास और गद्यकार द्वारा लिखे उपन्यास में मात्र शैली और भाषा के व्यवहार का ही अन्तर नहीं है, मुझे लगता है उपन्यास लिखने की अन्तःप्रेरणा में, उसके प्रस्थान बिन्दु में ही एक खास तरह का फर्क है। कवि जब उपन्यास लिखता है तो लगता है जैसे वह महाकाव्य के विखण्डन से पैदा हुई क्षति की पूर्ति कर रहा है। उसकी मनोरचना में एक क्षतिपूर्ति की इच्छा उसे उपन्यास लिखने को बाध्य करती-सी लगती है। जैसे वह उस महाकाव्यात्मकता को दुबारा पाना चाहता है जिसे पाना सम्भव नहीं बचा। कवि महाकाव्य के इस अन्त को जैसे पूरे मन से स्वीकार नहीं कर पाता। अगर वह कथाकार को चुनौती देने के लिए नहीं लिख रहा है, उसका उपन्यास लिखना उसके कवि कर्म का ही हिस्सा है, तो उसके उपन्यास में कल्पना की दौड़-भाग अधिक होगी। भाषा और शिल्प में प्ले करने के लिए अधिक स्पेस होगी। वहाँ वर्णन और ब्यौरे बिम्बों और रूपकों में बदलने लगेंगे। कवि का उपन्यास, मुझे लगता है, महाकाव्य के क्षरण से आहत आख्यान है। एक क्षतिपूर्ति। जबकि एक गद्य लेखक के लिए उपन्यास लिखना किसी तरह की मनोवैज्ञानिक समस्या नहीं है। न उसमें किसी तरह का अपराधबोध है न क्षतिपूर्ति की इच्छा। कथाकार तो कहानी के छोटे घेरे का अतिक्रमण करते हुए जीवन के एक वृहत आख्यान को समेट लेने के लिए गद्य का विस्तार कर रहा होता है। वहाँ चेतस या अवचेतस किसी भी रूप में कम्पनसेट करने की कोशिश नहीं है। आधुनिकता का स्वीकार उसमें कवि से कहीं ज्यादा है।

हिन्दी उपन्यास की तलाश

मुझे लगता है कि आधुनिक हिन्दी जाति का मानस शायद औपन्यासिक नहीं है। हालाँकि प्रेमचन्द ने बहुत शुरू में ही यह स्पष्ट कर दिया था कि उपन्यास की कोई ऐसी परिभाषा नहीं हो सकती जिस पर सब सहमत हों। इसलिए हिन्दी में लिखे जा रहे उपन्यास के पास अपने चोर दरवाजे मौजूद हैं। लेकिन कुछ ऐसी दुविधाएँ मौजूद हैं जो बार-बार हिन्दी उपन्यास पर सोचने को बाध्य करती हैं। हजारीप्रसाद द्विवेदी ने लिखा था कि भारतेन्दु ने उपन्यास लिखने की कोशिश तकरीबन नहीं की। क्योंकि वे ज्यादा भारतीय थे। ज्यादा भारतीयता और उपन्यास में क्या बैर था यह द्विवेदीजी ने कहीं स्पष्ट नहीं किया। स्वयं उपन्यास लिखकर भी नहीं। द्विवेदीजी उपन्यास को भारतीय बनाने के उन तर्कों का भी खण्डन कर देते हैं जो उपन्यास को कथा या आख्यायिका की परम्परा से जोड़ते हैं। वे उपन्यास को संस्कृत की कथा और आख्यायिका की सीधी सन्तान नहीं मानते।

हजारीप्रसाद द्विवेदी का विचार है कि उपन्यास धीरे-धीरे इसलिए लोकप्रिय हो गया क्योंकि पचास कदम चलकर नाटक देखने की जहमत कौन उठाए जबकि अपने कमरे में रहकर उपन्यास में वही आनन्द लिया जा सकता है। मतलब यह कि काया को कष्ट से बचाने के चक्कर में उपन्यास लोकप्रिय हो गया। उपन्यासकार बुरा न मानें तो कहा जा सकता है कि हिन्दी में उपन्यास का चाव आलसीपन की उपज है। उपन्यास द्विवेजी के लिए नाटक का स्थानापन्न है बकौल सुधीर रंजन पश्चिम की तरह एपिक या महाआख्यान का नहीं। इसलिए हिन्दी उपन्यास का और बड़े रूप में भारतीय उपन्यास का कोई अपना ढाँचा बन सकता था तो वह ऐसा आख्यान हो सकता था जो नाटकीय हो, महाआख्यानात्मक नहीं। मुझे लगता है कि हिन्दी के अच्छे वृहत उपन्यासों और लघु उपन्यासों की सूची तैयार की जाए तो वृहत् उपन्यासों की तुलना में अच्छे लघु उपन्यासों की संख्या कुछ अधिक होगी। यह देखना भी एक दिलचस्प कवायत हो सकती है कि अक्सर अच्छे वृहत उपन्यास लिखने वाले लघु उपन्यास लिखने में असफल रहे और अच्छे लघु उपन्यास लिखने वाले अच्छे वृहत् उपन्यास लिखने में। रेणु लघु उपन्यास में असफल हुए और जैनेन्द्र वृहत् उपन्यास

में। कवियों ने अक्सर ही लघु उपन्यास ही लिखे।

सरसरी तौर पर हिन्दी के लघु उपन्यासों की एक सूची बनाएँ तो कई नाम याद किए जा सकते हैं जैसे *त्यागपत्र, परख, सूरज का सातवाँ घोड़ा, सारा आकाश, मित्रो मरजानी, यारों के यार, अठारह सूरज के पौधे, पत्थर अल पत्थर, उसका बचपन, कुल्ली भाट, बिल्लेसुर बकरिहा, विपात्र, गंगा बहती है, दीवार में खिड़की रहती थी, बीस रानियों का बाइस्कोप, रानी नागफनी की कहानी, अपना मोर्चा* आदि।

यह सवाल भी बार-बार दिमाग को तंग करता है कि वे कौन-से दबाव हैं जिनके चलते इधर लघु उपन्यास नहीं लिखा जा रहा है। उद्योगों की तुलना में प्रौद्योगिकी कम स्पेस और समय लेती है। लेकिन हिन्दी में शब्द की विधाओं में भाषा भी ज्यादा खर्च की जा रही है और काग़ज़ भी। कहीं समय से ज्यादा हम बाजार की तरफ उन्मुख तो नहीं हैं।

15 पार्क एवेन्यू का अन्त और काशी का अस्सी

हिन्दी में बीच-बीच में ऐसे उपन्यास, चाहे बहुत कम संख्या में ही सही पर लिखे जाते रहे हैं जिन्होंने उपन्यास के ढाँचे में उल्लेखनीय रद्दोबदल की है। दिलचस्प और विलक्षण प्रयोगों के लिए कई उपन्यास याद किए जा सकते हैं। लेकिन हर बार प्रयोगों की गाड़ी चर्चा के स्पीड ब्रेकर पर आकर रुक जाती है। और हिन्दी का उपन्यास वापस अपने पुराने ढाँचों की ओर लौट जाता है। एक नए उपन्यास की तलाश का कोई व्यापक माहौल हिन्दी में नहीं बनता। नई कविता या अकविता के दौर में भी नए उपन्यास या एंटी नावेल का कोई आन्दोलन नहीं बना। निरर्थक विवरणों और किस्सों से भरे मोटे-मोटे उबाऊ उपन्यास बड़ी संख्या में उपन्यास के पूरे फलक को अपने बोझ के नीचे दाब लेते हैं। सारे प्रयोग मात्र अपवाद बनकर रह जाते हैं। शायद इसीलिए आलोचना में भी उपन्यास की चर्चा हाशिए पर ही बनी रहती है। मुझे लगता है कि विगत तीन-साढ़े तीन दशक में पाँच ऐसे उपन्यासों का नाम लिया जा सकता है जिन्होंने एक बार फिर हिन्दी उपन्यास के लद्दढ़ ढाँचे में सक्रिय हस्तक्षेप करने की कोशिश की। अध्ययन की अपनी सीमा के कारण हो सकता है इक्का-दुक्का उपन्यास मेरी नज़र में न आए हों। विगत तीन दशकों में मुझे लगता है, जिस उपन्यास ने पहली कोशिश उपन्यास के ढाँचे को तोड़ने की की थी वह था मनोहर श्याम जोशी का *कुरु कुरु स्वाहा*। इसके बाद विनोद कुमार शुक्ल का *नौकर की कमीज़,* अलका सरावगी का *कलीकथा वाया बाई पास,* दूधनाथ सिंह का *आखिरी कलाम* और काशीनाथ सिंह का *काशी का अस्सी*। *आखिरी कलाम* और *काशी का अस्सी* को उपन्यास और अच्छा उपन्यास मानने पर जितने तीव्र विवाद लेखकों पाठकों में सुनाई पड़ते रहे हैं, उतने शायद ही पहले किसी उपन्यास को लेकर रहे हों। लगता है हिन्दी का लेखक पाठक वर्ग लगभग दो खेमों में बँट गया है।

काशी का अस्सी से पहले हिन्दी का ऐसा कोई उपन्यास याद करना मुश्किल है जिसका केन्द्रीय चरित्र एक इलाका या मुकाम है। एक शहर भी नहीं जो भटकने की कुछ सुविधाएँ मुहय्या कर दे। यह एक मोहल्ला है और उसमें भी अधिकांश घटनाक्रम एक चाय की दुकान के आसपास ही घटित होता रहता है। पात्र या चरित्र

आते-जाते रहते हैं। कोई केन्द्रीय चरित्र या नायक नहीं। यह महज संयोग नहीं है कि इस उपन्यास के कई अध्यायों को लेकर नाटक खेले गए हैं। एक ही लोकेल या एम्टी स्पेस पर सारे घटनाक्रम का घटना, नाटक के लिए सुविधाजनक भी होता है और दिलचस्प भी। उपन्यास में आई यह प्रविधि वस्तुतः एक नाटकीय प्रविधि ही अधिक है। बकौल काशीनाथ सिंह यह इस मुहल्ले और दुकान का *लाइव शो* है। लेखक का मानना है कि इस कृति की संरचना *उपन्यास का उपन्यास और कथाएँ की कथाएँ* की तरह है। जैसे एक जिल्द में पाँच संस्मरण। लेकिन इतनी लूज़ लीव्स भी ये नहीं हैं। हम किसी इलाके को केन्द्रीय चरित्र की तरह तस्लीम करने के लिए अपने को तैयार नहीं कर पाते हैं। उपन्यास पढ़ने की हमारी बनी-बनाई आदत आड़े आ जाती है। हम तत्काल एक फतवा जारी करते हैं कि अच्छा है लेकिन यह उपन्यास नहीं है। मुझे कई बार लगता है, हम अपने इस वाक्य के बारे में ही ठहरकर क्यों नहीं सोचते? एक उपन्यास का हमारे पूर्वनिर्धारित मानदंडों पर उपन्यास नहीं लगना भी क्या महत्त्वपूर्ण नहीं है? वह उपन्यास के बारे में हमारी पूर्व अवधारणाओं में विचलन पैदा करता है। यही बात उपन्यास के ढाँचे में काशीनाथ सिंह द्वारा किए गए प्रयोग की सार्थकता है। दूसरी खूबी इस उपन्यास की भाषा है। जीवन्त, जटिल और लगभग असुविधाजनक होते जाते यथार्थ को पकड़ने के लिए शालीनता और संकोच की भाषा-भंगिमाओं की हुनरमंदी से बाहर आकर उसने भाषा को सारे आन्तरिक संकोच और हिचक से बाहर निकाल लिया है। ऐसी निःसंकोच और बेहिचक और उत्फुल्ल भाषा का उदाहरण हिन्दी के वर्तमान गद्य में शायद ही दूसरा हो। यह भदेस नहीं है। भदेस कहकर हम उसकी सारी कोशिशों को अवमूल्यित कर देंगे। मैं तो इसके अन्तिम अध्याय 'कौन ठगवा नगरिया लूटल हो' के भी अन्तिम पृष्ठों के बारे में सोच रहा था।

2

15 पार्क एवेन्यू फिल्म के अन्त और *काशी का अस्सी* के अन्त में कोई साम्य नहीं है। दोनों में कोई साम्य बिठाने का द्राविड़ प्राणायाम करने की भी कोई मंशा मेरी नहीं है। लेकिन पता नहीं ऐसा क्यों हुआ कि जब 15 पार्क एवेन्यू देखकर निकला तो जो पहली कृति याद आई वह *काशी का अस्सी* थी। फिल्म अच्छी थी। फिल्मी यथार्थवाद के आस-पास ही सारी फिल्म चलती है। एक सीजोफ्रेनिक लड़की जो बलात्कार के कारण अपना सन्तुलन खो चुकी है, उसे लगता है कि उसका एक पति है और चार बच्चे हैं जिनके साथ वह 15 पार्क एवेन्यू वाले घर में रहती है। वह अपना वह घर ढूँढ़ना चाहती है। यह स्ट्रीट न्यूयार्क में कहीं है लेकिन वह इसे कलकत्ते में ढूँढ़ रही है। कलकत्ता के 15 पार्क स्ट्रीट के एक पुराने

मकान के सामने वह जाती है। अचानक उसके सपनों का पति और चार बच्चे घर से बाहर निकलते हैं और वह उनके साथ उस मकान में जाकर गायब हो जाती है। सिर्फ दिमागी रूप से नहीं वह सदेह अपने ही सपने में चली जाती है। वास्तविकता से अपने सपने में सदेह पलायन। या निर्गम। इस अन्त में न आशा है न निराशा। न यह तार्किक है न यौक्तिक। यह इस कथा की समस्या है या हमारे समय और हमारे यथार्थ की? शायद यह एक ऐसा समय है जहाँ अपनी यथार्थवादी कथा के लिए कोई यौक्तिक, कोई बुद्धिसंगत अंत ढूँढ़ना असम्भव-सा लगता है। यहाँ लगभग एक अतार्किक-सी फन्तासी ही रचनाकार की मदद करती है। या कर सकती है। काशी का अस्सी के अन्तिम अध्याय के अन्तिम पृष्ठों में दिनोंदिन गायब हो रही हँसी का एक लम्बा रूपक है जो मीडिया के दुश्कर्मों से शुरू होता है। बाहर बेंच पर बैठे गुरुओं में से डॉ. गया सिंह बताते हैं कि उन्होंने टी.वी. के पीछे की भाषा को पढ़ लिया है और वह हमारी हँसी और मस्ती के खिलाफ है। हँसी का यह रूपक गप्पों के सहारे अमेरिकी साम्राज्यवाद आदि की आलोचना करते हुए धीरे-धीरे एक फैंटेसी में रूपान्तरित होता जाता है। एक सन्दिग्ध बूढ़ा उसके केन्द्र में आ जाता है जिसके होंठों पर बच्चों जैसी हँसी है। और मीडिया आने के बाद पैदा हुए बच्चे हैं जो हँसी के बारे में जानते ही नहीं हैं। वे अपनी मम्मी से पूछते हैं कि हँसी क्या चीज है? ये बच्चे जब अपनी कोर्स की किताबों में दिल खोलकर हँसना या ठठाकर हँसना जैसे मुहावरे पढ़ते हैं तो समझ ही नहीं पाते हैं कि यह क्या होता है। वे हँसी के कोचिंग सेंटर के बारे में पूछते हैं। टाइम्स का पत्रकार तीन बूढ़ों से पूछता है कि वे पिछली बार कब हँसे थे? बच्चों जैसी हँसीवाले सन्दिग्ध बूढ़े पर बड़ा इमान भी घोषित किया जा चुका है। बूढ़े का बेटा उसे बहरी अलँग पर खोजने भी जाता है। और अन्त में एक चमत्कारी मुड़कट्टा बूढ़ा है जो गंगा के कछारों में रहता था। उसका केवल धड़ था सिर नहीं। उसका हँसनेवाला सिर यहाँ-वहाँ घूमता रहता था। और जब कभी उसे हँसना होता था, सिर खुद-ब-खुद धड़ से जुड़ जाता था। अस्सी चौराहे पर भीड़-भाड़वाली चाय की दुकान पर बैठकबाजों में रात-दिन चलती बहसों, लड़ाई-झगड़ों और गाली-गलौच की यह यथार्थ कथा भी अपने किसी अन्त तक पहुँचने के लिए यथार्थ से बाहर आकर एक फैंटेसी में शरण लेती है या यथार्थ से निर्गमन करके फैंटेसी में चली जाती है। मुझे लगता है शायद यही हमारे समय की कथा की नियति भी है और सबसे उपयुक्त प्रविधि भी।

अन्धत्व और दिव्य दृष्टि

स्मृति और उपनिषदों के बाद महाआख्यान की परम्परा शुरू हुई होगी। फिर वृहत कथात्मक आख्यान ने स्मृति और दर्शन दोनों को तौल-मोलकर अपने में समेट लिया होगा। जब गुणाढ्य की कथा पढ़ते हैं तो लगता है आज के कहानीकार को अपनी परम्परा वहीं से तलाशना शुरू करना चाहिए। संस्कृत प्राकृत और देशज तीनों भाषाएँ तो वह भी हार चुका है। किसी शर्त के तहत न सही, बिना शर्त के ही, लेकिन हार तो चुका ही है। उसे अपनी कहानी को कहने के लिए गुणाढ्य की तरह एक चौथी भाषा की ज़रूरत थी। जिसे स्वाधीनता संग्राम और नए नगरों के बनने के बीच उसने बनाया या प्राप्त किया। इस चौथी भाषा में स्वाधीनता संग्राम से मिली मुक्ति की चेतना और स्वाधीनता के साथ पाया गया उल्लास जितना था, उतनी ही इस पर अंग्रेजी छाया भी थी। जो कभी तिरछी गिरती थी कभी सीधी। राहु केतु का कटा हुआ सिर एक ग्रहण की तरह जब-तब उसका पीछा करता रहता है। आख्यान के जातीय स्वरूप को तलाशने की कोशिश न हुई हो ऐसा नहीं है। कई-कई बार यह कोशिश हुई है। और उसने कई अद्वितीय आख्यानों को रचा भी है। अपने कथानकों और अपनी भाषा के मुहावरों में जातीय स्वाद को तकरीबन अक्सर हासिल भी किया गया। पर लगता है हर बार गाड़ी आख्यान के शिल्प पर आकर ठहर जाती है। यथार्थ से हमारे रिश्ते पर आकर हम कहीं-न-कहीं अपने रंग-ढंग नहीं तलाश पाते। एक बात बार-बार कौंधती है कि महाभारत का श्रोता यानि धृतराष्ट्र अन्धा था। इलियड का कवि होमर भी अन्धा था और धृतराष्ट्र को युद्ध का वृत्तान्त बतानेवाले संजय के पास एक ऐसी दिव्य दृष्टि थी जिसमें दूर से ही वह युद्ध को देख सकता था। इन रूपकों से अक्सर मन में यह बात उठती है कि क्या प्रत्यक्ष यथार्थ को जानने या उससे मुठभेड़ करने के लिए उसके प्रति थोड़ा अन्धत्व या उसे थोड़ी दूर से देखना ज़रूरी है। जो दिख रहा है उसके भीतर का या उससे परे का यथार्थ आँखन देखी से सम्भव नहीं। क्या हमारी चौथी भाषा को अपने यथार्थ को समझने और अपने आख्यान को रचने के लिए शर्त में हारी हुई तीनों भाषाओं की स्मृतियों में जाने की बार-बार ज़रूरत होगी? हमारे खजाने की चाबी क्या वहीं कहीं छिपी है? हमारे नए आख्यान की नई संरचनाएँ अन्धत्व और दिव्य दृष्टि के रूपक में ही कहीं छिपी हैं?

छोटा घर, कल्पनाशीलता और नियमों का उल्लंघन

घर छोटा था। प्लाट का क्षेत्रफल ही एक हजार स्क्वायर फीट था। नियम के हिसाब से आगे-पीछे और दाहिने हाथ की तरफ ज़मीन छोड़ी गई थी। मकान बस चार सौ स्क्वायर फीट पर बना था या दस-बीस फीट ज्यादा। जब इस घर में कुछ तोड़-फोड़ करके कुछ नया करना शुरू किया तो आसपास के सभी परिचित आ-आकर नए-नए सुझाव देते। उनके घर भी ठीक वैसे ही थे। छोटे घर में जब आप नवीनीकरण करने लगते हैं तो कल्पना के घोड़े ज्यादा तेज दौड़ते हैं। आपको कम-से-कम स्पेस में ज्यादा-से-ज्यादा स्पेस निकालना होता है। इसमें कानून का उल्लंघन करने के उपाय सोचे जाते हैं। कानून को थता दिखाने के चोर रास्ते तलाश किए जाते हैं। अधिक स्पेस हो तो कल्पना की ज्यादा ज़रूरत नहीं होती। वहाँ प्रयोग के लिए काफी गुंजाइश होती है।

आप तंग जगह में यानि कम स्पेस में काम करते समय ज्यादा कल्पनाशील होते हैं। जैसे जब अभिव्यक्ति के संकट समाज में गहराने लगते हैं। जब अभिव्यक्ति की स्वतन्त्रता कम हो जाती है या छिन जाती है। प्रतिरोध की स्पष्ट अभिव्यक्ति पर प्रतिबन्ध लग जाते हैं तब रचनाकार ज्यादा कल्पनाशील हो जाता है। वह अपने आशयों को व्यक्त करने के नए-नए रास्ते तलाश करता है। एक ताकतवर रैहटारिक या तो जनतान्त्रिक स्थितियों में सम्भव होता है या एक ऐसी स्थिति में जब वह किसी वृहत और ताकतवर आन्दोलन का हिस्सा हो। कविता के बनिस्बत गद्य को ज्यादा जनतान्त्रिक स्थितियों की दरकार होती है। छिपने-छिपाने का कौशल गद्य को भी आता है। उसका कौशल कविता से उन्नीस नहीं होता। लेकिन मुझे लगता है कि कविता के बनिस्बत गद्य जल्दी पकड़ में आ जाता है।

छोटे आकार में लिखी गई रचना अपनी भाषा के बारे में ही नहीं, अपनी अन्तर्वस्तु के बारे में भी ज्यादा चौकन्नी होती है। मैदानों में खेले जानेवाले खेल के बनिस्बत घरों में खेले जानेवाले खेलों में बच्चे ज्यादा कल्पनाशील होते हैं।

शरद बाबू का घर

रूपनारायण नदी के किनारे साम्ता बेड़ नाम का एक छोटा-सा गाँव है। यहीं बर्मीज़ आर्कीटेक्ट शैली में बना एक दोमंजिला मकान है। घर के आसपास एक छोटा-सा बगीचा है। ऊँचे-ऊँचे वृक्ष हैं। बाहरी परकोटे के दरवाजे पर ही एक तरफ सफेद पत्थर पर खुदी शरद बाबू की प्रसिद्ध कहानी—महेश की कुछ पंक्तियाँ हैं। इस कहानी को पढ़ते हुए प्रेमचन्द की याद आती है। महेश गफ़ूर के इकलौते बैल का नाम है। शरद बाबू प्रेमचन्द की तुलना में थोड़े ज्यादा भावुक हैं। लेकिन महेश कहानी का गफ़ूर काफी कड़ियल चरित्र है। इन दिनों गऊ माता के लिए लगातार हलाकान हो रहे हिन्दुत्ववादी राजनीतिज्ञों को इस कहानी को ज़रूर पढ़ना चाहिए। बहुत सारे गऊ भक्तों को इस कहानी में अपना चेहरा भी नज़र आएगा। छोटे-से बगीचे के पार एक दोमंजिला घर है। बेंगलोरी लाल कवेलुओं की छतवाला। हम जब पहुँचे तो वहाँ किसी मिडिल स्कूल की बहुत सारी बच्चियाँ अपनी नीली सफेद स्कूली पोशाक में बाहर की दालान में भरी हुई थीं। नीले रिबन से कसी हुई उनकी दो चोटियाँ छोटी-छोटी तितलियों की तरह लग रही थीं। सारा अहाता और घर उनकी चहचहाहट से भरा हुआ था। उनके बस्ते एक तरफ इकट्ठे थे। घर के बगल की सड़क पर अभी भी टाट पट्टियाँ बिछी हुई थीं, जिन पर बैठी बच्चियों को स्कूल की प्राध्यापिकाएँ खाना खिला रही थीं। घर के कमरे और दूसरी मंजिल पर जाने के दरवाजे बन्द थे। मेरी बेटी मीठू घर को अलग-अलग कोण से कैमरे में कैद करने में व्यस्त थी। प्रदीप चैटर्जी ने केयरटेकर को ढूँढ़ना शुरू किया। ज्यादा देर नहीं लगी। थोड़ी देर में ही केयरटेकर मिल गए। उनका नाम दुलाल मन्ना था। बहुत सादा धोती कुर्ता पहने, अधेड़ उम्र के दुलाल मन्ना बंगला में ही बोल रहे थे। बीच-बीच में कुछ टूटी-फूटी हिन्दी भी बोल लेते थे। बाहर की तरफ लकड़ी की जाफरी से घिरा एक बड़ा-सा पिंजरा था। पिंजरा तो क्या एक छोटा-सा कमरा जैसा। यह अब खाली हो चुका था। दुलाल मन्ना ने बताया यहाँ शरद बाबू का मोर रहता था। शरदचन्द्र 1923 में यहाँ आए थे। 1926 में उन्होंने यह घर बनवाया था। और लगभग दस साल

वे यहाँ रहे। बाहरी दालान के बगल में ही एक बहुत छोटा, तकरीबन दस गुणा दस फीट भी वह मुश्किल से ही होगा, एक कमरा है। इसकी एक दीवार में एक बहुत छोटी-सी खिड़की है। मुश्किल से एक डेढ़ फीट चौड़ी और दो ढाई फीट लम्बी। दुलाल मन्ना ने हाथ बढ़ाकर उस खिड़की को खोला। खिड़की के बाहर का बगीचा और बाउंड्रीवाल और उसके पार की सड़क दिखाई देती है। कभी इसके बाहर रूपनारायण नदी बहती थी। नदी को देखते रहने के लिए ही शायद यह खिड़की बनाई गई होगी। अब रूपनारायण नदी यहाँ से बहुत दूर खिसक गई है। लगातार उसे देखने और लिखनेवाला सर्जक नहीं रहा तो नदी वहाँ रुककर क्या करती। शरद बाबू चले गए तो नदी भी चली गई। खिड़की से टिकी एक टेबिल है। और उसके सामने एक कुर्सी। शरद बाबू यहीं बैठकर लिखते थे अक्सर। इस टेबिल पर कई उपन्यास और कहानियाँ लिखी गई होंगी। पेड़ के तने में जैसे उसकी उम्र दर्ज होती है क्या कहीं उसके तने से बनी टेबिल में उस पर लिखी गई रचनाओं की कोई स्मृति भी दर्ज होती होगी? टेबिल पर एक तिरझा तख़्ता लगा है। मुझे लगा शरद बाबू को जरूर स्पोंटोलाइटिस की शिकायत रही होगी। बगल में एक आरामकुर्सी भी रखी है। इसमें शरद बाबू की तस्वीर के अलावा उनकी दूसरी पत्नी हिरण्यमयी की तस्वीर भी रखी है।

बगल में एक लम्बा-सा कमरा है। इसमें एक बड़ा-सा दीवान बिछा है। उस पर गावतकिए भी लगे हैं। एक काँच के दरवाजों वाली लकड़ी की पुराने किस्म की अल्मारी है। शरद बाबू को होम्योपैथी का भी शौक रहा होगा। कुछ छोटी-छोटी शीशियाँ अल्मारी में रखी हुई हैं।

एक अल्मारी के ऊपरी खन में स्टेडीज़ इन दॅ साइकोलाजी ऑफ सेक्स की जिल्दें रखी हुई हैं। सेक्स और विद्रोह के मेटाफर शरद बाबू के पूरे कथा साहित्य के केन्द्रीय मेटाफर रहे हैं। बगल में एक रैक है जिस पर एक बहुत पुराना रेडियो रखा हुआ है। देखने में वह एक टूटे हुए हारमोनियम की तरह लगता है। दुलाल मन्ना बताते हैं कि शरद बाबू यहाँ बैठकर रेडियो सुनते थे। रेडियो के बगल में ही एक कुर्सी है और एक लम्बी-सी राड पर लगा तिरछा तख्ता है। कभी-कभी वे यहाँ बैठकर भी कुछ लिखते या नोट करते होंगे।

बंगाल के लोग अपनी स्मृतियों को बचाने और सहेजने के प्रति आज भी काफी सजग हैं। सारी चीजों पर पुरानेपन की लगातार मटमैली होती झाइयाँ हैं। रवीन्द्रनाथ के घर की तरह इनकी साज-सँभाल नहीं है। लेकिन फिर भी उसे बचाए जाने का एक प्रयत्न दिखाई देता है। हिन्दी क्षेत्र इस मामले में बहुत कृतघ्न है, यहाँ प्रसाद का घर उजड़े या प्रेमचन्द का घर गिर जाए इसकी चिन्ता किसी को नहीं। जहाँ स्मृतियाँ नहीं अवेरी जातीं वहाँ पाखंड के जहरीले कुकुरमुत्ते उगते हैं। 2001 में इस घर

को स्मारक की तरह विकसित करने और शरद बाबू की स्मृतियों को सहेजने का काम सरकार ने अपने जिम्मे ले लिया था। हालाँकि इन दिनों यह स्मारक भी विवाद में घिरा है।

शरद बाबू को याद करते हुए मुझे लगातार विष्णु प्रभाकर का *आवारा मसीहा* याद आता रहा। शरद बाबू के निकट जाने के लिए हिन्दी के पाठक के लिए तो आज भी वही दरवाजा है। ऊपर की मंजिल पर लम्बे गलियारे हैं। सीमेंट की बेहद चिकनी लाल फर्श हैं। सोने के कमरे फिलहाल बंद किए हुए हैं। इस घर को देखना तब तक पूरा नहीं होता जब तक हम यहाँ से दूर चली गई रूपनारायण नदी तक न गए होते।

बहुसर्जक का सृजन

मुझे लगता है कि एक बहुसर्जक के लेखन का बहुत बड़ा हिस्सा वास्तव में सृजन नहीं होता। अपवाद हो सकता है। लेकिन अक्सर नहीं होता। रचनाकार को हमेशा ही लगता है कि वह सृजन कर रहा है। लेकिन उसके द्वारा किया जानेवाला रचना-उत्पादन वस्तुतः उसका अभ्यास होता है। अभ्यास से किया जानेवाला उत्पादन। अक्सर बहुसर्जक रचनाकार इस गलतफहमी को अपने अन्दर पाल लेता है कि उसमें सृजन की अतिरिक्त क्षमताएँ हैं। इस गलतफहमी को वह धीरे-धीरे अभ्यास से पुष्ट करने लगता है और फिर यह उसकी आदत में शामिल हो जाता है। वह अपनी टेबिल या लिखने की जगह में प्रवेश करता है और अभ्यास के तहत उसका दिमाग काम करना शुरू कर देता है। वह अक्सर इस बात को नज़रअन्दाज़ करता है कि वह अलग-अलग ढंग से अपने को दोहरा रहा होता है। रचने के जो पैटर्न, जो साँचे या खाके उसकी संवेदना, विचार या कहें कि अन्तःकरण में तैयार हो चुके होते हैं उनसे अपनी वास्तविक सृजनात्मक क्षमतावाली रचनाओं से मिलती-जुलती रचनाएँ बनाना या बनाते चले जाना बहुत कठिन नहीं होता। ऊपरी तौर पर देखने से उसकी दोनों तरह की रचनाएँ तकरीबन एक जैसी ही लगती हैं। मिलती-जुलती-सी। थोड़ा ध्यान से देखने पर हम अभ्यास से बनी रचना को कमजोर और वास्तविक रचना को थोड़ा बेहतर पा सकते हैं। कभी-कभी इससे उलटा भी सम्भव है। अभ्यास से बनी रचना कभी-कभी वास्तविक रचना से ज्यादा बेहतर भी लग सकती है। चित्रकला में कई बार नकलें वास्तविक पेंटिंग से ज्यादा अच्छी दिखाई दे सकती हैं। लेकिन थोड़ा अन्दर तक टटोलने से इसकी पोल खुल जाती है। प्रोलेफिक या बहुसर्जक होना कभी-कभी एक उन्माद की तरह लगता है और कभी-कभी लगता है कि वह एक किस्म के असुरक्षा बोध से पैदा होता है।

जिस दौर में कोई भाषा आकार ले रही होती है जैसे उन्नीसवीं सदी में आधुनिक हिन्दी आकार ले रही थी तब उस भाषा में सृजन करना एक अलग किस्म की जिम्मेदारी को महसूस करने जैसा लगता होगा। इतिहास की उन अवस्थाओं में किन्हीं

लेखकों का बहुसर्जक होना एक अलग अर्थ रखता है। उसमें अपनी भाषा और भाषा के साहित्य को समृद्ध करने का उत्साह रहता होगा। प्रोलेफिक को लगता है अमरता की ज्यादा चाह होती है इसलिए उसमें अपने रचे के समाप्त हो जाने की ज्यादा असुरक्षा भी काम करती है।

बाजार जिसे हमने खो दिया

हमारे समय की शायद एक बड़ी दुर्घटना यह है कि हमने अपना बाजार खो दिया है और शायद इससे भी ज्यादा दुखद यह कि हमने उसकी स्मृति को भी खो दिया है। हिन्दी-उर्दू की आधुनिक कविता और लोकगीतों में जो बाजार था उसे हम इस बाजार के बरअक्स रखकर देखने के बजाय, बाज़ार को एक अमूर्त पद में तब्दील करते जा रहे हैं। आज का बाजार हमारा वह हाट बाजार नहीं है जो जनपदों के बीच एक संवाद की, सुख-दुख कहने-सुनने की जगह थी। यह कबीर का बाजार नहीं है जो नई कारीगर जातियों के पैदा होने के साथ अस्तित्व में आया था। जिसमें खड़े होकर कबीर ने कभी अपना घर जार कर साथ चलने का आह्वान किया था। यह भारतेन्दु की अँधेर नगरी का बाजार भी नहीं है जिसमें चूरन और चने के गीत के बीच से प्रतिरोध का एक नया पाठ पैदा हो रहा था। यह वह बाजार नहीं है जिसकी मन्दी एक कवि के लिए चिन्ता का विषय बनती थी। यह नज़ीर का आगरा बाजार नहीं है जिसकी मन्दी देखकर उसने गाया होगा *बाजार में उड़े हैं पड़ी ख़ाक बेशुमार। बैठे हैं यूँ दुकानों में अपनी दुकानदार। जैसे कि चोर बैठे हों कैदी कतारबन्द। जब आगरे की ख़ल्क़ का हो रोज़गार बन्द।* नज़ीर की फिक्र थी कि *छत्तीस पेशेवालों के हैं रोज़गार बन्द*। आज का कवि नज़ीर की तरह बाज़ार का कवि नहीं बन सकता। वह तो गालिब की तरह भी शायद नहीं कह सकेगा कि *ले आएँगे बाज़ार से दिल ओ जाँ और*। हमारे समय के बाजार पर तो अब राजनीति या राष्ट्र राज्य का भी नियन्त्रण लगभग समाप्त-सा हो गया है। इस बाजार की भाषा में कवि की जगह नहीं है। यह उत्पादन शक्तियों को विकसित करनेवाला बाजार नहीं है। यह एक ऐसा बाजार है जिसकी आड़ में तीसरी दुनिया के देशों पर एक निरुद्यौगिकीकरण को थोपा जा रहा है। इस तथाकथित मुक्त बाजार की वकालत करते हुए अमेरिका लगभग धौंस की भाषा में बोल रहा है कि इसका विरोध सभ्यता के लिए आतंकवादी खतरे के समकक्ष माना जाना चाहिए। इस बाजार का निर्माण हमारी इच्छाओं और लालच को जगाने और हर दिन उसे और अधिक बढ़ाते जाने के लिए हुआ है। इस बाजार से गुजरते हुए अब यह कहना मुश्किल

है कि *बाजार से गुजरा हूँ खरीदार नहीं हूँ*। इसमें भटकता आदमी ग्राहक से ज्यादा स्वयं भी एक उत्पाद या पण्य वस्तु है। बैन्यामिन ने कभी शॉपिंग आर्केडस् के बारे में लिखा था कि शॉपिंग आर्केड ऐसे आवास या गलियारे हैं जो सपनों की तरह बाहर की तरफ नहीं खुलते।

हमारे समय में बाज़ार एक मनुष्य विरोधी जगह में तब्दील हो गया है। हिन्दी की आज की कविता में इस बाजार की शक्ल एक भयावह जगह की तरह है, एक खलनायक की तरह। लेकिन इसमें अपने उस बाजार की स्मृति नहीं है जो लोगों के बीच अपने सुख-दुख कहने-सुनने की जगह था। जहाँ जाना एक उमंग और उत्साह से भर देता था। हजारों लोकगीतों में बाजार जाने की जो उमंग है, उसकी कोई स्मृति हमारी कविता में नहीं है, उसके छिन जाने की तकलीफ या उसका प्रतिरोध भी नहीं। इसलिए कभी-कभी नए बाजार की भयावहता भी उस तरह कविता में नहीं महसूस होती जैसी वह होनी चाहिए थी। बाज़ार का विरोध बहुत हद तक एक औपचारिक चलन की तरह महसूस होता है। विस्मृति प्रतिरोध को पंगु बना देती है।

मौत को चकमा देनेवाले नाम

क्या बुरे नाम मौत को चकमा दे सकते हैं? हालाँकि यह भी पूछा जा सकता है कि बुरे नाम क्या होते हैं? किस नाम को बुरा नाम और किस नाम को अच्छा नाम कहा जा सकता है? पर फिलहाल इस बात को जाने दें। मेरे सामने तो सवाल यह है कि क्या मृत्यु बुरे नामवाले बच्चों के करीब नहीं आती? हमारी बेटी जब बहुत छोटी थी तो उसे रखने के लिए एक बाई रखी गई। उसका नाम जमुना बाई था। उसका एक लड़का था। आठवीं क्लास में वह बहुत अच्छे नम्बरों से पास हुआ। उसने आकर खबर सुनाई तो सबको बहुत खुशी हुई। उस लड़के का नाम जंगलु था। हमने पूछा कि उसने अपने बेटे का ऐसा नाम क्यों रखा, स्कूल में उसे कितनी दिक्कत होती होगी? जमुना बाई पहले तो चुप रही पर थोड़ा और कुरेदने पर उसने बताया कि उसके बच्चे पैदा होते या होने के कुछ ही दिन बाद मर जाते थे। जंगलु से पहले के कई बच्चे मर चुके थे। फिर किसी ने कहा कि बच्चे को बचाना है तो उसका अच्छा नाम मत रखना, तो जब यह पैदा हुआ तो इसका नाम जंगलु रख दिया। यह बच गया तो फिर इसका यही नाम रह गया। स्कूल में भर्ती करवाते समय इसके मास्टरों ने भी कहा, दूसरे लोगों ने भी कहा, पर अच्छा नाम रखते डर लगता था। कितने किस्म के भय हैं और कितने किस्म के उनसे बचने के उपाय! समाज में ऐसी न जाने कितनी मान्यताएँ हैं जिनके कारणों को समझना बहुत मुश्किल है। ये ऐसे अन्धविश्वास हैं जिनमें जीवन को बचाने की इच्छा अन्तर्निहित है। ऐसी मान्यताओं को कुछ संयोग और अधिक पुख़्ता और जटिल बना देते हैं। जंगलु की बात निकली तो मुझे याद आया कि हमारे पैतृक घर के सामने एक घर था। वहाँ रहनेवाली एक स्त्री की भी यही समस्या थी कि उसके बच्चे बचते नहीं थे। किसी बाबा टाइप आदमी ने कहा कि अब के जो बच्चा हो उसे पहले भंगी की टोकरी में रख देना और उसका अच्छा नाम मत रखना। ऐसा किया गया। बहुत दिन तक उस बच्चे को भंगी के नाम से पुकारा जाता था। बच्चे उसे चिढ़ाते। तब वह बच्चा ही था। वह बात को समझ नहीं पाता और उसके माँ-बाप चाहकर भी कुछ नहीं कह पाते। बच्चा जब बड़ा हुआ और इस बात को समझने लगा तो परेशानी और बढ़ गई। उसके माँ-बाप ने

डरते-डरते उसका नाम बाबू रख दिया। इन दोनों ही घटनाओं में संयोग कुछ ऐसा हुआ कि ये बच्चे बच गए। लेकिन वे कई बच्चे जो नामकरण से पहले ही काल के गाल में समा गए या जिनके बुरे नाम रखे गए फिर भी मृत्यु उन्हें ले गई? ऐसी घटनाएँ जो मान्यताओं या अन्धविश्वासों को गलत सिद्ध करती हैं अक्सर उदाहरण नहीं बनाई जातीं। उदाहरण तो वही घटनाएँ बनती हैं जो इस तरह की मान्यताओं को सही सिद्ध करें। ऐसी कई मान्यताएँ संयोगों की खुराक पर जिन्दा रहती हैं और चलती रहती हैं।

इस मोहब्बत का ढंग भी निराला है

भोपाल की एक गली का नाम है टेढ़ा अतूत। यह गली है भी कुछ अधिक ही तिरछी। जैसे किसी पतली कमरवाली नचनिया ने कमर को झुकाकर एक फेरा लिया हो। इसी तरह एक चौराहे का नाम है अन्धे फ़कीर का चौराहा। यूँ तो इस शहर की यह खूबी है कि इसकी ज्यादातर गलियों और चौराहों के नाम बहुत साधारण लोगों के नाम पर हैं। लेकिन इन दो नामों में कुछ अलग ही बात है। जिस गली का नाम टेढ़ा अतूत है उस गली में इसी दरख़्त के पास इस नगर के सबसे बड़े सेठ की हवेली थी। और अन्धे फकीर का चौराहा एक ऐसा चौराहा है जिसके सामने एक बड़ा बाग नाम की जगह है जिसमें नवाब खानदान के लोगों की छतरियाँ हैं। दीवार या किन्हीं प्राकृतिक कारणों से टेढ़े हो गए शहतूत के दरख़्त और एक विकलांग फकीर के नाम पर किए गए ये नामकरण तय है कि शहर के साधारण लोगों ने ही किए होंगे। ऐसे नाम पालिकाएँ या अन्य शासकीय उपक्रमों द्वारा नहीं किए जाते। शहरों का यह चरित्र अब खत्म हो चुका है। अब तो शहर के चौराहों या सड़कों के नामकरण ऐसे महापुरुषों के नाम पर ही अक्सर किए जाते हैं जिनका सम्बध शहर तो क्या, प्रदेश से भी न रहा हो। तुलसी नगर के आगे की कालोनी का नाम शिवाजी नगर है और शहर के सबसे बड़े व्यापारिक क्षेत्र का नाम महाराणा प्रताप नगर। इन्दौर में होल्कारों की मूर्तियों की स्थापना हो रही है। उसके आसपास उनके किलों की अनुकृतियाँ बनाई जा रही हैं। सरकारी भाषा में इसे सौन्दर्यीकरण कहा जा रहा है। इस सारे सौन्दर्यीकरण में एक छिपी हुई चालाकी है। पुनरुत्थानवाद और फासिज़्म जिसका हिडन एजेंडा है। गन्दे बासते हुए नाले, जर्जर होते पुल और पुलियाँ, उखड़ी हुई सड़कें, आँखों को जलाता हुआ प्रदूषण, बिजली और पानी की किल्लतें इस सौन्दर्यीकरण के एजेंडे पर नहीं हैं। इसमें अपने साधारण लोगों की न कोई स्मृति है न उनके प्रति प्यार। किसी बड़े लेखक या कलाकार की कोई प्रतिमा तो भूले से भी कहीं दिखाई नहीं पड़ेगी। साधारण लोगों की स्मृतियों को बचाने का तो कोई सवाल ही नहीं।

जीवन को बचाने या उसे सुन्दर बनाने में लगे, दैनन्दिन कामों में लगे हाशिए पर रह रहे लोगों की स्मृति को भी बचाया जाना चाहिए यह बात हमारी सोच में कब शामिल होगी पता नहीं! इतिहास में दर्ज लोग ही क्या स्मरण के योग्य हैं? भोपाल विलीकरण आन्दोलन में लाठी लेकर अकेले ही नवाब के सिपाहियों से लोहा लेनेवाले उस चायवाले की स्मृति का क्या कोई मोल नहीं है, जिसने नवाब के सिपाहियों से लड़ते हुए लाठी के ऐसे करतब दिखाए कि लोग उसे बिजली बब्बा कहने लगे थे? भोपाल में कोई ऐसी जगह नहीं जिसका नामकरण शान्ति देवी के नाम पर किया गया हो, वह साधारण महिला थीं लेकिन जब सारे पुरुष नेता बन्दी बना लिए गए तो एक वही महिला थीं जिन्होंने औरतों को इकट्ठा करके सल्तनत के खिलाफ रैली निकाली थी। कभी-कभी लगता है कि राजा-रानियों और नेताओं के इतिहास के बरअक्स अपने जन इतिहास को टटोलने की कोशिश हम आज भी नहीं कर रहे हैं। पुराने भोपाल की गलियों के नाम देखकर मुझे हमेशा यह बात अच्छी लगती रही कि उन्होंने अपने बहुत साधारण लोगों की स्मृतियों को बचाया है। जिस गली में इस शहर के सबसे बड़े वैद्य का मकान है या जिसमें एक पूर्व राष्ट्रपति ने अपना बचपन गुजारा उस गली का नाम आज भी एक साधारण दाई—गुलियादाई के नाम पर है।

टेढ़ा अतूत से न जाने कितने लोगों ने तोड़कर मीठे शहतूत खाए होंगे। कम-से-कम उन लोगों ने उसके प्रति कुछ तो ऋण चुकाया। इसी तरह वह मैदान जिसमें चारों ओर पुरानी इमारतें हैं। जहाँ से कभी सल्तनत का कामकाज होता था उस मैदान का नाम एक साधारण से खिरनी के पेड़ के आधार पर खिरनीवाला मैदान है। हाशिए के भी हाशिए पर नैसर्गिक रूप से विकलांग एक अन्धे फकीर और एक टेढ़े दरख़्त के नाम पर किए जानेवाले नामकरण में, मुझे लगता है कि नैसर्गिक विकलांगता के प्रति एक गहरा अपनत्व है। एक अतिरिक्त साज-सँभाल से भरा ममत्व। इस अपनत्व में नगर सेठ और नवाबों के प्रति एक खामोश प्रतिरोध भी कहीं-न-कहीं शामिल रहा होगा। जनता के इस प्रकट अपनत्व और खामोश प्रतिरोध को अक्सर अनदेखा कर दिया जाता है। जनता अपने सहज विवेक से जिस अपनत्व और प्रतिरोध को जगह-जगह, गाँवों, कस्बों और शहरों में दर्ज करती रहती है उसे देखने के लिए शायद एक अलग किस्म की आँख की दरकार है।

पुराने सिक्के नए सिक्के

कई बार लगता है कि पुराने सिक्कों के साथ जैसी स्मृतियाँ, जैसे किस्से जुड़े थे वैसे नए सिक्कों के साथ नहीं हैं। यह भी हो सकता है कि नए सिक्कों के साथ पैदा हुई पीढ़ी एक समय के बाद नए सिक्कों के बारे में उसी तरह सोचे जैसा मैं अपने बचपन के सिक्कों के बारे में सोच रहा हूँ। मुझे लगता है नए सिक्कों में कल्पनाशीलता और कलात्मकता की कमी है। इनकी धातु भी दिनोंदिन हल्की हो रही है। ये सिक्के बहुत जल्दी अपनी चमक खो देते हैं और बदरंग हो जाते हैं। शुरू में जब नए सिक्के चले चले थे तो एक पैसे का एक बहुत छोटा-सा ताँबे का सिक्का होता था। जो सुन्दर था। लेकिन देखते ही देखते एक पैसे का वह सिक्का गायब हो गया। दो-तीन और पाँच पैसे के सिक्के, यहाँ तक कि अक्सर शहरों और गाँवों में तो दस पैसे के सिक्के भी प्रचलन से बाहर हो चुके हैं। पुराने सिक्कों की धातु के साथ एक किस्म का रिश्ता बन जाता था क्योंकि वे उन धातुओं से तैयार किए गए थे जो हमारे दैनन्दिन उपयोग में आती थीं। ताँबा, पीतल, काँसा और चाँदी जैसी धातुओं का प्रतिशत और रंग उनमें था। एक पैसे का छेदवाला सिक्का हुआ करता था जिसे अक्सर बच्चे अपनी उँगली में फँसा लिया करते थे। इस सिक्के को उँगली से निकालने में बड़ी दिक्कतें होती थीं। घरों में अक्सर इस पैसे से जुड़े किस्से सुनने को मिल जाते हैं। दो पैसे का सिक्का जिसे अधन्ना कहा जाता था उसके भी कई किस्से प्रचलित थे। कई कहावतें अधन्ने को लेकर बनीं। माधव शुक्ल मनोज के तो एक बहु-चर्चित बुन्देली गीत की एक पंक्ति ही है *बड़े बड़ों के आगे हम तो/फिक गए एक अधन्ना से*। कंगूरेवाली इकन्नी और चौकोर आकारवाली दुअन्नी का भी इस्तेमाल कई कविताओं, गीतों और कहावतों में मिल जाएगा। राजनीतिक नारों में भी सिक्कों का इस्तेमाल सुनाई पड़ता था। बचपन में एक नारा अक्सर सुनने को मिल जाता था—चार चवन्नी चाँदी की, जय बोलो महात्मा गांधी की। पुरानी कविताओं और कहावतों का एक ऐसा संग्रह तैयार किया जा सकता है जिसमें सिक्कों का दिलचस्प उल्लेख है।

कई बार लगता है कि सिक्कों में कल्पनाशीलता और कलात्मकता की कमी

हमारी अर्थनीति और बाजार के स्वरूप में आई कल्पनाशीलता और कलात्मकता की कमी तक फैल गई है। बाजार पहले की तुलना में ज्यादा उत्तेजक और आक्रामक हुए हैं। उनमें लुभाने की चालाकी और लूट लेने की आक्रामकता एक साथ देखी जा सकती है। वेलफेयर स्टेट की अर्थनीतियों की तुलना में आज की अर्थनीति सामान्य मनुष्य के प्रति ज्यादा हिंसक है।

मुझे याद है कि जब पुराने सिक्के बन्द हो गए तो बहुत सारे बचे हुए सिक्कों, जिनमें एक पैसेवाले सिक्के, अधन्ने, इकन्नियाँ, दुअन्नी आदि थीं, को कीलों से बाहर जानेवाले दरवाजे की देहरी पर ठोंक दिया गया था। विक्टोरिया के कटे हुए सिर पर ठुकी कील तरह-तरह के अर्थ हमारे मनों में पैदा करती। देहरी को लाँघते हुए लगता जैसे हम यादों और इतिहास के एक हिस्से को लाँघकर बाहर जा रहे हैं। लेकिन लौटकर उसी देहरी को लाँघकर वापस अन्दर आना होता। इतिहास से बाहर जाने और इतिहास के भीतर लौटने की इस प्रक्रिया ने हमारे इतिहासबोध में कुछ-न-कुछ ज़रूर जोड़ा-घटाया होगा। सिक्के बदल चुके थे लेकिन उनकी यादें और इतिहास जैसे देहरी पर अभी भी ठुका हुआ था।

दीवार पर लिखी इबारत

यह कहने में भी तकलीफ़ होती है और सुनने में भी कि हम हिन्दीभाषी लोग अपनी भाषा से प्यार नहीं करते। हम भाषा से प्यार करना नहीं जानते। हमारी भाषा की लिपि यानि देवनागरी और भी दो-तीन भाषाओं की लिपि है लेकिन हम अपनी लिपि के प्रति लापरवाही की हद तक असावधान हैं। इस बीच कितने चिह्न, कितने संयुक्त अक्षर, अक्षरों को लिखने के ढंग विलुप्त हो गए हमें कुछ नहीं पता। हमारे बीच उन्हें बचाने या न बचाने की कोई बहस नहीं हुई। कोई प्रतिरोध नहीं हुआ। हमने उसे सहज ढंग से स्वीकार कर लिया। उदय प्रकाश ने ज़रूर एक कविता लिखी—बचाओ। जिसकी चर्चा भी हुई लेकिन क्या उस कविता को माध्यम बनाकर किसी साहित्यिक पत्रिका ने कोई बहस शुरू की? लिपि को बचाने के बजाय हम नई प्रौद्योगिकी की चिन्ता ज्यादा करते रहे हैं। हमने प्रौद्योगिकी को लिपि के लायक बनाने के बजाय नई प्रौद्योगिकी की सुविधा के अनुरूप लिपि का अनुकूलन करने को स्वीकार कर लिया। यह प्रवृत्ति किस किस्म की मानसिकता की ओर इंगित करती है? भाषा के साथ हमारा सम्बन्ध मानवीय सम्बन्धों के प्रति हमारे व्यवहार को ही प्रतिबिम्बित करता है। भाषा को नष्ट नहीं तो भ्रष्ट किए जाने के षड्यन्त्र में हम सब प्रत्यक्ष या परोक्ष रूप से शामिल हैं। हममें न लड़ने का माद्दा है न प्यार करने का।

मैं सोचता था कि सिर्फ बंगाल में ही खूबसूरत वॉल राइटिंग का चलन है लेकिन पिछले दिनों मैंने तमिलनाडु में भी वॉल राइटिंग के कई नमूने देखे और वे किसी भी हालत में बंगाल से उन्नीस नहीं थे। उर्दू को विकसित कैलिग्राफ़ी अरबी फारसी की परम्परा से मिली होगी। उन्होंने कैलिग्राफ़ी (सुलेखन) को इतना चित्रात्मक बना लिया है कि उससे चित्र को प्रतिस्थापित कर दिया है। यह खूबी चीनी और जापानी लिपियों में भी दिखाई देती है। और उर्दू या अरबी की तरह यहाँ चित्र के निषेध के लिए किसी किस्म की धार्मिक बाध्यता नहीं है। एक निषेध अक्सर दूसरे रास्ते को ज्यादा विकसित कर देता है। लेकिन हिन्दी क्षेत्र में वॉल राइटिंग का एक भी कलात्मक साक्ष्य शायद ही ढूँढ़ा जा सके। (कभी-कभी फिल्मी पोस्टरों

में कैलीग्राफी का कोई नमूना दिखता भी है तो उसे भी बहुत कलात्मक तो नहीं ही कहा जा सकता) राजनीतिक प्रचार से सम्बद्ध वॉल राइटिंग ही नहीं, बड़ी कम्पनियों के विज्ञापनों से जुड़ी वॉल राइटिंग में भी किसी किस्म की कलात्मकता ढूँढ़ना मुश्किल ही नहीं असम्भव है। चुनाव या रैलियों के समय हिन्दी क्षेत्र में होनेवाली वॉल राइटिंग अकलात्मकता का बल्कि कहें कि भद्देपन का अद्वितीय प्रमाण है। देवनागरी लिपि में ही मराठी में कैलिग्राफ़ी के ज्यादा सुन्दर प्रमाण मिल जाते हैं।

यह भाषा के प्रति महज सौन्दर्यबोध का प्रश्न नहीं है ना ही यह कैलिग्राफ़ी के प्रति उदासीनता का प्रमाण है। यह वस्तुतः इस बात का प्रमाण है कि हममें अपनी भाषा को सजाने-सँवारने की वह ललक ही नहीं है जो उन भाषा भाषी लोगों में देखने को मिलती है जो अपनी भाषा को प्यार करते हैं। सजावटी होने के लोक से मिले संस्कार को भी शायद हम बिसरा चुके हैं।

एक तरफ हम तमिल, तेलगू, कन्नड़, मलयालम, बंगला, असमिया, उड़िया, मराठी, गुजराती आदि की पत्रिकाओं और अखबारों को रखें और दूसरी तरफ हिन्दी के अखबारों और पत्रिकाओं को और सिर्फ उनके नामों को किस-किस तरह से लिखा गया है इसका अध्ययन करें तो शायद अपवादस्वरूप ही हिन्दी की कोई पत्रिका या अखबार ऐसा होगा जिसने अपनी पत्रिका या अखबार के नाम को लिखवाने में किसी कैलिग्राफर या कलाकार की मदद ली होगी। ज्यादातर किताबों के शीर्षक तो बने बनाए टाइप सेट्स में ही कम्पोज़ कर दिए जाते हैं। उन कारणों की खोज की जानी चाहिए जिनके चलते हम अपनी भाषा की लिपि को लेकर इतने अधिक विरक्त से हैं। ऐसी लापरवाही या विरक्ति तो देवनागरी की कैलिग्राफी को लेकर संस्कृत भाषियों में भी नहीं रही। संस्कृत की किताबों में भी कैलिग्राफ़ी के कुछ सादे ही सही पर सुन्दर नमूने देखे जा सकते हैं।

सात नम्बर की टेबिल

मेरे एक दोस्त ने मुझे बताया कि मुम्बई के बान्द्रा नामक इलाके में एक होटल है पहले शायद उसका नाम अशोक था, फिर उसका मालिक बदल गया और उसका नाम सम्राट हो गया। यह होटल कई बार बिक चुका है। कई बार उसके मालिक बदल चुके हैं। कई बार इसका नाम भी बदल चुका है, लेकिन इस होटल में एक काँच की खिड़की है और उसके पास एक सात नम्बर की टेबिल हमेशा उसी खिड़की के पास रखी रहती है। इस टेबिल पर एक तख़्ती रखी रहती है जिस पर लिखा है *रिजर्व फार शंकर जयकिशन,* यह होटल कोई भी बेचें या खरीदे इसके कान्ट्रेक्ट में एक शर्त हमेशा रही है कि काँच की उस खिड़की के पास हमेशा यह सात नम्बर की टेबिल रखी रहेगी और उस पर *रिजर्व फार शंकर जयकिशन* की तख़्ती लगी रहेगी। संगीतकारों की यह जोड़ी बहुत पहले ही टूट गई थी, एक की मृत्यु भी हो गई और दूसरा भी अब यहाँ कभी नहीं आता लेकिन कहते हैं वह टेबिल और तख़्ती अभी भी वहाँ रखी रहती है, यहाँ न जाने कितनी बातें हुई होंगी न जाने कितनी धुनें तैयार की गई होंगी।

हमारा समाज स्मृतियों और उनसे जुड़ी चीजों और जगहों के प्रति या तो निर्मम है या बहुत उदासीन। कितने ही लेखक कितने ही काफी हाउसों में बैठे होंगे, न जाने कितनी बहसें की होंगी, न जाने कितने विचारों और रचनाओं ने उन कॉफी हाउसों की टेबिलों पर जन्म लिया होगा। हमारे बहीखातों में लेकिन उनकी एक स्मृति भी दर्ज नहीं। भोपाल का कॉफी हाउस तो अब उस जगह भी नहीं रहा जहाँ वह पहले होता था। शरद जोशी की वहाँ कोई टेबिल नहीं।

मिलान कुन्देरा का एक बहुत जरूरी वाक्य है कि *शक्ति के विरुद्ध मनुष्य का संघर्ष वस्तुतः विस्मृति के विरुद्ध स्मृति का संघर्ष है*। हमारे समय में तो स्मृति को अपने राजनीतिक या छद्म धार्मिक आग्रहों के लिए नष्ट किया जा रहा है।

कुछ कवि कुछ किताबें

प्रसाद के नाटकों की कविता

नाटकों में प्रयुक्त होनेवाले गीत अक्सर स्थिति के अनुसार रचे जाते हैं। आवश्यक नहीं कि कविता के रूप में उनका कोई स्वतन्त्र अस्तित्व हो। नाटक का गीत उसके नरेशन को जोड़ने का काम करता है साथ ही वह वाचिक गद्य के बीच रंजन भी करता है। लेकिन इसके अतिरिक्त अक्सर वह रचनाकार के वैचारिक पक्ष को मुखर करने या उसे रेखांकित करने का काम भी करता है। भारतेन्दु के अंधेर नगरी का 'चना जोर गरम' और 'चूरनवाले का गीत' कविता के रूप में अपना स्वतन्त्र अस्तित्व तो रखते ही हैं साथ ही वे बहुत तीखी राजनीतिक टिप्पणियाँ भी करते चलते हैं— ''चना हाकिम सब जो खाते। सब पर दूना टिकस लगाते।'' या ''चूरन साहेब लोग जो खाता। सारा हिन्द हजम कर जाता। चूरन पुलिसवाले खाते। सब कानून हजम कर जाते।।'' प्रसाद के नाटकों में भी ये दोनों ही विशेषताएँ बहुत स्पष्ट रूप से प्रकट हुई हैं। रमेशचन्द्र शाह ने प्रसाद के नाट्य गीतों के सन्दर्भ में एक महत्त्वपूर्ण बात कही है, ''कभी-कभी तो ऐसा लगता है कि प्रत्यक्ष जीवनानुभूतियों की जैसी सीधी घुसपैठ उनके इस नाटक और कथा साहित्यवाले कवित्व में होती है, वैसी उनकी विशुद्ध कविताओं में नहीं हो पाती।'' शायद यही कारण है कि क्लासिकल फार्म और तत्समबहुल भाषा के बावजूद नाटकों में प्रसाद सबसे सहज, उसके गीतों में दिखाई पड़ते हैं, और इन गीतों में उनके 'दार्शनिक सत्य' दर्शक तक (या पाठक तक) बहुत सीधे सम्प्रेषित हो जाते हैं। प्रसाद का यह दार्शनिक सत्य उनके सामाजिक-राजनीतिक आशयों से अलग नहीं हैं। पश्चिम और भारतीय नाट्य परम्परा के भेद को देखने के लिए प्रसाद का यह 'दार्शनिक सत्य' केन्द्र बिन्दु है। 'नाटकों में रस का प्रयोग' में उन्होंने स्पष्ट किया कि ''भारत में रस सिद्धान्त के द्वारा साहित्य में दार्शनिक सत्य की प्रतिष्ठा हुई।'' प्रसाद के कई वर्ष बाद संयोग से सार्त्र ने भी अपने दार्शनिक चिन्तन को सम्प्रेषित करने के लिए नाटकों को एक माध्यम माना।

प्रसाद का यह दार्शनिक सत्य क्या है? किस तरह वह स्वतन्त्रता संग्राम की राजनीतिक और सामाजिक चिन्ता से जुड़ा है? यह मात्र संयोग नहीं है कि प्रसाद

के हर नाटक के बीच एक या एकाधिक बार ऐसे गीत आए हैं जो स्वतन्त्रता का आह्वान करते हैं। ये गीत पौराणिक आख्यान या ऐतिहासिक प्रसंगों वाले नाटक का एकाएक काल परिवर्तित कर देते हैं। पौराणिक आख्यान के वाचिक गद्य के बीच गीत अचानक हमें हमारे कठोर पराधीन वर्तमान में ला पटकता है। और यही वह बिन्दु है जो नाटक को मात्र 'पुनरुत्थान चेतना' तक सीमित नहीं रहने देता। क्या यह एक अलग किस्म का ऐलिनेशन नहीं है?

भारतीय नाट्यशास्त्र में नाट्य गीत को बहुत महत्त्वपूर्ण माना गया है। यहाँ तक कहा गया कि "तिर्यक योनियों में उत्पन्न प्राणी भी इससे आनन्दमग्न होते हैं और प्राण तक दे देते हैं।" साफ है कि सिर्फ आनन्द तक मामला सीमित नहीं है, वह जनमानस की सुप्त भावनाओं और विचारों को उदात्त करने और सब कुछ को न्योछावर कर डालने की महान मानवीय इच्छा तक मनुष्य को ले जा सकता है।

चन्द्रगुप्त का प्रसिद्ध गीत याद किया जाना चाहिए और साथ ही यह भी कि वह स्वाधीनता संग्राम के कठिन संघर्ष के दिनों में लिखा गया। नाटक के बीच जब वह गाया जाएगा तो क्या वह मात्र कथा-सूत्र को जोड़ने तक ही सीमित होगा? क्या उसे सुनते हुए दर्शक, और खासकर पराधीन भारत का दर्शक, चन्द्रगुप्त के ही काल में बना रह सकता है? दर्शक की चेतना अपने अतीत के आख्यान में भी क्या अपने वर्तमान को ही बार-बार स्मरण नहीं करती है?

हिमाद्रि तुंग शृंग से
प्रबुद्ध शुद्ध भारती
स्वयं प्रभा समुज्वला
स्वतन्त्रता पुकारती—
अमर्त्य वीर पुत्र हो, दृढ़ प्रतिज्ञ सोच लो
प्रशस्त पुन्य पन्थ है—बढ़े चलो, बढ़े चलो।

डॉ. नामवर सिंह ने इसे 'राजनीतिक स्वतन्त्रता' की कविता कहा है। प्रसाद के लिए राजनीतिक स्वतन्त्रता का लक्ष्य तो महत्त्वपूर्ण है ही साथ ही उनके लिए स्वतन्त्रता के ज्यादा व्यापक अर्थ भी हैं। वे व्यापक अर्थ तमाम सामाजिक, नैतिक, आर्थिक और राजनीतिक आशयों को अपने में समेटे हैं। उनमें एक बेहतर समाज का स्वप्न भी है। विशाख का एक छोटा-सा गीत है :

दीन दुखी न रहे कोई
सुखी हों सब लोग।
देश समृद्धि प्रपूरित हो—जनता निरोग
कूटनीति टूटे जग में—सबमें सहयोग

भूप प्रजा समदर्शी हों–तजकर सब ढोंग।

स्वाधीनता संग्राम के अनिश्चित भविष्य के बीच 1921 में जो इच्छा प्रसाद के यहाँ लगभग प्रार्थना गीत के रूप में प्रकट हुई वही स्वाधीनता के बाद मुक्तिबोध की कविता का एक ज्वलन्त प्रश्न भी बनी :

समस्या एक–
मेरे सभ्य नगरों और ग्रामों में
सभी मानव
सुखी, सुन्दर व शोषण मुक्त
कब होंगे?

[चकमक की चिंगारियाँ]

प्रसाद ने भविष्य के जिस समाज के लिए अपना इच्छा गीत लिखा था दुर्भाग्य से वह आजादी के बाद सम्भव नहीं हुआ। इसलिए प्रसाद की इच्छा या कामना मुक्तिबोध के यहाँ आकर समस्या भी बनी और प्रश्न भी।

प्रसाद गीत के माध्यम से नाटक के बीच एक चेतस खलल पैदा करते हैं। यह तरीका ब्रेख्तियन ऐलिनेशन से भिन्न है। गीत हमें अतीत से अचानक धकेलकर अपने वर्तमान में तो ला खड़ा करता है लेकिन रसानुभूति टूटती नहीं है। क्योंकि वह गीत नाटक के प्रसंग में भी अपने लिए अनुकूलता पैदा करता चलता है। प्रसाद तो मानते ही हैं कि "रस में लोकमंगल की कल्पना प्रच्छन्न रूप से अन्तर्निहित है।" उनका गीत वस्तुतः नाटक के आख्यान में वर्णित अतीत और अपने सामाजिक वर्तमान के बीच पुल की तरह काम करता है। दर्शक इस पर आने-जाने के लिए बाध्य हैं। प्रसाद के लिए परम्परा के सवाल बहुत महत्त्वपूर्ण हैं, वे जड़ों से कटी आधुनिकता के हिमायती नहीं। ऐसी आधुनिकता जो सिर्फ वर्तमान में ही स्थित होगी वह न केवल अतीत को नहीं पहचानेगी वरन् उसमें भविष्य का न कोई सपना होगा, न किसी स्वरूप की पहचान। इसलिए प्रसाद कहते हैं कि "जब हम यह समझते हैं कि कला को प्रगतिशील बनाए रखने के लिए हमको वर्तमान सभ्यता का–जो सर्वोत्तम है–अनुसरण करना चाहिए, तो हमारा दृष्टिकोण भ्रमपूर्ण हो जाता है। अतीत और वर्तमान को देखकर भविष्य का निर्माण होता है। इसलिए हमको साहित्य में एकांगी लक्ष्य नहीं रखना चाहिए। जिस तरह हम स्वाभाविक या प्राचीन शब्दों में लोकधर्मी अभिनय की आवश्यकता समझते हैं, ठीक उसी प्रकार से नाट्यधर्मी अभिनय को भी देश, काल, पात्र के अनुसार रंगमंच में संग्रहीत रहना चाहिए। पश्चिम ने भी अपना सब कुछ छोड़कर नए को नहीं पाया है।"

रंगमंच नामक लेख का यह उद्धरण प्रसाद द्वारा अपने नाटकों की कथावस्तु के चयन के पीछे सक्रिय दृष्टि को स्पष्ट करता है। इस सूत्र के आधार पर देखें तो प्रसाद

के नाटकों को पुनरुत्थानवादी चेतना के अन्तर्गत नहीं देखा जा सकता। सवाल उठता है कि क्या प्रसाद में अपनी समकालीन स्थितियों का यथार्थवादी नाटक रचने की सामर्थ्य नहीं थी, या इस तरह के ऐतिहासिक और पौराणिक आख्यान को चुनने का कोई और ही कारण था?

कहानी, कविता या उपन्यास की तुलना में नाटक का प्रभाव अधिक सीधा होता है। वह अधिक मुखर कला है। इसलिए नाटक के समक्ष खतरे भी हर समय में ज्यादा होते हैं और चुनौतियाँ भी। प्रसाद के नाटकों के समक्ष भारतेन्दु की तुलना में ज्यादा जटिल स्थितियाँ थी। एक और पारसी थिएटर कम्पनियों की फूहड़ता थी तो दूसरी ओर बंगाल की ओर से इब्सनीय रिअलिस्म के प्रभाव बढ़ रहे थे। हिन्दी का रंगमंच कहीं नहीं था। प्रसाद के नाटकों को रंगमंच के लिए अनुपयुक्त मानकर जिन नाटकों की रचना हो रही थी और जो रचनाकार सक्रिय हुए थे, उनमें हरिकृष्ण प्रेमी, गोविन्दवल्लभ पन्त, मिलिन्द, लक्ष्मीनारायण मिश्र और सेठ गोविन्ददास थे। आज जब रंगमंच बहुत हद तक पहले से विकसित हो चुका है तो सवाल उठता है कि इन रंगमंच के लिए अधिक उपयुक्त समझे जानेवाले नाटककारों के नाटक क्यों मंचित नहीं हो रहे हैं? प्रसाद के नाटक रंगमंच के लिए आज भी चुनौती हों पर वे उनके समकालीनों की तरह लगभग अप्रासंगिक नहीं हुए हैं। प्रसाद सिर्फ इब्सनीय यथार्थवाद से ही असहमत नहीं थे, कहीं-न-कहीं पश्चिम के प्रभाव से पूरी तरह मुक्त दक्षिण के नाटक को भी वे अपर्याप्त मान रहे थे। उनके समक्ष आदर्श भारतेन्दु ही थे।

भारतेन्दु को केवल अंधेर नगरी से ही पहचानने के कारण अक्सर प्रसाद को उनकी और दूसरी ओर प्रेमचन्द की परम्परा से अलग कर लिया जाता है। यह सारी स्थिति भ्रामक है। भारतेन्दु ने प्रेमजोगिनी, चन्द्रावली, नीलदेवी जैसे नाटक भी लिखे लेकिन उन्होंने विद्यासुन्दर, सत्य हरिश्चन्द्र जैसे नाटकों का रूपान्तर किया और कर्पूरमंजरी, मुद्राराक्षस, दुर्लभ बन्धु, प्रबोध चन्द्रोदय, धनंजय विजय जैसे नाटकों के अनुवाद भी किए। प्रेमचन्द ने भी केवल गाल्सवर्दी के नाटकों का ही अनुवाद नहीं किया मेटरलिंक के नाटक का भी अनुवाद किया। ये सारे अनुवाद क्या केवल हिन्दी में नाटकों के अभाव को दूर करने के लिए ही किए जा रहे थे? क्या इनके पीछे कोई सुनियोजित सोच नहीं थी? (जैसी कि वर्तमान में किए जा रहे अनुवाद के पीछे लगभग कोई सोच नज़र नहीं आती) वस्तुतः ये सारे अनुवाद एक सुचिन्तित लक्ष्य के तहत किए गए थे। पराधीन राष्ट्र में अपनी वास्तविक मंशा को दर्शकों के बीच, पाठकों के बीच पहुँचाने के लिए यह एक ऐसी चतुराई का रास्ता था, जो एक पराधीन जाति के संघर्ष का हथियार होती है।

नामवर जी ने लिखा है "अतीत के पुनरुत्थान ने सम्पूर्ण देश में एक जातीय

अथवा राष्ट्रीय भावना का सूत्रपात किया।" प्रसाद के नाटकों के सन्दर्भ में भी अंशतः इसे माना जा सकता है। रमेशचन्द्र शाह भी मानते हैं "भारतीय पुनरजागरण की उस सान्ध्य चमक के दिनों में देश के अतीत के चित्र ही सबसे ज्यादा दर्शकों की भावनाओं को जगानेवाले हो सकते थे।" मतलब यहाँ लक्ष्य स्पष्ट है—जनता को जगाना।

स्वतन्त्रता की चेतना का प्रसार। इस समस्या के आगे सबसे बड़ा खतरा था ब्रिटिश साम्राज्यवाद का। किताब तो धीरे-धीरे पहुँचती है और वह भी मात्र शिक्षित तक लेकिन यह नाटक तो पाँचवाँ वेद है, यह तो अपढ़ जनता तक भी पहुँच जाता है। अगर यह मान लिया गया है कि लक्ष्य स्पष्ट था तो यह भी मानना होगा कि पौराणिक आख्यान या ऐतिहासिक प्रसंग मात्र पुनरुत्थान चेतना के कारण ही नहीं चुने जा रहे थे वे वस्तुतः एक कठिन समय में बात कहने के औजार के रूप में भी ईजात किए गए थे। वे मात्र अपने आत्मगौरव को पुनः प्राप्त करने और हीनभावना से उबरने, उबारने के लिए नहीं थे, वर्तमान की कड़ी सेन्सरशिप के बीच अपनी बात को फैलाने का रास्ता तलाशने का जटिल संघर्ष के परिणाम थे।

इन पौराणिक आख्यानों और ऐतिहासिक प्रसंगों पर आधारित नाटकों के कुछ गीतों के उद्धरण :

मचा है जग भर में अंधेर।
उल्टा-सीधा जो कुछ समझा वही हो गया ढेर।
बुद्धि अन्ध के हाथों जैसे कोई लगी बटेर,
किसी तरह से करो उड़नछू औरों का धन ढेर।
बक बक करके चुप कर दो बस, चतुर हुए क्या देर,
चलती है यह चला करेगी चालें इसकी घेर।
चतुर सियाने किया करेंगे, इसमें हेराफेर॥

[विशाख]

निर्बल भी हो सत्य पक्ष मत छोड़ना
शुचिता से इस कुहक जाल को तोड़ना॥

या "लगा दो गहने का बाजार" जैसे विशाख नाटक के गीत भारतेन्दु से प्रसाद के रिश्ते देखने में मदद कर सकते हैं।

क्या सुना नहीं कुछ, अभी पड़े सोते हो।
क्यों निज स्वतन्त्रता की लज्जा खोते हो॥

[जनमेजय का नागयज्ञ]

देश की दुर्दशा निहारोगे
डूबते को कभी उबारोगे॥

हारते ही रहे, न है कुछ अब
दाँव पर आपको न हारोगे।
कुछ करोगे कि बस सदा रोकर

दीन हो दैव को पुकारोगे।
दीन जीवन बिता रहे अब तक
क्या हुए जा रहे, विचारोगे!

[स्कन्दगुप्त]

मैथिलीशरण गुप्त ने भी भारत-भारती में यही सवाल किया था। 'एक घूँट' नाटक का गीत "खोल तू अब भी आँखें खोल।" 'चन्द्रगुप्त' नाटक का गीत "अरुण यह मधुमय देश हमारा"। प्रसाद के लगभग सभी तेरह-चौदह नाटकों से ऐसे गीत उद्धरित किए जा सकते हैं जहाँ स्वतन्त्रता का संघर्ष, देश की तत्कालीन स्थिति और ब्रिटिश हुक्मरानों और उनके चाटुकार भारतीय प्रशासकों, हाकिमों आदि पर तीखी चोट है। प्रसाद की विशुद्ध कविता में व्यंग्य को खोजना चाहे दूभर हो लेकिन नाटकों के कई गीत बहुत सधे हुए व्यंग्य बाण चलाते हैं।

प्रसाद के नाट्य गीतों की संवेदना गीतात्मक भी है और नाटकीय भी। उसमें विडम्बना भी है, करुणा भी, तत्कालीन स्थिति की खीज भी, प्रतिशोध का भाव भी, आह्वान भी और बेहद सधा हुआ गहरा व्यंग्य भी। ये सारे भाव जितने संवादों में उभरते हैं उससे कहीं अधिक उनके नाट्य गीतों में उभरते हैं।

मायकोव्सकी की कविताएँ

[सारी कविताएँ अज्ञात की ओर की गई यात्राएँ हैं]

मायकोव्सकी ने अपनी आत्मकथा **खुद अपने बारे** में में लिखा कि *मैं कवि हूँ। यही बात मुझे कुछ दिलचस्प बनाती है। इसी के बारे में मैं लिख रहा हूँ।* मायकोव्सकी का कोई पहला और अन्तिम परिचय हो सकता है तो यही कि वह कवि था। रूसी क्रान्ति का एक ऐसा कवि जिसे एक छोटी-सी किताब में नहीं समेटा जा सकता। रूसी भाषा में उसकी रचनावली के चौदह खंड हैं जो 1905 से 1930 तक के सारे घटनाक्रम को अपने में समेटे हैं। यह रूस के इतिहास का बहुत हलचल और बेचैनियों से भरा समय है। यह बहुत जोश और उल्लास से भरा समय था तो बहुत गहरी निराशा और उदासी का भी। उस इतिहास में उजली सुबहें और स्याह रातें ही नहीं गोधूलि बेलाएँ भी हैं। मायकोव्सकी की रचना रूस की क्रान्ति की ही नहीं, क्रान्ति के बाद बनते और विश्व शक्ति के रूप में विकसित होते रूस की भी साक्षी है। वह खीज, गुस्से और प्रश्नाकुलता से बनी कविता है। उसमें बदलता हुआ समाज है और दूसरे स्तर पर बेहद निजी जीवन की बेचैनियाँ और प्रेम की असफलताओं से उपजी गहरी निराशाएँ भी। उसने कविताएँ, लेख, फिल्म पटकथाएँ और नाटक लिखे। ड्राइंग और पोस्टर बनाए। विज्ञापन लिखे। शबीहें बनाईं। व्याख्यान दिए। उसने क्रान्ति और विकास के लिए प्रोपेगेंडा को कभी नकारात्मक नहीं समझा। उसने माना कि जनता के हित में सुर्खीले नारे लिखना भी एक कवि का ज़रूरी काम है। उसने बहुत छोटी कविताएँ भी लिखीं और लम्बी कविताएँ भी। उसने लेनिन पर एक महाकाव्यात्मक कविता भी लिखी। उसकी कविताओं के कई रंग हैं। कई बार उसकी कविता बहुत अमूर्त है तो कई बार बहुत मुखर और बड़बोली भी। वस्तुतः मायकोव्सकी शहर और श्रमिकों का कवि है। उसकी कविता में गाँव-देहात और किसान लगभग नहीं हैं। उसकी कविता ऐन्द्रिक कविता लगभग नहीं है। उसकी कविता में क्रान्ति की लय और गर्जना है और जनता के संघर्ष के जीवन्त दृश्य हैं।

मायकोव्सकी ने रूसी कविता के पुराने छन्दशास्त्र की सीमाओं को सबसे पहले

महसूस किया। वह मानता था कि पुराने छन्दशास्त्र को चकनाचूर नहीं भी किया जाए तो भी उस पर जबरदस्त चोट करना जरूरी है। उसने अपनी कविता के लिए एक अलग लय और अलग ढंग के तुक विन्यास रचने की कोशिश की। मायकोव्सकी के नए तुक विन्यास का प्रभाव एक समय के हिन्दी के महत्त्वपूर्ण कवियों की कविता पर भी देखा जा सकता है। मायकोव्सकी का मानना है कि *जीवन ऐसी स्थितियाँ प्रस्तुत करता है जिनको सूत्रों या नियमों का रूप देना आवश्यक होता है। सूत्रबद्ध करने के साधन और नियमों का उद्देश्य वर्गसंघर्ष के तकाज़ों द्वारा निर्धारित होते हैं।* इसे और स्पष्ट करते हुए अपने लेख में उसने लिखा कि *उदाहरण के लिए क्रान्ति करोड़ों लोगों की आम बातचीत के अनगढ़ शब्दों को सड़कों पर ले आई। छोर के उपनगरों की बाज़ारू बोली नगर केन्द्र के मार्गों पर चल निकली : बुद्धिजीवियों की नीरस बकवास जिसमें आदर्श, न्यायसंगत सिद्धान्त, दैवी उत्पत्ति, ईसा और शैतान का परमोत्कृष्ट मुखमंडल जैसे प्राणहीन शब्दों की भरमार होती थी तथा इसी प्रकार की सारी बातों का जो कभी रेस्तराँ में फुसफुसाकर कही जाती थीं, सफाया हो गया। भाषा की यह नई शक्ति उमड़ पड़ी है। उसे काव्यात्मक कैसे बनाया जाए? आशा और तमाशा की तुकबन्दी के पुराने क़ायदे और छन्द रचना के शास्त्रीय नियम बेकार हैं। जन भाषा को कविता में कैसे प्रवेश करने दिया जाए और जन भाषा से कविता को कैसे निकाला जाए?* उसका मानना था कि क्रान्ति की घन गरज को ऐसे छन्दों में नहीं बाँधा जा सकता जो छन्द धीमे स्वर में गुनगुनाने के लिए हों। उसे लगता था कि नए यथार्थ को पकड़ने के लिए नई भाषा को तत्काल नागरिकता का अधिकार प्रदान कर दिया जाना चाहिए। लयपूर्ण गान के बजाय चीत्कार, लोरी के बजाय नगाड़े की गरज की ज़रूरत है।

मायकोव्सकी ने अपने लम्बे लेख *कविताएँ कैसे बनाई जाएँ?* में कविता के सम्बन्ध में अपनी धारणाओं और अपनी रचना-प्रक्रिया पर विस्तार से बातें की हैं। मायकोव्सकी ने लिखा कि *मेरे दृष्टिकोण से सर्वश्रेष्ठ काव्य कृति वह होगी जो कमिनटार्न की सामाजिक माँग के अनुसार लिखी जाएगी, जिसका पूर्वनिश्चित लक्ष्य होगा—सर्वहारा की विजय। नए शब्दों में रचित, अर्थपूर्ण और सभी के लिए बोधगम्य, जो नोत (श्रम की वैज्ञानिक व्यवस्था) की फरमाइश के मुताबिक बनी मेज़ पर लिखी गई हो और जिसे विमान द्वारा संपादकीय कार्यालय में पहुँचाया गया हो। मैं फिर ज़ोर देकर कहता हूँ, विमान द्वारा! क्योंकि एक कवि का हर दिन का जीवन हमारे उत्पादन के सबसे महत्त्वपूर्ण तत्वों में से एक है। अवश्य ही, हिसाब-किताब और कोटी-जाँच की क्रिया विधि कविता के लिए उससे कहीं ज्यादा युक्तिपूर्ण और जटिल होती है जितनी मैंने यहाँ बताई है।* मायकोव्सकी

ने कविता लिखने को एक उत्पादन की प्रक्रिया की तरह देखा और कवि के काम को श्रम की श्रेणी में रखने की वकालत की। *घर वापसी* कविता की पंक्तियाँ हैं :

मैं चाहता हूँ
कलम और बेनट खड़े हों एक ही कतार में
और बराबर का दर्जा दिया जाए दोनों को
और स्तालिन
अपनी पोलित ब्यूरो को दे रिपोर्ट
कविता के बारे में
जो लिखी जा रही है,
जैसे वह देगा
ढलवा लोहे और इस्पात के
ढलने के बाबत।

मायकोव्सकी की कविता में कवि के काम की बार-बार व्याख्या करने की कोशिश है। मायकोव्सकी की कविता अतिरंजना और अतिनाटकीयता के बीच एक ऐसा पाठ तैयार करती है जो मुखर होकर भी कभी-कभी अगंभीरता का स्वाँग रचती है। विजयदेवनारायण साही के शब्दों का सहारा लूँ तो कह सकता हूँ कि यह बहुत गम्भीरता के साथ अगंभीर होने की मुद्रा है। कवि कर्म को लेकर उसकी काव्य उक्तियाँ कवि के काम की कठिनाइयों का बखान तो करती ही हैं जो श्रम और सृजन से जुड़े कामों की अलग-अलग श्रेणियाँ बनाती हैं। *नागरिक टेक्स कलेक्टर से बातचीत* एक बहुत दिलचस्प कविता है। इसमें मायकोव्सकी के कई तेवर एक साथ मौजूद हैं :

दूसरों से अलहदा नहीं है मेरा काम
देखो
कितना नुकसान उठाना पड़ता है मुझे।
मेरे उत्पादन के खर्चों पर गौर करो
और देखो कच्चे माल के लिए
कितना खर्च करना पड़ता है मुझे।

शायद ही किसी अन्य कवि की कोई कविता याद की जा सके जिसमें कवि के काम और उसकी कठिनाइयों की इतनी दिलचस्प ढंग से व्याख्या की गई हो। किस तरह एक कवि को क्रियापद और उपसर्ग की खाली तिजोरी में प्रत्ययों और उपसर्गों की चिल्लर ढूँढ़नी पड़ती है। अपनी तुकों के लिए किस तरह उसे दूर-दूर की यात्राएँ करनी होती हैं। और इस सबके साथ कवि को लगता है कि कवि का काम रेडियम के काम की तरह है जिसमें रत्तीभर जान है और बरसों की मेहनत। मायकोव्सकी

की फ्यूचरिस्ट दौर की कविताएँ हों, क्रान्ति से पूर्व की कविताएँ या क्रान्ति के बाद के दौर की, क्रान्ति और समाज के अनेक सवालों के बीच कवि के काम का सवाल उसकी कविता में हमेशा ही लगभग केन्द्रीय बना रहता है। मायकोव्सकी कविता में कविता पर लगातार जिरह करता कवि है। कविता की प्रक्रिया और एक नए काव्य शास्त्र के लिए बेचैन कवि।

अपनी रचना-प्रक्रिया और तुक विन्यास के सन्दर्भ में लिखे लम्बे लेख *कविताएँ कैसे बनाई जाएँ?* में निष्कर्षों के रूप में उसने कुछ बिन्दुवार विचार दिए हैं। मसलन *कविता उत्पादन कार्य है। बहुत कठिन और बहुत जटिल मगर है उत्पादन कार्य। नवीनता, सामग्री की तथा विधि की नवीनता प्रत्येक काव्य रचना के लिए आवश्यक है। उत्पादन उस समय तक शुरू न कीजिए, जब तक एक स्पष्ट सामाजिक माँग अनुभव न हो जाए। सामाजिक माँग को श्रेष्ठतम ढंग से पूरा करने के लिए आपको अपने वर्ग में अग्रणी रहने और अपने वर्ग के साथ मिलकर सभी मोरचों पर लड़ना चाहिए।* उसने जोर देकर कहा कि *अराजनीतिक कला की कपोलकल्पना की आपको धज्जियाँ उड़ा देनी चाहिए।*

2

मायकोव्सकी की संक्षिप्त आत्मकथा *खुद अपने बारे में* का अनुवाद अरुण कमल ने अप्रैल, जून 84 की आलोचना में किया है। इस छोटी-सी आत्मकथा में मायकोव्सकी ने अपने जीवन की लगभग सभी महत्त्वपूर्ण घटनाओं का उल्लेख किया है। इसके कुछ उद्धरण देख लेने से मायकोव्सकी को जानने में कुछ सहूलियत होगी।

खास बात : *7 जुलाई, 1893 या 94 को पैदा हुआ। अम्मा और पापा की इस मामले में अलग-अलग राय है। इतना तय है कि इसके पहले पैदा नहीं हुआ। जन्म स्थान बगदादी गाँव, कुतेस प्रान्त, जार्जिया।*

कुटुम्ब : *पिता व्लादीमीर कोन्सतान्तिनोविच। बगदादी के वन अधिकारी। 1906 में मृत्यु। माँ अलेक्सान्द्रा अलेक्सीयेवना। बहनें ल्युदा और ओल्गा। एक फूआ भी थीं अन्युता फुआ। मायकोव्सकी कुल में और कोई नहीं था।*

इस आत्मकथा में कई बातों का उल्लेख है। मसलन पहली किताब जो उसने पढ़ी वह थी *चिड़िमार अगाफिया* और दूसरी किताब जिसने उनके मन पर गहरी छाप छोड़ी वह थी *डॉन क्विगज़ोट*। इसी तरह उसने अपनी पहली परीक्षा के बारे में लिखा कि *स्कूल का धर्मगुरु पूछ बैठा—ओको माने? ओको माने तीन पौंड, मैंने कहा। जार्जियाई में इसका यही माने होता है। शालीन परीक्षकों ने बतलाया कि ओको का मतलब प्राचीन चर्च की स्लाव भाषा में आँख है। मैं फेल होते-होते बचा। तब*

से हर पुरानी चीज़ से मुझे नफ़रत हो गई, चर्च की हर चीज़ से। शायद यहीं से मेरे भविष्यवाद की शुरुआत हुई। मेरी नास्तिकता और अन्तर्राष्ट्रीयतावाद की।

1908 में मायकोव्सकी बोल्शेविक पार्टी का सदस्य बन गया और गैर कानूनी छापाखाना चलाने के जुर्म में दो वर्ष में ही दो बार गिरफ्तार किया गया। कुल मिलाकर वह तीन बार जेल गया। इसके बाद उसने चित्रकला, मूर्तिकला और वास्तुकला का अध्ययन किया। उसने अपनी पहली कविता लिखे जाने का एक दिलचस्प वाकया बयान किया है। कवि के तौर पर पहली कविता छपी—*लाल और सफेद और दूसरे रंग*। इसके बाद मायकोव्सकी ख्लेबनिकोव और क्रूचेनिख से मिला। और उन्होंने फ्यूचेरिस्ट मूवमेंट का एक संयुक्त घोषणा-पत्र तैयार किया—*लोक रुचि के गाल पर तमाचा*।

फ्यूचरिस्ट मायकोव्सकी और भविष्यवाद से मुक्त होकर क्रान्तिकारी होते मायकोव्सकी का सन्धिस्थल है उसकी कविता—*पतलून पहना बादल*। इस शीर्षक के सन्दर्भ में मायकोव्सकी ने कविताएँ कैसे बनाई जाएँ? में एक दिलचस्प किस्सा बयान किया है—*1913 के आसपास की बात है। मैं सरातोव से मास्को लौट रहा था और एक लड़की को, जो मेरे साथ सफ़र कर रही थी, अपनी पूर्ण ईमानदारी जताने के लिए, मैंने कह दिया कि मैं पुरुष नहीं, बल्कि पतलून पहना बादल हूँ। मैंने जैसे ही यह बात कही मुझे तुरन्त खयाल आया कि इसका प्रयोग किसी कविता में किया जा सकता है।* इसके लगभग दो वर्ष बाद उसने जो कविता पूरी की उसका शीर्षक रखा *पतलून पहना बादल*। नवम्बर क्रान्ति के पहले तक भविष्यवाद को लेकर कई तरह की ऊहापोह मायकोव्सकी के मन में रही। उसने राजनीतिक परिवर्तन का स्वागत किया लेकिन साहित्य के लिए सीधे राजनीतिक नियन्त्रण से असहमति व्यक्त की। नवम्बर क्रान्ति के बाद उसने बोल्शेविक पार्टी के साथ अपनी सम्बद्धता को उजागर कर दिया। लेकिन फ्यूचरिस्टों ने राज्य के नियन्त्रण को अस्वीकार करते हुए यह माना कि भविष्यवादी आत्मिक क्रान्ति के लिए समान्तर रूप से काम करते रहेंगे।

क्रान्ति के बाद उसने फिल्म की पटकथाएँ लिखीं। सिनेमा के पोस्टर बनाए। नाटक लिखे। रोस्ता के लिए रात-दिन काम किया। 3000 पोस्टर और 6000 टाइटिल्स तैयार किए। 150,000,000 नाम की कविता लिखी। 1923 में एल.ई.एफ. (कला का वाम मोर्चा) गठित किया। इसी नाम से एक पत्रिका का भी संपादन किया। 1924 में *लेनिन* लम्बी कविता पूरी की। 1925 में दुनिया के कई देशों की यात्राएँ कीं। 1893 से 1928 तक फैली इस संक्षिप्त आत्मकथा में मायकोव्सकी के जीवन की अनेक महत्त्वपूर्ण घटनाओं का उल्लेख है। 35 वर्ष की छोटी-सी उम्र में मायकोव्सकी ने जितना काम किया वह विस्मय में डाल देता है।

3

मायकोव्सकी ने कविताएँ कैसे बनाई जाएँ? में अपनी एक कविता का उल्लेख करते हुए लिखा है—*मैं समझता हूँ कि मेरी नवीनतम कविताओं में 'सेर्गेई येसेनिन के नाम' कविता सबसे प्रभावशाली है।* यहाँ मायकोव्सकी के लेख का एक लम्बा उद्धरण येसेनिन और इस कविता के बारे में देना मुझे ज़रूरी लग रहा है। इस कविता में और मायकोव्सकी के जीवन में एक गहरा सम्बन्ध है। मायकोव्सकी ने लिखा है—

सेर्गेई येसेनिन के नाम किस तरह रची गई?

मैं येसेनिन को अर्से से कोई दस या बारह वर्ष से जानता था। मैं जब पहली बार उससे मिला तो वह छाल के जूते और किसानों का कुर्ता पहने था, जिस पर छोटी-छोटी सलीबों के रूप में कशीदा कढ़ा हुआ था। यह लेनिनग्राद के एक बढ़िया फ्लैट की बात है। मैं जानता था कि दिखावटी किसान की तुलना में असली किसान अपनी पोशाक छोड़कर कितनी खुशी से जैकेट और शहरी जूते पहनता है। इसलिए मुझे येसेनिन के इस रंग-ढंग पर विश्वास नहीं हुआ। मेरे विचार से वह कुछ नाटकीय लगता था, मानो किसी संगीतात्मक कामेडी का पात्र हो। खासकर इसलिए भी कि वह उस समय लोगों को पसन्द आनेवाली कविताएँ लिखने लगा था और सम्भवतः जूता खरीदने के लिए आवश्यक रूबल खर्च कर सकता था।

मैंने स्वयं अपने समय में पीली कुर्ती पहनी और फिर त्याग दी थी। अतः मैंने उसके लिबास के बारे में कामकाजी ढंग से पूछा :

यह क्या है? इश्तहारबाजी?

येसेनिन ने मुझे देव प्रतिमा के दीपक के सप्राण हो उठनेवाले तेल के-से स्वर में उत्तर दिया। कुछ इस प्रकार : हम ग्रामीण जन हैं, आप जैसे लोग हमारी समझ में नहीं आते...हम सीधे-सादे...धरती के बेटे...

जाहिर है कि हम भविष्यवादी उसकी अति प्रतिभाशाली और अत्यन्त ग्राम्य कविता के विरोधी थे। परन्तु वह बहुत दिलचस्प और मजे का आदमी था।

इसी संस्मरण में मायकोव्सकी ने लिखा कि मेरा उससे अक्सर झगड़ा होता रहता था। मैं उसके आसपास फैली चित्रणवाली कविता पर अक्सर चोट किया करता था। बाद में येसेनिन अमेरिका गया और लौटा तो वह एक बदला हुआ येसेनिन था। इस बीच येसेनिन का नाम पुलिस की रिपोर्टों पर चढ़ता रहा। येसेनिन ने एक दिन आत्महत्या कर ली। उसकी मृत्यु के बाद समाचारपत्रों में उसकी कुछ समय पहले लिखी इन पंक्तियों को उद्धृत किया गया :

नया नहीं है कुछ
इस जीवन में मरना

पर जीना भी नया नहीं है इससे।

मायकोव्सकी ने लिखा कि येसेनिन की मृत्यु एक साहित्यिक तथ्य बन गई थी। *तुरन्त ही यह स्पष्ट हो गया कि कितने ही लोग जो सन्देह और दुविधा के शिकार थे, इस शक्तिशाली कविता के कारण फाँसी के फन्दे और रिवाल्वर की ओर बढ़ जाएँगे।* मायकोव्सकी को लगा कि ऐसी कविता का खंडन कविता और केवल कविता से ही हो सकता है और उसी को करना होगा। और इसलिए सोवियत संघ के कवियों के समक्ष येसेनिन के सम्बन्ध में एक कविता लिखने की सामाजिक माँग उत्पन्न हुई। बहुत कुछ लिखा गया जिसमें अधिकांश बकवास था। मायकोव्सकी के लिए सबसे ज्यादा चुनौतिपूर्ण थीं येसेनिन की वे पंक्तियाँ जो उसकी मृत्यु के बाद उद्धृत की गई थीं। मायकोव्सकी ने लम्बी कविता *सेर्गेई येसेनिन के नाम* का अन्त जिन पंक्तियों पर किया वे पंक्तियाँ येसेनिन की पंक्तियों का जैसे प्रत्युत्तर थीं :

लगता है मुझे
मरना
कठिन नहीं
इस ज़िन्दगी में,
ज्यादा कठिन है
सृजन
ज़िन्दगी का!

येसेनिन पर लिखी इस कविता के बाद कौन कह सकता था कि एक दिन स्वयं मायकोव्सकी भी येसेनिन की ही तरह आत्महत्या करेगा। सन्देह और दुविधा में फँसे उन लोगों की ही तरह, जिनके बारे में उसे शक था कि वे येसेनिन की ताकतवर कविता की पंक्तियाँ पढ़कर रिवाल्वर और फाँसी के फन्दे की तरफ बढ़ जाएँगे, मायकोव्सकी खुद उस रास्ते पर चला गया। कहा जाता है कि उसने प्रेम में असफल होने के कारण आत्महत्या की। उसकी जेब से अधूरी कविता मिली—*एक बजे के बाद*। इस कविता की पंक्तियाँ हैं :

जैसा कि कहते हैं वे, यही है अन्त कहानी का
ज़िन्दगी की चट्टानों से टकराकर
चकनाचूर हो चुकी है
प्यार की नाव।

लेकिन आत्महत्या से ठीक दो माह पहले एक जनसभा में उसकी अपने आलोचकों से एक बहस हुई थी जिसमें उससे प्रश्न किया गया कि क्या मायकोव्सकी पार्टी के सदस्य हैं? मायकोव्सकी ने जवाब दिया—नहीं, मैं नहीं हूँ।

तब कहा गया कि आपको होना चाहिए। मायकोव्सकी ने कहा कि मैं ऐसा नहीं सोचता। मेरी बहुत सारी आदतें ऐसी हैं जो मुझे संगठित कार्य के लिए अयोग्य बनाती हैं। क्रान्ति पूर्व की कई आदतें मुझमें गहरे तक जड़ जमाए हैं। ये बातें मायकोव्सकी की दूसरी निराशाओं की तरफ भी इंगित करती हैं।

14 अप्रैल, 1930 को 10.50 बजे मायकोव्सकी ने अपने अध्ययन कक्ष में रिवाल्वर से गोली मारकर आत्महत्या कर ली।

इस संग्रह में मायकोव्सकी की क्रान्ति पूर्व की कविताएँ भी हैं और अधिकांश क्रान्ति के बाद की। इन कविताओं को पढ़ते हुए मायकोव्सकी में हो रहे बदलावों को पढ़ा जा सकता है। उसकी चिन्ताओं और कविता के बारे में उसकी धारणाओं को भी समझा जा सकता है। उसने रूस की कविता पर ही नहीं दुनिया की तमाम भाषाओं में लिखी जा रही कविता पर गहरा प्रभाव छोड़ा है। मायकोव्सकी की कविता कवि और कविता के पक्ष में खड़ी एक ऐसी कविता है जो कवि के काम और कविता की कठिनाइयों के बारे में लगातार जिरह करती है...लड़ती है...झगड़ती है।

['मायकोव्सकी की कविताएँ' संग्रह की भूमिका]

हे महाजीवन, यह कविता अब और नहीं

[सुकान्त की कविताएँ]

सुकान्त को पढ़ते हुए लगता है जैसे उसकी कविताएँ अल्प आयु के भीतर छिपे एक महाजीवन की आत्मकथा के बिखरे हुए पन्ने हैं। उनमें एक विराट जनसंघर्ष का कोलाहल है और गहरी उदासी का मौन भी। उसमें उनके छोटे-से जीवन के बाहरी और भीतरी संघर्ष की विकट बेचैनियाँ और विराट सपनों के टुकड़े जगह-जगह बिखरे हुए हैं। यह सिर्फ एक कवि के निजी जीवन का वृत्तान्त नहीं, एक महाजाति के सबसे उथल-पुथल से भरे समय की आत्मकथा है। लगभग पाँच दशक बाद भी इन कविताओं को पढ़ते हुए उस समय को, मुक्ति के संघर्ष की उत्कट बेचैनियों को, बाढ़ और अकाल की त्रासदियों की भयावहता और उससे पैदा हुई गहरी निराशा को सुना और महसूस किया जा सकता है। इन कविताओं में हमारे मुक्ति संघर्ष के सपने ही विन्यस्त नहीं हैं उसके उन अन्तर्विरोधों और विद्रूपों पर भी कवि की नज़र है, जो आज और अधिक विकट और विकराल होकर हमारे सामने हैं। कहना न होगा कि चौथे और पाँचवें दशक के भारतीय मन और विशेषरूप से युवा मन के संकल्पों, उसके विद्रोह और विक्षोभ को जानने-परखने के लिए सुकान्त की कविताएँ ऐसे दस्तावेज हैं जिन पर सबसे ज्यादा भरोसा किया जा सकता है। *अठारह साल की उम्र* कविता में सिर्फ सुकान्त की जिजीविषा को ही नहीं एक पूरी पीढ़ी के अन्तःकरण को पढ़ा जा सकता है। कवि के लिए यह उम्र असहनीय ही नहीं दुस्साहस से भरी उम्र भी है। उसमें डर और संशय के लिए जगह नहीं है। वह पत्थर-सी बाधाओं को लात मारकर तोड़ डालना चाहती है। वह सिर झुकाना और रोना नहीं जानती। यह उम्र लाखों उसासों से स्याह हो जाती है और पीड़ा से थर-थर काँपती है लेकिन सुकान्त के कान इतने चौकन्ने हैं कि इसमें छिपी जयध्वनियों को भी सुन लेते हैं :

फिर भी मैंने अठारह की जयध्वनियाँ सुनी हैं
यह उम्र बची रहती है दुर्दिनों और तूफानों में भी
विपत्ति के समय सबसे आगे होती है यह उम्र
यह उम्र कुछ तो नया करती है

तुम जानना, यह उम्र कायर नहीं होती
नहीं होती कापुरुष
इसलिए इस उम्र में कोई संशय नहीं होते...

यह कविता एक प्रस्थान बिन्दु की ओर संकेत करती-सी लगती है जहाँ सुकान्त स्वयं भी अपने संशयों से बाहर आ रहे थे। सुकान्त के सृजन और संघर्ष का यह सबसे महत्त्वपूर्ण समय है। *पूर्वाभास* की अधिकांश कविताएँ इसी दौर में लिखी गईं। यह लगभग उनके रूपान्तरण का समय है। उनके सर्जक व्यक्तित्व के कायाकल्प का समय। सुकान्त का जन्म 1926 में हुआ और 1947 में सिर्फ 21 बरस की आयु में उनकी मृत्यु हो गई। उनकी आयु के सामने रखकर देखें तो उनकी कविता का फलक एक विस्मय की तरह प्रतीत होता है। एक छोटे-से जीवन में उन्होंने एक बहुत बड़े जीवन को सम्भव किया था। विराट जीवन संघर्ष और उसके जीवनानुभवों का आभ्यन्तरीकरण कैसे एक अल्प आयु में भी एक महाजीवन को सम्भव कर देता है, सुकान्त का जीवन और उनकी रचना इसका प्रामाणिक साक्ष्य है।

सुकान्त के जीवन के बारे में प्राप्त जानकारियों से पता चलता है कि उनका बचपन बंगाल के एक सामान्य मध्यमवर्गीय परिवार में बीता। रामायण-महाभारत आदि ग्रन्थों के साथ ही रवीन्द्रनाथ की कविताओं से उनका परिचय अपनी किशोर अवस्था में ही हो चुका था। बहुत कम उम्र में ही उन्होंने तुकबन्दियाँ करना भी शुरू कर दिया था। साहित्य का संस्कार उन्हें अपने घर से ही मिला था। उनकी माँ की अचानक मृत्यु उनके जीवन की पहली ऐसी घटना थी जिसने सुकान्त के जीवन में गहरे बदलाव किए। अमल माझी ने सुकान्त के जीवन संघर्ष और रचना कर्म पर एक महत्त्वपूर्ण लेख लिखा है। यह लेख धूमिल और कंचन कुमार द्वारा पारपत्र की कविताओं के अनुवाद की पुस्तिका में भूमिका के रूप में छपा है। सम्भवतः हिन्दी में सुकान्त की कविताओं का वह पहला अनुवाद था। यह एक छोटी-सी पुस्तिका के रूप में छापा गया था। भूमिका में अमल माझी ने सुकान्त की माँ की मृत्यु के बारे में लिखा है कि *दुनिया में जिन्दा रहने की निश्चित शर्तों से परिचित करा देने से बहुत पहले ही माँ मर गई थीं। फलस्वरूप गृहस्थी की बड़ी से छोटी सभी समस्याओं का उत्तरदायित्व बचपन से ही उन पर आ पड़ा। इस तरह बगैर पतवार की समस्याओं से जर्जर मध्यमवर्गीय परिवार के तमाम कार्यों को अपने हाथ से करते हुए बचपन में ही सुकान्त अपने स्वाभाविक स्वप्नरंगी कल्पनाओं को खोने लगे। बदले में उन्हें यथार्थ जीवनसंग्राम का कठोर अनुभव हासिल हुआ।*

चौथा और पाँचवाँ दशक अन्तर्राष्ट्रीय और राष्ट्रीय दोनों ही स्तर पर अनेक बड़ी घटनाओं से भरा समय था। सुकान्त का कवि मन इन्हीं हलचलों और घटनाओं

के बीच आकार ग्रहण कर रहा था। दूसरा विश्वयुद्ध, बयालीस का अगस्त आन्दोलन और 1943 का बंगाल का अकाल, 1945 में आजाद हिन्द फौज़ के युद्धबन्दियों की रिहाई का आन्दोलन, अखिल भारतीय डाक-तार हड़ताल, साम्प्रदायिक दंगे और देश का विभाजन ऐसी घटनाएँ हैं जिनके नुकूश सुकान्त की कविताओं में जगह-जगह मौजूद हैं। 1942 में भारत छोड़ो आन्दोलन के दौरान सुकान्त छात्र फेडरेशन के नेता अन्नदाशंकर भट्टाचार्य के सम्पर्क में आए। और इन्हीं दिनों में वे मार्क्सवाद के प्रति आकर्षित हुए और कम्युनिस्ट पार्टी से जुड़ गए। इस घटना के बाद उनके पूरे काव्य व्यवहार में आए परिवर्तन को स्पष्ट रूप से लक्ष्य किया जा सकता है। *लगता है मानो ज़िन्दगी जीना कुछ असंगत-सा है* कहनेवाले सुकान्त की बाद की कविताओं का स्वर बदल गया। *अनुभव 1946* में उन्होंने लिखा *विद्रोह आज विद्रोह चारों ओर मैं उसकी डायरी लिखता चलता* हूँ। सुकान्त की बाद की कविताएँ पढ़ते हुए अक्सर ऐसा लगता है जैसे वह भारतीय समाज में चौथे दशक के उत्तरार्ध और पाँचवें दशक की उथल-पुथल की डायरियाँ ही हैं।

बंगाल का अकाल ब्रिटिश साम्राज्यवाद की कुटिलताओं द्वारा रची गई चौथे दशक की एक सबसे बड़ी त्रासदी है। इसने सुकान्त को बहुत गहरे तक आहत किया है। उनकी कविता पर इस अकाल की काली परछाइयों को जगह-जगह देखा जा सकता है। वह भूख और मौत के विह्वल और विचलित कर डालनेवाले डरावने दृश्यों की कविता है। बंगाल का अकाल एक ऐसी घटना है जिसने पूरे भारतीय मानस को झकझोर डाला। इंडियन पीपुल्स थिएटर एसोसिएशन इप्टा ने *भूखा है बंगाल* नामक अपना प्रसिद्ध नुक्कड़ नाटक उन्हीं दिनों तैयार किया था और जगह-जगह उसके प्रदर्शन किए थे। सुकान्त ने जन नाट्य आन्दोलन में भी सक्रिय हिस्सेदारी की। सभी भारतीय भाषाओं में बंगाल के अकाल को लेकर रचनाएँ लिखी गईं। लेकिन सुकान्त की कविताओं जैसी उद्विग्न अभिव्यक्ति अन्यत्र भी कहीं सम्भव हुई होगी ऐसा दिखाई नहीं देता। *अकाल छोड़ गया है रास्तों पर अपने हस्ताक्षर* लिखनेवाले सुकान्त ने अपने जीवन की अन्तिम कविता में भूख का एक विचलित कर देनेवाला बिम्ब रचा :

कविते आज तुझे छुट्टी दी
भूख के राज्य में पृथ्वी गद्यमय है
पूर्णिमा का चाँद ज्यों झुलसी हुई रोटी...

अकाल को लेकर लिखी गई कविताओं में पूर्णिमा का चाँद ज्यों झुलसी हुई रोटी जैसा बेचैन कर डालनेवाला दूसरा काव्य बिम्ब ढूँढ़ना असम्भव है। भूख के राज्य में पृथ्वी गद्यमय है को पढ़ते हुए याद आता है कि कहीं निराला ने भी कहा था कि

अब गद्य ही संग्राम की भाषा है। अकाल की लगातार पीछा करती डरावनी परछाइयों से निकलकर सुकान्त भी कहते हैं *जीवन के पथ पर है मेरा ठिकाना जो अकाल से होते हुए दूर...मुड़ गया है मुक्ति के रास्ते की ओर...।* सुकान्त की कविता की एक बड़ी खूबी यह भी है कि उदासी या निराशा उन्हें ज्यादा देर तक घेरे नहीं रख पाती।

रवीन्द्रनाथ के प्रति कविता में सुकान्त ने लिखा *मैं एक दुर्भिक्ष का कवि हूँ*। सुकान्त की प्रारम्भिक कविताओं पर रवीन्द्रनाथ का गहरा असर रहा है। इस असर से मुक्त होने की प्रक्रिया से गुजरते हुए सुकान्त अपने समय के इस सर्वाधिक महत्त्वपूर्ण कवि से संवाद करते हैं। किसी किस्म की हिचक वहाँ नहीं है। रवीन्द्रनाथ के प्रति मन में जो गहरा आदर है सुकान्त उसे छिपाते नहीं। पहली ही पंक्ति है *अब भी मेरे मन में तुम्हारी उजली मौजूदगी हर एकान्त पल में मदमस्त कर देती है*। यह छोटी-सी कविता रवीन्द्रनाथ के प्रति और उनके काव्य ऋण के प्रति सुकान्त की गहरी कृतज्ञता को भी व्यक्त करती है और अपने पथ के अलग होते जाने को भी। एक तरफ यह स्वीकार भी है कि *भले ही आज लहूलुहान है दिन फिर भी मैं तुम्हारी दीप्त रचनाओं को अब भी अपने मन की हर दिशा में प्रतिष्ठित करता हूँ*। और दूसरी ओर यह भी कि :

फिर भी हर रोज़ का उपवास
मेरे मन की ज़मीन पर छोड़ता है गहरी साँसें...
मैं एक दुर्भिक्ष का कवि हूँ
मैं रोज़ दुःस्वप्न में मौत का साफ-साफ प्रतिबिम्ब देखता हूँ
खाने की कतार में इन्तजार करते बीतता है मेरा बसन्त
मेरी उनींदी रातों में चौकन्ना सायरन आवाज़ देता है
बेकार के इस निर्मम खूनखराबे से सिहर उठता हूँ मैं
दोनों हाथों की निष्ठुर बेड़ियाँ देख भर जाता हूँ विस्मय से।

बिना किसी अतिरिक्त टिप्पणी के भी सुकान्त अपने अलग होते रास्ते का संकेत कर देते हैं। कविता के अन्त में सिर्फ एक पंक्ति में परोक्ष रूप से एक संकेत है कि *शान्ति की ललित वाणी सुनाएगी व्यर्थ का परिहास* और इसके साथ ही यह कहते हुए कि *दानवों से लड़ने के लिए शपथ लेकर हर घर में तैयार हैं लोग* सुकान्त अपनी कविता के रास्ते को अलगाते हैं। ऐसी ही एक और महत्त्वपूर्ण कविता है *महात्माजी के प्रति*। इस कविता में गांधी और उनके आन्दोलन के प्रति सुकान्त का दृष्टिकोण एम.एन. राय और उस दौर के कई कम्युनिस्ट चिन्तकों से अलग दिखाई देता है। जनता में गांधी की स्वीकृति और स्वाधीनता संग्राम में उनकी भूमिका को सुकान्त ज्यादा बेहतर ढंग से समझने की कोशिश करते दिखाई देते

हैं। संघर्ष में सीधी हिस्सेदारी ने उनके विज़न को ज्यादा व्यापक और विवेकसम्मत बनाया था। *आज बाँह थामे गांधी जी* जैसी पंक्ति कहना उस दौर के किसी कम्युनिस्ट कार्यकर्त्ता और कवि को विवादास्पद बना सकती थी। लेकिन उस दौर के विचारधारात्मक विमर्ष का अतिक्रमण करते हुए उन्होंने लिखा—*जैसे तुम्हारे ही भीतर हम सब जिन्दा हैं...*। अपने समय के सबसे बड़े जन नायक से संवाद करते हुए सुकान्त इसी कविता के अन्त में कहते हैं :

दिगदिगन्त में अपने हाथ पसारकर
पुकारा है तुमने
तभी तो आज गाँवों और शहरों में
लाखों लाख लोग धड़क रहे हैं।

सुकान्त अपनी भाषा के सबसे बड़े कवि और अपने समय के सबसे बड़े जन नायक से जिस तरह संवाद करते हैं, जिस गहरी आत्मीयता और आदर से उनकी भूमिका को देखते हैं और अपना पक्ष रखते हैं वह अद्वितीय है।

1857 के विद्रोह पर सुकान्त की एक महत्त्वपूर्ण कविता है—*सिपाही विद्रोह*। सुकान्त इसे सामन्तों और राजाओं का या सिपाहियों का विद्रोह या गदर नहीं मानते। वे इन अवधारणाओं का अतिक्रमण करते हैं। और यह काम वे 1947 के पहले कर रहे थे। रूस से छपकर आए मार्क्स के लेखों और हिन्दी में डॉ. रामविलास शर्मा की महत्त्वपूर्ण अवधारणाओं के बाद तो 1857 के विद्रोह के बारे में सोचने के ढंग बदल गए। लेकिन पाँचवें दशक के प्रारम्भिक वर्षों में जिस तरह सुकान्त उसे देख रहे थे वह आज भी महत्त्वपूर्ण है। सुकान्त की कविता के दूसरे ही पैरा की ये पंक्तियाँ देखी जानी चाहिए :

सिर्फ धनी, ज़मींदार और भूतपूर्व राजाओं के भक्तों ने ही
साथ दिया...ऐसा नहीं था
गरीबों ने भी दिया था अपना खून
सभी ने जीवन को तुच्छ माना था
मुसलमान और हिन्दू अपने खून की एक-एक बूँद देने को
राजी हुए थे,
इतिहास के पन्नों में तुम सिर्फ झूठ पढ़ते हो
विदेशी तुम्हारे मन को एक झूठ समझाना चाहते हैं
अत्याचारी नहीं हैं वे
वे तो आततायियों के सिर काटकर

अग्निकुंड में झोंक देना चाहते थे
अलग-अलग जाति के सिपाही
गरीब और मूर्ख
सभी ने महसूस किया था पराधीनता का दुख
तभी तो आजादी की पहली लड़ाई लड़ने
आगे आए थे वे
मौत को गले लगाने बढ़े थे आगे।

1857 को आजादी की पहली लड़ाई कहने और इस नज़रिए से देखने का ऐसा साक्ष्य किसी अन्य भारतीय कविता में उन दिनों देखने को शायद ही कहीं मिले। चटगाँव 1943, सितम्बर 46 और अनुभव 1940 तथा 1946 जैसी कविताएँ हमारे स्वाधीनता संग्राम की डायरियों के पन्ने ही तो हैं। अपने समय की इस आत्मकथा की पंक्तियों के बीच ही कहीं सुकान्त के अपने जीवन की आत्मकथा के सूत्र भी टूटे बिखरे से मिल जाते हैं। चटगाँव के छात्र सम्मेलन के बाद ही उन पर तपेदिक का हमला हुआ। तपेदिक एक लाइलाज बीमारी थी उस वक्त तक। इसी समय की अनेक कविताओं में एक गहरी उदासी और मृत्यु की आशंका को उनकी कविताओं में पढ़ा जा सकता है। लेकिन ये किसी भी अर्थ में मारबिड कविताएँ नहीं हैं। उनमें गहरी उदासी है लेकिन संघर्ष और जिजीविषा वहाँ भी कम नहीं है। एक छोटी-सी कविता है *मेरी मृत्यु के बाद*। उसकी अन्तिम पंक्तियाँ हैं :

मेरी मृत्यु के बाद
जीवन के तमाम अपमान
कलंक की वेदना में
छुएँगे हर एक का मन।

अमल माझी ने सुकान्त की मृत्यु का उल्लेख करते हुए लिखा है कि शायद 1 या 2 अप्रैल, 1947 को यादवपुर अस्पताल में चले जाने के बाद उनका बिस्तर उठाते हुए उनकी भाभी को तकिए के नीचे से कागज का एक टुकड़ा मिला। सुकान्त के हाथ की लिखी हुई छोटी-छोटी आठ पंक्तियाँ थीं :

हे महाजीवन यह कविता अब और नहीं
अबकी बार लाओ कठिन कठोर गद्य
मिट जाए पद लालित्य की झनकार
गद्य के कठोर हथौड़े से करो वार
कविता की स्निग्धता का अब कोई प्रयोजन नहीं
कविते! आज तुझे छुट्टी दी
भूख के राज्य में पृथ्वी गद्यमय है

पूर्णिमा का चाँद मानो झुलसी हुई रोटी।

अपनी मृत्यु को रू-ब-रू देखते हुए भी उनकी कविता में किसी तरह का स्यापा नहीं है। उदासी के उस गहरे क्षण में भी वे ब्रेष्ट की तरह ही आनेवाले नवजात से यह प्रतिज्ञा करना नहीं भूलते कि हम इस संसार को उस नए शिशु के रहने योग्य बनाकर जाएँगे।

आया है नया शिशु
उसके लिए छोड़ देनी होगी जगह
पुरानी दुनिया में
बेकार और भरे हुए मलबे के ढेर पर से
हमें चले जाना होगा
चला जाऊँगा...लेकिन आज जब तक प्राण है इस देह में
जीजान से हटाऊँगा पृथ्वी के सारे जंजाल
संसार को इस शिशु के रहने योग्य बनाकर जाऊँगा मैं...
नवजात के लिए यह मेरी दृढ़ प्रतिज्ञा है।

मेरी जानकारी में सुकान्त की कविताओं की एक छोटी-सी पुस्तिका सत्तर के दशक में प्रकाशित की गई थी। उस पुस्तिका के बाद सुकान्त की कविताओं का सम्भवतः यह पहला संग्रह है। इसमें सुकान्त के अलग-अलग समय और संग्रहों से कविताओं को लिया गया है। उत्पल बनर्जी ने इन कविताओं का अनुवाद किया है। उत्पल पहले भी बंगला के अनेक कवियों की कविताओं और कहानियों का अनुवाद कर चुके हैं। वह हिन्दी के एक प्रतिभाशाली युवा कवि हैं। हिन्दी के पाठक को सुकान्त की एक साथ इतनी कविताओं को पढ़कर उस अद्वितीय कवि को समझने का मौका मिलेगा।

[मैंने अभी अभी सपनों के बीज बोए थे : सुकान्त भट्टाचार्य की कविताएँ की भूमिका]

चन्द्रकुँवर बर्त्वाल की कविताएँ

बर्त्वाल हिमालय के गायक थे। उनकी कविता पढ़ते हुए *रोरिक* के चित्रों की बरबस ही याद आती है। हिमालय की छटा का ऐसा वर्णन शायद ही किसी हिन्दी कवि में हो। प्रकृति की विविधता और विराट सौन्दर्य उनकी कविता का प्राण है, लेकिन छायावाद की जटिलता और दुरूहता उनमें नहीं है। वे उत्तर छायावाद और प्रगतिवाद के सन्धी स्थल के कवि हैं। उन्मुक्त सरल और सामाजिक विसंगतियों पर व्यंग्य करते कवि। उनकी भाषा और बिम्बों में एक उजला और टटकापन है। एक ओर उनकी कविता प्रकृति के साथ उन्मुक्त और सघन आत्मीय रिश्ते की कविता है तो दूसरे छोर पर उनकी कविता अपने समय के सामाजिक, राजनीतिक परिवर्तनों के साथ खड़ी प्रगतिशील चेतना से सम्पन्न कविता है। उनकी कविता में अपनी सारस्वत कविता की अनुगूँजें भी हैं और अपने समय का विद्रोह भी। वे मूलतः औपनिवेशिक दासता और शोषण के विरुद्ध साम्राज्यवाद विरोधी कवि हैं। यह विरोध एक स्तर पर कथन के रूप में भी सामने आता है और दूसरे स्तर पर वह प्रकृति सम्बन्धी कविताओं में गहरे आशय के रूप में विद्यमान है। तीसरा पक्ष है उनकी करुणा का और कहना न होगा कि चाहे नितान्त वैयक्तिक सन्दर्भ में ही यह प्रकट हुई हो, लेकिन कहीं बहुत गहरे में यह उस औपनिवेशिक दासता से विक्षोभ को ही प्रतिबिम्बित करती है।

प्रकृति सम्बन्धी उनकी कविता भी छायावाद या उत्तर-छायावाद की प्रवृत्तियों के बजाय प्रगतिवादी कविता के ही अधिक निकट है। उजले और टटके बिम्ब और उनके भीतर से प्रस्फुटित आशा अपने आन्तरिक अभिप्रायों में उस दौर के अन्यायों का विरोध है :

सूरज ने सोने का हल ले
चीरा नीलम का आसमान
किरणों ने हँस कोमल असंख्य
बोए प्रकाश के पीतधान

प्रतिदिन बोती है ज्योति विधान
भू की रक्षा के लिए किरण।

[ज्योति विधान]

सुन घन-गर्जन छितर दौड़ती
गौ समूह-सी बदली
ग्वाले की लकुटी-सी रह-रह
चमक रही है बिजली।

प्रगतिवादी दौर की अन्य कविताओं को देखकर, या बर्त्वाल की कविताएँ देखकर एक प्रश्न अक्सर बाद की कविताओं के सन्दर्भ में मेरे मन में उपजता रहा है, कि वे कौन-से कारण हैं कि उन कविताओं में प्रकृति का वर्णन भी अपने परिवेश से, भारतीय ग्रामीण परिवेश से ऐसा जुड़ा हुआ दिखता है कि वह कविता हमें बेहद अपनी कविता लगती है, लेकिन बाद की कविताओं का प्रकृति वर्णन, प्रकृति के उजले और बेहद टटके बिम्बों के बावजूद हमारे लिए उतना अपना नहीं होता? बर्त्वाल की कविता में अपनी भारतीयता उसके रेशे-रेशे में गुँथी-बुनी भारतीयता है। इसके लिए उन्हें स्थूल चित्रों या बिम्बों की आवश्यकता नहीं होती :

नीला देवदारू का वन है
छाया देख अकेली तल पर
हिलते तरुवर करते मर्मर
हिमगिरि में निदाध फैला है
खुरच रहीं हिरणियाँ बदन हैं।

[देवदारु वन]

एक लम्बे अर्से तक *चन्द्रकुँवर बर्त्वाल* की कविताएँ संग्रहीत रूप से अनुपलब्ध रही हैं। हाल में *उमाशंकर सतीश* ने उनकी यहाँ-वहाँ बिखरी कविताओं को संग्रहीत करने का कठिन कार्य किया है। कविताओं का पहला संग्रह हाल में प्रकाशित हुआ है। इस संग्रह के तीन खंड हैं। पहले खंड में एक सौ चौबीस छोटे गीत हैं। दूसरे खंड में अट्ठासी कविताएँ और एक लम्बी कविता *जीतु* संग्रहीत है। इस खंड में हिमालय से सम्बन्धित अधिकांश कविताएँ हैं। तीसरे खंड में तिरसठ कविताएँ हैं। इनमें उनकी व्यंग्य कविताएँ और बीमारी के दौर में लिखे वेदना गीत सम्मिलित हैं। कविताओं के इस संग्रह के बाद भी बर्त्वाल की अनेक कविताएँ और विशेष रूप से उनका गद्य उस संग्रह में नहीं है। यह सामग्री उनके दूसरे संग्रह में शामिल होगी।

एक बहुत छोटे-से जीवन में उनका इतना अधिक रचनात्मक अवदान उनकी विराट सर्जनात्मकता का प्रमाण है। चन्द्रकुँवर बर्त्वाल का जन्म 20 अगस्त, 1919 में जिला चमोली गढ़वाल, पट्टी तल्लानागपुर के मालकोटी गाँव में हुआ था। 1941

में लैंसडोन गढ़वाल से प्रकाशित *कर्मभूमि* में सर्वप्रथम उनकी कविताएँ प्रकाशित हुई थीं। इससे पूर्व 34-35 के सन् में उनकी कविताएँ *कुँवरसिंह बर्त्वाल* के नाम से प्रकाशित होती रही थीं। 1941 में ही बर्त्वाल मन्दाकिनी और कांचन गंगा के तट पर बसे अपने नए गाँव पाँवलिया में जाकर बस गए। 14 सितम्बर, 1947 को सात वर्ष तक असाध्य बीमारी से जूझने के बाद बर्त्वाल की मृत्यु हो गई। कुल 28 वर्ष की आयु में इस विराट सम्भावनाओं में भरे कवि की मृत्यु हो गई।

चन्द्रकुँवर बर्त्वाल की कविताओं का व्यंग्य उनकी जीवन दृष्टि को अधिक मुखर रूप से उजागर करता है। ब्रिटिश साम्राज्यवादियों पर और अपनी सामाजिक विसंगतियों पर तीखे व्यंग्य उन्होंने किए हैं। आर्थिक शोषण, अफ़सरशाही, धार्मिक अन्धविश्वास आदि अनेक विसंगतियों को उजागर करती उनकी **पूजा (चूहा-बिल्ली), मैकाले के खिलौने, रामनाम की गोलियाँ,** कविताएँ देखी जा सकती हैं।

मेड इन जापान खिलौनों से
सस्ते हैं लार्ड मैकाले के
ये नए खिलौने इनको लो
पैसे के सौ-सौ दो-दो सौ।
ये सदा रहेंगे बन सेवक
हर रोज़ करेंगे झुक सलाम।
हैं कहीं नहीं इस दुनिया में
मिलते इतने क़ाबिल गुलाम।

[मैकाले के खिलौने]

या

जीवन भर फाँस गाहकों को
अब बैठ हर की पैड़ी पर।
बूढ़े लाला भगवानदीन
मछलियाँ चुगाते ख़ुश होकर।

[रामनाम की गोलियाँ]

चन्द्रकुँवर बर्त्वाल को जीवन से गहरा लगाव था। जो उनकी कविताओं से भी प्रकट होता है और मृत्यु से कुछ माह पूर्व कथाकार चिंतक *यशपाल* को लिखे उनके अन्तिम पत्र से भी। पत्र में उन्होंने लिखा था—*अत्यन्त शोक है कि मैं मृत्यु-शय्या पर पड़ा हूँ और बीस-पच्चीस दिन अधिक-से-अधिक बचा रहूँगा...सुबह को एक-दो घंटे बिस्तर से मैं उठ सकता हूँ और इधर-उधर अस्त-व्यस्त पड़ी कविताओं को एक कॉपी पर लिखने की कोशिश करता हूँ।* जीवन और कविता के प्रति यह गहरा लगाव ही उन्हें सदा सृजनशील बनाए रहा।

जानता है तू त्रिलोचन क्या फ़कीरी रंग है

[कुछ बेतरतीब टुकड़े]

त्रिलोचन जी के निधन की खबर आई तो एकाएक अपनी भाषा कुछ ज्यादा ही सूनी-सूनी-सी लगने लगी। हमारी भाषा का सबसे बातूनी साहित्यिक चला गया। बातों की बगल में बैठी चुप्पी ने उठकर जैसे सारी आवाज़ों को ढाँप लिया। हम एक ऐसे समय में रह रहे हैं जहाँ बातें कम हो रही हैं। बातें करने का चलन कम हो रहा है। बातें हो ही रही हैं तो फोन पर हो रही हैं, ज्यादातर औपचारिक या कामकाज की बातें हो रही है। आमने-सामने बैठकर घंटों गप्प लगानेवाले अब नहीं दिखते। त्रिलोचन जी को बातें करने के लिए अलग से किसी सुपात्र की ज़रूरत नहीं थी। वे किसी से भी बातें कर सकते थे और घंटों बातें कर सकते थे। न उनके पास विषय का टोटा होता था न समय का। बातें करने से वे कभी थकते नहीं थे। उम्र का वहाँ कोई बन्धन नहीं था। वे उनसे भी बातें कर सकते थे जिनका साहित्य से दूरदराज़ का भी सम्बन्ध नहीं। नई उम्र के नौसिखिया लेखकों से बातें कर सकते थे और तुतलाते बच्चों से भी। छोटे बच्चों से उनकी दोस्ती होने में कोई वक्त नहीं लगता। त्रिलोचन जी ने लिखा है कि *पहले खाना मिला करे तो कठिन नहीं है बात बनाना।* त्रिलोचन को जाननेवाले जानते हैं कि फाका करते उन्होंने कई दिन काटे हैं। इतना लेकिन तय है कि वे दिन भी उन्होंने कम-से-कम बिना बातें किए नहीं काटे होंगे। त्रिलोचन के बातूनीपन से उनके बहिर्मुखी होने का भ्रम होता था लेकिन अपने स्वयं के मामले में वे बहुत अन्तर्मुखी और संकोची व्यक्ति थे। भौजीवाले सानेट में इसे स्वीकार भी किया है कि *भौजी नई-नई आई थीं। मैं छोटा था। झेंपू था। मिलने-जुलने में सिकुड़ा-सिकुड़ा रहता था*। इस आदत के चलते ही शायद उनकी कविता में जब-जब गरीबी का जिक्र आता है तो उसमें किसी किस्म का दैन्य नहीं है। वे इसे अक्सर फक्कड़ी में उड़ा देते हैं। उसे किसी और बात से जोड़ देते हैं। ऐसी कविताओं को वे आत्मकथात्मक मानने से इनकार करते थे। *ताप के ताए हुए दिन* के तीन सानेट का एक शीर्षक मैंने लगाया था *त्रिलोचन ब-खुद*। त्रिलोचन जी ने इसे बदल दिया और भूमिका में लिखा कि इसमें त्रिलोचन नाम आने के बावजूद

ये आत्मकथात्मक नहीं हैं। इनमें *सामान्य सत्य का विशेषीकरण करने का प्रयास किया गया है*। इस संकोच के बावजूद उनकी कई कविताएँ ऐसी हैं जिनमें उनकी आत्मकथा के बिखरे हुए पन्ने समेटे जा सकते हैं। यूँ त्रिलोचन विषयान्तर के विकट विशेषज्ञ थे। बोलियों के प्रति उनमें तीव्र आकर्षण था। किसी बोली का कोई नया शब्द मिल जाता तो तत्काल वे उसके बारे में पूरी पूछताछ कर डालते। सोमदत्त जब बुन्देली के किसी शब्द का इस्तेमाल करते तो वे बहुत देर तक उस शब्द पर मुग्ध होते रहते।

युवा लेखकों से बातें करते हुए बात कहीं से भी शुरू हो कुछ देर बाद ही निराला और तुलसीदास की ओर मुड़ जाती। और एक बार रेलगाड़ी निराला और तुलसी की पटरी पर आ गई तो फिर वह कहीं नहीं रुकती। मेरी पहली मुलाकात उनसे सोमदत्त के घर पर हुई थी। वेणु गोपाल नरेन्द्र जैन और शशांक भी साथ थे। बात निराला और तुलसीदास पर पहुँची तो फिर चलती ही चली गई। नरेन्द्र खीज-सा गया। त्रिलोचन जी मुस्कुराकर चुप हो गए।

त्रिलोचन जी सत्तर के दशक के मध्य में भोपाल आ गए थे। मध्य प्रदेश हिन्दी ग्रन्थ अकादेमी में उनकी नियुक्ति हो गई थी। कुछ दिन सोम के घर रहने के बाद माता मन्दिर के पास उन्हें एक छोटा-सा सरकारी मकान मिल गया था जो दूसरी मंजिल पर था। मैं उन दिनों पुराने शहरवाले इलाके में रहता था। त्रिलोचन जी के घर से मेरा डेरा करीब चार-पाँच किलोमीटर दूर था। वे अपने घर से सुरती लेने या किसी भी काम से निकलते और पैदल ही मेरे घर तक चले आते। इतवार को सुबह उनका आना लगभग निश्चित-सा था। सुबह आठ-नौ बजे आने के बाद उनकी बातों का क्रम शुरू होता तो दोपहर और कभी-कभी शाम तक चलता रहता।

इस बीच लोग आते-जाते रहते और त्रिलोचन सबसे बातें करते रहते। बातों में इतना रस लेनेवाला साहित्यिक मैंने आज तक नहीं देखा। त्रिलोचन बहुत कम ही अपने बारे में बोलते थे। उनकी बातों में तरह-तरह की बातें होतीं। ऐसे रचनाकारों और उनकी रचनाओं का जिक्र होता जिनका नाम भी हमने कभी नहीं सुना था। मैं साहित्य का नया-नया विद्यार्थी था। त्रिलोचन जी किसी कवि का उल्लेख कर देते तो दूसरे दिन मैं किताब की दुकानों में पीछे की तरफ बने उन कमरों में घुस जाता जहाँ अक्सर बहुत पुरानी पड़ गई किताबों के ढेर लगे होते। भोपाल में किताबों की ऐसी दो-तीन दुकानें थीं। एक बार त्रिलोचन जी ने कहा कि एज़रा पाउंड की शैली का अनुकरण करनेवाला एक ही कवि हिन्दी में है विनोद चन्द्र पांडेय। दूसरे ही दिन मैं किताबों की दुकान में उनकी किताब ढूँढ़ने निकल पड़ा। किस्मत से उनकी कविता की कई किताबें मिल गईं। वो बहुत पहले की छपी किताबें थीं इसलिए उनकी कीमत काफी कम थी।

त्रिलोचन जी की किताबें लेकिन उन दुकानों में जमा पुरानी किताबों में भी नहीं थीं। त्रिलोचन जी के पास अपनी कोई किताब नहीं थी। थोड़ी बहुत कविताएँ शायद रही होंगी। अमित से कहा तो उसके पास भी कोई किताब नहीं थी। तीन में से एक किताब भी किसी किताब की दुकान में उपलब्ध नहीं थी। मुक्तिबोध के एक पुराने मित्र, कवि अनिल कुमार से रोज़ ही कॉफी हाउस में मिलना होता था। उन्होंने एक दिन कहा कि उनके पास त्रिलोचन की *गुलाब और बुलबुल* है। एक दिन उन्होंने वह किताब कॉफी हाउस में लाकर दिखाई भी। मैंने यहाँ-वहाँ पलटकर कुछ पढ़ा भी। लेकिन अनिल कुमार जी ने किताब देने से मना कर दिया। जाते हुए वे अपनी किताब ले गए। कई दिन बाद विष्णुचन्द्र शर्मा ने मुझे *दिगन्त* की एक प्रति लाकर दी। धरती फिर भी कहीं देखने को नहीं मिली। त्रिलोचन जी की जब भी चर्चा होती हर बार धरती की ही चर्चा होती। त्रिलोचन जी से जब पूछो तो वे बात को घुमाकर कहीं और ले जाते। एक दिन अमित ने मुझे एक मोटी-सी कॉपी लाकर दी। बोला इसमें धरती की सभी कविताएँ हैं। धरती के साथ ही उसमें राजकमल चौधरी की कंकावती की कविताएँ भी उतरी हुई थीं। सुन्दर और स्पष्ट अक्षरों में सारी कविताएँ थीं। इसे अवधेश प्रधान ने तैयार किया था।

सनेही मंडल या भारतेन्दु मंडल की तरह त्रिलोचन के मंडल की चर्चा चाहे न की जाती हो लेकिन त्रिलोचन जी का भी एक मंडल तो हिन्दी में है ही। मैं इस मंडल का नया सदस्य था। दूध की दहेड़ी। शायद विष्णुचन्द्र शर्मा इस मंडल के सबसे वरिष्ठ सदस्य कहे जा सकते थे। स्थापना के तीन अंक त्रिलोचन पर निकालनेवाले शिवचन्द्र शर्मा दिवंगत हो चुके थे। मुझे नहीं लगता कि किसी अन्य कवि पर इस तरह किसी पत्रिका ने एक साथ तीन अंक निकाले होंगे। विष्णुचन्द्र शर्मा ने त्रिलोचन जी के दो संग्रह तैयार किए थे। उसमें से एक का नाम शायद व्यक्तिगत था। पता नहीं कैसे उस संग्रह की पांडुलिपि कुछ दिन को मुझे मिल गई थी। कबीर, तुलसी, गालिब और कई व्यक्तियों पर लिखे गए सानेट उसमें थे। यह संग्रह छप नहीं पाया। अपने पूर्वज और समकालीन रचनाकारों पर जितनी कविताएँ प्रगतिवादी कवियों ने लिखीं उतनी और किसी दौर के रचनाकारों ने नहीं लिखीं। (कविता की तरह कहानी में ऐसा नहीं दिखाई देता कि कोई कहानीकार अपने से पहले के या अपने समकालीन कथाकार पर कोई कहानी लिखे।) सत्तर के दशक की बात है, नीलाभ भोपाल आया था। उन्हीं दिनों धरती के पुनर्प्रकाशन की एक योजना उसके साथ बनी। लेकिन एक बड़ी दिक्कत थी कि धरती की प्रति कहाँ से और कैसे मिले। जिससे पूछो वही इनकार में मुंडी हिला देता। उस बीच मैंने दर्जनों पत्र लिखे। कई लोगों ने तो उत्तर देने की भी जहमत नहीं उठाई। अन्ततोगत्वा मलय

जी के पास धरती की प्रति मिली। मलय जी ने बहुत सारी हिदायतों के बाद धरती की प्रति भिजवा दी। जब छपने की तैयारी हो गई तब त्रिलोचन जी ने बताया कि उनकी एक कविता के दो हिस्से अलग-अलग शीर्षकों से उसमें छपे थे। इसे ठीक किया गया। नीलाभ ने बहुत मन से धरती को छापा था। इसी बीच त्रिलोचन जी पर *इसलिए* पत्रिका का एक अंक भी निकाला जा चुका था। विनय दुबे ने त्रिलोचन जी का एक बहुत सुन्दर स्केच तैयार किया था। सिर्फ चेहरे के इस स्केच में त्रिलोचन के व्यक्तित्व के खुरदुरेपन को इतने अच्छे से विनय ने चित्रित किया था कि वह स्केच बहुत लोगों द्वारा पसन्द किया गया। धरती के आवरण के ऊपर एक पट्‌टी अलग से लगाई गई जिसमें उस स्केच को छापा गया। सत्तर के दशक में ही मैंने सोचा कि त्रिलोचन जी का एक संग्रह तैयार करना चाहिए। लेकिन कविताएँ जुटाना और ऐसी कविताएँ जुटाना जो उनके संग्रहों से बाहर की हों एक टेढ़ी खीर था। पत्रिकाओं से कविताओं की प्रतिलिपि बनाना शुरू किया। कई लोगों को पत्र लिखे। वादा तो बहुतों ने किया लेकिन मुझ पर भरोसा शायद वरिष्ठ लेखकों को नहीं था। एक वरिष्ठ लेखक का दनदनाता पत्र आया कि आप त्रिलोचन के बारे में क्या जानते हैं? कितना जानते हैं? आपको क्या हक है त्रिलोचन का संग्रह तैयार करने का? एक दूसरा पत्र मिला कि त्रिलोचन जी की सामग्री तो बहुत है लेकिन वह सब ऊपर लाफ्ट पर चढ़ी हुई है। उसे उतारना और फिर उसमें से छाँटना एक दिक्कत भरा काम है। इसमें काफी समय लगेगा। आप स्वयं यहाँ आ जाएँ तो यह काम कर सकते हैं। त्रिलोचन जी को जाननेवाले यह तो मानते थे कि त्रिलोचन एक बड़े कवि हैं लेकिन दुबारा इस हिन्दी की साहित्यिक दुनिया में उनके लिए कोई स्पेस बन सकती है इसका भरोसा शायद लोगों को नहीं था। आठवें दशक के कवियों ने जिद के साथ अपने इन अद्वितीय कवियों का पुनर्वास किया। और हिन्दी कविता की परम्परा जिसे आधुनिकतावादी कविता के अहंकार ने जगह-जगह से खंडित कर डाला था, उसकी टूटी बिखरी कड़ियों को फिर से जोड़ने का काम किया। इसे चाहे मेरा अहंकार ही माना जाए लेकिन इसे कहना चाहता हूँ कि हमने अपने त्रिलोचन और अपने नागार्जुन को फिर से खोजा है। अर्जित किया है। ये वही त्रिलोचन और नागार्जुन नहीं हैं जिन्हें हमसे पहले की पीढ़ियाँ जानती थीं और उनमें से बहुत सारे लोग जिन्हें विस्मृत भी कर चुके थे। हम जिस त्रिलोचन की बात कर रहे हैं वह हमारा अपना त्रिलोचन है।

भोपाल आने के बाद त्रिलोचन जी ने कई कविताएँ लिखी थीं। मैंने उन्हें प्राप्त कर लिया था। नगई महरा भी मिल गई थी। किसी तरह संग्रह की पांडुलिपि तैयार हो गई। विगत तेईस बरस से त्रिलोचन का कोई संग्रह नहीं छपा था। सम्भावना

प्रकाशन दुबारा प्रकाशन की योजना बना रहा था। मैं अशोक अग्रवाल से परिचित नहीं था। मैंने सोचा कि अशोक तो त्रिलोचन जी से परिचित होंगे ही, यही सोचकर एक पत्र मैंने उसे लिख डाला। अशोक का तत्काल उत्तर आया कि लौटती डाक से त्रिलोचन जी का संग्रह भेज दो। मैंने पांडुलिपि तो भेज दी लेकिन त्रिलोचन तब तक भोपाल छोड़कर दिल्ली जा चुके थे। वे दिल्ली विश्वविद्यालय के उर्दू हिन्दी कोश विभाग में काम कर रहे थे। मैंने अशोक को कहा कि वह वहाँ जाकर त्रिलोचन जी से कांट्रेक्ट साइन करवा ले। अशोक कई बार गया लेकिन हर बार त्रिलोचन जी उसे बातों में लगा लेते और कांट्रेक्ट रह जाता। थक-हारकर अशोक ने मुझे फोन किया कि तुम आकर त्रिलोचन जी से साइन करवा दो। त्रिलोचन जी किताब छपने के प्रति शायद उदासीन से हो चुके थे। इस उदासीनता का पता उनकी उस छोटी-सी भूमिका में भी चलता है जो *ताप के ताए हुए दिन* में है। भूमिका में उन्होंने लिखा कि *कविताएँ मेरी हैं और उनके प्रति अपनी जिम्मेदारी से मैं बरी नहीं। पर जिम्मेदारी की मंजूरी का कोई खास मानी नहीं। यह मानी ऐसी हालत में खास मतलब रखता जब जागरूक पाठक और कवि के मध्य सीधा सम्बन्ध होता। यह सीधा सम्बन्ध अभी हिन्दी में दिखाई नहीं देता, शायद आगे कभी हो।* त्रिलोचन जी से जिद करने का हक मैं पा चुका था अतः एक पूरा दिन लगाकर मैंने उनसे कांट्रेक्ट पर साइन करवा ही लिए।

2

त्रिलोचन जी की एक लम्बी कविता की पंक्ति है *मैं तुमसे तुम्हीं से बात किया करता हूँ और यह बात मेरी कविता है।* बातों को लेकर इस पंक्ति के कथन और त्रिलोचन की कविता में सचमुच क्या कोई रिश्ता है? होने को तो शब्द की हर विधा बातचीत की ही एक विधा है या उसका रूपान्तर या विस्तार। लेकिन त्रिलोचन जी की बातें और उनकी कविता में क्या कोई साम्य ढूँढ़ा जा सकता है? कभी-कभी कहीं-कहीं यह तो लगता है कि बात करने का एक शिल्प उनकी कविता में है। बात करने को लेकर कई कथन भी उनकी कविता में आते हैं। लेकिन उनकी बातों में बतकही थी, बहक थी, कहीं से भी मुड़ जाने, किसी भी विषय से किसी दूसरे विषय पर चले जाने की भटकन थी। विवरण थे, विवेचनाएँ थीं, विषयान्तर थे। उनके बीच तारतम्य तलाशना भी मुश्किल था। पर कविता में त्रिलोचन बहुत सतर्क बहुत सावधान कवि हैं। भाषा को खर्च करने में बहुत कंजूस। बहुत मितव्ययी। शिल्प के प्रति बहुत सजग। लगभग क्लासकीय अनुशासन। सानेट गीत या छन्द में लिखी गई कविता में तो लगाम ऐसी कसी है कि कविता का घोड़ा अपने

चेहरे के पास मँडराती मक्खी भी उड़ाना चाहे तो भी गरदन न झटक पाए। एक ग़ज़ल का आखिरी शेर है :

हम त्रिलोचन तुझसे कहनेवाले थे
और कुछ कर बात का जादू न कर।

बातों का यह जादू उनकी बातों में तो था लेकिन यह बतकही उनकी कम ही कविताओं में दिखती थी। त्रिलोचन जी की एक निश्छल-सी मजेदार हँसी और अपनी बात पर प्रामाणिकता की मोहर लगाती हुई लम्बी-सी हाँ को निकाल दें तो, उनके बात करने के अन्दाज़ को उनके पहले संग्रह *धरती* में प्रकाशित कविता *जीवन का एक लघु प्रसंग* में देखा जा सकता है। लेकिन कविता में किसी अतिरिक्त कौशल या लालित्य के लिए वहाँ कोई जगह नहीं है। शमशेर जी ने इस ओर इंगित किया है कि *भाषा का किंचित भी लालित्य या साहित्यिकपन उसे अयथार्थ बना देगा : जो त्रिलोचन को सह्य नहीं होगा।* त्रिलोचन अपनी ठेठ देशजता के साथ आधुनिक हैं। और इसमें रामविलास शर्मा का वाक्य जोड़कर कहा जा सकता है कि *आश्चर्यजनक तो यह है कि वे आधुनिकता के सारे प्रचलित साँचों को (अर्थात् नई कविता के साँचों को) अस्वीकार करते हुए भी आधुनिक हैं।*

3

एक वाक्य जो त्रिलोचन जी के बारे में मैं लिखना चाहता था उसे ज्यादा सही हिज्जों के साथ और सुगढ़ तरीके से विश्वनाथ त्रिपाठी ने पहले ही लिख दिया। मन में उठी बात के एक वरिष्ठ रचनाकार द्वारा पुष्ट हो जाने से एक अजीब-सी खुशी हुई। विश्वनाथ त्रिपाठी ने लिखा है कि *वे किंवदन्ती पुरुष थे। आधुनिक युग में निराला के बाद वे सबसे बड़े किंवदन्ती पुरुष थे।* मुझे लगता है कि हिन्दी का शायद ही कोई और रचनाकार होगा जिसके बारे में इतने किस्से सुनाए जा सकें। माना कि कुछ किस्से दूसरों ने गढ़े होंगे। कुछ सच्चे और कुछ झूठे होंगे। लेकिन इसमें त्रिलोचन जी का भी योगदान कुछ कम नहीं। कहा जाता है कि वे एक बार में साठ से अधिक रोटियाँ खा लेते थे। एक बार घर से आटा पिसाने निकले और रेलगाड़ी में बैठकर कहीं दूसरे शहर चले गए। उनके लेखन को लेकर भी कई अतिशयोक्तियाँ सुनने को मिल सकती हैं। शमशेर ने लिखा है *हाँ, वे सानेट लिखने पर आएँ तो एक सिलसिले में सात सौ सानेट लिख जाएँगे, ग़ज़ल की तरफ झुके तो पाँच सौ ग़ज़लें लिखकर ही दम लेंगे (हजार वह समय और शक्ति का अपव्यय हो : वस्तुतः कोई भी टेक्निकल मश्क जागरूक शिल्पी*

कलाकार के लिए व्यर्थ नहीं होती, खैर) गीतों की तरफ शुरुआत की थी, आरम्भ में तो (तो खुदा ही जानता है सच झूठ) कहते हैं कि एक लाख से ऊपर लिख गए थे। कुछ लोग कहते हैं कि उन्होंने वर्डस्वर्थ से भी ज्यादा सानेट लिखे हैं। लगभग ढाई हजार सानेट। एक बार त्रिलोचन जी ने स्वयं बताया कि उन्होंने और शमशेर ने तय किया कि सुबह घर से निकलकर एक स्पाट पर जाएँगे और प्रतिदिन एक कहानी लिखेंगे। शमशेर ने जो शब्द चित्र और कहानियाँ लिखीं वे प्लाट का मोर्चा में आ गईं पर त्रिलोचन का कहना था कि शमशेर तो एक ही माह में भाग लिए लेकिन वे तीन माह तक लिखते रहे और लगभग नब्बे कहानियाँ लिखीं। (देशकाल कहानी संग्रह में कुछ कहानियाँ संग्रहीत हैं) बाकी सब कहाँ गया, उस सारी सामग्री का क्या हुआ, पता नहीं? त्रिलोचन से ऐसा सवाल करो तो वे मुस्कुराकर चुप लगा जाते या बात को कहीं और मोड़ देते। त्रिलोचन जी के बारे में जब केदारनाथ सिंह किस्से सुनाना शुरू करते तो यह सिलसिला कहीं खत्म होने का नाम न लेता। थक-हारकर उन्हें कहना पड़ता...हरि अनन्त हरि कथा अनन्ता...। बहुत से लोग मानते हैं कि उनकी बातों में एक बड़ा हिस्सा निरा गप्प का होता था। एक बार दिल्ली में मुझे एक कवि मित्र मिले तो त्रिलोचन को लेकर बहुत नाराज़ और उखड़े हुए थे। बोले तुम्हारे त्रिलोचन बहुत झूठे हैं। उसके तुम्हारे त्रिलोचन कहने से मुझे खुशी हुई। मैंने अपनी खुशी को दबाकर पूछा क्या हुआ? बोले झूठ की हद होती है...कहते हैं कि जब प्रेमचन्द ने 'गोदान' लिखा तो मैंने (त्रिलोचन ने) प्रेमचन्द को ले जाकर गोर्की का 'माँ' उपन्यास दिया और इसके बारे में प्रेमचन्द को बताया। मित्र काफी भड़के हुए थे। गुस्से में बोले सोचो यार उस समय त्रिलोचन की उम्र क्या रही होगी? बात आई-गई हो गई। मैंने अनुमान लगाया तो त्रिलोचन जी की उम्र उस समय अठारह-उन्नीस की रही होगी। त्रिलोचन लेकिन अपनी फिज़ीकल आयु में कहाँ रहते थे, वे जिस संसार में रहते थे, उसमें शारीरिक आयु की कोई बाधा ही नहीं थी। वहाँ वे किसी से भी कुछ भी बतिया सकते थे। उनसे भी, जो त्रिलोचन के जन्म से पहले ही कालकवलित हो चुके थे। इसलिए त्रिलोचन के झूठ, त्रिलोचन की गप्प भी वास्तव में न झूठ थी न गप्प। वह एक ऐसा सच था जिसे सिर्फ त्रिलोचन जानते थे या जिसे सिर्फ त्रिलोचन होकर जाना जा सकता था।

4

त्रिलोचन के बातूनीपन और संकोच ने अपने-अपने क्षेत्र बाँट लिए थे। त्रिलोचन ने गीत-ग़ज़ल और फ्रीवर्स में भी बहुत कविताएँ लिखी हैं। चम्पा काले काले अक्षर

नहीं चीन्हती या नगई मेहरा जैसी चर्चित कविताएँ गद्य कविताएँ ही हैं। लेकिन एक बार सानेट में उनका मन रमा तो फिर सानेट का फार्म लगभग त्रिलोचन का पर्याय हो गया। सानेट उनसे पहले और बाद में भी हिन्दी में बहुतों ने लिखे हैं, लेकिन सानेट के फार्म पर मुहर त्रिलोचन की है। रोला छन्द को बहुत गेय छन्द माना जाता है लेकिन त्रिलोचन के सानेट में आ जाने के बाद कोई कठिन साधक ही उसे गा पाए तो गा पाए। त्रिलोचन ने जैसा वाक्य अपने सानेट में रचा, उसने रोला के छान्दिक चरित्र को बदल-सा दिया। त्रिलोचन ने सानेट के फार्म में कई रूपों का इस्तेमाल किया है। सहूलियत के लिए उन्हें पेट्रार्कीय, स्पेन्सेरियन और शेक्सपीरियन कहा जा सकता है। लेकिन त्रिलोचन ने फार्म के प्रति अपने क्लासकीय आग्रहों के बावजूद अपने सानेट को पूरी तरह हिन्दी के रंग में ढाल दिया था। सानेट के फार्म को लेकर त्रिलोचन एक किस्सा अक्सर सुनाया करते थे। मंगलेश को दिए साक्षात्कार से इसे पूरा यहाँ उद्धृत कर देता हूँ—*सानेट के बारे में सुनिए। एक हुआ है बेन जॉनसन। 1621 तक जीवित रहा। पैदा हुआ था 1573 में। यानी शेक्सपीयर से नौ साल छोटा था। यह ग्रीक और लैटिन का भी मास्टर था। पर अधिकार होना और आनन्द लेना—इनमें अन्तर होता है। अधिकार उनका माना जाएगा जो चमत्कारिक भाषण करते हैं और समय और संस्कार लेने की जिसमें क्षमता है, हो सकता है वह बोल न पाए। पर उससे ज्यादा टिकाऊ संस्कार लेनेवाला होगा। अपने युग में कोई बड़ा कवि मालूम नहीं होता कि बड़ा है। सड़क पर चलते हुए लोगों में बड़े से बड़ा आदमी भी अपरिचेय रहता है। ऐसे ही रचना में कौन बड़ा है, इसका फैसला तो उसके बाद के हर दशक में होता रहता है। चर्चा करनेवाले अगर बढ़ रहे हैं तो लोकप्रियत्व साबित होता है। और समझदार अगर उस पर और काम कर रहे हैं तो इसका मतलब रचनात्मक क्षमता उसमें है।*

तो बेन जॉनसन के यहाँ टेबल टॉक होती थी। पब में टेबल टॉक कर रहे हैं और पीने का आर्डर दे रहे हैं। साहित्यकार उन दिनों वहाँ भी इसी तरह तबाह थे जैसे हमारे यहाँ आज हैं। तो साहित्यकारों के कुछ भक्त होते थे, जो टेबिल टॉक को लिखा करते थे। कई किताबे हैं उस टेबिल टाक की। तो जानसन से किसी ने पूछा कि सानेट पर क्या विचार हैं आपके? तो उसने ग्रीक लीजेंड से एक नाम लिया और कहा, यह प्रोप्रेस्तेत का बिछौना है। प्रोप्रेस्तेत एक राक्षस था। जो एक बिछौना और एक कुल्हाड़ी लिये घूमा करता था। और जो भी चलता-फिरता नज़र आए तो हाथ जोड़कर कहता था, बैठ जाइए, आराम कीजिए। अगर कोई बैठ गया तो फिर प्रार्थना करता था कि आप लेट जाइए। और लेटने में उसके शरीर का जो भी हिस्सा बाहर निकलता था उसे कुल्हाड़ी से काट देता था और खा जाता था।

यानी सानेट में अगर कविता का पाँव बढ़ रहा है तो पाँव काट देंगे, सिर बढ़ रहा है तो सिर काट देंगे। सानेट पर जब व्यंग्य हुए तो शेक्सपीयर ने इसका जवाब दिया रिव्यूक नाट सानेट। उसने कहा कि यह हमारी वह कोठरी है जिसमें हम साधना करते हैं।

साक्षात्कार के इस लम्बे उद्धरण में त्रिलोचन जी की बतकही का भी कुछ-कुछ अनुमान लग सकता है और कविता में कठिन क्लासकीय अनुशासन के प्रति उनके आग्रह को भी समझा जा सकता है। निराला की कविता का पंक्ति दर पंक्ति भाष्य करनेवाला और ऐसा विकट बातूनी फक्कड़ साहित्यिक अब कोई नहीं। कोई नहीं जो पैदल घूमते हुए कहीं-का-कहीं निकल जाए। किसी भी वक़्त आपके दरवाजे की कुंडी खटखटा दे और बैठते ही अपनी बातों का पिटारा खोल दे।

जानता है तू त्रिलोचन क्या फ़क़ीरी रंग है
क्यों नगर में घूमता हूँ क्यों सदा देता हूँ मैं

मालवा के लोक कवि भावसार बा

2 जनवरी 2004 को भावसार बा नहीं रहे। यह सूचना किसी मित्र ने शायद दो-तीन दिन बाद दी थी। उज्जैन और आसपास के अखबारों को छोड़कर यह खबर न तो हिन्दी के किसी अखबार में थी और न किसी साहित्यिक पत्रिका के इस बीच निकले अंक में उनके लिए कोई श्रद्धांजलि थी। हिन्दी साहित्य के आधुनिक परिदृश्य में हिन्दी की अपनी ही बोलियों में रचे जा रहे साहित्य के लिए कोई जगह नहीं है। उसका कोई सम्बन्ध न तो बोलियों में रची जा रही रचना से है न उसके रचनाकारों से। बोलियों में लिखे गए और लिखे जा रहे साहित्य के मूल्यांकन की कोई कोशिश हिन्दी आलोचना में कहीं दिखाई नहीं देती। मध्यकाल के बाद भी ब्रज और अवधी में कुछ लिखा गया है या आज भी लिखा जा रहा है इसका कोई साक्ष्य हमारी आलोचना या साहित्यिक पत्रकारिता में मौजूद नहीं है। हिन्दी नाटक के वर्तमान दृश्य पर कभी-कभी एक कोशिश नज़र आती है, कुछ निर्देशकों ने छत्तीसगढ़ी, बुन्देली और मालवी में कई क्लासिक नाटकों को करने की कोशिश की है। इन बोलियों के नाट्य रूपों का भी उपयोग आधुनिक रंगकर्म ने अपने लिए किया है। इन कोशिशों ने सभी को आकर्षित भी किया लेकिन फिर भी कोई रिश्ता साहित्य के स्तर पर नहीं बन सका। भावसार बा सिर्फ मालवा में ही नहीं सुदूर राजस्थान तक बहुत लोकप्रिय कवि थे। उनके लाखों श्रोता थे। शमशेर बहादुर सिंह, शिवमंगल सिंह सुमन और श्रीनरेश मेहता जैसे अनेक महत्त्वपूर्ण कवियों से उनकी आत्मीयता थी। शमशेर उनके बेहद बड़े प्रशंसक थे। मालवा से जुड़े हिन्दी के कई समकालीन कवियों को उनकी पंक्तियाँ याद हैं। पता नहीं आधुनिक हिन्दी में काम करने का हमारा दम्भ है या हमारी कृपणता कि इसके बावजूद हमारा कोई रिश्ता अपनी बोली-बानी में काम कर रहे रचनाकारों और बोलियों से लगभग नहीं है। इसने हमारी भाषा को एक हद तक अक्षम भी बनाया है और सीमित भी।

भावसार बा का पूरा नाम टीकमचन्द भावसार था। लेकिन उन्हें सभी भावसार बा के ही नाम से जानते थे। उनका जन्म 1916 में उज्जैन जिले के बड़नगर नाम

के कस्बे में हुआ था। उनकी शिक्षा तीसरी जमात तक ही हुई थी। बचपन से वे मन्दिरों में भजन-कीर्तन गाने के लिए जाने लगे थे। उनका गला बहुत मीठा था। उनके कान बचपन से ही अपनी माँ तुलसा बाई और भुआ गुलाब बाई द्वारा घर-आँगन में गुनगुनाए जाते मालवी के लोकगीतों से भरे थे। उन्हें मालवी के हजारों लोकगीत याद थे। कई साल पहले एक बार जब मैं उनसे मिला था तो वे डॉ. भगवतीलाल राजपुरोहित के साथ मालवी के इन गीतों को इकट्ठा कर रहे थे। उनका मानना था कि पुराने लोकगीत मूल रूप से जिस तरह गाए जाते थे, आज के लोग उनकी स्वर लहरियाँ लगभग भूल चुके हैं और उन्हें फिल्मी धुनों पर गाने लगे हैं। वे न केवल उन हजारों गीतों को इकट्ठा कर रहे थे बल्कि वे अपने निर्देशन में इन गीतों की मूल रागनियों के साथ उसके कैसेट तैयार करवाना चाहते थे। कालिदास अकादमी ने उनके अथक श्रम से इकट्ठे किए गए गीतों का एक वृहत संग्रह 1996 में प्रकाशित किया था। मालवी लोकगीतों का सम्भवतः वह अभी तक सबसे बड़ा संग्रह है जिसका संपादन भावसार बा और भगवतीलाल राजपुरोहित ने किया है। उज्जैन में नई सड़क पर उनकी दर्जी की दुकान थी। उन्होंने कालिदास अकादमी द्वारा किए गए अनेक नाटकों में कास्ट्यूम डिजाइन करने का काम भी किया था।

अपनी जीविका के चलते वे जल्दी ही उज्जैन आ गए थे। उज्जैन में उनकी मुलाकात श्री सिद्धेश्वर सेन से हुई। सिद्धेश्वर सेन मालवी लोकनाट्य–माच के एक अद्वितीय नाटककार और निर्देशक हैं। इस मित्रता ने मालवी बोली के लिए बिल्कुल नए दरवाजे खोलने का काम किया। सिद्धेश्वर सेन माच के नए खेल तैयार कर रहे थे और भावसार बा उन नाटकों के लिए नए गीत और नया संगीत तैयार कर रहे थे। माच के लिए नए गीत तैयार करने की इसी प्रक्रिया में भावसार बा के कवि का जन्म हुआ। लगभग 1950 के आसपास उन्होंने कविताएँ लिखना शुरू किया था। नाटकों में काम करते हुए ही उनमें मालवी के अपने देशज हास्य व्यंग्य को पकड़ने और उसकी नाटकीयता को पहचानने की सूझ पैदा हुई होगी। भावसार बा की कविता यहीं से अलग होती है। मालवी में मीठे-मीठे गीत रचनेवाले अनेक महत्त्वपूर्ण कवि हुए हैं। आज भी हैं। भावसार बा ने भी कई गीत लिखे हैं। उनके पहले संग्रह *मोती वेराणा* में भी कुछ गीत हैं। पर भावसार बा ने अपनी कविता का एक अलग रास्ता बनाया। कवि सम्मेलनों में वे गाकर नहीं पढ़ते थे। कविता का उनका पाठ बहुत दिलचस्प भी था और बहुत लोकप्रिय भी। वे लगभग बातचीत करते हुए अपना पाठ शुरू करते और उस बातचीत के ही अन्दाज़ में अपनी कविता का पाठ करते। उनकी कविता एक लम्बी बातचीत का बहुत नाटकीय हिस्सा थी। बात में से बात निकालते हुए वे छोटे-छोटे आख्यान अपनी

कविता में रच लेते थे। अपने आसपास और दैनन्दिन जीवन में घट रही घटनाएँ ही उनकी कविता के आख्यान की अन्तर्वस्तु हैं। उनकी कविता एक बतियाते हुए आदमी की कविता है। उसमें बतरस के सारे सुख और खूबियाँ हैं। उसमें अपने खत्ते के सुख-दुख, विकृतियाँ और विरूपताएँ सब सिमटती चली आती हैं। मुहावरों और लोकोक्तियों का उनके पास अद्‌भुत खजाना था। वे मुहावरों का उपयोग ही नहीं करते, कई नए मुहावरे गढ़ भी लेते थे। मालवी की शब्द सम्पदा पर जैसा असाधारण अधिकार उनकी कविता में दिखाई देता है वह कम ही कवियों के पास होगा। उनकी कविता में जो सेन्स ऑफ ह्यूमर है उसमें किसी किस्म की आक्रामकता या हिंसा नहीं है। यह सम्भवतः मालवा की अपनी विशेषता भी है। उसमें किसी को चिढ़ाने या किसी का मन दुखानेवाला व्यंग्य नहीं है। उसमें एक किस्म की छेड़छाड़ है, समझाने की एक कोशिश है। इसीलिए शायद वे कह सकते थे कि *लेनो वे तो लई जाओ, देनो वे तो खई जाओ। पण मोतीराम! माजना से मंदर में अईजाओ।* उनकी कई सारी खूबियों को एक छोटी-सी कविता *पींजरे की चिड़िया* में देखा जा सकता है :

लकड़ी का पींजरा में चीड़िया बेठई
चोराहा पे ज्योतीसी ने दुकान लगाई
भीड़भाड़ देखी ने एक डोकरी झुकी
लीफाफो उठायो तो मांय चीट्‌ठी दीखी

असी बरस की डोकरी ने बीगर भणी
बंचावे कीसे भीड़ भी घणी
एक नान्यो बोल्यो ला मा हूँ वाँची दूँगा
जेसो लीख्यो होगा वेसोज कूँगा
लीख्यो थो पृश्न पूछनेवाले तुम्हारी
अल्हड़ता और सुन्दरता से
आदमी मगन हो जाएगा
और आते महीने में तुम्हारा लगन हो जाएगा।

बातचीत का यह चिरपरिचित अन्दाज़ उनकी अधिकांश कविताओं में है। उनके ह्यूमर में लेकिन एक व्यंग्य और गहरी करुणा है। *दीवाली है* कविता की शुरुआत की ही पंक्तियाँ हैं—

तम कइऱ्या हो दिवाली है!
ई धना सेठ ने सगली धरती लइली जूना करजा में
थोड़ी पूँजी ओर बची थी, हुइगी खावा-पीवा में

अबे उधार आटो कुण दे हमको इना जमाना में
सब अपनो अपनो पेट भरे निगरानी दाना-दाना में
हूँ भूखों हूँ, बच्चा भूखा, भूखी म्हारी घरवाली हे
तुम कइ्र्या हो दिवाली हे!

बुलावो, सूरजमल का सासरा, टेसण अइग्यो, लो साब्! या वी! दतानो-मतानो, जाने दे रे जाने दे, रेल और जेल, कुँवारा ज् रइग्या, लाड़ा की भुवा, बात बतइग्या जैसी अनेक कविताएँ भावसार बा की बहुत लोकप्रिय कविताएँ हैं। भावसार बा एक छोटे कद के गठीले बदनवाले, हँसमुख और सरल व्यक्ति थे। उन्होंने बाकायदा पहलवानी भी की थी अपनी जवानी के दिनों में। उनके गाल का मसा जैसे उनकी पहचान बन गया था। उनकी कविता में हास्य उनके गाल के मसे की तरह ही उदग्र है।

(पर) पथ यहाँ से अलग होता है

[श्री नरेश मेहता की कविता : हाशिये पर कुछ टिप्पणियाँ]

बनपाखी सुनो की कविता की एक पंक्ति है (पर) पर पथ यहाँ से अलग होता है। इसमें 'पर' कोष्ठक में है। जैसे इस 'पर' पर एक अतिरिक्त बलाघात है। मुझे लगता है यह एक ऐसी पंक्ति है जो श्री नरेश मेहता के काव्य व्यक्तित्व का केन्द्र बिन्दु है। यह पंक्ति जैसे उनकी कविता के समूचे संसार में बार-बार गूँजती है। आगाह करती हुई 'यहाँ से' और 'अलग' होने पर ध्यान दिया जाना ज़रूरी है। श्री नरेश मेहता दूसरे सप्तक के कवि हैं पर मुझे नई कविता में वे एक आउट साइडर लगते हैं। नई कविता का तनाव घिराव और अपराधबोध वहाँ नहीं है। अपराधबोध मुझे लगता है इससे पहले भी भारतीय कविता का मूल्य नहीं रहा। क्या यह कन्फेशन का ही एक ढंग नहीं है? एक औपनिवेशिक प्रभाव? जिसने आजादी के बाद के आधुनिक साहित्य में लगभग एक केन्द्रीय स्थिति प्राप्त कर ली। आक्रमणों और अधीनताओं के चलते हमारी आधुनिकता का एक नैसर्गिक विकास बार-बार टूटा और बिखरा है। हमारी आधुनिकता विखण्डित और एक हद तक आश्रित और आरोपित आधुनिकता है। श्री नरेश मेहता का पथ यहाँ से अलग हो जाता है। वह एक प्रति आधुनिक कवि हैं। उनकी प्रति आधुनिकता विखंडित और आरोपित आधुनिकता का प्रतिपक्ष भी है और उसके बरक्स अपनी नैसर्गिक आधुनिकता को तलाश करने की कोशिश भी। यह एक विकट पथ है। भटकने और कई बार भटक जाने के खतरे उठाए बगैर इसे सम्भव नहीं किया जा सकता। श्री नरेश मेहता मानते हैं कि 'हम अपने प्रति अपनी परम्परा के प्रति आत्मविस्मृत आधुनिक हैं।'

काव्य का वैष्णव व्यक्तित्व में उन्होंने लिखा है कि 'भारतीय काव्यात्मकता आरण्यकता का ही पर्याय है। नागरिकता कभी भी भारतीय काव्यमुद्रा मुहावरा या भाषा नहीं बन सकी। आज के आधुनिक काव्य की भी यही विषमता है।' और यह भी कि इसीलिए काव्यात्मकता का तेजी से क्षरण हुआ। फलतः 'बीसवीं शती तक आते-आते भाषा की ओजस्विता, विषय की तेजस्विता और दृष्टि की आरण्यक

पवित्रता सबका लोप हो गया।' हालाँकि इससे पहले ही कालिदास के महत्त्व को स्वीकारते हुए उन्होंने यह भी स्वीकार किया है कि कालिदास धार्मिक आरण्यकता और साहित्यिक नागरिकता के बीच सेतु हैं। श्री नरेश मेहता भी इस सेतु की तलाश करना चाहते हैं।

2

अफ्रो-एशियाई कविता ने राजनीतिक दासता का प्रतिरोध करने के लिए अपने पूर्व इतिहास का सहारा उतना नहीं लिया जितना अपने मिथकों, अनुष्ठानों और जातीय स्मृति के बिम्बों का लिया। इसलिए वह पश्चिमी कविता की तुलना में अधिक स्थानीय है। अधिक देशज। श्री नरेश मेहता की कविता भी आर्ष मिथकों के एक जादुई और बेहद लुभावने संसार की सृष्टि करती है। एक तरह से वह आर्ष मिथकों और वानस्पतिक बिम्बों का उत्सव रचती है जो पवित्र भी है और ऐन्द्रिक भी :

प्रार्थना की कोई भाषा नहीं होती
जिस उदार भाव से
वनस्पतियाँ
धरा को वस्त्रित किए रहती हैं
कीर्तन पंक्तियों सी
दूर्वा जिस निष्ठा से
भूमा को उत्सव किए रहती है—
क्या ये सब अनुष्ठुप नहीं है?
यदि धूप ब्राह्मणी
उपनिषद नहीं है
तो फिर और कौन है?
अपने फूलों को देता हुआ
पादक
प्रार्थना ही तो करता है
मेघों की लिखित गायत्रियाँ ही तो नदियाँ हैं।

अफ्रीकी कविता के मिथक अनुष्ठान या जातीय सन्दर्भ वस्तुतः जनजातीय मिथक हैं। श्री नरेश मेहता की कविता के मिथक एक विकसित संस्कृति और सभ्यता के जातीय मिथक हैं। इसलिए उसके पौराणिक सन्दर्भ आरण्यक भी हैं और नागरीय भी। उनका मत है कि काव्य के प्रमुख पात्र मुख्य रूप से मिथक श्रेणी के ही होते हैं क्योंकि वे समय के साथ अपनी-अपनी प्रामाणिकता नहीं खोते। श्री नरेश मेहता

ने 'काव्यात्मकता का दिक-काल' में लिखा है कि कालगत दूरी भले ही बढ़ती जाए लेकिन भावना के स्तर पर ये हमें अपने पार्श्व में केवल खड़े ही नहीं लगते बल्कि हमें इनका स्पर्श गन्ध सभी कुछ अनुभव होने लगता है। श्री नरेश मेहता की कविता की स्थानिकता इस अर्थ में मालवा या इलाहाबाद से जुड़ी स्थानिकता भर नहीं है, वह एक ऐसी स्थानिकता है जो एक महाजाति की सांस्कृतिक धरोहर और उसके जातीय स्मृति बिम्बों, प्रतीकों और मिथकों से रची बुनी गई है। अफ्रीकी कविता को जिस तरह अलग से पहचाना जा सकता है उसी तरह उनकी कविता को बिना किसी हिचक के एक भारतीय कविता की तरह पहचाना जा सकता है। चाहे उसे अंग्रेजी में अनुवाद में ही क्यों न हमारे सामने रख दिया जाए। हमारी पुराकथाओं का अन्य माइथालाजीस् से अन्तर स्पष्ट करते हुए उन्होंने लिखा कि 'हमारे मिथक—व्यक्तित्व केवल मानवीय आशा-आकांक्षाओं के ही प्रतीक नहीं हैं बल्कि इनमें एक प्रकार की जहाँ लोकोत्तरता का आभास मिलता है वहीं ये दर्शन तथा विज्ञान के चिन्तन मन के प्रतीक तथा फल दोनों हैं।'

उनकी कविता के मिथक, प्रतीक और अनुष्ठान सन्दर्भ एक अर्थ में हिन्दू मिथक हैं, वैष्णव मिथक। मुक्तिबोध पर लिखते हुए एक दिलचस्प फार्मूलेशन उन्होंने मुक्तिबोध से अपने अन्तर को लेकर किया है कि *मुझे ऐसा लगता है कि मुक्तिबोध अपनी वैचारिकता से शैव थे परन्तु आचरण से वैष्णव जबकि मैं शायद वैचारिकता से वैष्णव रहा हूँ पर आचरण से शैव।* यहाँ इन धार्मिक दार्शनिक पदों को किसी सीमित धार्मिक अर्थ में नहीं बल्कि उनके व्यापक अर्थ में ही समझा जाना चाहिए। उनकी कविता अपने रचाव में वैष्णवी है और उनका कवि अपने स्वभाव में शैवों की तरह फक्कड़।

3

मुक्तिबोध : एक अवधूत कविता का एक थोड़ा विस्तृत प्रसंग है—रात है और तारों भरे आकाश के नीचे लेटे हुए मुक्तिबोध ने नरेश मेहता से पूछा : *पार्टनर! मनुष्य ने कौन-सी सबसे बड़ी चीज खोई है, जानते हैं? भला मैं क्या जान सकता था कि वह चीज क्या है? मुझे चुप देख कर वह हँसते हुए कहते हैं—मैं समझता हूँ कि आप इस बात को जरूर जानते हैं क्योंकि आपकी काव्य मानसिकता और वैदिक कवि की मानसिकता लगभग एक जैसी ही है—प्यारे भाई! मनुष्य के जीवन से ही नहीं विचार तक से आकाश खो गया।* यह आकाश क्या है? एक वैदिक कवि या उसी तरह का कवि ही आकाश को क्यों जान सकता है? इन सारी बातों का खुलासा वहाँ नहीं है। लेकिन श्री नरेश मेहता की कविता में यह आकाश

बार-बार और तरह-तरह से आता है :

कौन है आकाश से बड़ा गायत्रिन?
जो उषा और संध्या
दोनों गायत्रियों से युक्त है
जिसके प्रशान्त जलों में
आदित्य अपने अश्वों को नहलाता है
जिसकी रात्रियों को
कालपुरुष
कम्बल की भाँति ओढ़े रहता है
कभी ब्रह्ममुहुर्त में
मेघों का त्रिपुण्ड लगाए
इस सात्विक को देखा है?
इस मनस्वी की पंचपात्री ताम्रता ही पूर्व है
और तापसी कुन्दनता पश्चिम।

नरेश मेहता उस खो गए आकाश को जो नदियों के अनन्त यज्ञोपवीत धारण किए, जो धूर्जटी है और अग्नि के अनुष्टुप लिख रहा है, को बार-बार अपनी कविता में रचते हैं। मुक्तिबोध की कविता में भी आकाश के अनेक दृश्य हैं लेकिन यह देखना दिलचस्प हो सकता है कि दोनों ही कवियों का आकाश बहुत भिन्न भी है, हाँ कभी-कभी नरेश मेहता का आकाश शमशेर के आकाश के अधिक करीब लगता है।

मुक्तिबोध से बातचीत के उपरोक्त प्रसंग में ही आगे नरेश जी ने समय देवता कविता के बारे में मुक्तिबोध की बातों का उल्लेख करते हुए लिखा है कि मुक्तिबोध ने कहा पार्टनर! आपकी समय देवता की इधर बहुत तारीफ हो रही है। पता नहीं आप क्या उसके बारे में सोचते हैं पर मुझे वह कविता नहीं लगती वास्तव में राजनीति आपकी काव्य भूमि नहीं है। जिस वैदिक धरातल पर आप खड़े होकर लिखना चाहते हैं वही वास्तविकता आपकी काव्य भूमि है। पता नहीं नरेश मेहता मुक्तिबोध की बात से कहाँ तक सहमत थे? लेकिन पथ यहाँ से भी एक बार अलग होता है। इतिहास भूगोल राजनीति और समय के एक समग्र बिम्ब को रचने की जैसी महत्त्वाकांक्षी कविता समय देवता है, वैसी दुबारा उनके यहाँ सम्भव होती नहीं दीखती। इसलिए नरेश जी बार-बार आर्ष मिथकों की ओर जाते हैं और क्योंकि ये मिथक बकौल उन्हीं के धर्म और संस्कृति से ही आते हैं और धर्म और संस्कृति मनुष्य की कालगत ऊर्ध्व चेतना है और मिथक व्यक्तित्व इसका वहनकर्ता है इसलिए वे कविता के लिए धर्म की चेतना की अनिवार्यता को मानते हैं और सभ्यता की जगह संस्कृति पर बल देते हैं।

4

पिछले दिनों नंगे पैरों एक कविता श्रृंखला है जिसमें कई बार लगता है जैसे श्री नरेश मेहता अपनी काव्य सम्बन्धी मान्यताओं से बाहर निकलते से लगते हैं। इस संग्रह की भूमिका में उन्होंने लिखा कि ये कविताएँ अपनी प्रारम्भिक नितान्तता से निकल रागात्मकता की सीढ़ियाँ चढ़ते हुए क्रमशः इतिहास की ओर, नहीं अधिक सटीक तो कहना यह होगा कि ऐतिहासिक मानसिकता की ओर जो कि इतिहास से कम सच नहीं हुआ करती, वेग से वेगतर होती अग्रसित होने लगीं। याने एक बार फिर श्री नरेश मेहता समय देवता के किसी छूटे हुए रेशे को अलग स्तर पर तलाशने की कोशिश करते हैं हालाँकि एक बिल्कुल भिन्न स्तर पर। असीरगढ़ पृष्ठभूमि में विलीन होता सा लगता है और ये कविताएँ पूरे मध्यकाल के किलों, प्रस्तरों और मानसिकता पर क्रमशः फैलती चली जाती हैं। लेकिन नरेश जी की यह मान्यता कि काव्य का न तो कोई देश होता है न ही कोई काल, इस कविता पर लागू नहीं होती। न ही इन्हें रचते हुए वे तुलसीदास की तरह कोई प्रति इतिहास की सृष्टि कर रहे होते हैं। बकौल उन्हीं के ये कविताएँ मध्यकालीन ऐतिहासिकता पर नंगे पैरों जैसी चलती थीं। यह ऐसी काव्य श्रृंखला है जिसमें वे समय के एक कालखण्ड को इतिहास के उपकरणों से टटोलने की कोशिश करते हैं। सतपुड़ा के पहाड़ों में लगाई गई इतिहास की इस गाँठ को खोलने का उपक्रम करते हैं। वे इतिहास के उसी काल विभाजन को एक हद तक स्वीकारते से नज़र आते हैं जिसे वे काव्यात्मकता का दिक काल में नकारते हैं। इस कविता को पढ़ते हुए कई बार नेरूदा की माचू पिच्चू के शिखर की याद आती है।

5

तुम्हारे चारों ओर एक उत्सव सम्पन्न हो रहा है।

श्री नरेश मेहता की कविता एक विराट उत्सव रचती है, एक ब्रह्माण्डीय उत्सव। मैं नहीं जानता कि इस उत्सव के कोई अलक्षित अदृश्य तागे प्रसाद की कविता के आनन्दवाद से जुड़ते हैं या नहीं। लेकिन इतना तो एकदम साफ है कि जिस तरह आधुनिक कविता में वे अकेले प्रति आधुनिक हैं उसी तरह तनाव और घिराव की नई कविता में उत्सव को रचने वाले अकेले कवि हैं। उत्सवता का ऐसा विराट वैभव पहले कभी कविता में सम्भव हुआ हो याद नहीं पड़ता। नई कविता की भाव भूमि पर खड़े होकर इस उत्सव में शामिल होना सम्भव नहीं था इसीलिए शायद

उत्सवा में उन्होंने कहा कि :

मेरा यह कैसा अकेलापन
जो इस वैश्विक उत्सवता से वंचित है

श्री नरेश मेहता की इस उत्सवता पर श्रीमती महिमा मेहता ने एक लेख में लिखा है श्री नरेश मेहता सचमुच उत्सव पुरुष हैं। पिछले पैंतीस वर्षों से मैंने उन्हें अत्यन्त निकट से जाना है और भोगा है। वे उत्सव प्रिय हैं। उत्सव उनकी मानसिकता है। उत्सव उनके जीवन का प्रमुख वादी स्वर है जिसमें उनके जीवन के सुख दुःख, भाव अभाव, राग विराग, तृष्णा वितृष्णा, उतार चढ़ाव, मान अपमान की विभिन्न राग रागनियों की रागदारी सम्पन्न होती रही है। कहना न होगा कि यह उत्सवता या उत्सवी भाव लीला से भिन्न है। लीला के रहस्य और चमत्कार यहाँ नहीं हैं। यह मुक्त करनेवाला भाव, अपने सारे मीठे कड़वे भाव को समेट कर उनसे मुक्त करता है। यह मन की मुक्तावस्था का भाव है। इसमें उल्लास है, उत्साह है। यह रंगारंग है और विराट है। उत्सव में किसी के वर्चस्व और किसी की अधीनता का भाव नहीं है। उत्सव में जैसे पूरा ब्रह्माण्ड ही एक सतह पर आ गया है। उत्सव वस्तुतः एक जनतान्त्रिक भाव है।

कहाँ है?
अन्यन्त्र कहाँ है??
इस पृथ्वी से बड़ा उत्सव नक्षत्र और कहाँ है?

इस कविता में पृथ्वी एक उत्सव नक्षत्र है और इस उत्सव में पूरा ब्रह्माण्ड शामिल है। सृष्टि को देखने की यह दृष्टि ही उनमें यह भाव जागृत कर पाती है कि :

नित्य एक उपनिषद् लिखा जा रहा है
जो उत्सव–उपनिषद् है।

यहाँ भी श्री नरेश मेहता का पथ अलग होता है पर इसमें व्यक्ति अकेला नहीं होता, वह विराट सृष्टि के उत्सव में शामिल व्यक्ति होता है।

मैं कालिदास की शेष कथा कहता हूँ

शिवमंगल सिंह सुमन अक्सर प्रगतिवाद के मुखर कवियों में ही माने जाते रहे हैं। यह प्रचलित धारणा उनके अनेक पक्षों को अनदेखा कर देती है। मुझे लगता है सुमन जी वस्तुतः उत्तर छायावाद और प्रगतिवाद की सन्धि रेखा पर खड़े कवि हैं। उनमें उत्तर छायावादियों की फक्कड़ी, थोड़ा रोमान और मस्ती भरी लापरवाही है। प्रगतिवादियों की गहरी सामाजिक प्रतिबद्धता, अन्याय के प्रति मुखर प्रतिरोध और ओजस्विता भी। वे अपने सांस्कृतिक वैभव को गद्‌गद भाव से बखानने वाले कवि हैं। अपने सामाजिक राजनीतिक परिदृश्य की क्रीटिकल इन्क्वायरी उनकी कविता में या तो लगभग नहीं है या बहुत कम है। वे देश की सांस्कृतिक परम्पराओं, उसके वैभव, उसके मिथक और जनता के क्रान्तिकारी उभारों को एक साथ पूरे ओज के साथ गाते हैं, गा सकते हैं। उन्होंने बहुत बड़ी संख्या में प्रेम कविताएँ भी लिखी हैं लेकिन वे पर्सनल कविताएँ नहीं हैं। वह प्रेम प्रदर्शन की कविताएँ अधिक हैं। प्रेम के वैभव और सौन्दर्य का गुणगान करनेवाली कविताएँ। ओज और मस्ती का विलक्षण युग्म उनकी कविता ने अपने लिए रचा है।

सुमन समग्र के दूसरे खण्ड की भूमिका—*वक्तव्य के घेराव* में सुमन जी ने अपनी कविता के सन्दर्भ में लिखा है :

मैं प्रगति और प्रवाह के प्रति प्रतिबद्ध हूँ। किसी विशेष चिन्तन धारा या वाद से न तो अपने को जोड़ता हूँ, न जोड़ना चाहता हूँ। यदि प्रवृत्ति की दृष्टि से देखा जाए तो मैं मूलतः रोमेंटिक हूँ—अपने सम्पूर्ण विद्रोही, स्वतन्त्र और रागात्मक अर्थों में। आगे चलकर मुझे प्रगतिवादी धारा का कवि कहा गया। वस्तुतः मैंने सशस्त्र क्रान्ति की राष्ट्रीयता के द्वार से प्रगतिवाद में प्रवेश पाया। फिर भी उसके वाद में मैं बँध नहीं पाया—या मुझे वह बाँध नहीं पाया। इसलिए जैसे-जैसे परिवेश बदलते गए, मैं सहज भाव से अपनी बात कहता गया।

अनुष्ठान नामक कविता की एक पंक्ति ही है 'मैं शिप्रा-सा ही तरल-सरल बहता हूँ।' तरलता, सरलता और बहना उनकी प्रवृत्ति ही नहीं है, कविता भाषा और शिल्प में भी इसे उन्होंने पूरी तन्मयता से साधा है। इस छोटे-से पेराग्राफ में एक साथ कई

बातें सुमन जी करते हैं। यह उनकी बहुत प्रचलित शैली है। रोमेंटिसिज़्म और यथार्थ का यह युग्म वस्तुतः उत्तर छायावाद की ही देन है। इसलिए वे प्रगतिवाद से अपने जुड़ाव को स्पष्ट करते हुए यह जोड़ना नहीं भूलते कि वे प्रगतिवाद में व्हाया सशस्त्र क्रान्ति की राष्ट्रीयता वाली धारा से आए थे। इस वक्तव्य से एक और महत्त्वपूर्ण तथ्य पर विचार की गुंजाइश बनती है कि प्रगतिवादी धारा में भी दो धाराएँ हैं, एक वह जो भगतसिंह और आजाद आदि की सशस्त्र राष्ट्रीयता वाली धारा से आती है और दूसरी वह जो इंग्लैण्ड में शुरू हुए प्रगतिवादी आन्दोलन और रूस की क्रान्ति से प्रभावित होकर आती है। हालाँकि इन दोनों धाराओं में भी एक गहरा सम्बन्ध है। लेकिन शील सुमन और शैलेन्द्र की कविता और दूसरी ओर नागार्जुन, त्रिलोचन और केदारनाथ अग्रवाल की कविता में जो भेद है उसे समझने में वह वक्तव्य एक महीन-सा सूत्र छोड़ता है।

सुमन जी के पहले संग्रह *हिल्लोल* की पहली ही कविता है—*परिचय*। इस कविता का पहला ही अन्तरा है :

हम दीवानों का क्या परिचय?
कुछ चाव लिए, कुछ चाह लिए
कुछ कसकन और कराह लिए
कुछ दर्द लिए, कुछ दाह लिए
हम नौसिखिए, नूतन पथ पर चल दिए, प्रणय का कर विनिमय
हम दीवानों का क्या परिचय?

इस गीत को पढ़ते ही भगवतीचरण वर्मा का गीत *हम दीवानों की क्या हस्ती* की याद बरबस ही आ जाती है। यह भाव वस्तुतः उत्तर छायावाद का केन्द्रीय भाव है। *हिल्लोल* में ही एक और कविता है—हम बड़े विकट मतवाले हैं। इस कविता की प्रारम्भिक पक्तियाँ हैं :

हमको जग से भय ही क्या है, जब तक साकी हैं, प्याले हैं
जब जब पीड़ा ने जिद ठानी
तब तब हमने गहरी छानी
बे समझे बूझे दुनिया ने
कह डाला उसको नादानी
जग क्या जाने, हमने उर में पीड़ा के पंछी पाले हैं
हम बड़े विकट मतवाले हैं।

हालावाद भी उस फक्कड़ी और मस्ती का ही एक विस्तार है जो उत्तर छायावादियों को छायावादियों से अलगाती है। यह बच्चन में भी है और उसकी जहाँ-तहाँ छायाएँ सुमन जी में भी ढूँढ़ी जा सकती हैं। सुमन का रोमेंटिसिज़्म

छायावाद से ज्यादा उत्तर छायावाद के करीब है। प्रगतिवाद के करीब आते हुए उनकी फक्कड़ी और मस्ती में ओज का स्वर शामिल हो जाता है।

जीवन का गान तक आते-आते युवा सुमन का रास्ता बदलने लगता है। सुमन जी ने ही लिखा है कि **मेरे इसी गति दर्शन ने राष्ट्रीयता के एक मोड़ पर ला खड़ा किया, और एकबारगी मेरी मूल रूमानी भावना से पृथक मुझे क्रान्ति की ज्वाला में झोंक दिया।** इसी वक्तव्य में उन्होंने यह भी स्पष्ट किया कि सशस्त्र क्रान्ति का मेरा मार्ग गांधी की अपेक्षा मार्क्स के अधिक पास था। इसीलिए वे मैथिलीशरण गुप्त, सोहनलाल द्विवेदी या माखनलाल चतुर्वेदी की तरह राष्ट्रीय भावना वाली कविताएँ कम लिख पाए। यहाँ सुमन एक बार फिर छायावाद के समानान्तर चल रही राष्ट्रीय कविता की धारा से अपने को अलगाते हैं। प्रगतिवादी कविता में भी उनका स्वर शील और अंचल से अलग है। उसमें अमूर्त देश नहीं एक जीती जागती, हाड़-मांस वाली जनता है। उससे उन्हें प्यार है और वे उसके लिए एक अच्छा जीवन चाहते हैं। उसमें ओज और आह्वान भी :

तूफानों की ओर
घुमा दो
नाविक!
निज पतवार।

यह स्वर विश्वास बढ़ता गया में स्थिरता प्राप्त करता है, एक वयस्कता। सुमन जी ने स्पष्ट शब्दों में स्वीकार किया है कि **मेरे सम्पूर्ण कृतित्व में व्यक्त प्रगतिवादी विचारधारा मेरी प्रिय विचारधारा है और इसे व्यक्त करने के लिए मैं रत्ती-भर भी पश्चात्ताप नहीं करता।** सुमन शायद उन विरले कवियों में हैं जिनकी कविता ने एक व्यापक लोकप्रियता हासिल की। साँसों के हिसाब, धधक रही मरघट की ज्वाला, मशाल जलाओ बड़ा अँधेरा है, मास्को अब भी दूर है जैसी अनेक कविताओं को गिनाया जा सकता है जो लोगों की स्मृति का हिस्सा बनी रही हैं।

2

मुझे हमेशा लगता है कि सुमन जी प्रेम के भी एक अद्‌भुत कवि हैं। वे प्रेम को गाना जानते हैं। प्रेम को सार्वजनिक करना जानते हैं। इसलिए वे निजी प्रेम की कविता लिखें या अपनी धरती, अपनी स्थानीयता से प्रेम की कविता लिखें—दोनों ही जगह उनका मन खुलकर गाता है :

मेरी दुर्दिन लाचारी में
मेरी बेबस बीमारी में

तुमने जो अपने आँचल से था मेरा मस्तक सहलाया
क्या भूल सकूँगा जीवन भर?

प्रेम करने और कर सकने की इसी क्षमता ने शायद उनके मन को यह विस्तार दिया कि उन्नाव से ज्यादा उन्होंने उज्जैन को अपनी स्थानीयता की तरह जगह-जगह स्वीकार किया :

मैं क्षिप्रा-सा ही तरल सरल बहता हूँ
मैं कालिदास की शेष कथा कहता हूँ
मुझको न मौत भी भय दिखला सकती है,
मैं महाकाल की नगरी में रहता हूँ।

मलय की लम्बी कविताएँ

इस अँधेरे समय में जिन्दगी का चन्द्रमाँ
दुबला हुआ, पीला हुआ
काले अँधेरे के काटने से नीला हुआ
पर मानता नहीं है
नहीं ही स्वीकारता अँधेरे की अधीनता
कटा पिटा लुटा घटा
बचा है रेखा-सा
तो भी खिंचा है वक्र
दो धार दो नोकों में।

मलय अपने स्वभाव से लम्बी कविता के ही कवि हैं। उनकी कम पक्तियों वाली छोटी कविताएँ भी किसी प्रदीर्घ कविता के हिस्सों की तरह ही अक्सर महसूस होती हैं। उनके कवि मानस का संस्कार साठ के दशक में आसपास हुआ। हिन्दी कविता में सम्भवतः यह पहला ही नहीं अभी तक अकेला ऐसा दौर है जिसमें संख्या में सबसे अधिक लम्बी कविताएँ लिखी गईं। राम की शक्तिपूजा, सरोज स्मृति या प्रलय की छाया जैसे कुछ अपवादों को छोड़ दें तो हिन्दी की ज्यादातर महत्त्वपूर्ण और चर्चित लम्बी कविताएँ साठ के दौर में ही सम्भव हुईं। हालाँकि इन लम्बी कविताओं में कवि स्वभावों की काफी भिन्नता थी। मलय की काव्यानुभूति का रचाव इसी दौर में हुआ है। यह राष्ट्रीय और अन्तर्राष्ट्रीय स्तर पर विकट बेचैनियों से भरा समय था। इस थरथराते समय की हलचलों, बेचैनियों, तनावों और अन्तर्विरोधों को समेटने में एक ओर कविताएँ प्रदीर्घ होती जाती थीं और दूसरी ओर उनमें ऐसे अन्तराल प्रकट होते थे जो कविताओं को बीच-बीच में विखण्डित भी करते थे। मुक्तिबोध, राजकमल चौधरी या धूमिल कोई भी इसका अपवाद नहीं है। मलय की काव्यानुभूति इन्हीं बेचैनियों से बनी है। वह अपनी अनथक बेचैनी और गहन आत्मीयता से अपने समय को अधिक-से-अधिक समेट लेना चाहते हैं। इस समय में केवल उनकी अपनी निजी स्मृतियाँ ही नहीं हैं, उसमें समाज की सामूहिक स्मृतियों का बड़ा फलक है। वर्तमान

के अँधेरे कोने कुचाले भी और भविष्य की गूँज और स्वप्न भी। उसमें अदम्य आशा है तो गहरी स्वाभाविक मानवीय निराशा भी। उसमें अगर कहीं घर इतना बड़ा हो गया है कि आगत की भाषा का कोश रचा जा रहा है तो दूसरी ओर कवि का वह निपट अकेलापन भी है जिसमें कवि :

रात में अपनी ही जेब में भरे निकलता हूँ
तारों की सूखती पत्तियों का सन्नाटा
पेड़ों की खाँखड़ टहनियों की तरह
रह-रह कर चारों तरफ
झूलती है चुप्पी।

मलय की कविता सघन आवेगात्मक विवेक की एक ऐसी प्रदीर्घ कविता है जो अपने आपमें पूरी भी है और हमेशा ही अधूरी भी, या अधूरी-सी भी। यह महज संयोग नहीं कि उनकी एक लम्बी कविता का शीर्षक ही है—*निर्मुक्त अधूरा आख्यान।* इस पद में अधूरा और आख्यान दोनों ही शब्द उनकी कविता के चरित्र को समझने के बहुत आवश्यक और अनिवार्य शब्द हैं। इस कविता में एक अधूरा-सा पन भी है और वृहत आख्यानात्मकता भी। इन कविताओं में एक मेगा नरेटिव रचने की कोशिश है जैसी की उस दौर की अधिकांश कविताओं में दिखाई देती है। कई बार मुझे लगता है कि मलय की लम्बी कविताओं की बुनावट में सरितसागर जैसी आख्यानात्मकता है। जिसमें एक आख्यान में से दूसरा और दूसरे में तीसरा आख्यान शुरू हो जाता है और फिर कुछ दूर जाकर पहले के सूत्र वापस जुड़ते हैं। इस संरचना के चलते ही उनमें एक किस्म का उलझाव भी महसूस होता है। भारतीय आख्यान की यह परम्परा उनकी संरचना को चाहे थोड़ा जटिल बनाती हो लेकिन वह उसे बहुत देशज संस्कार से जोड़ती भी है। शायद इसी के चलते साठ के उस दौर में भी मलय की लम्बी कविताएँ अन्य कविताओं से अलग जान पड़ती है। वह मात्र नगरीय बोध या महानगरीय बोध की कविता नहीं है। उसमें हमारे छोटे-छोटे कस्बों और किसानी जीवन के बहुत सघन दृश्य भी मौजूद हैं। वह अन्तर्विरोधी युग्मों के सजग और सतर्क सन्तुलन की संरचना है। उसमें फंतासी और यथार्थ का ऐसा तालमेल है जो जीवन की व्यापक देह का बखान करने और उसके अन्तःकरण के आयतन को टटोलने का जोखिन भरा साहस करती है। उसमें चीजों और स्थितियों की आन्तरिक बुनावट को भेदने वाली आँख भी है और जीवन का एक भरा-पूरा सौन्दर्य भी। वह बनी ठनी, सहज सरल कविता नहीं है। उससे यह उम्मीद ही बेकार है। उसकी भाषा और शिल्प दोनों में ही वृहत जीवन से एकाकार होने के प्रतिफलन से उपजी बहुत आकर्षक अनगढ़ता भी है। जैसे वह हमारे भूगोल और सीढ़ीदार सामाजिक संरचना का एक साथ साक्षात्कार करती हो। इस अनगढ़ता के चलते ही वह अपनी निष्कलुष

आवेगधार्मिता में एक किस्म का एलियशन इफेक्ट भी पैदा करती है, जिससे वह पाठक की प्रज्ञा को बार-बार झिंझोड़ सके।

19 नवम्बर 1929 को मध्यप्रदेश के एक छोटे से कस्बे में जन्मे मलय हिन्दी के उन थोड़े से कवियों में हैं जिन्होंने कविता से बदलते परिदृश्य के साथ कभी अपनी चाल नहीं बदली। उन्होंने महाविद्यालयों में अध्यापन का काम किया लेकिन उनमें गाँव के व्यक्ति का जीवट बना रहा। वे बहुत सवेरे जाग जाते हैं। कुँए से पानी भरते हैं और झटपट तैयार हो जाते हैं। उनमें एक बहुत निश्छल मित्र भाव है। वे बहुत सरल हैं और बहुत शक्की भी। ताकत की तमाम संरचनाओं के प्रति वे बहुत शक्की हैं। उनमें अजीब-सी बेचैनी है और अजीब-सा उत्साह। हड़बड़ी इतनी कि एक वाक्य पूरा होने से पहले ही वे दूसरा वाक्य बोल लेना चाहते हैं। उन्होंने फेन्टेसी को लेकर लम्बे लेख लिखे और व्यंग्य के सौन्दर्यशास्त्र को लेकर एक बड़ा शोध कार्य किया। हालाँकि उनकी कविता में व्यंग्य की उपस्थिति लगभग नहीं है। मुझे लगता है साठ के उस दौर में नेहरू से मोहभंग और लोहियावाद के प्रभावों के चलते भारतीय समाज का जो आलोचनात्मक पाठ तैयार किया जा रहा था और कविता में जिस तरह की अतिनाटकीय भंगिमाएँ प्रकट हो रही थीं, उनसे मलय की कविता का स्वभाव बहुत भिन्न है। श्रीकान्त वर्मा ने इस भिन्नता के प्रति इशारा भी किया था। मुक्तिबोध ने नई कविता के आत्मसंघर्ष में नई कविता की दो धाराओं का उल्लेख किया है। मलय हमेशा कविता की उस धारा से जुड़े रहे जो जन के प्रति पक्षधर रही और प्रगतिशील जनवादी परम्परा से जिसके रिश्ते हमेशा अटूट रहे। इस धारा ने अपनी आधुनिकता के लिए परम्परा या लोकपक्ष की कभी अनदेखी नहीं की। मलय की कविता की लम्बे समय से अनदेखी की जाती रही लेकिन इससे न तो कभी वे विचलित हुए, न उन्होंने अपनी वैचारिक ज .मीन छोड़ी और न अपनी कविता में कभी आस्था को खोया। समाज की परिधि पर रह रहे व्यक्ति के सुख-दुःख, जीने और लड़ने की अदम्य शक्ति के प्रति गहरे भावनात्मक जुड़ाव के चलते उनकी कविता एक दर्शक कवि की नहीं एक शामिल आदमी की कविता है। उसमें साम्राज्य की कुटिलताओं के प्रति प्रतिरोध भी है और प्रतिरोध की शक्तियों में गहरा विश्वास भी। उसे पूरा भरोसा है कि *बेचैनी वक्त की चिन्ता से चुनौती तक उतरेगी ज़रूर :*

खटिया बुनवालों की गुहार
गाँव कस्बे शहर में
खोर-खोर गली-गली सड़क स्ट्रीट पर
काड़ी की तिनगी
या जुगनू-सी जलती है

बिछती है नक्शे की लम्बी रेखाओं में
झिलगू की टेर-टेर फर-फर फरफराती
नहीं बिखरती बेचैनी

अभी झिलगू पुकारता है
पुकारता है
पुकारता जा रहा।

मुझे लगता है कि वर्तमान परिदृश्य में शायद ही कोई और कवि होगा जो कविता में इस तरह आकंठ डूबा हो, जिसे मलय की तरह कविता से लगाव हो। श्रीकान्त वर्मा ने ठीक ही उनकी कविता को हिन्दुस्तानी निम्नमध्यवर्ग की आत्मकथा के बिखरे हुए टुकड़े कहा है। शायद यही कारण है कि मलय की एक कविता को दूसरी कविता से बहुत अलगाकर नहीं देखा जा सकता। वे एक वृहत आत्मकथा के बिखरे हुए टुकड़े हैं। वे सारी कविताएँ एक-दूसरे से मिलकर एक जीवन की कथा कहती हैं। मलय के यहाँ कोई भी चीज पूरी तरह स्वतन्त्र या स्वायत्त नहीं है जैसी कि वह जीवन में भी नहीं है। हर चीज और हर स्थिति एक-दूसरे से गुँथी बुनी है। विजय कुमार ने लिखा है कि *मलय वस्तुओं में अन्तर्निहित गतिशीलता को खोज लेने वाले कवि हैं। बहुत कुछ चाक्षुक, ध्वन्यात्मक, स्पर्श और स्वाद से जन्मा सच इन कविताओं से होकर लगातार गुजरता रहता है। जो कुछ भी सामने आता है वह हृदय की गहन आस्था और निष्कलुषता से पोषित एक विशुद्ध आवेगधर्मिता में तमाम चीजों को अपने साथ बहाये ले जाना चाहता है।*

मलय की चुनी हुई लम्बी कविताओं के इस चयन को एक साथ पढ़ना एक वृहत जीवन की आत्मकथा को पढ़ने जैसा ही अनुभव है।

बोलता हूँ अपने भीतर की सारी सच्चाई के साथ

[तालस्ताय और साइकिल]

कब्रिस्तान में पंचायत में एक दिलचस्प टिप्पणी है—*नई कविता के मंच पर भिखारी ठाकुर।* आरा जिले में गोष्ठी हो रही थी। शामियाने के एक सिरे पर खम्बे से पीठ टिकाए एक पगड़ीधारी वृद्ध व्यक्ति बैठा था जो बहुत ध्यान से गोष्ठी में हो रहे भाषण सुन रहा था। वे भिखारी ठाकुर थे। केदारनाथ सिंह ने उन्हें पहचान लिया और संयोजकों से आग्रह किया कि उन्हें मंच पर लाया जाए। कुछ अनुनय-विनय के बाद भिखारी ठाकुर को मंच पर लाया गया। *नई कविता के मंच पर भिखारी ठाकुर—यह दृश्य अकल्पनीय था, पर मेरे सामने घटित हो रहा था।* केदारनाथ सिंह की इस टिप्पणी को पढ़ते हुए मुझे अक्सर लगता है कि उनकी कविता के लिए अगर कोई रूपक बनाना हो तो शायद यह सबसे सही और सटीक रूपक होगा। अपने समकालीनों में केदारनाथ सिंह नई कविता की आधुनिकता से सबसे कम आक्रान्त कवि हैं। उनकी कविता के एक कोने में अक्सर भिखारी ठाकुर की उपस्थिति बनी रही है और अपने नए संग्रह तालस्ताय और साइकिल तक आते हुए वे न केवल शामियाने के एक कोने में खम्बे से पीठ टिकाये बैठे भिखारी ठाकुर को मंच पर ले आए हैं बल्कि माइक को उन्होंने उनके सामने कर दिया है और भिखारी ठाकुर अब बोलने भी लगे हैं। शायद इसीलिए लोक कलाकारों की सीधी-सादी पंक्ति उन्हें आज भी चमत्कृत करती हैं और उन्हें यह *कला की मूल प्रकृति को समझने की कुंजी की तरह लगती है।* केदारनाथ सिंह ने लिखा है कि *भिखारी ठाकुर के उस वक्तव्य के बाद हम भूल ही गए कि गोष्ठी नई कविता पर हो रही थी। पर मेरा ख्याल है, उस गोष्ठी का इससे बेहतर समापन नहीं हो सकता था—जो कि एक तरह से नई कविता के नएपन के पक्ष में दिए गए सारे तर्कों का सबसे सटीक उत्तर भी था।* उनकी आधुनिकता वस्तुतः इसी से अपनी खुराक प्राप्त करती है। शायद इसीलिए त्रिनीदाद में उस आदमी की आवाज़ में जिसकी स्मृति में देश का भूगोल गड़बड़ा चुका है लेकिन उसकी आवाज़ की खनक में किसी भूली हुई सुदूर भोजपुरिया धुन को भीड़ न केवल उनके कान सुन लेते हैं। केदारनाथ सिंह दो शब्दों का इस्तेमाल करते हैं अकल्पनीय और घटित होना। ये दोनों

ही पद उनकी कविता के स्वभाव की निर्मिति करते हैं। उनकी कविता में चीजें या स्थितियाँ घटित होती हैं। शायद इसीलिए वे हर विस्तार के बोझ से अपने को पहले ही मुक्त कर लेती हैं। ये स्थितियाँ या चीजें अकल्पनीय लगती हैं, क्योंकि वे या तो लगभग विपरीत होती हैं या होने का आभास देती हैं। इन परस्पर विरुद्धों के एक जगह होने से ही शायद हमारे समय का रूपक पूरा होता है और सबसे सटीक उत्तर प्राप्त होते हैं। वह बहुत ज्यादा जीवन के उन छोटे-छोटे ब्यौरों में नहीं जाते जिनसे जीवन बना है। जीवन उनके यहाँ घटित होता है। जीवन का एक उत्सव घटित होता हैं। उनकी कविता ऐहिक और रोज़मर्रा के जीवन की छवियों को अपनी गहन आत्मीयता के ताप से सम्पन्न और सुन्दर बना देती है। *जे एन यू में हिन्दी* केदारनाथ सिंह के कवि स्वभाव, उनकी भाषा और कविता के स्वभाव की निर्मित को समझने के लिए एक महत्त्वपूर्ण कविता है। लोक और आधुनिकता का द्वैत केदारनाथ सिंह की एक केन्द्रीय चिन्ता रही है। यह द्वैत हमेशा दोनों को विरुद्धों की तरह ही नहीं देखता, उनके बीच एक सम्बन्ध का तार भी है :

इस पत्थर से आज भी
एक पसीने की गन्ध आती है
जो शायद उस पहले लकड़हारे के शरीर की
गन्ध है—
जिससे खुराक मिलती है
मेरे परिसर की सारी आधुनिकता को।

उससे उनकी ही नहीं पूरे परिसर की आधुनिकता सम्पन्न होती है। लेकिन यह सम्बन्ध दूसरे स्तर पर व्यक्तित्व में एक ऐसी फाँक भी पैदा करता है जिसमें वह अंगौछे वाला आदमी जो किसी घर का नम्बर खोज रहा था चला जाता है और कवि भी औरों की ही तरह चुप रह जाता है सिर्फ उसकी हिन्दी ही है जो भरे परिसर में अकेली ही चिल्लाती रह जाती है। यह द्वैत ही कई बार बड़े शहर और छोटे शहर में या गाँव और शहर के द्वैत की तरह भी सामने आता है। कब्रिस्तान में पंचायत में कई टिप्पणियों में इसे देखा जा सकता है। एक टिप्पणी *छोटे शहरों के जीवन की लय* में एक वाक्य है कि *छोटे शहरों के जीवन की लय भारतीय जीवन की अपनी लय है। शहरबदल* कविता में यही विचार एक दूसरे अन्दाज़ में दिखाई देता है :

लेकिन दुनिया शायद उन्हीं छोटे-छोटे शहरों के
ताप से चलती है
जिन्हें हम आप नहीं जानते।

लेकिन केदार सिर्फ इस ताप को या इस लय को ही नहीं देखते वह छोटे

शहर में एक साथ घटित अलग-अलग समयों को भी देखते हैं। इस छोटे शहर का एक संगीत है जो पिपहरी से शुरू होता है। ट्रकों की ताल पर चलता है। इसमें हवा की मुकरियाँ हैं और बैलगाड़ियों की मूर्छना भी। धूल से उठते लम्बे आलाप हैं और दोपहरी की पसिंजर की एक विलम्बित तान भी। इस दुर्लभ वाद्यवृन्द से बजते महाजीवन में सब कुछ अच्छा ही नहीं है। इससे कवि को झुँझलाहट भी होती है क्योंकि यहाँ जो लोग हैं उनके घुटनों में एक विकट और अथाह धीरज है। वे इन्तजार करते हुए खड़े रह सकते थे सुबह से शाम तक। उनकी हँसी में गूँजता है सदियों का संचित हाहाकार। केदारनाथ सिंह की नज़र जीवन की लय और उसमें यथास्थिति के ठहरेपन दोनों पर है। केदारनाथ सिंह की कविता पर बात करने के लिए कई बार लेकिन की आवश्यकता होती है। क्योंकि वे एक दृश्य को दिखाने के बाद उसकी दूसरी तरफ का बखान करने लगते हैं। उनकी कविता अक्सर सुन्दरता का बखान करती या चीजों को अक्सर सौन्दर्यात्मक बनाती प्रतीत होती है लेकिन हमारे इस महाजीवन के अँधेरे कोने कुचाले भी वहाँ हैं। हमारे दुःख और हाहाकार भी।

2

पर देखिए न
लिखते-लिखते अचानक याद आया
समरकन्द के एक गड़रिए का एक ज़रूरी सन्देश
न जाने कब से पड़ा है मेरे थैले में
जिसे पहुँचाना था कुशीनारा के पास के
किसी छोटे से गाँव में
और ऐसा भुलक्कड़ हूँ कि झुका हुआ बैठा हूँ
मोमबत्ती के सामने
और पूरी कर रहा हूँ वह कविता
जिसे लिखना शुरू किया था मेरे किसी पुरखे ने
शायद सदियों पहले।

[अपनी खबर]

मुझे कई बार लगता है कि केदारनाथ सिंह की कविता पाठक से अकेले में भी सस्वर पाठ का आग्रह करती है। उसमें कुछ ऐसा है जो कान से सुने जाने के बाद ही अपने पत्ते खोलता है। उनके वाक्य में ध्वनि की एक ऐसी लीला है जो कविता के मन-ही-मन में चुपचाप पढ़ लिए जाने से पूरी तसल्ली नहीं पाती। उसकी आवाज़

जितनी पास से आती हुई महसूस होती है उतनी ही दूर से...बहुत दूर से आती हुई भी महसूस होती है। वह एक परिचित, एक आत्मीय से बतियाने का अहसास भी कराती है और उसी समय वह कहीं दूर से आती एक पुरखे की आवाज़ भी लगती है। शायद यही कारण है कि केदार जिस कविता को आज लिख रहे हैं उन्हें लगता है कि वह उसी कविता का अगला हिस्सा है जिसे उनके किसी पुरखे ने लिखना शुरू किया था। मुक्तिबोध की पंक्ति है कि कहीं भी खत्म नहीं होती कविता...। इस निरन्तरता के चलते ही वह समयों को पीसकर बराबर कर देते हैं। और वहाँ सारा समय इस तरह एक जगह आ जाता है :

कि आपको लगेगा जैसे ब्रह्मसूत्र
पढ़ रहा है मुक्तिबोध को
और शाकुंतल का हिरन
कुछ कह रहा है पद्मावत के तोते से
और बीजक का कोई पद
किसी पोथी से छिटककर
मनु से बहस कर रहा है
और रासो की कोई सबसे पुरानी प्रति
धीरे-धीरे गुनगुना रही है
किसी युवा कवि की अप्रकाशित कोई कविता।

[पांडुलिपियाँ]

इसी के चलते उन्हें लगता है कि थेरीगाथा की वे सबसे बेचैन करनेवाली पंक्तियाँ उनकी नब्बे वर्षीय माँ ने लिखी हैं जो थेरीगाथा को बिल्कुल नहीं जानती। केदारनाथ सिंह की कविता का वाक्य चाहे पूरी तरह वाचिक का वाक्य न हो लेकिन पूरी तरह वह लिखित भाषा भंगिमा का वाक्य भी नहीं है। उसमें बोलने-बतियाने, पुकारने या कहते हुए चले जाने के स्वर परिवर्तनों, स्वर के आरोह अवरोह को, थोड़ा-सा कान देकर सुनने की कोशिश करने से सुना जा सकता है। क्लासिक कविता की तरह उसके पास सिर्फ विशिष्ट बिम्ब और गहन आत्मीयता ही नहीं एक ऐसी आवाज़ भी है जो छांदिक कविता की तरह हमारी स्मृति में अपनी जगह बना लेती है। यह वह लय है जो निरगुनिया के इकतारे में सुनाई देती है लेकिन जो ढाबे में बची राख और गलियों के शोर-शराबे से खोजी गई है। केदार उन विरल कवियों में से हैं जिनकी पंक्तियों को कविता की पंक्तियों से अलग स्वरलिपियों की तरह भी पढ़ा जाना चाहिए, जिससे हम उनकी पंक्ति की लय और उसकी आवाज़ में अन्तर्निहित अर्थ तक पहुँच सकें। उनकी कविता के वाक्य, छन्दों की व्याकरण से पद उधार लेकर कहूँ तो लघु गुरु कदमों को नाप तौल कर रखते हुए एक

संयमित गति अपने लिए ईजाद करते हैं। एक वाचिक सतर्कता से संवेदित सतर्कता। भाषा में अन्तर्निहित आवाज़ों के पेटर्नस् को पकड़ने का जैसा चौकन्नापन केदारनाथ सिंह में दिखाई देता है वह उन्हें एक साथ त्रिलोचन और नागार्जुन का सगोत्रीय बना देता है।

3

मुझे लगता है कि केदारनाथ सिंह का कविता पाठ सुनने के बाद उनकी कविता के सौन्दर्य को ज्यादा बेहतर ढंग से जाना जा सकता है। उनके वाक्य के बलाघात और स्पेस की चुप्पी तब शायद ज्यादा समझ में आते हैं। इस संग्रह को पढ़ते हुए सबसे पहली बात शायद यही महसूस होती है कि कवि लिखना नहीं बोलना चाहता है। अपनी ओर से नहीं दूसरों की ओर से। ऐसे अनेक प्राणियों की ओर से जिनके पास भाषा और आवाज़ नहीं। केवल जीवितों की ओर से ही नहीं मृतकों और चीजों की ओर से भी। एक अर्थ में वह अपनी ओर से कम और दूसरों की ओर से अधिक बोलने वाली कविता है। इस तरह भी यह कविता नई कविता से एक अर्थ में अपने को अलग करती है।

तालस्ताय और साइकिल संग्रह का नान्दीपाठ जिस पंक्ति से होता है, वह है :

मैं उनकी तरफ से बोल रहा हूँ
जो चले गए हैं काम पर

ये वही लोग हैं जिनके बारे में *एक अधूरी कविता* में पंक्ति आती है कि *काम पर जाते हुए लोग दुनिया के सबसे सुन्दर लोग होते हैं*। यह कविता सबकी तरफ से बोलना चाहती है। नागासाकी में अकेली बच गई चींटी की तरफ से। मोढ़े की ऊब, झाड़ू की उदासी, राख की यातना और यहाँ तक कि उन दीवारों की ओर से जिनमें वह खुद बन्द है। इसे देखना है और बोलना है। लेकिन अपनी तरफ से बोलने की अनुमति इसको नहीं है। बोलने की कई भंगिमाएँ इन कविताओं में हैं। कभी वह पानी की तरह बोलता है। कभी वह पाण्डुलिपियों की तरह बोलना चाहता है। इन कविताओं में बोलना शब्द जितना महत्त्वपूर्ण है उतना ही बोलने की, और बहुत सारे लोगों और चीजों की ओर से बोलने की ललक भी। इस समय जब छवियों के साम्राज्य ने मनुष्य के बोलने-बतियाने को और सार्थक आवाज़ों को लगभग अपदस्थ कर दिया है, जब बोलियाँ अवाक् और खुले होंठ निस्तब्ध हैं तब इन कविताओं में बोलने की इच्छा को ज्यादा गहरे अर्थ में समझे जाने की ज़रूरत है। कविता और बाज़ार के बीच टक्कर से कवि का रोमांचित होना

और विश्व बाजार के बढ़ते आतंक के बीच एक कवि की भूमिका को अपनी खबर कविता में देखा जा सकता है। अरुण कमल ने ठीक ही लिखा है कि *ये कविताएँ इंगित की कविताएँ हैं, विस्फार की नहीं।*

4

केदारनाथ सिंह की इन कविताओं को पढ़ते हुए यह बात शिद्दत से महसूस होती है कि ये एक भटकते हुए कवि की कविताएँ हैं। घुमक्कड़ कवि की कविताएँ। इनमें न जाने कितनी यात्राएँ हैं और न जाने कितनी जगहें। त्रिनिदाद, जर्मनी, तिब्बत, चीन, यास्नाया पोलियाना कुशीनगर, पडरोना, काशी और न जाने कितनी गलियाँ, बाजार और जाने-अनजाने ठिकाने। लेकिन ये सिर्फ देशों, शहरों या जानी अनजानी जगहों की यात्राएँ भर नहीं हैं। ये न जाने कितनी स्मृतियों और इतिहास के प्रसंगों के बीच की गई घुमक्कड़ी है। ये समय के साथ बिछड़ गए न जाने कितने इब्राहिम मियाँ ऊँटवालों की खोजखबर लेती यात्राएँ हैं। इसमें न जाने कितने लोग हैं, वृक्ष हैं, जानवर हैं और अनेक ध्वनियों की स्मृतियाँ भी हैं। एक हकासे पियासे जानवर के चभर-चभर पानी पीने की अशिष्ट आवाज़ और रस्सियों से बाँध कर घिरे हुए सुअर की चीखें। धूल झाड़कर इतिहास में प्रवेश कर गई तालस्ताय की साइकिल हर आदमी का पीछा करती घंटी बजाकर बाहर निकलने का रास्ता खोज रही है। बर्लिन की टूटी दीवार अपने ही महाद्वीप में उठी एक अदृश्य दीवार की याद दिला रही है। कवि का पीछा करना शुरू करो तो वह स्मृतियों की कई परिचित-अपरिचित गलियों में आपको ले जाएगा। लेकिन इन कविताओं में घुमक्कड़ी के शास्त्र का जो शिल्प है उसकी एक खूबी यह भी है कि वह सारी स्मृतियों, जगहों और इतिहास के या अपने सांस्कृतिक वैभव के प्रसंगों में घूम-फिरकर वापस उसी बिन्दु पर लौट आता है जहाँ से वह चला था। कवि को एक खूबसूरत घोंसला मिलता है और वे जाने कितने पक्षियों के घोंसलों को याद करते हुए मनुष्य के नैसर्गिक जीवन में खड़ी कर दी गईं देशों और सीमाओं की दीवारों को याद करता है। पक्षियों के नैसर्गिक जीवन में वो सीमाएँ नहीं हैं। वह अकादमिक अध्ययनों और जड़ इतिहासों पर टिप्पणी करते हुए एक पवित्र नैसर्गिक जीवन की गरिमा को बचाने के पक्ष में खड़ा दिखाई पड़ता है।

5

मुझे अक्सर लगता है कि एक समय में सबसे महत्त्वपूर्ण और प्रामाणिक कवि वे होते हैं जो अपने मानवीय स्वभाव और काव्यस्वभाव को लगभग एकमेक कर लेते

हैं और बिना किसी बात की परवाह किए हुए अपने काव्य स्वभाव की आत्यन्तिकताओं तक चले जाते हैं। या कहें कि पहुँच जाते हैं। ऐसे कवि एक ही समय में होते हुए भी एक-दूसरे से बहुत भिन्न और कभी-कभी तो अपने काव्य स्वभाव में एक-दूसरे से लगभग विपरीत नज़र आ सकते हैं। जैसे नागार्जुन और शमशेर। या मुक्तिबोध और अज्ञेय। शायद उसी तरह जैसे केदारनाथ सिंह और रघुवीर सहाय...।

केदारनाथ सिंह के इस संग्रह की कविताएँ एक हद तक इसी बात का साक्ष्य हैं।

कुछ कवि और कुछ और किताबें

न कहने और कहते चले जाने की आसानी के विरुद्ध

[मनमोहन की कविता : एक नितान्त निजी टिप्पणी]

मनमोहन की कविता पढ़ते हुए भी लगता है जैसे बहुत धीमी आवाज़ में आप उसे सुन रहे हैं। उसने लिखित में जैसे एक वाचिक को ईज़ाद कर लिया है। छपे हुए शब्दों में जैसे एक आवाज़। उसमें एक अजीब-सा धीरज है और अपनी आवाज़ का एक ऐसा तापक्रम उसने अर्जित कर लिया है जिसका पारा बहुत ऊपर-नीचे नहीं होता। एक ऐसा अविचलन उसकी पूरी बनक में है जो धीरे-धीरे विचलित कर डालता है। *आसानियाँ और मुश्किलें शीर्षक से* एक छोटी-सी कविता की प्रारम्भिक पंक्तियाँ हैं :

न कहना आसान है
और कहना मुश्किल

लेकिन कहते चले जाना
न कहने जैसा है
और काफी आसान है।

इसे मनमोहन की कविता का लगभग मूल स्वभाव माना जा सकता है। वह न कहने की सुविधा जानता है, कहने की मुश्किल को वहाँ लगातार महसूस किया जा सकता है लेकिन कहते चले जाने की आसानी भी उसे न केवल पता है बल्कि वह भरसक इस आसानी से बचने की कोशिश करता है और ऐसी किसी भी आसानी को वह कविता में अपने पास फटकने की इजाज़त नहीं देता। उसकी कविता बतकही और भाषा की फिजूलखर्ची के प्रति बेहद चौकन्नी कविता है। वह मुख्य बिन्दु से पल-भर को भी अपनी नज़र नहीं हटने देती। वह इधर-उधर घूमने निकल जाने की छूट नहीं लेती न ऐसी छूट पाठक और श्रोता को देती है। उसमें बहकने, भटकने या कभी-कभी इर्रेशनल हो जाने से बने अन्तराल या स्पेसेस नहीं हैं। लेकिन कहते चले जाने की आसानी के इंकार से स्वतः ही कई स्पेसेस कविता में आविर्भूत हो गए हैं। इस अर्थ में यह कविता-अकविता का लगभग विलोम है। अपने भाषिक व्यवहार में भी और अपने वैचारिक व्यवहार में भी। एक एक्यूरेट और सुनिश्चित

कविता भाषा को अर्जित करने की कोशिश मनमोहन में है। इसी के चलते उसने संवेदना के खास इलाकों और भाषा के विन्यास में कई तब्दीलियों को सम्भव किया है। उसमें किसी किस्म के कोलाहल या वाचालता की गुंजाइश लगभग नहीं है। वह गुस्से के बनिस्बत क्षोभ की कविता है जिसमें उम्मीद और उदासी दोनों एक-दूसरे की बगलगीर हैं। लेकिन उसमें *आँसू निरा आँसू नहीं है, कोई कठिन* निष्कर्ष *है* जिसमें *पराजय में जो बची रही गरिमा और शोक में जो बचा रहा प्यार,* दोनों को एक ही पल में एक साथ देखा जा सकता है। इस कविता को एक दूरी बनाकर देखना या सुनना सम्भव नहीं है। उसकी आत्मीयता के पहिले घेरे में खड़े होकर ही हम उसे छू सकते हैं। मैं नहीं जानता कि वह क्या जादू है कि मनमोहन सादे और लगभग बोलचाल के शब्दों को अपनी कविता के अक्सर बहुत छोटे वाक्यों में रखकर, कैसे उन्हें लगभग इतना वेटलैस...इतना निर्भार बना देते हैं। वाक्य में शब्द को रखने का यह कौशल बहुत कम कवियों को नसीब होता है। मनमोहन में भाषा को न तो अतिरिक्त काव्यात्मक बनाने की कोशिश है, न बिम्ब बनाने की। वहाँ भाषा एकाएक विस्मित तो करती है लेकिन इस विस्मय के लिए वह कोई बाहरी कौशल या उपकरण का इस्तेमाल नहीं करती। उसका मत है कि *हर बार रूपक ढूँढ़ना या गढ़ना मुमकिन नहीं होता*। यह कविता इसकी अतिरिक्त कोशिश भी नहीं करती। उसमें अनुभव, अनुभूति और प्रतीति की एक एक्यूरेसी है। शुद्धता के अर्थ में नहीं। जितना जरूरी है उतने ही को व्यक्त किए जाने के अर्थ में। याने कहते चले जाने की आसानी से बचने के अर्थ में। बहकने की वहाँ मुमानियत है पर भाषा या अन्तर्वस्तु के साथ प्ले करने की गुंजाइश है। मनमोहन को यह हुनर खूब आता है। कई बार तो वे इतने महीन हुनर दिखलाते हैं कि उनकी उस्तादी से रश्क किया जा सकता है। प्ले को लेकर किसी तरह का संकोच या अन्तर्बाधा मनमोहन में नहीं है। जो संकोच कई बार उसकी कविता में महसूस होता है वह भाषा की आवाज़ के तापक्रम के कारण महसूस होता है। उसमें कहीं किसी किस्म की हिचकिचाहट नहीं है।

2

लगभग उन्नीस सौ तिहत्तर या चौहत्तर की बात है, चन्द्रभूषण तिवारी ने आरा से एक पत्रिका निकाली थी—*वाम*। वाम का दूसरा अंक आया था। इस अंक में आलोकधन्वा की चर्चित कविता *जनता का आदमी* प्रकाशित हुई थी। चारों ओर उस कविता की चर्चा थी। नक्सलबाड़ी आन्दोलन से जुड़ी कविता के भाषिक और वैचारिक व्यवहार का यह सबसे प्रामाणिक उदाहरण था। हिन्दी कविता के क्षेत्र में उसे नक्सल कविता का लगभग घोषणापत्र मान लिया गया था। हो सकता है यह एक हद तक अतिकथन हो लेकिन ऐसे अनेक अतिकथन उस कविता के बारे

में उस दौर में और उसके बाद भी बोले जाते रहे हैं। मुझे ऐसे कथन अतिकथन नहीं लगते, मुझे लगता है जो केन्द्रीय रूपक नक्सल कविता ने अपने लिए ईजाद किया था उसे अपनी पूरी सामर्थ्य के साथ इस कविता में पढ़ा जा सकता था। क्रान्ति के उस पूरे विमर्श ने जिस तरह की भाषा, ऐन्द्रिकता और बिम्ब को रचा था उसे उसकी पूरी वाग्मिता के साथ इस अकेली कविता में देखा जा सकता था। इस कविता की चर्चा का यही कारण भी था। एक ओर जनता का आदमी की चर्चा थी लेकिन साथ ही वाम के इसी अंक के अन्तिम पृष्ठों में एक नए कवि की दो छोटी-छोटी कविताएँ प्रकाशित की गई थीं। एक थी *गाँव का स्कूल और दूसरी रेलगाड़ी।* ये कवि थे मनमोहन। जनता का आदमी के साथ ही लोग इन कविताओं की भी चर्चा करते। यह थोड़ा आश्चर्यजनक था। क्योंकि अपने स्वभाव और अपनी आवाज़ के तापक्रम में मनमोहन की कविताएँ जनता का आदमी से आत्यन्तिक रूप से अलग थीं। लगभग दूसरे छोर पर खड़ी कविताएँ। दोनों कविताएँ राजनीतिक प्रतिबद्धता में सगोत्रीय थीं लेकिन अपने काव्य व्यवहार में दोनों एकदम अलग थीं। समाज के वास्तविक अन्तर्विरोध और उनकी द्वन्द्वात्मकता की समझ को दोनों ही कवि अपने-अपने ढंग से समझ रहे थे। दोनों कवियों के स्वभाव एकदम अलग थे इसलिए स्थितियों के भीतर की द्वन्द्वात्मकता को उपयोग करने का ढंग भी दोनों का भिन्न था। मनमोहन की ये कविताएँ और लगभग इसी के आसपास 'सिर्फ' में आईं अरुण कमल की कविताएँ या थोड़ा और आगे-पीछे छपीं विष्णु नागर की 'मैं फिर कहता हूँ चिड़िया' नामक बुकलैट की कविताएँ, कविता के दृश्य में आ रहे परिवर्तन की सूचना दे रही थीं। आठवें दशक में आ रही इस कविता में वैसी मुखरता, वैसी वाग्मिता नहीं थी जो नक्सल दौर की कविता के पास थी। इस कविता की राजनीति का मुहावरा एक किस्म के पर्सलन से होकर गुजरता था। इस कविता का पर्सनल भी पोलेटिकल था। क्रान्ति और राजनीतिक यथार्थ की एक हद तक मनोगत समझदारी और बड़बोली घोषणाओं से ये कविताएँ बाहर आ चुकी थीं। भारतीय समाज के संरचनात्मक ढाँचे और उसके मूल अन्तर्विरोधों की ज्यादा विश्लेषणात्मक समझदारी इन कविताओं में बिना कोई हो-हल्ला किए प्रकट हो रही थी। इसने अपने उपकरण और अपनी भाषा ही नहीं, कहने के कई ढंग भी अपने पास-पड़ौस से पाए थे। नायकों की विदाई हो चुकी थी। जाने-पहचाने हाड़-मांस के चरित्र कविता में आ रहे थे। इस कविता में हमारे बोलने-बतियाने के ढंग थे। हमारी बोली बानी थी। लेकिन पहली बार शायद यह हिन्दी कविता का ऐसा दौर था जिसने न तो अपने से तत्काल पहले की कविता का निषेध किया न अपनी पहले की परम्परा का। इसने हिन्दी कविता के विशाल समुद्र के तट से अपने शंख सीपी चुने थे और गहराई में धँसकर अपने कोरल्स इकट्ठे किए थे। इसका घरबार और कुटुम्ब काफी बड़ा था

और उसमें अलग-अलग आन्दोलनों के घरघूले नहीं बने थे। मनमोहन आठवें दशक की कविता के एक ऐसे कवि हैं जिन्होंने नक्सल कविता के बाद आ रहे इस परिवर्तन में प्रारम्भिक और ज़रूरी भूमिका अदा की। कहा जा सकता है कि मनमोहन, अरुण कमल, विष्णु नागर आदि आठवें दशक की कविता में एक किस्म के ट्रेंड सेंटर पोएट हैं।

भारतीय राजनीति में सत्तर का दशक काफी उथल-पुथल और बेचैनी से भरा रहा है। भारतीय राजनीति में उसके प्रभावों की गूँज बहुत दूर तक बनी रही है। बल्कि कुछ हद तक वह अभी तक बनी हुई है। भारतीय समाज की संरचना और उसकी राजनीति को व्याख्यायित करने के लिए शायद हमेशा ही उसके सन्दर्भों की आवश्यकता बनी रहेगी। आठवें दशक की कविता में व्यापक रूप से उस दौर में हो रहे सामाजिक सांस्कृतिक परिवर्तनों का साक्ष्य पाया जा सकता है। यह कविता, कविता के बने-बनाए खाँचों से बाहर आ रही थीं। सिर्फ मूल्य के स्तर पर नहीं, अपने भाषिक और शैलीगत व्यवहार में भी यह एक जनतान्त्रिक कविता थी। सम्भवतः पहली बार हिन्दी की मुकम्मिल जनतान्त्रिक कविता। उसका काम उन पदों से नहीं चल सकता था जो पहले की कविता को व्याख्यायित करने के लिए रचे गए थे। राजनीति की वह समझ जो साठोत्तरी दौर और नक्सलबाड़ी दौर में बनी थी, से इस कविता का काम चल पाना सम्भव नहीं था। भारतीय जनतन्त्र को समझने के लिए एक ज्यादा क्रिटीकल समझ की जरूरत थी। रघुवीर सहाय के पास इस जन्तन्त्र को व्याख्यायित करने का जो ऐजेण्डा था, जो समझ थी वह एक हद तक तो काम आती थी। पर सत्तर के बाद के दृश्य को समझने के लिए शायद एक अलग समझदारी की जरूरत थी। सत्तर के बाद का भारतीय जनतन्त्र और सांस्कृतिक परिदृश्य ही आठवें दशक की कविता का मुख्य ऐजेण्डा था। इस कविता की एक बड़ी दुविधा यह थी कि इसे इस जनतन्त्र का क्रिटीक भी तैयार करना था, प्रतिरोध की भूमिका भी निभानी थी और तात्कालिक रूप से बढ़ते तानाशाही और फासीवाद के खतरे से लड़ने के लिए इसी जनतन्त्र को बचाना भी था। हम जिसके विरुद्ध थे उसे बचाने की जिम्मेदारी भी हमें ही निभानी थी। मनमोहन की कविता से उधार लेकर कहूँ तो 'सीझने और नष्ट होने,' 'पुलक के साथ खुलने और टूट-फूट जाने' की द्वन्द्वात्मक प्रक्रिया से इस कविता को गुजरना था। यह द्वैत इस पूरी कविता के भीतर बना हुआ था। ज्यादा जटिल राजनीतिक दायित्व इस कविता के सामने थे। मनमोहन की कविता में एक अचूक दायित्वबोध दिखाई देता है। जो मनमोहन की कविता की ताकत भी है और कहा जा सकता है कि उसी के चलते कई बार लगता है कि मनमोहन की कविता अपने को कम स्वतन्त्र कर पाती है—भीतर से। विट और द्वन्द्वात्मकता का अद्‌भुत उपयोग उसकी कविता में देखा जा सकता है। अपनी राजनीतिक कविताओं में वह राजनीति के

तात्कालिक सन्दर्भों में धँसते हुए, उनका अतिक्रमण करके मूल राजनीति के आशयों और उसके मूल अन्तर्विरोधों और सम्बन्धों तक पहुँच जाता है। कविता फिर भी अपने तात्कालिक संदर्भ को छोड़ती नहीं है। आपातकाल के दौर में मनमोहन की एक कविता की बहुत चर्चा हुई—*आ राजा का बाजा बजा। यूँ खलील खाँ फाख्ताएँ नहीं लौटेंगी और बिल्ली आ गई है मुँडेर पर* जैसी कविताएँ भी इस सन्दर्भ में याद की जा सकती हैं। मनमोहन एक कठिन समय को कैसे अपनी कविता में आपरेट करते हैं यह देखना बहुत कारगर हो सकता है। दुर्भाग्य से आपातकाल जैसे कठिन समय में अभिव्यक्ति के कितने कौशल और कितनी हिकमतें कविता ने ईजाद कीं इस पर हमारी आलोचना ने तो कोई काम नहीं किया, हमारे कवियों ने भी इस पर चुप्पी साध रखी है।

3

मनमोहन की एक कविता है *विस्मृति*। इसकी पहली पंक्ति है *एक दिन उसने पानी को स्पर्श करना चाहा* और इसी कविता की अन्तिम पंक्ति है *पानी की कोई स्मृति अब उसके पास नहीं है*। इस कविता को पढ़ते हुए रघुवीर सहाय की एक पंक्ति की स्मृति कौंध जाती है कि मन में पानी के कई संस्मरण हैं। हालाँकि दोनों पंक्तियाँ एक-दूसरे से लगभग विपरीत हैं। प्रश्न रघुवीर सहाय को याद करने का नहीं दृश्य के बदल जाने का है। बात सिर्फ पानी के स्पर्श तक महदूद रहने की नहीं है। हर चीज का स्पर्श बदल रहा है। क्योंकि स्पर्श से स्पर्श अलग हो चुका है और सिर्फ प्यास रह गई है। यह एक प्रौद्योगिकीय समय का दृश्य है :

जिस तरह प्लास्टिक और पॉलीथीन हमारी नई सभ्यता है
जो अजर अमर हो गई है
चर्बी हमारी नई कल्चर है
जो इतनी नई भी नहीं है
आप देख सकते हैं यह हमारी आँखों के आस-पास सहज ही जमा हो जाती है।
या गालों पर
या गलपुड़ों में उतर जाती है।

यह प्लास्टिक और पॉलीथीन की नई सभ्यता है। इसमें प्लास्टिक और पॉलीथीन दोनों अजर-अमर हैं। प्रसंगवश यह देखना दिलचस्प होगा कि मनमोहन मुहावरों को सीधे इस्तेमाल नहीं करते, मुहावरा पंक्ति के अन्दर छिपा होता है, थोड़ा आँका-बाँका होकर और पंक्ति को पढ़ते ही वह हमारी स्मृति में कौंध जाता है। चर्बी चढ़ना ऐसा ही एक मुहावरा है और आँखों पर चर्बी चढ़ना भी। नई सभ्यता और संस्कृति के सन्दर्भ में इन मुहावरों के अर्थ मनमोहन की कविता में और अधिक व्यापक हो जाते हैं। मनमोहन

थोड़े तिर्यक ढंग के राजनीतिक कवि हैं। बहुत साधारण-सी दिखती चीजों या घटनाओं के हमारे मन और स्मृति पर पड़ने वाले प्रभाव और हमारे व्यवहार में होने वाले परिवर्तन के बहुत बारीक ब्यौरे उनकी कविता में दर्ज़ होते हैं। प्लास्टिक की खुशामद जैसी कविता हमारे जैसे बहुत कम में हमारे पूरे व्यवहार का रूपक बन जाती है।

स्मृतियाँ मिट जाएँगी
लेकिन प्लास्टिक रहेगा
और वे स्मृतियाँ जो प्लास्टिक की बनी हैं।

इसी कविता में आगे की पंक्तियाँ हैं—

यों 'इस्तेमाल करो और फेंक दो'
यह प्लास्टिक की ही संस्कृति है

लेकिन मनमोहन इसे भी स्पष्ट करने से नहीं चूकते कि यह सिर्फ प्लास्टिक की कुछ चीजों पर ही लागू होती है पूरे प्लास्टिक पर नहीं। मनमोहन तर्क को उसकी पूरी गोलाई तक ले जाते हैं, उसकी पूरी परिणति तक, उसे बीच में नहीं छोड़ते। विचार को अधबीच छोड़ना उनकी आदत नहीं है।

आठवें दशक के जिस राजनीतिक और सांस्कृतिक दृश्य को मनमोहन ने अपनी कविता का एजेण्डा बनाया था, वर्तमान दृश्य उसका सबसे भयावह विस्तार है। यह खुल्ले साँड की तरह दौड़ते मुक्त बाजार का समय है। पॉलीथीन और प्लास्टिक की सभ्यता का समय है। यूज़ एण्ड थ्रो की संस्कृति का समय है। यह एक ऐसा समय है जिसमें असहमति बर्खास्त/असहमत बर्खास्त/ और फिर सभा बर्खास्त' हो चुकी है। इसमें अगर जनता से डर हो तो जनता बर्खास्त। आपातकाल वाली कविताओं और इन कविताओं के बीच एक महीन-सा सम्बन्ध दिख सकता है। संस्कृति में यह समय एक धार्मिक विद्रूप की तरह प्रकट हो रहा है :

कितना महान सांस्कृतिक दृश्य है
हत्याकांड सम्पन्न करने के बाद हत्यारा भीड़ भरे
घाट पर आता है
और संस्कृत में धारावाहिक स्तोत्र बोलता हुआ
रुकी हुई यमुना के रासायनिक जहर में
सौ मन दूध गिराता है।

भारतीय संस्कृति नाम की इस कविता में ही एक पंक्ति है हमारे विकास ने जो जहर छोड़ा ज़मीन की तहों में बस गया है। इस पंक्ति में हमारे समय में विकास की अवधारणा को लेकर हो रही नई बहस की अनुगूँज को सुना जा सकता है। हिन्दुत्व को ही जिस तरह संस्कृति का पर्याय बनाया जा रहा है उसके भयावह दृश्य को *कार्तिक स्नान* कविता में भी देखा जा सकता है। यह सभ्यता, यह संस्कृति

इसका राष्ट्र-राज्य ऐसा है जिसमें आधी से ज्यादा आबादी जहाँ खून की कमी की शिकार थी वहाँ खून के खुले खेल खेले जा रहे हैं। और बस्तियों को जलाकर खूब उजाला किया जा रहा है। इसमें द्विजों का उपनयन संस्कार होता है तो दलितों का उद्धार हो जाता है। और लगे हाथ कारीगरों, शिल्पियों, दर्जियों, बुनकरों और पतंगबाजों, नानबाहियों, कुंजड़ों और हम्मालों का श्राद्ध भी हो जाता है।

बहुत धीमी आवाज़ और बहुत कम-कम बोलने वाली यह कविता हमारे समय के बहुत भयावह दृश्य को अपने में समेटे हुए है। वह हमारे समय की भयावहता से डराने के बजाय उसके बारे में एक सही समझदारी पैदा करने की कोशिश करती है। कौंचते हुए और कभी-कभी कुछ छेड़छाड़ करते हुए।

4

मनमोहन की कविता के कई-कई रंग हैं। कई बार छन्द का अहसास कराती और कई बार उसके भीतर से एक नया रास्ता खोजती-सी भी। अपने नितान्त निज और बाहर के दृश्य के बीच एक पुल बनाती-सी। कई स्मृतियों को जगाती- सी :

भँवर पड़ी है कैसी जी में। बुरी बनी है।
गुत्थी जो है उलझ गई है। बातों में
वो बात नहीं है, ताप नहीं है। भाव शिथिल हैं,
थके हुए हैं। भीतर-भीतर तार कटे हैं।
मरी-मरी विद्युतधाराएँ छोटे फेरे लगा रही हैं।
इच्छाएँ जो रंग-बिरंगी चमकीली थीं छोटी-छोटी
रंग उड़ाकर पंख गिराकर पिटी-पिटाई
आ बैठी हैं एक किनारे। काला पानी ठंडा पानी
रुका हुआ है। रोज-रोज जब गिरता है
दिन की परछाईं, बूढ़ी, पीली, दिल रोता है
कहता है ये मेरा दिन है।

धीरज खोकर मन होता है, आज
भँवर की लट खुल जाए चट्टानों की
पीठ तोड़कर झरने का रुख रस्ता पाए।

मनमोहन की कविता में एक किस्म की छन्द की या उसके आसपास की लय बहुत गहरे रूप से बनी रहती है। वह छन्द, लय और गद्य लय को जिस तरह एक-दूसरे में घुला-मिला देते हैं उसी तरह वह पर्सनल और पोलेटिकल को भी एक-दूसरे में अन्तर्लीन कर देते हैं। कभी-कभी लगता है कि वह एक हद तक एक्लैक्टिक शैली के कवि हैं।

मेरे लिए वहाँ से शुरू होती है कविता
[विनय दुबे की कविता पर कुछ टीपें]

विनय दुबे के आत्मकथ्य का एक टुकड़ा :

मैं गाँव से कस्बे तक आया, फिर नगर और महानगर में। गाँव तथा कस्बे के जीवन ने मेरी कांक्षा-आकांक्षाओं को निर्मित किया। इसलिए आज भी इतने वर्षों तक यहाँ भोपाल में रहते हुए, अकविता के मियों के बीच बनारस और अन्यत्र रहते हुए भी मैं अराजक नहीं हो पाया और आज भी परिवार और समाज के बीच एक कस्बाई पारिवारिक मानसिकता के साथ जीता हूँ। समाज में एक भय के साथ जीता हूँ। परिवार में मूल्यों और जुड़ावों के प्रति सोचते रहता हूँ और अपने-आपको जिम्मेदार भी मानकर व्यवहार भी वैसा ही करता हूँ।

पहले बनारस फिर भोपाल में आवारगी की। किन्तु जिसे अराजक या गैर जिम्मेदार या बिगड़ा हुआ माना जाता है वह मैं कभी नहीं रहा।...इटारसी में लाइब्रेरी कल्चर था, खूब पढ़ता था, सब पढ़ता था और लगातार पढ़ता था। इसलिए मैं षड्यंत्रों या हुल्लड़बाजियों में कभी शरीक नहीं हुआ।

एक दूसरा टुकड़ा :

व्यवस्था और रूटीन में फर्क है। मैं हमेशा अव्यवस्थित रहा हूँ और मेरा एक रूटीन कुछ बिगड़ता कुछ बनता रहा है। रूटीन में मेरी नौकरी और खाना-पीना आदि है और अव्यवस्था में मेरी बेचैनी। सदाबहार बेचैनी और असन्तुष्टि।

और अन्यथा पत्रिका में अपनी बात शीर्षक से छपे आत्मकथ्य का एक टुकड़ा :

अपनी कविताओं में प्रायः बेतरतीब और असंगत बातों, युग्मों और जुमलों से यदि मैं अपनी मनचाही बात या अपना मनचाहा कथ्य थोड़ा बहुत भी किसी तक पहुँचा पाता हूँ तो मैं समझता हूँ कि मैं सही कर रहा हूँ।

विनय दुबे ने कविता लिखने की शुरुआत साठ के दशक में अकविता के आन्दोलन के साथ की थी। उनकी उस समय की कविताओं की एक अल्पज्ञात, छोटी-सी पुस्तिका भी है जिसमें छह कविताएँ शामिल हैं। अपने आदमी होने की

स्वीकृति में, सुनो गिरधर राठी, छोटा बीनू, औरतजात, अपनी एक सौ एकवीं प्रेमिका के नाम, तथा अपनी चार सौ उन्नीसवीं प्रेमिका के नाम। अपनी इन कविताओं में भी यह तो सही है कि विनय दुबे अकविता के कवियों की बनिस्बत कम अराजक हैं। भाषा को खर्च करने में वह यहाँ भी काफी मितव्ययी हैं। निरर्थ से अपने विक्षोभ के लिए एक अर्थ की तलाश करने की अकविताई कोशिश तो यहाँ दिखती हैं। कविता के बने हुए सौन्दर्य प्रतिमानों में एक खलल पैदा करना, बनी बनाई सौन्दर्याभिरुचि में झटके से एक प्रतिकर्षण पैदा करना और बिम्बों या पंक्तियों के बीच एक असंगतता और असम्बद्धता से नाटकीयता को पैदा करने का हुनर उन्होंने अपने इसी दौर से अर्जित किया था। मुझे लगता है कि अकविता को यौन बिम्बों की आक्रामकता और भाषाई अराजकता तक सीमित करके देखना उसका अधूरा पाठ है। वस्तुतः एक किस्म की एम्बीग्यूटी...असंगतता उसका केन्द्रीय चरित्र है। विनय दुबे की कविता में यह असंगतता एक ही तरह से काम नहीं करती है। उसका चरित्र बार-बार बदलता है। उनकी शुरुआती कविताओं में भी एक सामाजिक चिन्ता, उनकी अराजकता को बार-बार लगाम लगाती दिखती है। शायद यह उनकी कस्बाई पारिवारिक मानसिकता के कारण हो, जिसकी ओर विनय अपने आत्मकथ्य में इशारा करते हैं। उनका रूटीन बनता-बिगड़ता रहता है। इसमें एक ओर व्यवस्था है, पारिवारिकता है। दैनिक जीवन की व्यावहारिकता है। लेकिन आन्तरिक स्तर पर एक अव्यवस्था है। इसमें बेचैनी है। और असन्तुष्टि है। सुनो गिरधर राठी की कुछ पंक्तियाँ हैं :

मेरा दिन
राशन की दूकान की पंक्ति में डूबता है
तुम्हारा दिन
सूखे की यातनाओं को सहते-सहते। मैं
अपने भूखे बच्चों की
एक दूर न होने वाली
लाचारी बन गया हूँ
अपने घर में
छत देखते हुए
कश्मीर से कन्याकुमारी तक
तन गया हूँ।

इसी तरह छोटा बीनू कविता का एक अंश है :

छोटा बीनू तब से ही उदास रहने लगा था
वह जान गया था कि बे-ईमानी

बे-मानी है
क्योंकि वह देश के हर कोने में है
झूठ की भाषा
और बात के सहारे
प्रत्येक दुःख में–रोने में है
आदमी का दर्द अब केवल
आदमी होने में है।

सारे अकविताई लटकों के बावजूद विनय दुबे के व्यवहार और भाषा के साथ उनके सलूक को उनकी इन प्रारम्भिक कविताओं में भी देखा जा सकता है। निश्चित ही आगे चलकर इस काव्य व्यवहार में कई परिवर्तन भी हुए हैं और वयस्कता भी आई है।

2. कविता की दूसरी पंक्ति होती है यहाँ

अकविता के बाद एक लम्बा अन्तराल सम्भवतः रहा होगा। सत्तर के आसपास विनय दुबे भोपाल आए थे। इसके बाद उनकी कविता का एक दूसरा दौर शुरू हुआ।

पहले दौर की केवल उन्हीं कविताओं की जानकारी मुझे है जो विनय दुबे की कविताएँ शीर्षक से छोटी-सी पुस्तिका के रूप में छपी थीं। दूसरे दौर की कविताओं में से कुछ कविताएँ उनके संग्रह *महामहिम चुप हैं* में संकलित हैं। वर्तमान सौन्दर्याभिरुचि के बीच एक किस्म से खलल पैदा करने या झटका देने का जो कौशल उनकी कविता ने अपने प्रारम्भिक दौर से अर्जित किया था, उसका यहाँ एक दूसरा ही अन्दाज़ देखने को मिलता है। रामकली भंगन या कई अन्य कविताएँ जो कहीं संकलित नहीं हो पाईं वे इस खलल को घिन पैदा करने की हद तक ले जाती हैं। वे विकर्षण पैदा करती हैं। एक हद तक वे कविता के सुरुचिसम्पन्न संसार में सीधा हस्तक्षेप करते हुए उसके पूरे अभिजात को बुरी तरह से झकझोर डालती हैं। विनय दुबे की कविता की इस हस्तक्षेपी भूमिका पर कम ही ध्यान दिया गया है। त्रिलोचन शास्त्री ने उन दिनों इन कविताओं को सुनकर, इनसे पैदा होने वाले विलचन को महत्त्वपूर्ण माना था। विनय दुबे एक कालखण्ड में एक साथ बहुत सारी कविताएँ लिखते थे। वे मजाक में इसे कविता का घान उतारना कहते थे। फिर कई दिन तक उन कविताओं में छोटे-मोटे परिवर्तन करते रहते थे। उस दौर की कविताओं में जो कविताएँ कुछ ज्यादा ही विकर्षण पैदा कर देती थीं को उन्होंने अलग करके रख दिया। बाद में भी वे कविताएँ कहीं संकलित नहीं हुईं। लेकिन खलल पैदा करने या विक्षेप के इस कौशल का किस तरह विनय दुबे ने अपनी

कविताओं में उपयोग किया इसे दो-तीन संकलित कविताओं के जरिए भी समझा जा सकता है। सत्तर के उस दौर में चिड़िया, बच्चे आदि कविताओं के बहुत प्रिय और प्रचलित बिम्ब थे और अनेक कविताएँ इन पर लिखी जा रही थीं। इसी दौर में विनय दुबे एक तरफ आपने गोरैया देखी है जैसी कविता लिखते हैं और दूसरी तरफ वे भैंस जैसी कविता लिखकर काव्य परिदृश्य में एक खलल पैदा करते हैं। आपने गोरैया देखी है में एक तर्क को विकसित करते हुए विनय न केवल काव्य वस्तु के बीच अचानक खलल पैदा करते हैं बल्कि उस दौर के पूरे काव्य परिदृश्य में एक किस्म का हस्तक्षेप करते हैं। यह कविता चिड़िया को एक काव्य बिम्ब से निकाल कर उसकी वास्तविकता में लाकर अपने काव्य परिदृश्य की काव्यमयी वायवीयता पर चोट करती है। कविता शुरू होती है–

आपने गोरैया देखी है
आप किसी पेड़ के नीचे से गुजरे हैं

अगली पंक्तियों में कवि एक झटका देता है और पूछता है–

तब ज़रूर/आपके सिर पर/या कन्धों पर/गोरैया ने बीट भी की होगी ज़रूर
और आपने सहज ही पोंछ भी ली होगी उसे/
अगर आपके साथ/नहीं हुआ है/यह
तो न आपने गोरैया देखी है/ और न आप किसी पेड़ के नीचे से गुजरे हैं।

मंसाराम बसोड़ में विनय सिर्फ एक शब्द के हेरफेर से शोषित पीड़ित जातियों में बहुत धीमे ही सही पर आ रहे स्वभावगत परिवर्तनों की ओर संकेत करते हैं। इस कविता की अन्तिम पंक्तियों को इस खूबी के लिए थोड़े धैर्य के साथ पढ़ा जाना ज़रूरी है–

पर/मंसाराम दुखी है अपनी बीमारी पर/वह जानता है/
उसके बाप दादा अपनी बीमारी पर/दुःखी नहीं होते थे कभी/
मंसाराम को दुख है पर।

इसी तरह दुलीराम भोई कविता में शिक्षा में वर्गीय भेदभाव और उसके चलते पैदा हो रहे सामूहिक क्षोभ को विनय दुबे लक्ष्य करते हैं। विनय दुबे ने एक ऐसी भाषा अपनी कविता में अर्जित की थी जिसका तापक्रम बहुत ऊपर नीचे नहीं होता था। वह न तो कभी मुखर होती थी न कभी बहुत धीमी होती थी। उसमें शब्द और चुप्पियों का अनुपात बहुत नहीं बदलता।

3. कविता की तीसरी पंक्ति वहाँ से शुरू होती है

नब्बे के दशक में विनय दुबे का एक संग्रह प्रकाशित हुआ जिसका नाम था–

खलल। विनय के तीसरे दौर की कविताओं में एक खास परिवर्तन आया। जो गुस्सा, चिढ़ या क्षोभ था उसके साथ या कभी-कभी उसकी जगह विनय ने एक काव्य–कौतुक, एक खिलंदड़ापन, एक ह्यूमर के लिए कविता में जगह बनाई। विनय दुबे भाषा या शिल्प से उतना प्ले नहीं करते। वे आइडिया से, विचार से, काव्य वस्तु से प्ले करते हैं। उनकी कविता का मुख्य एजेण्डा दैनिक जीवन है। एकदम आसपास का जीवन दृश्य। राजनीति जितनी इस जीवन में मौजूद है, और जिस तरह मौजूद है वह उनकी कविता में भी आती है। लग सकता है कि वह बहुत कैजुअल ढंग से उनकी कविता में आती है। उनके कहने का ढंग कैजुअल है लेकिन आशय में वह कैजुअल नहीं है। प्रकृति हो या ब्रह्माण्ड वे सबको अपने दैनिक जीवन के कार्यकलापों में शामिल कर लेते हैं। विनय की एक कविता है तब कविता सब कहीं होगी दिल्ली के बाद :

मेरे लिए वहाँ से शुरू होती है कविता
वहाँ से जहाँ मुख्य चौराहा है इस शहर का
और चौराहे के बाईं तरफ एक दुकान है
पान की दुकान और एक बिजली का खम्बा
पान की दुकान पर सुबह शाम और दोपहर
बजती रहती है विविध भारती की प्रसारण सेवा
मेरे लिए वहाँ से शुरू होती है कविता

मेरे लिए वहाँ से शुरू होती है कविता
वहाँ से जहाँ चौराहे के दाईं तरफ की सड़क
जाती है स्टेशन भीड़ भरी शहर की मुख्य सड़क
कविता की दूसरी पंक्ति होती है यहाँ और
कविता की तीसरी पंक्ति शुरू होती है
जहाँ शाम के लगभग साढ़े चार बजे
दिल्ली जाने वाली पंजाब मेल
प्लेटफार्म नम्बर एक से निकलती है

विनय भय, आतंक और ह्यूमर को एक-दूसरे का बगलगीर बनाते हुए हमारे समय की भयावहता को मैगनिफाई कर देते हैं। वे कई बार ह्यूमर पैदा करने के लिए शहरों, गाँवों या व्यक्तियों के कुछ अटपटे-से लगते नामों का बहुत दिलचस्प उपयोग करते हैं। गोंदरमऊ या श्रीमती ललिता एस. के. मीरचंदानी जैसे कई नाम उनकी कविता में मिल जाते हैं। आतंक और ह्मयूर की एक जटिल युति बनाती कविता है–*शायद*। इस कविता की अन्तिम कुछ पंक्तियों को यहाँ उद्धृत करना चाहता हूँ :

गोभी को गोभी/ कत्ल को कत्ल/ और मत कहो अन्याय को अन्याय
या कविता को कविता/
और अगर नहीं रह सकते हो/कहे बगैर/तो भटे को शायद भटा/
पतंग को शायद पतंग/कीड़े को शायद कीड़ा/सच को शायद सच
और कविता को शायद कविता कहो/
ऐसा करने से/शायद बच सकते हो तुम
लेकिन इतना समझ लो/कि बचने/और शायद बचने में फर्क है/
तुम शायद/नहीं भी बच सकते हो।

रोमान की समाप्ती के शोक गीत की तरह वहीदा रहमान ने कहा जैसी कविता हो या ट्रेन में जैसी कविता विनय कभी भी कामनसेन्स को कविता की कैद नहीं बनने देते। विनय की कविता सजग और अगम्भीर दिखने का स्वाँग करती है। उसने इस स्वाँग का पर्याप्त खमियाज़ा भी भुगता है। विनय ने असंगतता, असम्बद्धता और विक्षेप पैदा करने के कौशल से कुछ ऐसे काव्य कौतुक कविता में पैदा किए हैं कि कविता कामनसेन्स को धता दिखाती हुई कई बार शायद कवि के सोचे-समझे अर्थ का भी अतिक्रमण कर जाती है...ऐसा कम-से-कम मुझे लगता है।

अँधेरा है लेकिन उम्मीद भी

सुदीप की कविता के केन्द्र में नागरी आदमी की विडम्बना है। इस विडम्बना से उपजी करुणा को सुदीप अपना आधार बनाने के बजाय इसके मूल कारणों और विश्लेषणों में जाकर हस्तक्षेप की कोशिश करते हैं। नागरी आदमी की विडम्बना के वहाँ कई स्तर उजागर होते हैं। एक ओर जहाँ वर्तमान सामाजिक-राजनीतिक हालात की क्रूरताएँ हैं तो दूसरी ओर नागरी आदमी के अपने आदिम रागों और मूल प्राकृतिक स्रोतों से उसका अलगाव है। तेजी से अमानुषिक होता हमारा समय तो इन कविताओं में मुखर रूप से मौजूद है ही लेकिन ज्यादा महत्त्वपूर्ण यह है कि बेहतर की उम्मीद बुझी नहीं है।

इन कविताओं में बेचैन कर देने वाला एक स्वर जो बहुत तीव्रता से सुनाई देता है वह है अलगाव का स्वर। एक नागरी व्यक्ति के अपने मूल प्राकृतिक जीवन और आदिम रागों से अलगाव का स्वर। वह बार-बार अपने उसी जीवन की स्मृतियों में लौटता है या लौटना चाहता है। वह उसकी अनुकृतियाँ बनाता है। वह उस जीवन की फंतासियाँ रचता है और उससे भयभीत भी होता है। यहाँ शेर कान्हा के घने जंगलों से ड्राइंग रूम में छलाँग मारता है और सोफों पर बैठे लोग भागकर सपनों में जा छिपते हैं। यह शेर सपने से बाहर आते ही कालीन में बदल जाता है। स्वप्न और यथार्थ का यह द्वैत इस व्यक्ति की वास्तविक विडम्बना है। वह वास्तव में अपने इच्छित यथार्थ में नहीं लौटना चाहता क्योंकि वहाँ रोजमर्रा की मुश्किल है। एक 'खूँख़्वार' है। वह इस वास्तव को स्वप्न में जीवित करना चाहता है क्योंकि वहाँ हर चीज 'पालतू' हो जाती है :

सपनों में जो पालतू होते हैं
ये रोजमर्रा की मुश्किल करते हैं।

यह हमारे समय की एक बहुत बड़ी चिन्ता की कविता है। लेकिन यहाँ जड़ों की ओर लौटने के तथाकथित राग नहीं हैं। इसमें आदिवासी जीवन के प्रति वह रोमानीपन नहीं है जो इन दिनों आधुनिकतावाद का मूल अस्त्र बना हुआ है। वस्तुतः किसी भी प्रकार के पुनरुत्थान के प्रति एक बेहद सजग बल्कि चौकन्नी दृष्टि सुदीप

के पास है जो उनकी राजनीतिक कविताओं में दिखती है। लेकिन वह दृष्टि ही उन्हें यहाँ, नागरी आदमी के इस विकट अलगाव की कविता में भी बहुत सजग बनाए रखती है, रोमानी होने से बचाती हुई। यहाँ वह व्यक्ति है जो जंगल तो गया लेकिन राजधानी में लौट आया है। पेड़ों को शजर कहता है, दरख़्त कहता है और उन्हें टाल में, ईंधन में, इमारती लकड़ी के पीठों में बदलते देखता है। जंगलों में आग लगाता है, उन्हें उजाड़ता है और पाता है कि दीवारों, टेबिल कुर्सियों पर और दरवाजों पर नई कोंपलें फूट रही हैं। साड़ियों पर फूल-पत्तों की छापें फूल-पत्तों में बदल रही हैं जो महिलाओं को उघाड़ती भी हैं और ढाँपती भी हैं। यह एक विभ्रम है जिसे उसने रचा है। यह 'घर में बहार आई है' से अलग है। यहाँ दरो दीवार पर सब्जा नहीं उगा है केवल अपनी प्रकृति की अनुकृति है और उसके जीवित होने का विभ्रम है। उजाड़ी गई चीजें जैसे उससे प्रतिशोध ले रही हैं। वह इस इल्यूज़न में रहना चाहता है क्योंकि यहाँ सुविधा है।

इस विभ्रम का एक तीसरा स्तर और है जो वह दीवाल के पीछे खड़ी है में उजागर होता है। वह दीवाल के पीछे खड़ी है और अपनी तरफ की दीवार पर कोयले से उसने वन उपवन, पशु, पक्षी, और देश-विदेश सब रच डाले हैं। इसी दीवार पर बाहर की तरफ एक पीपल फूट आया है जहाँ से वह बाहर की दुनिया को देखती है और इन दोनों दुनियाओं में कितना भेद है :

वह कोयले से आँक रही है दुनिया
दीवाल में अपनी तरफ, दीवाल से बाहर
असली दुनिया झुलस रही है, पेड़-पौधों
बागड़ से लेकर दूर-दूर तक की इमारतें
नदी, पहाड़, झरने सब झुलस रहे हैं।

इस अस्पर्श्य छलावे से उपजी चीख ही कवि का पीछा करती है। इस चीख को सुदीप की कविता में महसूस किया जा सकता है। वह सुनाई पड़ने के बजाय महसूस ज्यादा होती है।

2. यह कैसा इन्तजाम है कि सुराखें रह जाती हैं तामीरों में

'शब गश्त' की तुलना में सुदीप अपने इस दूसरे संग्रह 'ज़ख्मों के कई नाम' में अपने तात्कालिक घटनाक्रमों और राजनीतिक हालातों के बारे में ज्यादा मुखर हुए हैं। वे उर्दू की प्रशासनिक शब्दावली को एक खास अन्दाज़ में इस्तेमाल करते हैं। बहुलतावाद के इस शोर-शराबे वाले समय में उन पर राजनीतिक रूप से असहिष्णु होने का आरोप हो सकता है। सुदीप हमारे समय की पुनरुत्थानवादी, जातिवादी और

विशेषरूप से धार्मिक पाखण्डवाद के प्रति इन कविताओं में आक्रामक हैं। उनमें व्यक्ति के प्रति तो सहिष्णुता है, वे उसके अन्तर्विरोधों के प्रति भी सहिष्णु दिखाई दे सकते हैं लेकिन मनुष्य विरोधी राजनीति, बढ़ते हुए उपभोक्तावाद और धार्मिक कठमुल्लेपन के प्रति उनमें तीखा आक्रोश का स्वर भी है और बेचैन असहायता का स्वर भी।

एक ओर जब बहुत तेजी से यह महसूस किया जा रहा हो कि हमारी दुनिया 'यूनी पोलर' हो गई है और उसमें नवफासीवाद के भयावह खतरे उभर रहे हैं। ऐसे समय में बढ़ी साम्राज्यी ताकत और नवफासीवाद का विरोध करने के बजाय, उसका एक जबर्दस्त जनतान्त्रिक प्रतिपक्ष बनाने के बजाय बहुलतावाद का अमूर्त नारा वस्तुतः इन प्रवृत्तियों के वास्तविक चेहरे को छिपाने का ही काम करेगा।

एक छत्रीय दुनिया के इस विकट इन्तजाम में, नई विश्व व्यवस्था और मुक्त बाजार के इस नए निजाम में जो एक सुराख है उससे झाँकती यह कविता यह वायदा नहीं करती कि वह मुँह नहीं खोलेगी कयामत तक, शायद यही कारण है वह एक बेचैनी पैदा करती है। क्योंकि इसके बारे में तय नहीं कि वह क्या कह डालेगी खुलूस में? और कौन-सी बात छिपा जाएगी इसका भी कोई स्पष्टीकरण वहाँ नहीं है। यहाँ सब खरीद-फरोख़्त में, चढ़ने-उतरने में लगे हैं।

यहाँ ज़ख़्मों के कई नाम हैं। लंदन सिर्फ एक नाम है। लेकिन आदमजातों और आदमखोरों के इस जमाने में जहाँ नदियाँ सूख रही हैं वहीं एक बूढ़ी औरत खिड़की से बाहर टोह लेकर हैरान आँखों से बगदाद को देखती है और दूसरी ओर कपड़े-लत्ते की मैली गेंद एक/गिरती है अयोध्या की क्षत-विक्षत छाती पर।

फिर तो तुम्हारा पूरा दिन है
मास हैं, साल हैं, सदियाँ हैं
पूरा इतिहास है रथ यात्राओं के लिए

राम रखता है सबको, फिर भी
राम की रखवाली का तुम्हारा दावा
हमें तस्लीम, इसी वक्त मत माँगो
मुचलका हमसे हमारे नेकचलन का

इस वक्त करोड़ों माताएँ रोटी बेल रही हैं
करोड़ों पिता लौट रहे हैं
खेतों, कारखानों, दफ्तरों से रही सही रोशनी को

अपने अज़ीज़ों के खातिर निसार करने
तुम्हारे लिए पड़ा है, पूरा जमाना बस इसी वक्त
थोड़ी-सी मोहलत दो खुदा के वास्ते
यह मुद्दआ मत उठाओ
कि राम का मन्दिर कहाँ बनना है।

धार्मिक पाखण्डवाद की आड़ में हिन्दूवादी राजनीति का यह चेहरा हमारे अनेक आधुनिकतावादी देख सकने में असमर्थ हैं। निर्मल वर्मा ने पिछले ही दिनों भारतीय जनता पार्टी की शान में एक लेख सण्डे आब्जर्वर में लिखा है।* अपने इस तात्कालिक से लगते घटनाक्रम पर सुदीप का रचनात्मक व्यवहार और वैचारिक आधार निर्मल वर्मा से एकदम उलट है। वे धर्म और पाखण्ड को धर्म और धर्म की राजनीति को, मिथक और मिथक के राजनीतिक इस्तेमाल को अलग करते हैं। हमारे समाज में पिछले कुछ समय से हमने अपने सांस्कृतिक मिथकों के साथ जो सलूक किया है उस पर अब पुनर्विचार की आवश्यकता है। भारतीय इतिहास और इतिहास के प्रति दृष्टि पर काफी विवाद इस समय चल रहा है। हिस्ट्री कांग्रेस के समानान्तर इतिहास परिषदों के गठन किए गए हैं और उनसे इतिहास की वास्तविकताओं को जानने की कोशिश से ज्यादा इतिहास को आधार बनाकर राजनीति की कोशिशें की जा रही हैं। इतिहास से सीखने के बजाय इतिहास की गल्तियों को ठीक करने की बात की जा रही है।

सुदीप बनर्जी ने इस सारे घटनाक्रम पर कुछ अत्यन्त महत्त्वपूर्ण कविताएँ लिखी हैं। वे ऐसे शायर नहीं होना चाहते जो अपने समय को दर्ज नहीं करते। जो अपने समय की भयावहता से नजरें चुराते हैं या बचकर निकलते हैं।

कालिदास राम के जिस सूर्यप्रभव वंश की चर्चा करने में अपनी मति कम पाते थे, हिचकिचाते थे, उसे महासागर मानकर नौका से पार करने का दुस्साहस समझते थे लेकिन आज :

अब इस मुल्क में रथों के मुखौटों पर सवार
हम तुम्हारी वंश गाथा का विस्तार कर रहे हैं
जोड़ रहे हैं उसमें
जन्मभूमि के काम में लगे
राम के इन जदीद बच्चों की खून सनी तारीख

सुदीप ने इन कविताओं में क्लासिक्स के रिफरेन्स और वर्तमान राजनीति को

---

* भारतीय जनता पार्टी ने पहली बार स्पष्ट और निर्भीक ढंग से भारतीय राजनीति को, विशेषकर उसके सेकुलर, पश्चिमी, लिबरल वामपंथी प्रवक्ताओं की प्रपंचपूर्ण और आर्वेल के शब्दों में कहें तो 'डबल टाक' और 'डबल थिंकिंग' की आत्मभ्रान्तियों से उबारने की सम्भावना उपस्थित की है।
निर्मल वर्मा : संडे आब्जर्वर (मध्य प्रदेश प्रगतिशील लेखक संघ की स्मारिका से उद्धृत)

एक-दूसरे की बगल में रखकर एक कामिकल ट्रेजेडी बना दिया है। नागार्जुन ने भी 1974 के आन्दोलनों के दौर में मिथकों और तत्कालिक यथार्थ को लेकर कुछ अत्यन्त महत्त्वपूर्ण कविताएँ लिखी थीं लेकिन वहाँ मिथक का इस्तेमाल अलग था, यहाँ अलग है। सुदीप दोनों को एक-दूसरे में मिलाते नहीं बल्कि दोनों को एक-दूसरे के सामने रख देते हैं :

अयोध्या के राज की खातिर
एक मंथरा के कहने पर
तुम्हें मिला था चौदह बरस का बनवास
तुम छोड़ गए थे अपनी पादुकाएँ
अब पूरी भारत की हुकूमत का सवाल है
जरूरत हुई तो पूरे त्रिभुवन से खदेड़े जाओगे
निष्कासित होना चौदह सौ बरसों के लिए

सुदीप इस धार्मिक उन्माद के पीछे छिपी राजनीति को उजागर करने का कोई अवसर नहीं छोड़ते। सुदीप की इन कविताओं में रैहटारिक का बहुत सुन्दर उपयोग देखा जा सकता है। उनके नाटक या शबगश्त की कविताओं से ये कविताएँ इस अर्थ में काफी भिन्न हैं। वहाँ एक तरह की एम्बीग्यूटी, कुछ अमूर्तता और एक हद तक अस्पष्टता बनी रहती थी। एक हद तक वे असम्बद्ध चीज़ों को उनकी असम्बद्धता में ही रखकर एक अटपटापन पैदा करते थे। एब्सर्डिटी इन कविताओं में कम हुई है। यहाँ सुदीप ज्यादा सहज हैं। ज्यादा खुले भी :

आपके रामराज्य का वादा
खूब है लेकिन यह भी तो
कम से कम कान में कहिए
उसमें अपने आँगन में हम गुनगुना सकेंगे बिना इजाजत
दोस्तों पड़ोसियों की मिजाजपुर्सी की मनाही नहीं होगी
अपने पुरखों का श्राद्ध न कर पाएँ तो कोई बात नहीं
अपने बच्चों को दुआएँ देने पर पाबन्दी तो नहीं होगी

3. वह आहिस्ता से आकर दरवाजे से झाँकता है

सुदीप की कविता में अपने छूटे हुए दोस्तों, जगह-जगह मिले लोगों और जगहों की बहुत सारी स्मृतियाँ हैं। चरित्रों के सन्दर्भ में वे इन स्मृतियों को ज्यादा बेहतर ढंग से जीवित कर पाते हैं जबकि जगहों की स्मृतियाँ कई बार मात्र रिफरेन्स बन कर भी रह जाती हैं। लेकिन बार-बार वे इन छूटी देखी जगहों को दर्ज करते चलते हैं।

हिन्दी कविता में जगहों को दर्ज करने की बहुत कम कोशिश हुई है और बहुत सारी कविता अक्सर एक ऐसी कविता लगती है कि जैसे वह किसी जगह को अंगीकार ही न करती हो, वह जैसे किसी खास जमीन की कविता ही न हो। यह मात्र स्थानीयता नहीं है। यह वस्तुतः उस स्मृति का मामला है जिससे कविता अपने आसपास देखे-सुने जीवन की चीजों, जगहों और लोगों को पुनर्अविष्कृत करती है। जीवन को दर्ज करना केवल घटनाओं को, राजनीतिक-सामाजिक स्थितियों को ही दर्ज करना नहीं है।

इन कविताओं में एक छूटा हुआ बचपन का दोस्त काशीनाथ है, मनोहर लाल है, घर की महरी है, घर का नौकर है। और महत्त्वपूर्ण यह कि इनके बहुत निजी से जीवन की छवियाँ हैं। वहाँ सामाजिक प्रक्रिया के बीच आए परिवर्तन और मनुष्य और मनुष्य के बीच बढ़ती दूरियों की एक त्रासद कथा भी है। ये कविताएँ एक छोटी कहानी-सी हैं। काशीनाथ है, जो होनहार था लेकिन आज वह अपना चेहरा खो रहा है। यह हम सबके जीवन का बहुत चिरपरिचित-सा चेहरा है :

वह अपने तेज कदमों से
ताबड़तोड़ हाथों से
चेहरा खोता रहा
गजब मर्दुमशुमारी में
पहाड़ों और नदियों का हमकदम
आदमजात के कोहरे में बिला गया।

लेकिन यहाँ न काशीनाथ छोटा होता है, न मनोहर लाल, न वह महरी और न ही वह नौकर जो पूछता है आहिस्ता-से 'खाना लगाऊँ?' चाहे ये सारे चरित्र अपने नाम खो चुके हों, अपने चेहरे खोते जा रहे हों लेकिन अभी भी इसमें ऐसा कुछ बचा है जो हमें अन्दर तक हिला सकता है क्योंकि वे पहाड़ों और नदियों के हमकदम हैं।

4. सारी कहानियाँ पर्दों में निहाँ

सुदीप बनर्जी की काव्य-भाषा अलग से ध्यान खींचती है। वह हिन्दी के उस मिजाज से थोड़ी अलग है जहाँ बोलचाल की भाषा में हिन्दी और उर्दू के शब्द एक-दूसरे से गुँथ गए हैं। सुदीप एक ओर उर्दू की प्रशासनिक, तहसील और कोर्ट की भाषा के शब्दों का इस्तेमाल करते हैं तो दूसरी ओर उसकी शायरी की विरासत से पाए शब्दों और कभी-कभी अन्दाजे बयाँ का भी। दिक्कत तब होती है जब वे ऐसी उर्दू को अपनी काव्यभाषा का हिस्सा बनाना चाहते हैं जो जीवन में, बोलचाल में शामिल नहीं है। असद ज़ैदी भी कभी-कभी उर्दू के कठिन अल्फ़ाज़ कविता के बीच लाते हैं

लेकिन वे उनसे एक ऐसा ड्रामा रचते हैं जो हिन्दी के तत्सम और मोटी उर्दू के शब्दों के युग्म से एक तीसरे अर्थ को हमारे सामने खोलता है। सुदीप के यहाँ वैसी नाटकीयता या भाषा के साथ ऐसा कोई प्ले नहीं है। इसलिए कई बार वह खटकता है। व्यवधान पैदा करता है। और हिन्दी के मिजाज में वह पूरी तरह जज्ब नहीं होता :

और कमरा तहखाने में
पहन लेता धरती को
जो अन्ततः देती है सबको शरण

गर मेरा भी दाग़े दिल
तुख़्म होता तो शाया होता
सर्दे चरागाँ से सुबह होने से
काफ़ी अव्वल काफ़ रौशन

दोनों भाषाओं के उस मिजाज तक तो बात बनती है जहाँ दोनों बोलचाल के माध्यम से ही एक-दूसरे के करीब आ चुकी हैं लेकिन दोनों भाषाओं की अपनी विशिष्टताएँ भी हैं और उन्हें मिलाने से वे बहुत बार पैबंद की तरह लगती हैं। लेकिन ऐसे उदाहरण कम हैं, ज्यादातर सुदीप एक सहज और सरल भाषा का इस्तेमाल करते हैं जहाँ न मोटी उर्दू का आग्रह है न व्यर्थ के तत्सम की चमकदार शब्दावली का।

शुरू करते हुए मैंने कहा था कि हमारे समय की सारी विडम्बना और अँधेरों को दर्ज करने वाली इस कविता की सबसे बड़ी खूबी यह है कि वह पस्त नहीं हुई है। उम्मीद वहाँ बुझी नहीं है। वह मानती है कि दीवालियाँ लौटेंगी फिर इस मुल्क की लगभग अन्तहीन रात में। शायद इसीलिए इन सारी कविताओं में बहुत गहरे से धँसा हुआ एक स्वर है :

उठो कि तारीख जारी जाग रही है
उठो कि कायनात सारी जाग रही है
उठो कि उठने को तुम्हें एकान्त मिला है
उठो कि उठने को खुला आसमान खिला है।

अवज्ञा और असहमति की कविता

देवीप्रसाद मिश्र ने भारत भूषण अग्रवाल पुरस्कार के अन्तर्गत प्रकाशित किताब *उर्वर प्रदेश* में अपने वक्तव्य में लिखा है कि "मेरे लिए कविता लिखने की प्रक्रिया फोर-बी पेन्सिल के उपयोग जैसी है जहाँ खुद को बार-बार शार्पनर में डालना पड़ता है। यह नोक को खोजने की निरन्तरता है। यह अंतःकरण की दैनंदिनता है। यह प्रतिदिन की नैतिकता है।" यह शक्ति संरचनाओं को समझने की एक निरन्तर प्रक्रिया है। यह एक ऐसी कविता को रचने की प्रक्रिया है जिसमें मनुष्य के स्वाभिमान की अवहेलना और स्वतन्त्रता का अपहरण करनेवाली शक्ति संरचनाओं के प्रति दो टूक अवज्ञा और सकर्मक प्रतिरोध उसके स्वभाव में ही विन्यस्त है। किसी भी समाज में शक्ति की इन संरचनाओं को बिना समझे उसके मूल संकट और मूल अन्तर्विरोध को समझना सम्भव नहीं है। यह सिर्फ राज्य सत्ता की संरचना तक सीमित नहीं है। उसके बाहर, अगल-बगल और ऊपर-नीचे कई ऐसी विरचनाएँ मौजूद हैं और उनमें प्रत्यक्ष और परोक्ष, दृश्य और अदृश्य सम्बन्ध हैं। असहमत, अशक्त और असहाय के जीवन रागों के संहार और मनोनुकूलन में लगीं इन शक्ति संरचनाओं के चरित्र के सभी संस्तरों को प्रकट करना और उनके विरुद्ध प्रतिरोध की विरचनाओं को ईजाद करना और विकसित करना ही देवीप्रसाद मिश्र की कविता की केन्द्रीय चिन्ता है। इसके लिए पेन्सिल का सिर्फ गाढ़ा लिखना ही पर्याप्त नहीं है, उसकी नोक को बार-बार शार्प करना भी जरूरी है। इसलिए उनका काम सिर्फ संवेगों पर भरोसा करके नहीं चलता।

अपने वक्तव्य में उन्होंने लिखा है कि, "कविता के मेरे स्रोत फिलहाल भारतीय पावर स्ट्रक्चर की विसंगतियों और विद्रूपताओं को समझने में हैं जो भारतीय संकट की मूल अन्तर्वस्तु भी है।" लेकिन यह मात्र एक बौद्धिक विमर्श नहीं है। यह अवध के उनके गहरे अनुभवों से जुड़ा है। प्रकटतः खड़ी बोली के इस टेक्सट् का स्रोत अवधी है। इसलिए इस पाठ का चरित्र अलग भी है और अनोखा भी। उनकी स्थानीयता उनके प्रकट ब्योरों और भंगिमाओं में नहीं उसके निहितार्थ में निबद्ध है। देवीप्रसाद मिश्र का पहला संग्रह 1989 में आया था *प्रार्थना के शिल्प में नहीं*। तब

लगता था कि यह परम्परा और मिथक के साथ एक अलग किस्म का सम्बन्ध बनाने की कोशिश है। लेकिन दुबारा पाठ से मुझे लगता है कि शक्ति संरचनाएँ और उनके प्रति प्रतिरोध की चिन्ता वहाँ भी मौजूद थी। तब देवी ने उसे एक मिथक के जरिए सम्भव किया था। यह महज संयोग नहीं है कि नब्बे के दशक में भारतीय राजनीति में वर्चस्व प्राप्त करने वाली राजनीतिक शक्तियों ने मिथक को ही अपनी राजनीति का मुख्य औजार बनाया। देवीप्रसाद मिश्र के कान इस आहट को धमक बनने से पहले ही सुन लेते हैं। हमारे संस्कारों में पसरी इस मिथकीय सत्ता के स्वीकार और उसके प्रतिकार से वे एक विलक्षण नाटकीयता की सृष्टि करते हैं। मनुष्य के मूल रागों और प्रकृति दोनों को ही देवीप्रसाद इन मिथकीय शक्ति संरचनाओं से मुक्त करना चाहते हैं।

''इन्द्र, आप यहाँ से जाएँ/तो पानी बरसे/मरुत, आप यहाँ से कूच करें/तो हवा चले/बृहस्पति, आप यहाँ से हटें/तो बुद्धि कुछ काम करना शुरू करे/अदिति, आप यहाँ से चलें तो/कुछ ढंग की संततियाँ जन्म लें/रुद्र, आप यहाँ से दफा हों तो कुछ क्रोध आना शुरू हो/देवियो-देवताओ, हम आपसे/जो कुछ कह रहे हैं/प्रार्थना के शिल्प में नहीं/'' हालाँकि ये बन्धन और ये सत्ताएँ मात्र हमारी मान्यताओं पर आधारित है, काल्पनिक हैं। लेकिन इनसे कई शक्ति संरचनाएँ अपनी ताकत और सत्ता प्राप्त करती हैं या बनाए रखती हैं। इसे लक्ष्य किया जाना चाहिए कि कोई भी क्रिया किसी तरह की प्रार्थना या मनुहार की तरह नहीं है। भाषा की यह अवाचाल भंगिमा और अन्तराल एक ऐसी नाटकीयता को सम्भव बनाता है जिसमें हमारे समय का सच कभी-कभी अचरज की तरह प्रकट होता है। यह कविता शक्ति संरचनाओं के भीतर किसी स्पेस की माँग नहीं करती, वह उसे हटाकर अपनी स्पेस को अर्जित करना चाहती है। वह शक्ति संरचनाओं के द्वैत और उसकी विडम्बनाओं को भी जानती है। उसे पता है कि सत्ता जब साधारण मनुष्य की अति सामान्य लगती क्रियाओं को प्रतिबन्धित करती है तो जनता उन क्रियाओं की शक्ति को पहचानना भी शुरू करती है। त्रिलोचन की एक पंक्ति है ''क्रिया में बल है।'' जीवन की स्वाभाविक क्रियाएँ और भाषा की क्रियाएँ, दोनों ही शक्ति केन्द्रों के लिए असुविधा बनती हैं।*

देवीप्रसाद मिश्र अक्सर ही पूरा वाक्य लिखते हैं। बल्कि उनके सारे वाक्य एक-दूसरे को अपनी लय को सौंपते हुए आगे बढ़ते हैं। एक-दूसरे से सटे-सटे से। एक रिले रेस की तरफ। पूर्ण विराम भी उसमें किसी तरह का अन्तराल या रुकावट नहीं बनाता। कभी-कभी तो पूरी कविता ही एक बड़ा-सा वाक्य लगती है। इसमें

* इस सन्दर्भ में प्रार्थना वे शिल्प में नहीं की, 'राजा ने आदेश दिया' कविता को देखा जा सकता है।

अधूरे वाक्य लगभग नहीं हैं। क्योंकि यह प्रतिरोध की विरचना है। 'अधीनता' क्रम में लिखी गईं इन कविताओं में ही एक कविता की पंक्ति है "जिसके पास ताकत थी/ पूरा वाक्य बनाने की/ उसको जरूरत नहीं थी।" ताकत की संरचनाएँ भाषा के स्तर पर भी अपनी भंगिमाएँ और वाक्य संरचनाएँ गढ़ती हैं। देवीप्रसाद इस बात के लिए भी बहुत सतर्क हैं कि प्रतिरोध करते हुए उनकी भाषा के पैटर्नस् और उनका काव्य व्यवहार खुद ही एक शक्ति संरचना में न बदलने लगे। इसलिए 'असाधारणता' उसका प्रोजेक्ट नहीं है। वह 'साधारण की मदद से साधारण को बनाने की कोशिश करता है। इस तरह कविता किसी भी पावर स्ट्रैक्चर में शामिल होने से अपने को अलग कर लेती है।

सम्बन्ध अधीनताओं के आभ्यन्तरीकरण की एक जटिल प्रक्रिया की कविता है। दासत्व जब इस स्थिति तक पहुँचता है कि अपमानित होने के प्रति मनुष्य अभ्यस्त होने लगता है तो वह भी अपने अधीन से वैसा ही व्यवहार करने लगता है जैसा ताकतवर उसके साथ करता है। इस तरह अधीन अपने जीवन व्यवहार में अपने शत्रु के व्यवहार को अपनी ही तरह के अधीन लोगों के साथ दोहराता है। देवीप्रसाद की कविताएँ अल्पभाषी और अवाचाल कविताएँ हैं। उनमें एक किस्म का वाक्य संयम भी है और शब्द संयम भी। उनकी कविता के आख्यान की बनावट अपने समकालीनों से बहुत भिन्न है। लगभग किसी साधारण-सी घटना जैसा, बहुत हद तक घटना विहीन लगता हुआ, एक दैनंदिन व्यवहार जैसा। शायद इसीलिए इसके स्रोत को तलाशने की जरूरत होती है, वे अपने आप अक्सर प्राप्त नहीं होते।

यह कविता शक्ति संरचनाओं के प्रति रोमानी प्रतिरोध नहीं, प्रतिरोध का विवेक पैदा करती है और शक्ति संरचनाओं की कुटिलताओं के प्रति चौकन्ना बनाती है।

अच्छा हुआ तू बद्री नारायण हुआ

और फुटनोटो, तुमसे तो मैं कहते-कहते थक गया
कि उठो और धीरे-धीरे पहुँच जाओ
लेखों के बीच में।

[चिड़ियाँ रे]

बद्रीनारायण की कविता लोक, मिथकीय सन्दर्भों और जन इतिहास के अक्सर ही अलक्षित या विस्मृत कर दिए जाने वाले पात्रों और उनके जीवन व्यवहार के ब्यौरों से एक महाजाति की दमित सच्चाइयों के छोटे-छोटे आख्यान रचती है। अवदमित और उपेक्षित के प्रति गहरी पक्षधरता उसके पूरे काव्य व्यवहार में विन्यस्त है। मिथक, लोक और जन इतिहास के साथ जिस सम्बन्ध को यह कविता प्रस्तावित करती है, उसकी राजनीतिक दृष्टि उसी में अन्तर्निहित है। वहाँ प्रचलित मिथकीय संदर्भों का इस्तेमाल बहुत कम है। बद्री अपने समकाल की विडम्बना, उसके अन्तर्विरोध और उसके अँधेरे कोने कुचालों को देखने-परखने के लिए किसी प्रचलित या अप्रचलित मिथकीय आख्यान की पुनर्व्याख्या से एक नया पाठ तैयार कर लेने की सहूलियत का रास्ता लगभग नहीं चुनता। मिथकीय आख्यानों के पुनर्पाठ से बनी महत्त्वपूर्ण और कमजोर कविताओं की एक बहुत बड़ी संख्या हिन्दी में है। बद्री का रास्ता थोड़ा तिर्यक है। वह काफी टेढ़े-मेढ़े रास्तों की खाक छानता है। बद्री की कविता में प्रचलित मिथकों का आख्यान है न ब्रह्मराक्षस और ओरांग उटांग जैसे एकदम अप्रचलित मिथकों का नया आख्यान रचने की कोशिश। यहाँ मिथक, लोक और जन इतिहास के सन्दर्भ, सन्दर्भ की तरह आते हैं। एक ही कविता में कई मिथकीय आख्यानों की स्मृतियों को एक साथ सुना जा सकता है। उसकी कविता उत्पीड़ितों के सबसे विश्वसनीय दस्तावेज के लिए बुदबुदाहटों और पिछवाड़े में रची जा रही प्रतिरोध की कवितावलियों को खोजने की कोशिश करते हुए हिरणों के इतिहासकारों और चिड़ियों के अपने दार्शनिकों को तलाशना चाहती हैं। वह सोचने के और वृत्तान्त के प्रचलित ढंग को शिकारियों के सन्दर्भ में देखने का आग्रह करते हुए इसे बदलना चाहती है। उसकी कविता अपने शब्दों के प्रति गहरे संदेह और सतर्कता से काम लेना चाहती है। शब्द

से फिर क्रौंच पंछी की कराह को रचना उसकी कविता का एजेण्डा नहीं है। वह नहीं चाहता कि उससे फिर कोई मनुस्मृति लिखी जाए। या उससे इतिहास की दुर्दान्त घोषणाएँ हों या तानाशाहों की आत्मकथाएँ लिखी जाएँ। इन पंक्तियों में विन्यस्त ध्वनियों में वर्चस्व की बर्बर राजनीति के लिए मिथक के उपयोग की राजनीति को भी पढ़ा जा सकता है। 90 का दशक भारतीय समाज में वर्चस्व की राजनीति के लिए मिथक और मिथकीय आख्यानों के खतरनाक उपयोग का समय रहा है। इसके विवरणों में जाने की आवश्यकता नहीं है कि किस तरह दक्षिणपंथी राजनीति ने भारतीय जन की मिथक चेतना का अपने पक्ष में, सत्ता की राजनीति के लिए दोहन किया। बहुसंख्यक समाज के मिथक को आरोपित करके न केवल अन्य समुदायों के मिथकों का दमन किया गया बल्कि बहुजन समाज के ही दमित और उपेक्षित के पक्ष में खड़े मिथक भी अलक्षित कर लिए गए। मिथकों की संरचना और उनका प्रभुत्व प्राप्त करना या कुछ मिथकों को विस्मृत कर दिया जाना या आख्यानों से हटा दिया जाना भी अलग-अलग समय की शक्ति संरचनाओं से निर्धारित होता रहा है। बद्रीनारायण की कविता में इसे लक्ष्य किया जाना और रेखांकित किया जाना चाहिए कि वह किन मिथकीय सन्दर्भों को अपनी कविता में चुनता है। अस्सी के दशक में आए युवा कवियों में देवीप्रसाद मिश्र, लीलाधर मंडलोई और बद्रीनारायण जैसे कुछ ही कवियों की कविता ने अपने प्रचलित-अप्रचलित पौराणिक लोक या आदिम मिथकों से नए सम्बन्धों को तलाशने की कोशिश की थी। नब्बे के दशक की राजनीति ने मिथक के साथ कविता में सहज विकसित हो रहे इस सम्बन्ध को एक हद तक आहत किया। बद्री की कविता इस अर्थ में और अधिक महत्त्वपूर्ण हो जाती है कि उसने एक ऐसे समय में मिथक और लोक से अपने सम्बन्ध से किनारा करने के बजाय, शक्ति संरचनाओं के मिथक के बरअक्स मिथकीय संदर्भों का एक प्रतिसंसार कविता में तैयार किया।

विश्मकर्मा पूजा पर कविता में बद्री एक साथ मिथकीय, ऐतिहासिक और समकालीन सन्दर्भों को एक-दूसरे से गूँथकर वर्चस्व की राजनीति के कुचक्र का पाठ तैयार करता है। लोहे की गन्ध को जानने वाले सबसे कुशल लोहारों के हाथों से सभ्यता की इस सबसे महत्त्वपूर्ण खोज पर वर्चस्व की शक्तियों ने कब्ज़ा किया और फिर उसे सत्ता प्राप्ति का हथियार बनाया। मिथकीय, ऐतिहासिक और वर्तमान संदर्भों के साथ कवि इसे एक व्यापक अर्थ देता है :

लोहा जिसकी स्तुति में रचे गए हैं कई श्लोक
उसी से सुदर्शन चक्र बना था जिससे मारा गया था
विंध्य पर्वत में सुदाम
सुना है कि सुदाम सम्पूर्ण आर्यावर्त में

लोहे का सबसे अच्छा कारीगर था
और यह हत्या पूरी सभ्यता में लोहे से की गई
पहली हत्या थी
इसी से मारा गया था उनका लोहासुर
और यह लोहे से की गई दूसरी हत्या थी
तीसरी बार तो इससे मारे गए थे अनेक
इसी से बधिकों ने खूबसूरत चिड़ियों और
हुलसती हिरणियों को मारा था
इसी से वह तलवार बनी थी, जिससे शम्बूक का सर कटा था

सत्ता के लिए शासक सर्जक मनुष्य के द्वारा अविष्कृत वस्तु और उसकी कृति को अधिगृहीत करके उसी अविष्कृत वस्तु से सबसे पहले आविष्कार करने वाले की ही हत्या करता है। वह प्रकृति पर अधिकार प्राप्त करता है और आख्यानों से सर्जक अन्वेषक और कुशल कारीगरों को बहिष्कृत करने के लिए सुर और असुर का पाठ तैयार करता है। मिथकीय संदर्भों के इस पाठ में बद्री अचानक वर्तमान इतिहास के कई संदर्भों को समेट लेता है :

इसी से बना था वो खंजर जिसे अमीना बी की कोख में उतार दिया गया था
इसी से बन्दूक की नली बनी थी
जिससे भोजपुर में मारे गए थे नगीनाराम
और सत्तर के दशक में पूरी गंगा घाटी में हुए नरसंहारों में
यह महत्त्वपूर्ण हथियार साबित हुआ था
जिसने यहाँ के जीवन में किया था महत्त्वपूर्ण परिवर्तन
और आततातियों का राज कायम किया था।

इस उद्धरण में आततायियों द्वारा सत्ता प्राप्त करने के लिए किए गए बर्बर नरसंहारों के ब्यौरे ही नहीं हैं, इसके अन्तर्पाठ में सवर्ण और अवर्ण के विमर्श को भी देखा जा सकता है। यह छोटी-सी कविता हमारी सभ्यता का ऐसा आख्यान है जिसमें शासक द्वारा सर्जक के कौशल को छीने जाने और अपनी सत्ता लिप्सा के लिए अनुकूलित किए जाने के वृत्तान्त को बहुत कम शब्दों में रच दिया गया है। यह मात्र लोहे की कथा नहीं सर्जक मनुष्य द्वारा अन्वेषित और उसके अद्वितीय कौशल द्वारा रची गई हर चीज पर आततातियों के वर्चस्व का आख्यान है। यह सर्जक मनुष्य के दुःख और उसकी हत्या की कथा है।

बद्रीनारायण की इन कविताओं में एक गहरे बल्कि लगातार गहराते अवसाद को पढ़ा जा सकता है लेकिन ये सिर्फ अवसाद की कविताएँ नहीं हैं, इनमें लगातार दुःख सहते मनुष्य के प्रतिरोध के स्वर की ओर बार-बार इंगित किया गया है। *आधी*

रात में रुलाई का पाठ और कोई ऋषि नहीं, यह कुत्ता लिख रहा है एक-दूसरे की पूरक कविता की तरह लगती हैं। बद्री इन कविताओं में मिथकीय सन्दर्भों से कुछ बाहर आता दिखता है। वह उन सब रुलाइयों का पाठ तैयार करना चाहता हैं, जो पृथ्वी और आकाश में गड़ी हैं। वह ओम की जगह रुलाई को रखकर भाषा की संरचना को नए सिरे से देखना चाहता है या देखे जाने को प्रस्तावित करता है। उसे लगता है कि इसमें उन हिरणियों की रुलाई अन्तर्निहित है जिसका जिक्र पुराण कथाओं में है, जिनकी कृष्ण खाल पर यज्ञों में चलने की पवित्र प्रथा प्रचलित थी। इसमें ध्रुव तारे के साथ ही मनुष्य के निर्वासन की एक महागाथा भी कहीं गुथी बुनी है। इसीलिए शायद उसे लगता है कि बुदबुदाहटें दुनिया-भर के उत्पीड़ितों की सबसे विश्वसनीय दस्तावेज हैं। इसलिए वे एक पागल हो चुकी स्त्री की बुदबुदाहटों को पढ़ना चाहता है। इसलिए यार्ड में घूमता एक लाइनमैन जब उस पागल औरत को डाँटता है तो उसी समय न जाने क्यों एक कुत्ता रोना शुरू करता है और कवि को लगता है कि हो सकता है उस कुत्ते की रुलाई में इस औरत की महान विपदा की गाथा छुपी हो। जिसे गार्ड, ड्राइवर, जनता और लाइनमैन न जानते हों। और इसी में उस औरत का पुलिस और हत्यारों के खिलाफ जीवन-भर किए गए असफल प्रतिरोध का शोकमय आख्यान हो। और जिसे कोई ऋषि नहीं यह कुत्ता लिख रहा हो। बद्री की कविता बार-बार प्रतिरोध के अनसुने किए जा रहे, असफल हो गए या मनुष्य और पशु के आदिम सम्बन्ध में कहीं छिपे हुए आख्यान को सुनने की एक मार्मिक कोशिश करती है। बद्री की कविता उत्पीड़ित दमित में छिपी प्रतिरोध की इस आकांक्षा को पहचानती है और इसे मुखर होता देखना चाहती है :

पृथ्वी के नीचे फैली जड़ो
पेड़ों के बिम्ब में अपने प्रति होने वाले
अन्याय के खिलाफ रख दो माँगपत्र
पत्तियो! उठो और कहो
कि फूलों के बनाने में तुम भी शामिल हो
सभ्यताओं के तत्त्वो सब मिल कर
सभ्यताओं के अर्थ ही बदल डालो

उत्पीड़ितों की मुक्ति के इस पाठ के लिए वह परम्परा की अनुकृति करने से बाहर आकर मौलिक होना चाहता है। वह वंशवृक्ष को काट देना चाहता है जिससे थोपी गई सनातनता से मुक्ति हो। अखिलेश ने भूमिका में लिखा है कि *बद्रीनारायण वर्चस्वशाली परम्पराओं को तज कर रचनात्मक खाद-पानी के लिए अनेक लघु परम्पराओं के नजदीक जाते हैं।* बद्री की कविता वस्ततुः सबाल्टर्न सच्चाइयों और मूल अन्तर्विरोधों के अगल-बगल अक्सर अलक्षित कर दिए जाने वाले कई अनिवार्य अन्तर्विरोधों को अपनी

कविता का एजेण्डा बनाती है। इस समय में जब प्रतिरोध की शक्तियाँ बिखरी हुई हैं और उनका क्षरण हुआ है, आलोचक, लेखक, कवि, कलाकार और चिकित्सक सबने जैसे मान लिया है कि दुनिया के चलने की गति को बदला नहीं जा सकता। जब सारी नैतिकताओं और सारी प्रतिज्ञाओं को और पागल बना देनेवाली सारी प्रेरणाओं को न केवल छोड़ दिया गया है बल्कि उन्हें छोड़ने का दुःख भी नहीं दिखाई दे रहा है, तब बद्री अतीत में प्रतिरोध की कोशिशों की स्मृतियों को पुनः दोहराना चाहता है :

पिछले इतिहास में कालू कलवार ने अपने
सपनों के लिए
ग़जब ऊधम मचाई थी
और सोहागिन भंगिन को क्या भूल गए आप
जिसने अपने सपनों के लिए
राजा प्रसेनजित पर
मैला ढोनेवाला ओड़िया फेंक मारा था
और एकलव्य ने अपने सपनों के लिए ही तो अपने
अँगूठे कटवाए थे।

शब्दपदीयम् में एक छोटी-सी कविता है *माँ का गीत*

अगर तू सूर्य होता
तो दिन भर आसमान में जलता रहता
अगर तू चाँद होता
तो पूर्णिमा से एकम तक
तुझे रोज़ रोज़ कसाई के कत्ते से
कटना पड़ता। अगर तू तारा होता मेरे लाल
तो मुझसे कितना दूर होता
अच्छा हुआ तू बद्रीनारायण हुआ।

बद्रीनारायण के लिए यह बद्रीनारायण होना कोई अनोखा या अलग होना नहीं है। वह जब भी अपने को खोजने लगता है तो उसमें हमेशा दूसरे मिलने लगते हैं। इसमें कुछ एहसास है, कुछ यादें हैं, कुछ जिम्मेदारियाँ हैं, कुछ अदावतें हैं, इसमें :

मेरे भीतर अपना कुछ नहीं था
मैं दूसरों से था भरा पूरी तरह।

बद्री की कविता के यह दूसरे जिससे वह पूरी तरह भरी है—एक पूरा लोक है। यह कविता लोक की लय, उसके उत्सव और अवसाद की कविता है।

पहुँचूँ जीवन में थोड़ा समझूँ जीवन को थोड़ा

[लीलाधर मंडलोई के काव्य संग्रह *घर घर घूमा* पर एक बेतरतीब समीक्षा]

होना चाहता हूँ थोड़ा सा समुद्र
कि जाऊँ पृथ्वी के दूसरे तरफ भी
होना चाहता हूँ थोड़ा-थोड़ा कर इतना
कि दुनिया में आपकी, पहुँचने से पूर्व
पहुँचूँ जीवन में थोड़ा समझूँ जीवन को थोड़ा।

[ओंगी युवक से बातचीत करते हुए]

जीवन तक पहुँचने और उसे समझने दोनों इच्छाओं में 'थोड़ा' शब्द किसी कोताही के लिए नहीं बल्कि उस अनिवार्य विनम्रता के कारण ही आया है जो जीवन को उसकी समग्रता में जानने की सघन कोशिशों से पैदा होती है। अपने आसपास के जीवन, अपने समय, उसकी जटिलताएँ और अन्तर्विरोध जानने के लिए इतना भर काफी नहीं है कि हम अपने आसपास के जीवन में घुलमिल जाएँ या एक समाजशास्त्री की तरह उसका अध्ययन कर डालें। कविता कर्म के लिए जीवन को जानने का रास्ता थोड़ा अटपटा और बाँका है। उसके लिए, 'थोड़ा सा पंछी' होना जरूरी है। अनन्त ऊँचाइयों में उड़ान भरना जरूरी है। 'थोड़ा-सा हवा।' 'थोड़ा-सा पेड़, थोड़ा-सा कछुआ और थोड़ा-सा समुद्र' होना जरूरी है। लूकाच ने एक जगह लिखा है *रचनात्मक कल्पना और अबाध फंतासी यथार्थवाद की मार्क्सवादी अवधारणा से मेल खाते हैं।*

कविता में जीवन को जानने के इस रास्ते को जिसे उन्हीं ने अपनी कविता में अर्जित किया अक्सर क्यों भूल जाते हैं? क्या उन्हें इस पर पूरा भरोसा नहीं? क्यों अधिकांश हिन्दी कविता उड़ान भरने के मामले में अक्सर सहमी-सहमी और कतराती सी लगती है। रोमानी हो जाने का डर है, इस रचनात्मक कल्पना की ओर जाने में? मंडलोई भी बार-बार इस रचनात्मक कल्पना से थोड़ा बचते-बचते से लगते हैं। वे यथार्थ के ज्यादा से ज्यादा प्रामाणिक विवरणों की ओर जाने की कोशिश करते हैं। ऐसा करते हुए कई बार विवरण काव्यवस्तु बनने के बजाय जानकारी बनकर रह

जाते हैं। लेकिन जहाँ-जहाँ ऐसा नहीं होता, जहाँ उनके ऐन्द्रिक अनुभव और लोक मिथक का फंतासी तत्त्व और रचनात्मक कल्पना एक दूसरे से गुँथ जाते हैं, कविता वहाँ एक अलग स्वर और स्वरूप ग्रहण कर जाती है। अस्सी के बाद आई कविता ने लोक मिथकों के साथ एक अलग व्यवहार को अर्जित करने की कोशिश की है। उसने पौराणिक मिथक को लोक स्तर पर लाने के बजाय लोक मिथकों को ही चुनने का ज्यादा लोकतान्त्रिक रास्ता चुना है। मंडलोई की कविता में आए अंदमान की जनजातियों का निराकार पुलगा भी एक लोक बल्कि जनजातीय मिथक है।

मंडलोई की कविता में अछूते और अपरिचित-से भौगोलिक क्षेत्रों के प्रति एक सहज आकर्षण है लेकिन यहाँ कोई उक्ति चातुर्य नहीं। चौंकाने या प्रभावित करने की कोई अतिरिक्त इच्छा भी नहीं। वस्तुतः उसकी कविता में केन्द्रीय तत्त्व की तरह मौजूद एक अनिवार्य विनम्रता और जीवन को देखने-समझने का गहरा सरोकार ही उसे चमत्कार से बचाता है। यह इच्छा सहज है और कभी-कभी बहुत भोली भी। इसीलिए शायद मंडलोई की दृष्टि अन्तर्विरोधों और जटिलताओं को कम ही भेद पाती है। उसकी दृष्टि नई भौगोलिकताओं और वहाँ बसे जीवन से एक आत्मीय सम्बन्ध बनाने की ज्यादा है। उसके दुःख-सुख और अँधेरे-उजालों को भी देखने की है लेकिन उसकी जटिलताओं में धँसने की कम ही :

पन्द्रह दिन बाद
लौटा है नानकोरी
अभी-अभी सामान लिए
अब दमकेंगे बाजार
और महकेगी रसोई
पन्द्रह दिन बाद।

यह अनुभव शायद हमारे लिए अपरिचित-सा लगे लेकिन अंदमान द्वीप समूह के लोगों के लिए यह बहुत परिचित अनुभव है। जब जहाज दैनिक उपयोग की वस्तुएँ, सब्जियाँ आदि लेकर अंदमान द्वीप समूह में आता है तो वह दिन एक उत्सव-सा होता है। हिन्दी कविता अलग-थलग पड़ गए जीवन को कम ही छूती है। भौगोलिक विशिष्टताएँ वहाँ बहुत कम आती हैं। प्रकृति के अति परिचित दृश्य ही उसमें अधिक हैं। शायद इसीलिए उसकी ऐन्द्रिकता भी अधिकांशतः एकरस ही लगती है। लीलाधर मंडलोई की कविता मात्र एक नई भौगोलिक और प्राकृतिक जमीन को ही उजागर नहीं करती बल्कि उसमें परिचित और तथाकथित मैनस्ट्रीम से कट गए या काट दिए गए उन जन जातियों के जीवन में धँसने की ललक भी है, जो हमारे ही समाज का हिस्सा तो हैं, लेकिन उपेक्षित।

अंदमान द्वीप समूहों की प्रकृति, वहाँ रह रहे लोगों और जन जातियों की समस्याओं, रीति-रिवाजों, उनके जीवन की कठिनाइयों, उनके विश्वासों और भावनाओं को लेकर हिन्दी में पहले भी कोई कविता लिखी गई हो तो कम से कम मेरी जानकारी में नहीं है। निश्चय ही यह पहली बड़ी कोशिश है जो इन कविताओं की कमियों के बावजूद हमारे लिए हमारे ही समाज के एक अपरिचित और अछूते रह गए जीवन को कविता में सम्भव करती है।

अंदमान अभी तक हमारे लिए काला पानी ही रहा है। आजादी के इतिहास में उसकी बहुत त्रासद स्मृतियाँ हैं। कई क्रान्तिकारियों के संस्मरण में उन्हें देखा जा सकता है। सेल्यूलर जेल तो साम्राज्यवादी क्रूरता का जीता-जागता प्रतीक है ही।

लीलाधर मंडलोई के पाँच खण्डों में विभक्त कविता संग्रह के दो खंड *धरती की भूरी हंडिया* में और *काला पहाड़ और अन्य कविताएँ* की कविताएँ अंदमान के जीवन को लेकर ही हैं। लेकिन आजादी के इतिहास की कोई त्रासद स्मृति इन कविताओं में नहीं है। क्यों? जीवन और मिथक के साथ यह कैसा व्यवहार है जो हमारी सबसे त्रासद स्मृतियों का, इतिहास का ऐसा निषेध करता है? इतिहास दृष्टि से विहीन व्यवहार? कहीं ऐसा तो नहीं है (और यह संदेह हमारी पूरी समकालीन कविता से उपजा संदेह है) कि परम्परा की आड़ में इतिहास के निषेध की कलावादी दृष्टि हमारे प्रगतिशील कवियों को भी कहीं अचेतन रूप से प्रभावित करती जा रही है? *काला पहाड़ और अन्य कविताएँ* वाले खण्ड में अंदमान निकोबार द्वीप समूह की दुर्लभ जन जातियों पर केन्द्रित कविताओं में कहीं भी उन पर जापानी और ब्रिटिश आतताइयों द्वारा किए गए अत्याचारों की कोई स्मृति नहीं आती :

सोचता रहा बस
पहुँचूँ उन द्वीपों तक
कैद हैं जहाँ आदिवासी
अंधकार की भयावह दुनिया में
लिख सकता था कि सुरक्षित रहते
कम-से-कम कविता में
सेंटेलीज, जरावा, शोम्पेन।

यह सम्भव नहीं हुआ क्योंकि 'डरता रहा मृत्यु के भय से'। यह इन कविताओं का दूसरा पक्ष है। इसमें अपनी असमर्थता का गहरा बोध है। ज्यादा से ज्यादा जीवन को जानने की इच्छा है। दुर्लभ जन जातियों के कठिन जीवन के चित्र हैं। जीवन व्यवहार से जुड़े अनेक शब्द हैं जो हिन्दी में ज्यों-के-त्यों लेकर घुला मिला दिए हैं। जीवन के साथ-साथ जब उससे जुड़ा कोई अपरिचित शब्द भी आता है वह भाषा

में घुल मिल जाता है। यहाँ जीवन की भयावहता ही नहीं है उसका अद्भुत साहस भी है। और बिना किसी अन्तर्बाधा के :

बीस दिनों तक रोज जाएगा जंगलों में अकेला
और मार लाएगा एक से एक खतरनाक सुअर वह
प्रतीक्षा में ओंगियों का गाँव
रोज देखेगा उसका भरपूर जवान होना
और संस्कारों से एकदम अलग है 'तानागिरू'
डुगागक्रीक की सबसे बड़ी खबर है आज
कि अभी-अभी एक लड़का हुआ है जवान
और इस तरह एक और रक्षक ओंगियों का।

(तानागिरू ओंगियों की दुर्लभ जनजाति ओंगी का सबसे महत्त्वपूर्ण संस्कार है। यह ओंगी के जवान सिद्ध होने पर आयोजित किया जाता है) यह एक अलग अनुभव है। कविता में ये विलक्षण अनुभव चाहे और कुछ न करते हों लेकिन हमें अपनी विलक्षण विविधता से तो परिचित कराते ही हैं।

किताब पर यह बात कुछ उल्टी तरफ से शुरू हुई। मतलब कविता संग्रह के अन्तिम खण्ड से। कविता संग्रह का यह अन्तिम खण्ड इस अर्थ में महत्त्वपूर्ण है कि इन्हीं कविताओं से मंडलोई की एक पहचान बनती है। और संग्रह के बाद प्रकाशित कविताओं से भी लगता है कि यही वह रास्ता है जिसे मंडलोई ने अभी तक की काव्य प्रक्रिया में अर्जित किया है। शायद इसीलिए शुरू के तीन खण्डों में आई कविताओं से इन कविताओं का मिजाज थोड़ा भिन्न है। संग्रह के पहले तीन खण्डों– उसको यह *अवकाश भी छोटा, उनके पास फकत नींद है, और उस दिन के बाद सब दिन तिलचट्टों के* में जो कविताएँ है, उनमें से अधिकांश में एक किस्म की गीतात्मकता है। एक हद तक तुकान्त होने की कोशिश भी। मंडलोई की यूँ तो कविता का मिजाज लिरिकल ही है। लेकिन पहले तीन खण्डों की कविता की तुलना में अन्तिम दोनों खण्डों की कविता में लयात्मक संवेदना अधिक सघन होती है। वहाँ जीवन से रिश्ता ज्यादा जटिल है। संवेदना और विचार का रिश्ता ज्यादा सन्तुलित है।

मंडलोई की लयात्मकता वस्तुतः लोकगीतात्मक संस्कारों से बहुत गुँथी बुनी है। शायद इसीलिए एक ओर लोक लय है तो दूसरी ओर कई ऐसे शब्द उसकी कविता में सहज ही चले आते हैं जो लगभग गीतों को सौंप दिए गए थे। मंडलोई की कविता में कहना न होगा कि ये शब्द बहुत अटपटे नहीं लगते। कई बार मंडलोई की कविता लोकगीत के अनकरीब पहुँच जाती है। वहाँ दुःख सुख और जीवन के

चित्र लगभग उतने ही भोले-भाले हैं जैसे अक्सर लोकगीतों में होते हैं। गहरी करुणा तो वहाँ है लेकिन आधुनिक जीवन की विकट जटिलताएँ और अन्तर्विरोध नहीं। इन कविताओं में श्रमशील जनता के अँधेरे कोने कुचाले तो दिखते हैं पर उसकी जटिलता नहीं। मंडलोई की कविता में इसे लक्ष्य किया जाना चाहिए कि वहाँ आशा, उम्मीद का स्वर लगभग जिद की तरह मौजूद है। एक कड़ियल जिद की तरह :

इस पूरे दृश्य में
ठीक पाँच बजे से ही
चिन्तातुर बेचैन
सिर्फ एक औरत भागती है
बारिश से बेपरवाह
औरत भागती है
घर की तरफ
पहुँचते-पहुँचते घर
उसका आँचल
भीग-भीग उठता है कई बार।

मंडलोई की कविता के प्रातिनिधिक चरित्र अक्सर, खानों, कारखानों, आदिवासियों, जनजातियों और कठिन श्रम की जगहों से आते हैं। मध्यवर्गीय जीवन उसकी कविता में कम ही है। और इसलिए परिचित समकालीन काव्य मुहावरे के उपयोग के बावजूद, अपनी अन्तर्वस्तु में भिन्न होने के कारण उसे अलग से पहचाना जा सकता है। लेकिन शायद इसीलिए यह प्रश्न भी बार-बार मेरे मन में उठता है कि इस अन्तर्वस्तु के लिए क्या मंडलोई को एक अलग काव्य मुहावरा नहीं तलाशना चाहिए था? एक अलग मुहावरे को अर्जित करने की कोशिश तो यहाँ है लेकिन वह ठीक-ठीक उद्भूत नहीं होता।

मंडलोई की कविता पढ़ते हुए कई बार यह भी अहसास होता है कि वह अक्सर कुछ ज्यादा ही लोकतत्व की ओर जाता है। इससे आधुनिक जीवन और राजनीति के सवाल कुछ पीछे रह जाते हैं। सन्तुलन गड़बड़ाने-सा लगता है :

उफन उफन के
लगभग वैसे
घटलिंगा का जिद्दी कोहरा
आतुर पागल प्रेमी जैसा
घाटी छोड़ के
भाग रहा है।

ऐन्द्रिकता पर पिछले दिनों कुछ अधिक ही जोर दिया गया है। ऐन्द्रिकता

को लगभग निरपेक्ष तत्त्व की तरह रखा गया है। यह अजब विडम्बना है कि ऐन्द्रिकता और लोकलय ने जहाँ एक ओर कविता को ताकत और ताजापन दिया वहीं आज के जीवन के कठिन सवालों से किनाराकशी करने की आड़ भी इन तत्त्वों के कारण बनी है। मंडलोई बहुत सजग कवि हैं इसलिए इस धोखे की आड़ को समझ सकते हैं। गनीमत है कि मंडलोई इससे सावधान दिखते हैं और जीवन प्रकृति और भौगोलिक क्षेत्रों की विविधता का सहज आकर्षण उन्हें कई खतरों से बचा लेता है।

मंडलोई की सजग राजनीतिक दृष्टि उन संघर्षशील लोगों को पहचानती है जो इस सारे भयावह समय में भी लड़ रहे हैं। खतरों के प्रति सजगता और विक्टिम इन्डीवीजुअल के साथ ही फाइटिंग इन्डीवीजुअल को देखने को दिखाने की दृष्टि ही हमारे परिदृश्य का सही-सही चित्र बना सकती है। मंडलोई की कविता में एक ओर दुनिया को विनाश की ओर धकेल रही शक्तियों की पहचान उभरती है तो दूसरी ओर सतपाल डांग जैसे चेहरे भी हैं जिनकी आवाज इस खून की नदी से उभरती है और दरिन्दों के खिलाफ लड़ती है।

गद्यकाल

शतरंज के खिलाड़ी : कुछ नोट्स

'वाजिद अली शाह का समय था।'

कहानी का यह पहला वाक्य ही कहानी कहने की लोक परम्पराओं से जोड़ देता है। लेकिन ठीक इसी क्षण पर एक अन्तराल, एक अलगाव पैदा होता है। 'बहुत समय की बात है, एक राजा था' जैसे वाक्यों में समय और राजा दोनों ही अमूर्त हैं, अनिश्चित हैं। प्रेमचन्द इस अमूर्त को मूर्त, इस अनिश्चित को निश्चित में बदल देते हैं। अमूर्त समय को एक निश्चित ऐतिहासिक समय में और राजा को एक इतिहास पुरुष में। कहानी कहने-सुनने की स्मृति और उससे अलगाव के बीच पैदा हुई दुविधा से हम कहानी में प्रवेश करते हैं। कहानी का प्रवेश-द्वार जितना सीधा सादा लगता है वह उतना है नहीं। यह कोई लोककथा नहीं है जिसमें दिक और काल दोनों खुले हों। यह एक आधुनिक कहानी है। इसका दिक भी निश्चित है और कथा समय भी। हालाँकि यह कोई ऐतिहासिक कहानी नहीं है। इसलिए प्रकट रूप से व्यक्त समय और स्थान उतना सीमित समय और स्थान भी नहीं है। वह एक बड़े कालखण्ड और व्यापक परिदृश्य का रूपक भी है।

कहानी कहने का अन्दाज कुछ लोककथा जैसा है, कहानी का कलेवर कुछ ऐतिहासिक-सा है और लक्ष्य...लक्ष्य को कुछ देर स्थगित कर दें तो फार्म की दोनों विशिष्टताएँ भी पूरी तरह इस्तेमाल नहीं की जा रही हैं। कहानी कहने की लोक शैली का अन्दाज बदला हुआ है। कहानी कहने वाला कहानी से पहले जो लाग तानता है, उसका कहानी से कोई घना और सटीक रिश्ता नहीं बनता। वह श्रोताओं के आने और उनके ठीक से व्यवस्थित हो जाने के लिए किया गया उपक्रम है। वह अक्सर अतार्किक होता है। कुछ ऊटपटाँग और मनोरंजक। वह कहानी की पूर्वप्रस्तावना नहीं है। शतरंज के खिलाड़ी का लॉग या कहानी का लगभग पूर्वरंग उसका जरूरी हिस्सा है। विलासिता में डूबे लखनऊ में क्या-क्या हो रहा है, कैसे हो रहा है, इस विलासिता ने सारी चीजों को किस तरह अपने रंग में रँग लिया है, इसका दिलचस्प ताना-बाना है। विलासिता के कोई विस्तृत और बारीक विवरण नहीं हैं। कोई प्रकृतवादी होता तो कई पृष्ठ इन विवरणों से रँग सकता था। प्रेमचन्द ने इसे मात्र जानकारियों की तरह, टिप्पणियों

की तरह बहुत कम पंक्तियों में समेट दिया है। इस ठेठ देसीपन पर गौर किया जाना चाहिए, जिसमें एक तरफ बातूनीपन भी है और दूसरी तरफ बहुत सारी बात को एक मुहावरे में समेट देने की मितव्ययिता भी। प्रेमचन्द इस कला के मास्टर क्राफ्टमेन हैं।

'लखनऊ विलासिता के रंग में डूबा हुआ था। छोटे-बड़े, गरीब-अमीर सभी विलासिता में डूबे हुए थे। कोई नृत्य और गान की मजलिस सजाता था तो कोई अफीम की पीनक ही में मजे लेता था, जीवन के प्रत्येक विभाग में, साहित्य क्षेत्र में, सामाजिक अवस्था में, कला कौशल में, उद्योग धन्धों में, आहार व्यवहार में सर्वत्र विलासिता व्याप्त हो रही थी। राजकर्मचारी विषयवासना में, कविगण प्रेम और विरह वर्णन में, कारीगर कलाबत्तू और चिकन बनाने में, व्यवसायी सुर में, इत्र, मिस्सी और उबटन का रोजगार करने में लिप्त थे। सभी की आँखों में विलासिता का मद छाया हुआ था।'

'विलासिता' शब्द की तरह-तरह से पुनरावृत्ति होती है। कहानी कहने वाला चाहता है कि यह बात सबके दिमाग में पूरी तरह बैठ जाए। ध्यान इधर-उधर न भटके। कहानी कहने की जो वास्तविक मंशा है वह पूरी-पूरी संप्रेषित हो। इसलिए 'विलासिता' शब्द के साथ कई तरह के वाक्य आते हैं। अलग-अलग वाक्यों में इस शब्द का दोहराव मात्र शब्द पर जोर नहीं बढ़ाता है बल्कि वह एक पूरा वातावरण बनाने का काम करता है।

'संसार में क्या हो रहा है, इसकी किसी को खबर न थी।' विलासिता, उदासीनता, निष्क्रियता सब कुछ एक साथ था। अंग्रेज एक-एक कर रियासतों को हड़पने की कोशिश करते आगे बढ़ रहे थे। कहानी अंग्रेजों की आलोचना नहीं, अपने समाज की तीखी आलोचना करती है। धिक्कार का, आत्मालोचना का, खीज का स्वर बार-बार उभरता है। यह गाँवों के जीवन की कहानी नहीं है, जिसके सुख दुःख को प्रेमचन्द पहचानते हैं, जिसकी आत्मा की धीमी-से-धीमी कराह को भी उनके कान सुन लेते हैं। इस महादेश के गाँवों की धड़कन को सुन लेने की ऐसी अद्भुत क्षमता शायद ही किसी अन्य कथाकार में हो। शतरंज के खिलाड़ी प्रेमचन्द के इस चिरपरिचित लोक से बाहर की कहानी है। हालाँकि प्रेमचन्द के लिए यह लोक भी बहुत अपरिचित नहीं है। सामन्त यहाँ भी हैं। अत्याचारी नहीं शौकीन मिजाज, अय्याश नहीं लतियल। ये शहरी अभिजात हैं। इन्हें न तो प्रजा से मतलब है न अपनी रियासत से। इन्हें आतंक की जरूरत नहीं। प्रेमचन्द सिर्फ हिन्दी के ही नहीं उर्दू के भी कथाकार हैं। इस कहानी को रचने में हिन्दी से ज्यादा उर्दू के संस्कारों की भूमिका है।

प्रेमचन्द की कहानी में कुछ अचानक नहीं होता और ना ही उसमें अक्सर कोई

अनहोनी घटित होती है। वे अपने पत्ते खोलकर खेलते हैं। उसमें जो घटित होना होता है उससे पहले ही उसका अनुमान होने लगता है। इसलिए जब ऐसा कुछ घटित होता है तो उससे कोई आश्चर्य पैदा नहीं होता। शतरंज के खिलाड़ी भी एक गहरी करुणा और खीज, एक पराजित-सा गुस्सा तो पैदा करती है पर आश्चर्य नहीं। कोई सनसनी नहीं। बल भाव पर, विचार पर है, विस्मय पर नहीं। यह एक अलग किस्म का कथा कौशल है। इस अर्थ में यह उस पश्चिमी कहानी से भिन्न है जिसमें 'अचानक' और 'अनप्रिडिक्टेबल' पर बहुत जोर था। प्रेमचन्द के यहाँ जो घटित हो रहा है समाज में उसके पूरे कारण भी मौजूद हैं और उसके तर्क भी।

वाजिद अली शाह के लखनऊ की विलासिता और निकम्मेपन के पुरोवाक के बाद आख्यान में कहानी का प्रवेश होता है। मिरजा सज्जाद अली और मीर साहब और उनकी शतरंज। मिरजा के घरवालों, उनके नौकर-चाकरों की प्रतिक्रियाएँ। कहानी के खास पात्र स्थिति में प्रवेश करते हैं। इसलिए कहानी में कथाकार का हस्तक्षेप कम होने लगता है। पात्र बोलना शुरू करते हैं तो रचनाकार थोड़ा पीछे चला जाता है। भाषा का कलेवर बदलने लगता है। भाषा में बोलचाल का अन्दाज आ जाता है और भाषा मुहावरेदार हो जाती है।

'बड़ा मनहूस खेल है। घर को तबाह कर देता है। खुदा न करे किसी को इसकी चाट पड़े, आदमी दीन दुनिया किसी के काम का नहीं रहता, न घर का न घाट का।'

कहानी में सिर्फ एक तरफा तर्क नहीं है। दूसरा तर्क भी मौजूद है। 'शतरंज, ताश, गंजीफा खेलने से बुद्धि तीव्र होती है, विचार शक्ति का विकास होता है, पेचीदा मसलों को सुलझाने की आदत पड़ती है। ये दलीलें जोरों के साथ पेश की जाती थीं (इस सम्प्रदाय के लोगों से दुनिया अब भी खाली नहीं है)।'

ब्रेकिट में यह लिखकर कि इस संप्रदाय के लोगों से दुनिया अब भी खाली नहीं है, प्रेमचन्द यह स्पष्ट कर देते हैं कि वे किसी पुरानी ऐतिहासिक घटना को लिखने के लिए कहानी नहीं लिख रहे हैं। कभी-कभी लगने लगता है जैसे प्रेमचन्द इस खेल के विरोधी हों, पर ऐसा नहीं है। प्रेमचन्द की सारी चोट निष्क्रियता पर है। विलासिता पर है। आत्मविस्मृति पर है। लत पर है।

एक बहुत बड़े ऐतिहासिक कालखण्ड और एक बड़े परिदृश्य के बखान से शुरू हुई कहानी धीरे-धीरे सिमटने लगती है। वह दो सामंतों के बीच बिछी शतरंज की बिसात और मिरजा के घर में सिमट आती है। अभी तक जो व्यापक था पर अमूर्त था, वह सीमित होकर, मूर्त होने लगता है। अपने लिए जैसे एक ठोस साक्ष्य जुटा लेता है।

सब कुछ जैसे दीवानखाने में बिछी बिसात पर सिमट आया है। अब कहानी में पात्र हैं, स्थिति है और एक छोटा-सा स्थान है—याने दीवानखाना। नाटक के प्रवेश के लिए इससे ज्यादा उपयुक्त जगह नहीं हो सकती। इसलिए यहाँ सीधे संवादों का प्रवेश होता है। कहानी की संरचना का यह तीसरा मोड़ है। एक नाटकीय मोड़। प्रेमचन्द की कहानियों में खासकर इस कहानी में एक खास तरह की सिनेमेटिक टेक्नीक दिखाई पड़ती है।

मीर और मिरजा कुछ भिन्न किस्म के सामंत हैं। ये औरतों को पाँव की जूतियाँ माननेवाले सामन्त नहीं हैं। ये अपनी बेगमों के आगे चिरौरी करते हैं। तरह-तरह के बहाने बनाते हैं, उन्हें शान्त रखने के लिए झूठ बोलते हैं, कसमें देते हैं, मिन्नतें करते हैं। इनकी विलासिता मात्र दीन-दुनिया से बेखबर रहकर अपनी बिसात पर झुके रहने में है। इस छोटी-सी कहानी में प्रेमचन्द ने भाषा की कई तहें खोली हैं। भाषा स्थिति के साथ-साथ कई मुरकियाँ लेती है।

बेगम : दुत्कार क्यों नहीं देते?

मिरजा : बराबर के आदमी हैं, उम्र में, दर्जे में मुझसे दो अंगुल ऊँचे। मुलाहिजा करना ही पड़ता है।

बेगम : तो मैं दुत्कार देती हूँ। नाराज हो जाएँगे, हो जाएँ। क्या किसी की रोटियाँ चला देता है। 'रानी रूठेंगी, अपना सुहाग लेंगी। हरिया जा बाहर से शतरंज उठा ला। मीर साहब से कहना मियाँ अब न खेलेंगे, आप तशरीफ ले जाइए।'

मिरजा के घर से बिसात उखड़कर मीर साहब के घर जमने लगती है। प्रेमचन्द में अन्तर्बाधा बहुत ज्यादा नहीं है, लेकिन आब्सिनिटी के प्रति वे बहुत सतर्क भी हैं। अक्सर ऐसे मामलों में वे संकेत से ही अपना काम चलाते हैं। 'मीर साहब की बेगम किसी अज्ञात कारण से मीर साहब का घर से दूर रहना ही उपयुक्त समझती थीं।' इस संकेत के बाद आगे एक और संकेत हैं, लेकिन जब दीवानखाने में बिसात बिछने लगी और मीर साहब दिन भर घर में रहने लगे तो बेगम को बड़ा कष्ट होने लगा। उनकी स्वाधीनता में बाधा पड़ गई। दिन-भर दरवाजे से झाँकने को तरस जातीं।'

प्रेमचन्द तालस्ताय की तरह इस सामंती समाज के इनसाइडर नहीं हैं इसलिए उनकी भाषा में एक ताकझाँक का भाव है। शायद इसीलिए वे संकेतों से ज्यादा काम लेते हैं।

मिरजा की बेगम ने बिसात उठवा ली थीं। वे चाहती थीं कि मिरजा उनके पास रहें। मीर की बेगम उनसे चार कदम आगे थी। वे मीर साहब को घर से बाहर रखना चाहती थीं। मीर साहब की बेगम ने अपने पैदल से ऐसी चाल चली कि मीर साहब मैदान से बाहर हो गए। जिस 'स्वाधीनता' में खलल पड़ गया था वह रहस्य दूसरे हिस्से के अन्त तक जाकर और स्पष्ट होने लगता है।

'इधर मीर साहब की बेगम उस सवार से कह रही थीं तुमने खूब धता बताया।'

उसने जवाब दिया—'ऐसे गावदियों को तो चुटकियों पर नचाता हूँ। इनकी सारी अक्ल और हिम्मत तो शतरंज ने चर ली। अब भूलकर भी घर पर न रहेंगे।'

मीर और मिरजा मोहरे बनने को तैयार नहीं हैं, वे खिलाड़ी हैं। वे घर से भाग खड़े होते हैं। लेकिन बड़ी बिसात के मोहरे बनने को वे तैयार नहीं। वे सोचते हैं कि शायद यह पलायन उन्हें बचा रहा है, जबकि सच्चाई तो यह है कि वे अपनी लत और निष्क्रियता के कारण न चाहते हुए भी और न जानते हुए, एक बड़ी बिसात के छोटे-से मोहरे ही हैं। कमजोर मोहरे।

2

दो बिसातें समान्तर रूप से बिछी हैं। दोनों पर खेल जारी है। दोनों जगह काले और गोरे मोहरे चल रहे हैं। मीर और मिरजा के बीच बिछी बिसात ने घर की बेगमों का, नौकर-चाकरों का, मुहल्लेवालों का जीना मुहाल किया हुआ है। दूसरी बिसात ने अपनी चपेट में पूरे मुल्क को जकड़ लिया है। लोग दोनों शतरंजों के बीच के सम्बन्ध को भी समझ रहे हैं। इसलिए वे कहते हैं, 'अब खैरियत नहीं।' उन्हें लगता है 'रईसों का यह हाल है तो मुल्क का खुदा ही हाफिज है।' वे जानते हैं कि 'यह बादशाहत शतरंज के हाथों तबाह होगी' आसार बुरे हैं। यहाँ शतरंज मात्र एक खेल नहीं है। वह एक तरफ राजनीतिक कौशल है धूर्धता है जो गोरी फौजों के पास है। दूसरी ओर यह निष्क्रियता है, विलासिता है आत्मविस्मृति है, लत है, जो भारतीयों के पास है। बादशाहत भारत की ही तबाह होना है। आसार इसलिए बुरे हैं कि इस सबके परिणाम जनता को भुगतना है।

दोनों बिसातें समान्तर होते हुए भी एक-दूसरे का प्रतिरूप नहीं। दोनों के बीच कोई प्रत्यक्ष सम्बन्ध नहीं, एक किस्म का परोक्ष सम्बन्ध उसमें है। मीर और मिरजा उस दौर के भारतीय शासक वर्ग के ही प्रतिनिधि हैं। एक ऐसा शासक वर्ग जो अपने व्यसन में डूबा हुआ है जो आत्म की विस्मृति से बाहर आने को तैयार नहीं। मीर और मिरजा के बीच बिछी बिसात एक स्तर पर लत की तरह है। कहानी इस बिसात से बाहर निकलती हुई लखनऊ के भी बाहर झाँकने की कोशिश करती है। लखनऊ की विलासिता का कारण खोजती है।

'राज्य में हाहाकार मचा हुआ था। प्रजा दिनदहाड़े लूटी जाती थी। कोई फरियाद सुनने वाला न था। देहातों की सारी दौलत लखनऊ में खिंची आती थी और वह वेश्याओं में, भाँडों में और विलासिता के अन्य अंगों की पूर्ति में उड़ जाती थी। अंग्रेज कम्पनी का ऋण दिन-दिन बढ़ता जाता था। कमली दिन-दिन भीगकर भारी होती जाती थी।'

देहातों की दौलत लखनऊ की विलासिता के लिए उपयोग हो रही थी। देहात

जिस तरह लखनऊ के उपनिवेश हो रहे थे आगे चलकर भारत उसी तरह अंग्रेजों का उपनिवेश हो गया। क्या इसीलिए कम्पनी के ऋण के बढ़ने की याद यहाँ आई है? यह किसकी कमली है जो दिन-दिन भीगकर भारी हो रही है?

प्रेमचन्द मुहावरे का इस्तेमाल इस तरह करते हैं कि एकाएक स्मृतियों से, परम्पराओं से एक पुल बन जाता है। स्मृति चाहे लोक की हो, इतिहास की या साहित्य की, प्रेमचन्द उसका इस्तेमाल एक प्रतिवाद की तरह करते हैं। कहानी सुनाने की कला का यह एक खास गुण है कि वह श्रोता की इच्छाओं, उसके सपनों और उसकी घुटन को जानता है। वह अपनी कहानी में ऐसे तत्वों को जोड़ता चलता है जो श्रोता की दबी-घुटी इच्छाओं की पूर्ति करते हैं। इस तरह वह श्रोता से एकात्म भी कायम करता है। प्रेमचन्द की इस कहानी का स्वरूप लिखी जाने वाली कहानी की कला से बनिस्तब सुनाई जाने वाली कहानी से निर्धारित हुआ है। सम्बोधन वहाँ नहीं है पर वाक्यों के गठन में कहने का अन्दाज अन्तर्निहित है। शतरंज के खिलाड़ी पढ़ते हुए लगता है जैसे आप सुन रहे हैं और सुनते हुए उसमें दृश्य उभरने लगते हैं। मानस में वह एक फिल्म की तरह उभरने लगती है। शतरंज की इस बिसात पर काले और सफेद मोहरे ही नहीं, अँधेरे-उजाले के स्याह सफेद चौखाने भी हैं। हर चाल में वहाँ उत्तेजना है पर गति बहुत धीमी है। कहानी की गति शतरंज की चाल की गति की तरह है। सोचने-समझने और फिर चलने की एक धीमी गति।

विषयान्तर प्रसंग के बावजूद यह लक्ष्य किया जाना चाहिए कि सत्यजित रे की फिल्म की तरह वाजिद अली शाह को देखना प्रेमचन्द की समस्या नहीं थी। प्रेमचन्द ऐतिहासिक कहानी नहीं लिख रहे थे। इतिहास उनके लिए एक आलम्बन भर है। एक रूपक की तरह। सत्यजित रे इतिहास को इतिहास की तरह लेते हैं (हो सकता है उनके माध्यम की अपनी जरूरत भी हो) इसलिए वाजिद अली शाह के लिए वे कई औचित्य तलाश करते हैं। प्रेमचन्द के लिए यह आवश्यक नहीं होता। प्रेमचन्द इतिहास के साथ एक खूबसूरत दूरी भी बीच-बीच में बनाते चलते हैं।

लत की यह इन्तहा है। मीर और मिरजा अपने-अपने घरों, नौकर-चाकरों की सारी सुविधाओं से बाहर आ गए हैं। वीरान खण्डहर में पहुँच गए हैं पर शतरंज कायम है। जब-जब कोई खिलाड़ी कमजोर पड़ने लगता है वह लखनऊ की बात करने लगता है। यह फिक्र वास्तविक फिक्र नहीं है। मात्र अपनी कमजोर पड़ती बाजी को थोड़ी देर सँभालने का उपक्रम है।

'एक दिन दोनों मित्र मस्जिद के खण्डहर में बैठे हुए शतरंज खेल रहे थे। मिर्जा की बाजी कुछ कमजोर थी। मीर साहब उन्हें किश्त पर किश्त दे रहे थे। इतने में

कम्पनी के सैनिक आते हुए दिखाई दिए। वह गोरों की फौज थी, जो लखनऊ पर अधिकार जमाने के लिए आ रही थी। मीर साहब बोले–अंग्रेज फौज आ रही है खुदा खैर करे। मिरजा आने दीजिए किश्त बचाइए। यह किश्त।'' अंग्रेज फौजें आती हैं और गुजर जाती हैं। शतरंज हस्बमामूल चलती रहती है। बाजी के बीच बस अंग्रेज फौजों का, उनके तोपखानों का और शहर के घेर लिए जाने का जिक्र होता है। पर इसमें भी फिक्र इस बात की है कि शहर घिर गया तो खाने का क्या होगा और रात वापस घर कैसे लौटा जाएगा। यह फिक्र ऐसी लगती है जैसे उन्हें उनकी लत से बाहर ला रही हो, पर ऐसा होता नहीं है, खाना खाने की फिक्र पर धूल डालकर दोनों वापस शतरंज पर झुक जाते हैं। दिनभर गुजर जाता है। फौजें बादशाह को पकड़ लेती हैं। फौजों की वापसी हो जाती है। वाजिद अली शाह को फौज किसी अज्ञात स्थान पर ले जाती है। शहर में कोई हलचल नहीं होती, कोई मार-काट नहीं होती। 'एक बूँद भी खून नहीं गिरा था।' कहानी में इस घटना को प्रेमचन्द उतनी ही धीमी गति से अन्डर टोन में लिखते हैं, जिसमें बाकी का सारा कार्यव्यापार चल रहा है। जिस ठंडेपन के साथ वाजिद अली शाह की गिरफ्तारी होती है, कहानी उतने ही ठंडेपन के साथ इसकी सूचना भी देती है। खेल नहीं रुकता। बाजी जरूर उलट जाती है। अब बाजी मिरजा की कमजोर है और मीर चढ़ी पर है। फौजें जब आ रही थीं तब मिरजा चढ़ी पर थे और मीर हार रहे थे। तब मीर साहब को फौजों के आने की फिक्र हो रही थी। अब मीर साहब चढ़ी पर हैं और मिरजा की बाजी कमजोर है तो मिरजा को यह फिक्र सता रही है कि 'हुजूर नवाब साहब को जालिमों ने कैद कर लिया है।' यह अपनी लत में कमजोर पड़ते आदमी को होने वाली देश की चिन्ता है। प्रेमचन्द लतखोरों के मनोविज्ञान में ज्यादा भीतर घुसने की कोशिश नहीं करते। कहानी के लिए उन्हें इसकी जरूरत नहीं। प्रेमचन्द की कहानी-कला की यह भी एक बड़ी खूबी है कि वे मूल कहानी से बहुत ज्यादा इधर-उधर भटकने नहीं जाते।

चिन्ता और खुशी शतरंज के बादशाह को किश्त देने और उसे बचाने की है, देश के बादशाह की नहीं।

''मीर–पहले अपने बादशाह को बचाइए फिर नवाब साहब का मातम कीजिएगा। यह किश्त और यह मात।''

3

देश का शासक वर्ग अपने बादशाह को पकड़ लिए जाने से आहत नहीं है। देश की हार की कोई चोट उसके मन पर नहीं। उसका अहम तो शतरंज की बाजी में हार जाने से आहत हो रहा है। ऐसा वर्ग आत्मघाती ही हो सकता था। बाजी में हुई हार का बदला

चुकाने को वह अधीर है और बाजी को जीत लिए जाने पर वह चुटकियाँ बजाता है, ग़ज़ल गाता है और यह सब ठीक उसी दिन और उसी समय हो रहा है, जब वाजिद अली शाह को अंग्रेज फौज पकड़कर किसी अज्ञात स्थान पर ले गई है।

लखनऊ के उस सारे हालात से निर्विकार बने मीर और मिरजा शतरंज में ही हो रही हार-जीत से तिलमिला जाते हैं। ये थोड़े से क्षण हैं जो बहुत जटिल हैं। एक तरफ लगता है जैसे दोनों पात्र आत्मविस्मृति से बाहर आ रहे हैं, लत का जैसे 'हैंगओवर' टूट रहा है और दोनों इस नशे के टूटने से छटपटा रहे हैं। लेकिन न तो नशा पूरी तरह टूटता है और न आत्मविस्मृति से ही दोनों बाहर आते हैं। लेकिन एक क्षण आता है जब मीर और मिरजा अपने अभिजात से बाहर आ जाते हैं। वही मिरजा जो कहानी की शुरुआत में अपनी बेगम से मीर साहब के बारे में कहते हैं 'बराबर के आदमी हैं, दर्जे में मुझसे दो अंगुल ऊँचे, मुलाहिजा करना ही पड़ता है।' वही मिरजा कहानी के अन्त में पूरे गुस्से में मीर को उसकी औकात दिखा देते हैं। 'अजी जाइए भी, गाजी हैदर के यहाँ बावरची का काम करते उम्र गुजर गई आज रईस बनने चले हैं। रईस बनना कोई दिल्लगी नहीं है।' कुलीनता का आवरण थोड़ा खिसकने लगता है। सलीकेदार जबान तू-तड़ाक में बदल जाती है। तलवारें खिंचती हैं और देखते ही देखते दोनों खिलाड़ी मर जाते हैं। इसके बाद कहानी कहने वाले की टिप्पणियाँ हैं। 'वे विलासी थे, पर कायर न थे।' लेकिन प्रेमचन्द इसी में जोड़ते हैं 'उनमें राजनीतिक भावों का अधःपतन हो गया था।' राजनीतिक भावों के इस अधःपतन ने ही उन्हें निष्क्रिय बनाया था, उदासीन बनाया था देश के प्रति। इसी ने उन्हें कायर न होते हुए भी आत्महंता बना दिया था। यह आत्मघात किसी बड़े लक्ष्य के लिए नहीं था। 'अपने बादशाह के लिए जिनकी आँखों से एक बूँद आँसू न निकला, उन्हीं दोनों प्राणियों ने शतरंज के वजीर की रक्षा में प्राण दे दिए।'

कहानी एक त्रासदी में बदल जाती है। सारा सामंती वैभव इस अँधेरे में ध्वस्त हो चुका है। लकड़ी के मोहरे अपनी जगह रखे हैं। असली बादशाह गिरफ्तार हो चुका है। खिलाड़ी मर चुके हैं। काठ के बादशाह बचे हैं जो अपनी-अपनी जगह पर ज्यों के त्यों रखे थे। 'चारों तरफ सन्नाटा छाया हुआ था। खण्डहर की टूटी हुई मेहराबें, गिरी हुई दीवारें और धूल-धूसरित मीनारें इन लाशों को देखती हुई सिर धुनती थीं।'

यह एक ऐसी त्रासदी है जो करुणा या दुःख से ज्यादा एक बेचैन करने वाली खीज को पैदा करती है। गुस्से को पैदा करती है। अन्त तक आते-आते प्रेमचन्द की हल्की-सी सहानुभूति भी मीर और मिरजा के साथ होने लगती है। वे उन्हें वीर भी कहते हैं। यह भी कहते हैं कि वे कायर नहीं थे। लेकिन वे व्यसनी थे और अपने देश के हालात के प्रति हददर्जे के उदासीन भी। एक ढह चुके समाज के ऐसे प्रतिनिधियों के लिए केवल काठ के मोहरे और बेजान और ध्वस्त मीनारें, दीवारें और खण्डहर ही रो सकते थे, वे ही रो रहे थे।

अन्तर की भाषा में व्यापकता दोनों जीवन की, दोनों मन की

दो व्यक्तियों के बीच पत्राचार भले ही वह किसी हद तक औपचारिक हो, एक तरह का व्यक्तिगत अभिलेख ही होता है। और अगर वह दो घनिष्ठ मित्रों या किसी समान कार्य-क्षेत्र में समान उद्देश्यों और लक्ष्यों की प्राप्ति में लगे सहयोगियों के बीच हो, तब तो उसमें भावों, आवेगों, इच्छाओं और आकांक्षाओं के इतने सूत्रों के ताने-बाने होते हैं कि वह उनके निजी सम्बन्धों और उनके उतार-चढ़ाव का बहुत ही अन्तरंग, लगभग गोपनीय, दस्तावेज बन जाता है। उसे सार्वजनिक बनाना सम्बन्धों की पवित्रता को कम करना तो है ही, किसी कदर जोखिम का काम भी है। क्योंकि पत्रों के उन अन्तरंग सूत्रों को पूरी तरह स्पष्ट करना मुश्किल होता है, और उसके बिना तरह-तरह की गलतफहमियों के पैदा होने और इकतरफा अधूरे नतीजे निकाले जाने का खतरा है। मगर दूसरी तरफ ऐसे पत्रों से एक पूरे दौर में दो या ज्यादा व्यक्तियों के, रचनाकारों के, बाहरी और आन्तरिक संघर्ष की ऐसी अनूठी और प्रामाणिक जानकारी मिल सकती है जो और किसी भी प्रकार से सम्भव नहीं।

[*पाया पत्र तुम्हारा* की भूमिका : नेमिचन्द्र जैन]

अपने और मुक्तिबोध के बीच हुए पत्राचार को प्रकाशित करवाते हुए नेमिजी के मन में *उत्तेजना भी है और कई प्रकार के संकोच भी*। क्योंकि इसमें दो समान उद्देश्यों और लक्ष्यों की प्राप्ति में लगे सहयोगियों के भावों, आवेगों, इच्छाओं और आकांक्षाओं के सूत्रों के कई ताने-बाने हैं और कई गोपनीय बातें भी जिन्हें सार्वजनिक बनाने में उनके सम्बन्धों की पवित्रता को कम करने का जोखिम भी है और संदर्भों के अभाव में इकतरफा नतीजे निकाले जाने का खतरा भी। लेकिन साथ ही एक पूरे दौर में दो रचनाकारों के बाहरी और आन्तरिक संघर्ष की अनूठी और प्रामाणिक जानकारी भी इन्हीं से मिल सकती है जो और किसी भी तरह सम्भव नहीं। यह पत्र ही हैं जो दो रचनाकारों के अन्तःकरण के आयतन, उनकी मानसिक बनावट और उसकी उथल-पुथल को जानने का सबसे प्रामाणिक माध्यम हैं। कई पत्र हैं जो जीवन की आपाधापी में कहीं खो गए हैं, अनउपलब्ध हैं। कुछ फुटनोट्स हैं लेकिन नेमि जी भी महसूस करते हैं कि संदर्भों को और स्पष्ट करने के लिए *मुक्तिबोध के और*

मेरे बीच बीस बाइस वर्षों के उस दौर की साहित्यिक राजनैतिक और व्यक्तिगत परिस्थितियों के ब्यौरेवार संस्मरण इसके लिए जरूरी हैं। लेकिन सम्भवतः ऐसा हुआ नहीं। संस्मरण लिखे नहीं गए। इकतरफा और अधूरे नतीजे निकाले जाने के खतरे हों या न हों लेकिन अप्राप्त कड़ियों को तलाशने और जोड़ने की दिक्कतें जरूर हैं। किसी भी दौर के राजनैतिक इतिहास में उस दौर के सांस्कृतिक घटनाक्रम की मात्र कुछ सूचनाएँ ही मिल पाती हैं। उससे उस दौर के साहित्यिक-सांस्कृतिक आन्दोलन के अन्तरंग को जानना असम्भव है। कल्चरल मूवमेन्ट ऑफ इण्डिया या प्रगतिशील लेखक संघ और इप्टा से जुड़े रचनाकारों और रंगकर्मियों के संस्मरणों से कुछ जानकारियाँ चाहे मिल जाएँ लेकिन उस समय के रचनाकारों के बाहरी और आन्तरिक संघर्ष की प्रामाणिक और अनूठी जानकारियों के लिए रचनाकारों के बीच हुए अन्तरंग पत्राचार को पलटना जरूरी होगा। हिन्दी में ऐसे पत्राचार के संकलन भी बहुत नहीं हैं। रामविलास शर्मा और केदारनाथ अग्रवाल के बीच पत्राचार, जानकी वल्लभ शास्त्री और निराला के बीच पत्राचार या रामविलास शर्मा और निराला के बीच का पत्राचार जो *निराला की साहित्य साधना* के खण्ड तीन में संकलित है, ऐसे ही कुछ उदाहरण हैं जो उँगलियों पर गिने जा सकते हैं। तीस और चालीस का दशक और स्वतन्त्रता के बाद से साठ तक का दौर साहित्यिक और राजनैतिक दृष्टि से अनेक अत्यन्त महत्त्वपूर्ण घटनाओं से भरा रहा है। *पाया पत्र तुम्हारा* में मुक्तिबोध और नेमि जी के बीच 1942 से लेकर 1964 तक के अनेक पत्र संकलित हैं। इसमें दो रचनाकारों का अन्तरंग ही नहीं, एक पूरे दौर का अन्तरंग भी है। बकौल मुक्तिबोध दॅ सोशल रिअलिटी ऑफ विच, वी आर दॅ प्रोडेक्ट।

इन पत्रों में कई प्रसंग हैं लेकिन कहीं न कहीं एक केन्द्रीय चिन्ता है—व्यक्तित्व और उसकी गुत्थियाँ। नेमिजी और मुक्तिबोध वैचारिक और व्यक्तिगत दोनों ही स्तरों पर इन गुत्थियों के बारे में लगातार बहस करते नजर आते हैं। 4 अक्टूबर, 42 के एक पत्र में नेमिजी ने लिखा कि *व्यक्ति का अकेला प्राणवान होना ही पर्याप्त नहीं है उसके सारे वातावरण को ही गतिमान होना चाहिए। इस निर्भरता और आश्रितता को भुला देकर ही आज का समाज व्यक्ति को इतना अधिक गुलाम बना सका है—व्यक्तित्व का गुलाम! बड़ी विरोधी बात लगती है पर बड़ी प्रखर सत्य है कि व्यक्तित्व की गुलामी आज सबसे बड़ी ट्रेजेडी है। वह आदमी को अपनी उन जड़ों से काटकर अलग कर देती है जिनसे वह रस पाता है और अपने व्यक्तित्व को सींच सकता है। और परिणाम आप जानते ही हैं—आज चारों ओर बिखरे विभिन्न व्यक्तित्वों के कंकाल!!* अपने पर ही नहीं गांधी जी को भी इस विश्लेषण में समेटते हुए नेमिजी ने लिखा कि इन्सीडेंटली, *गांधी जी की सबसे बड़ी ट्रेजेडी यही है। इस वातावरण को भुला देने से वह व्यक्ति*

बुर्जुआ आदर्श में फँस गया है। उन्हें लगता है कि फार्म की दृष्टि से गांधी जी का तर्क सही हो सकता है कि हर व्यक्ति अपने आपको सत्य के प्रति उद्यत और तत्पर बना ले तो सामाजिक समस्याओं का एक साथ अन्त हो सकता है। लेकिन उन्हें जीवन की काम्प्लेक्स रिअलिटीज को इतना सीधा सादा करके रखना एक बूर्जुआ नैतिकता लगती है। उनका मत है कि इससे सत्य का विरूपण होता है। इस विश्लेषण में चालीस के दशक में कम्युनिस्ट आन्दोलन और उनकी बहसों की कई ध्वनियों को सुना जा सकता है। दूसरी ओर 10 जनवरी 43 का पत्र है। अपने व्यक्तित्व को लेकर उन्होंने मुक्तिबोध को लिखा कि मेरी सामर्थ्य और ताकत को लेकर आपका व्यवहार मुझे आक्रांत करता है। यह आपको थोड़ा औपचारिक बनाता है। एक किस्म की दूरी पैदा करता है, जो मुझे पसन्द नहीं है। मुझे लगता है कि मैं वैसा नहीं हूँ जैसा आप मानते हैं। मैं वैसा होना चाहता हूँ। मुझे लगता है मैं जितने के लायक था उससे कहीं अधिक हार्दिकता मुझे मिली है।

निओ शेक्सपीरियन एज के ये दोनों *हेमलेटस्* अपने व्यक्तित्व के प्रति अपने पत्रों में लगातार बेचैन हैं, अपने प्रति और एक-दूसरे के प्रति क्रीटिकल हैं, मुग्ध भी हैं और चिन्तित भी। आत्मालोचन से पैदा हो रहे डिप्रेशन में एक दूसरे के प्रति गहरी सहानुभूति याने सह अनुभूति भी दोनों में है और दोनों ऐसे दुर्लभ क्षणों में एक-दूसरे को सँभालते, सहारा देते नज़र आते हैं। मुक्तिबोध नसीहतों के साथ एक ऐसी आत्मीय आलोचना की माँग करते हैं जो उनमें उत्कट प्रेम और भावप्रवण कल्पना की एक दीप्ती पैदा करे। उन्हें लगता है कि उनकी मानसिक बनावट में एक दृढ़ संगठनात्मक आधार नहीं है। एक पत्र में उन्होंने लिखा कि हम बूर्जुआ और पेटी बूर्जुआ मूडी हैं। *हम* लिखते ही वे सतर्क हो जाते हैं, इसलिए तत्काल यह भी जोड़ देते हैं कि यह मैं अपने संदर्भ में कह रहा हूँ। यह आपको आघात पहुँचाने के लिए नहीं है। नेमिजी ने मुक्तिबोध को एक जगह लिखा कि आप वातावरण और आस-पड़ोस के प्रति मुझसे कहीं ज्यादा संवेदनशील हैं। एक लम्बे पत्र में लेकिन नेमिजी ने यह भी लिखा कि *आपके इस पोस्टकार्ड से लगा कि आप अपना मार्ग कुछ अधिक आत्मविश्वास के साथ निश्चित नहीं कर पा रहे हैं। अनेक प्रकार के प्रश्न समस्याएँ मन के आगे जैसे मूक प्रश्नचिह्न जैसे खड़े हों जिनकी मूकता में ही सबसे बड़ी तीक्ष्णता है। ऐसा होना अस्वाभाविक नहीं है। जीवन के साथ जो लोग एकदम रेकलेसली खेल नहीं करते या जिन्हें अपने जीवन के प्रत्येक कदम को नापकर बढ़ाने की आदत नहीं है वे क्राइसेस के समय यही अनुभव करते हैं। पेटी बूर्जुआ क्लास की यह आत्यंतिक विशेषता है। मैं यह सब इसलिए कहता हूँ कि इस मन के अनिश्चय के कारण आप अपना आत्मविश्वास मत खोइए, न अपने-आपको छोटा ही अनुभव कीजिए, क्योंकि यह स्वाभाविक है और उसकी*

स्वाभाविकता भी साधारण नहीं है, वह जैसे मज्जागत है। यह एक ऐसी गहन हार्दिकता है जिसमें मर्सीलेस अनस्पेरिंग एनालिसिस के लिए पर्याप्त जगह है। इसमें सिर्फ दूसरे के प्रति विश्लेषणात्मक व्यवहार नहीं है आत्मविश्लेषण और आत्मालोचन के लिए और कभी-कभी तो आत्मभर्त्सना के लिए भी पर्याप्त गुंजाइश है। नेमिजी अपने को स्वाभाविक रूप से बोहेमियन और सुखवादी मानते हैं और अनुशासन को एक बाहरी लिमीटेशन भी। पत्र अलग अलग समय में आदमी के मूडस् को ही ज्यादा प्रतिबिम्बत करते हैं। इसलिए उनमें विचारधारात्मक विरोधाभास की गुँजाइश हमेशा बनी रहती है। नेमिजी और मुक्तिबोध के पत्र भी अपने स्वयं के बारे में अलग-अलग समय और मनोदशा में कई तरह की टिप्पणियों से भरे हैं। दोनों के बीच की अन्तरंगता और हार्दिकता बहुत सीधी सादी नहीं है, उसमें कई उतार-चढ़ाव हैं। कई जटिलताएँ हैं। कलकत्ता से लिखे गए नेमिजी के 18 मार्च 44 के एक पत्र का एक लम्बा उद्धरण देखना दिलचस्प होगा। नेमिजी लिखते हैं—*मेरे बारे में जो आपकी धारणाएँ हैं उनकी सम्भावना और आपके विश्वास में सन्देह नहीं करता, तो भी अपने आप पर विश्वास मुझे अभी नहीं आया है। शायद सत्य यही है कि अपने अन्तर की ओर उन्मुख होने का अवसर ही मैंने नहीं लिया। कौन जानता है कि भीतर की कन्दराओं की ओर दृष्टिपात करते अज्ञात रूप से मुझे भय लगता है। जब इस बात की ओर से सचेष्ट हो जाता हूँ तो जानते हैं क्या सोचता हूँ? तब उस क्षण अपने जीवन के सामाजिक परिपार्श्व की चेतना से अपने पेटी बूर्जुआ मानसिक स्तर से, अपने असली मन को पहचानकर एक अनजानी ग्लानि से भर उठता हूँ। पर जाने दीजिए। मुझे पता है कि आप मेरे इस प्रकार के आत्मप्रगटीकरण से प्रसन्न नहीं होते। मैं केवल यही कह रहा था कि संस्कार और स्वभाव से मैं हूँ वही बेटी बूर्जुआ। इसलिए जब आपने लिखा कि मैं अपने-आपको पीपुल से आइडेन्टीफाई नहीं कर पाता तो मुझे एक कठोर सत्य के बोध से कुछ धक्का-सा लगा।*

परन्तु यह एक ही पक्ष तो है। क्या सचमुच ही मैं अपनी मनसा का फिर से संस्कार करने के लिए प्रयत्न नहीं करता? अपने भीतर की इस द्विधा और उसके द्वन्द्वात्मक विकास को देखते रहने में मुझे बहुत बार अत्यधिक सन्तोष अनुभव होता है। सचमुच अबकी बार लग रहा है जैसे जीवन का मिशन पा गया हूँ।

2

फ्रस्टेशन और जीनियस। नेमिजी का बाम्बे से लिखा 1 नवम्बर, 45 का पत्र है। नेमिजी ने लिखा कि *फ्रस्टेशन की इस भयानकद्दझाँकी से आपको अच्छा नहीं*

लगेगा यह जानता हूँ। पर क्या करूँ? आप मुझसे आत्मीयता की माँग करते हैं तो फिर कृत्रिम उत्साह और सफलता की भावना कहाँ से ला सकता हूँ। फ्रस्टेशन के बारे में कम्युनिस्ट दोस्तों और नेताओं का मत है कि वह एक प्रकार की भीषण ईगो का परिणाम है। वह इस भावना का परिणाम है कि मैं जीनियस हूँ। और क्योंकि जीनियस हूँ नहीं और विश्वास करता हूँ इसलिए परिणाम अनिवार्य रूप से फ्रस्टेशन ही होगा। उनकी माँग भी है और सलाह भी कि क्यों न अपने आपको अत्यन्त साधारण मानूँ। अर्थात् दूसरे सभी की तरह अपने आपको बना लूँ। प्रेक्टीकल दृष्टिकोण से देखें तो इस बात में सार है कि दुनिया जैसी है वैसे बन जाने से अपनी पृथकता का बोध भी न होगा और आस्थाहीनता भी न उपजेगी। मानता हूँ कि समस्या का यह हल एकदम सीधा है। पर यही तो कठिनाई है। फ्रस्टेशन इसीलिए तो है।

मुक्तिबोध अपने बौद्धिक और हार्दिक सहचर को इस अवस्था में कैसे छोड़ सकते हैं! मुक्तिबोध को पत्र लिखना अच्छा लगता है, दर्जनों पत्र अनुत्तरित होने की शिकायत के बाद भी वे अपनी इस आदत को छोड़ते नहीं हैं। बात करने का लगभग जुनून-सा है इसलिए उन्हें अपने मित्र का मिलना एक सेलिब्रेशन की तरह लगता है और बहस का कोई बिन्दु मिल जाए तो फिर क्या कहने! फ्रस्टेशन और जीनियस वाली बात के उत्तर में मुक्तिबोध का 7 नवम्बर 45 को वही स्थान और वही टेबिल से लिखा गया पत्र बहुत महत्त्वपूर्ण है। इस दौरान मुक्तिबोध बनारस कैन्ट में सरस्वती प्रेस में कार्यरत थे। मुक्तिबोध ने लिखा *न नेमि बाबू, इस तरह से तो काम नहीं चलने का। आखिर फ्रस्टेशन है तो रहे, वह इतनी बुरी चीज नहीं जितना उसका ग्लूम। उसको दूर करना ही पड़ेगा। यह नहीं कहता कि आप हमेशा इसी मूड में रहते होंगे। पर जरा सोचिए तो सही कि जिन्दा रहने का हक तो हमें है ही। और यदि लोग हमारी वैलेडिटी नहीं मानते तो न मानें। अभी हमने किया ही क्या है। हम अभी पुस्तक के भाव हैं—अलिखित पुस्तक हैं। अभी से उस पर आलोचना कैसी? अभी से यदि हम निश्चयात्मक आलोचनाएँ भोगने लगें, या लोग करने लगें तो हमारे सबसे बड़े मेगनम ओपस (Magnum opus) की भ्रूण हत्या ही हो जाएगी।*

बात यों है कि हमने अभी अपनी निजी जिन्दगी बनाना शुरू नहीं किया है। हम अभी तक वायवी आदर्शवाद से ही प्रेरित हैं यानि हमारे थाटस् विचार नहीं, वरन् मात्र मानसिक प्रतिक्रियाएँ हैं। और हम एक अर्थ में जरूर बह जाते हैं बाहरी परिस्थिति के प्रवाह में : परिणाम—हमारा अपना काम यों ही अधूरा रह जाता है। कम से कम मेरे अपने बारे में तो यह सोलह आना सही है : और इसके प्रतिक्रियास्वरूप उत्पन्न होती है घोर ग्लानिपूर्ण अन्तर्मुखता जिसे आप फ्रस्टेशन कहते हैं। आखिर फ्रस्टेशन वही व्यक्ति अनुभव करता है जिसका कोई निश्चित जीवन कार्य (Mission) है और

उसके आरम्भ करने में आन्तरिक और बाह्य अनेक बाधाएँ हों।

पत्र लिखते-लिखते जीनियस वाली बात भूल जाते हैं तो पुनश्च के बाद फिर लिखते हैं कि *अभी पत्र दूसरी बार पढ़ा और जीनियस वाली बात मन में अटक गई। हैं नहीं और समझते हैं जीनियस। वास्तविकता यह है कि हम जीनियस हैं यानी वह शक्ति बीज रूप में है परन्तु हम उससे इन्कार करते हैं। अपने प्रतिदिन के चलने वाले जीवन में। यानी उसका एसर्शन नहीं करते, अर्थात् हम उसके विकास और प्रसार के आग्रही उचित मात्रा तक हो नहीं पाते। क्यों? इसलिए कि उस शक्ति के विकास के लिए हम प्रयास नहीं करते, दृढ़ निर्घूण। परिणाम, हम अपनी जमीन छोड़कर दूसरे की कुर्सी पर जा बैठते हैं। और फिर? आस्था और विश्वास खो बैठते हैं। यह है एक दुष्ट वर्तुल (Viciouscircle) सांकृत्यायन को कोई बुर्जूआ या फ्यूडल क्यों नहीं कहता? क्योंकि जिस जमीन पर वे खड़े हैं वहाँ कोई टकरा नहीं सकता। हममें भी त्याग की, सहनशीलता की, बुद्धि की और लेखनी की शक्ति है। क्यों नहीं हो सकती है, वह है ही।* मुक्तिबोध आगे यह भी जोड़ते हैं कि *तालस्ताय एक दिन में नहीं बन गए और रोम भी एक पल में निर्मित नहीं हो गया।* इन पत्रों को पढ़ते हुए लगता है जैसे *एक साहित्यिक की डायरी* के बीज इसी जमीन में से पैदा हुआ होंगे।

3

मुक्तिबोध ने और नेमिजी ने भी अपने कई समकालीनों को पत्र लिखे होंगे। *रचनावली* में कई लेखक मित्रों के नाम लिखे मुक्तिबोध के पत्र संकलित हैं। लेकिन नेमिजी और मुक्तिबोध के बीच लिखे गए पत्रों का संसार बहुत बड़ा है। इसमें अपने बारे में, अपने व्यक्तित्व की गुत्थियों के बारे में बहसें हैं। घर-परिवार की चिन्ताएँ हैं। पत्नियों की पढ़ाई, एबार्शन जैसी नितान्त निजी समस्याएँ हैं। बच्चों का जन्म, उनके नामकरण, उनकी बीमारी और पढ़ाई। नौकरियाँ और आर्थिक बदहाली है। तनखाओं और दूसरे स्रोतों से मिलने वाले पैसों का एक चार्ट तैयार किया जाए तो चालीस के दशक और आजादी के बाद के एक दशक में पढ़े-लिखे मध्यवर्ग की आर्थिक स्थितियों का एक अध्ययन किया जा सकता है। किताब की दुकान और प्रेस खरीदे जाने की योजनाएँ हैं। तारसप्तक और उसकी रूपरेखा में होने वाले बदलाव। उपन्यास के प्रकाशन का किस्सा, कामायनी पर लिखी गई किताब और उसके कापी राइट्स को बेच देने के बारे में। कविता की किताब तैयार करने और उसके प्रकाशन के बारे में। भूमिका के लिए वात्स्यायन और रामविलास शर्मा के बारे में राय-मशविरा। प्रसंगवश कम्युनिस्ट पार्टी और उसके साहित्यिक सांस्कृतिक संगठनों से जुड़े इन दोनों लेखकों की रामविलास शर्मा के बरअक्स उस दौर के

वात्स्यायन के बारे में राय ज्यादा सकारात्मक है। हालाँकि वात्स्यायन जी ने जब मिलिट्री की नौकरी की तो इस पर भी नेमिजी के पत्र में एक टिप्पणी है। शमशेर, भारत भूषण, माचवे, वीरेन्द्रकुमार जैन आदि उस दौर के कई साहित्यिक मित्रों पर जगह-जगह टिप्पणियाँ हैं। कम्युनिस्ट पार्टी, सेन्ट्रल स्क्वाड और इप्टा के साथ अपने सम्बन्धों और उनमें आने वाले उतार-चढ़ाव का उल्लेख भी शुरू के सभी पत्रों में मिल जाता है। रेखा जी का सेन्ट्रल स्क्वाड में शामिल होना। बंगाल के अकाल को लेकर जगह-जगह नाटक करके चन्दा इकट्ठा करना। नेमिजी का होल टाइमर होना और सांस्कृतिक सेल का काम सँभालना। मुक्तिबोध का लगातार नौकरियाँ बदलना। चाय और सिगरेट की अपनी आदतों से लेकर अपने दाँत गिरने के बारे में और एक भारतीय अन्ना केरेनीना आदि कितने ही निजी, सार्वजनिक और गोपनीय प्रसंग इन पत्रों में हैं। सूची बनाई जाए तो एक अच्छी-खासी लम्बी सूची तैयार हो सकती है। नेमिजी को लिखे पत्रों में मुक्तिबोध जितने निजी और आन्तरिक प्रसंगों तक को डिसकस कर लेते हैं, किसी अन्य लेखक को कम से कम उसी तरह अपने आन्तरिक वर्तुल में शामिल नहीं करते। इस दोस्ती को वे किसी भी कीमत पर खोना नहीं चाहते। क्योंकि इसमें जितनी हार्दिकता है उतनी ही बौद्धिकता भी है। इसलिए कई बार उन्हें डर लगता। अपने इस डर को न तो मुक्तिबोध छुपाते हैं न नेमिजी। इन पत्रों में संकोच हैं औपचारिकताएँ नहीं। 30 अक्टूबर 45 के एक पत्र में मुक्तिबोध ने लिखा कि *देखिए, मैं न मालूम क्या-क्या कह गया और मुझे अब डर लगने लगता है कि कहीं आपको मैं सता न बैठूँ। पता नहीं क्यों, पर आपसे संकोच जरूर होता है। जैसे सारी बातें कह जाऊँ तो आपके मन पर प्रतिकूल परिणाम हो। कभी-कभी अविवेकपूर्ण तर्क उठने लगते हैं, आपके बारे में। लगता है जैसे आप खुलते ही बन्द हो जाते हैं। जैसे कि हम एक-दूसरे से झेंपते हैं, खिंचे चले आते हैं, पर दूर भागने की तैयारी करके, अवचेतन रूप से निस्सन्देह। पता नहीं क्या बात है! पर अन्दर की उष्ण मदिर धारा एक दफा फिर खुल जरूर जाती है और मन के सारे पाप गलकर धुल जाते हैं।* यह बहुत बारीक ताने-बानों से बना सम्बन्ध है। इसमें संकोच हैं, असहमतियाँ हैं और कई बार गुस्से का इज़हार भी लेकिन थोड़ी देर या कुछ दिन के बाद यह ऊष्ण मदिर धारा फिर खुल जाती है और मन के सारे पाप गलकर धुल जाते हैं। इसमें अपने दोस्त के ऋण का उन्मुक्त मन से स्वीकार भी है। इसी पत्र में मुक्तिबोध ने लिखा था कि *याद है, आपकी बहुत बड़ी जिम्मेदारी है। आपने एक व्यक्ति के साथ नाजुक खेल खेला है। उसे कम्युनिस्ट बनाया, दुर्घर्ष घृणा के उत्ताप से पीड़ित। और उसकी स्त्री के प्रति उसका रुख पलटा। अधिक सहनशील भावनामय उसे बनाया। यह काम बहुत बड़ा ही नहीं नाजुक भी है।* अपने को अपनी उम्र की उच्चतम इच्छाओं और अपने समय की सबसे बड़ी कमजोरियों से बनी एक

बेचैन आत्मा कहने वाले मुक्तिबोध पारिवारिक जिम्मेदारी और आन्तरिक विकास बुद्धि में एक द्वन्द्व को महसूस करते हैं।

एक पत्र में मुक्तिबोध ने लिखा कि *आजकल साक्षात मिलन का कार्य मानसिक विभ्रम ने अंगीकार कर लिया है।* एक और पत्र में लिखा कि *अपने से ही बातचीत का पुराना अभ्यासी होने के नाते, मन के भीतर के छाया दृश्य यदि एक जमाने से आपको समेट चुके हैं तो अगर कभी-कभी इसी ढंग से चित्र-वार्ता हो जाए तो यह स्वाभाविक ही है।* मुक्तिबोध और नेमिजी के बीच इस पत्राचार को पढ़ते हुए कई बार यह महसूस होता कि इसे एक साहित्यिक की डायरी के पूरक की तरह पढ़ा जाना चाहिए। मुक्तिबोध जिस तरह नेमिजी से चित्र-वार्ता कर सकते हैं उसी तरह वे साहित्यिक की डायरी में किन्हीं अज्ञात मित्रों से और कभी-कभी तो अपने आपसे ही वार्ता करते लगते हैं।

4

यह देखना दिलचस्प हो सकता है कि इन पत्रों में कितने और किस तरह के सम्बोधनों का इस्तेमाल समय-समय पर दोनों साहित्यिक मित्रों द्वारा किया गया है। कितने शहरों और कस्बों से ये पत्र लिखे गए और लिखने वाले दोनों ही मित्रों ने अलग-अलग समय में अपने लिए किन विशेषणों का इस्तेमाल किया। नेमिजी के पत्र शुजालपुर मंडी, बरवासागर, कलकत्ता, टे ्रन में देहली से कलकत्ता, बाम्बे, ट्रेन में, इलाहाबाद और नई दिल्ली से याने छह शहरों और ट्रेन में लिखे गए हैं। और मुक्तिबोध के पत्र इन्दौर, उज्जैन, खण्डवा, बनारस, जबलपुर, नागपुर और राजनाँदगाँव से याने सात शहरों से लिखे गए हैं। दो पत्रों पर लिखा है वही स्थान वही टेबिल तथा हमारा दफ्तर। नेमिजी ने मुक्तिबोध के लिए दस सम्बोधनों का इस्तेमाल किया है। प्रिय भाई, मालक, माई डियर, माई डियर मालक, माई डियर फ्रेंड, भाई, कामरेड, प्रिय मालक, माई डिअर मुक्तिबोध जी। इसमें दोस्त सम्बोधन का पहली बार इस्तेमाल इलाहाबाद से लिखे 24.4.48 के पत्र में किया गया और माई डिअर मुक्तिबोध जी का इस्तेमाल सिर्फ एक बार 22. 9.48 को। पत्र लिखने वाले के लिए युअर्स ट्रूली, और युअर्स एफेक्शनेटली के शार्ट फार्म का इस्तेमाल कई बार है। इसके अलावा यूअर्स, युअर्स फ्रेटरनली, आपका ही, बहुत बहुत स्नेह सहित, स्नेहपूर्वक, बहुत बहुत स्नेह समेत, का इस्तेमाल है। अक्सर जगह सिर्फ नेमि नाम का उपयोग है लेकिन कुछ जगह नेमीचन्द लिखा है। मुक्तिबोध ने छह सम्बोधनों का इस्तेमाल किया है डिअर नेमि बाबू, डिअर फ्रेंड एंड कामरेड, प्रिय नेमि बाबू, माई डिअर डिअर फ्रेन्ड, डिअर फ्रेन्ड और एक जगह नेमिजी जो पत्र नागपुर से 27.4.55 को लिखा गया। भेजने वाले के लिए युअर्स ट्रूली का इस्तेमाल यहाँ भी

बहुतायत से है। एक पत्र में युअर्स गाड नोज व्हाट का इस्तेमाल है। युअर्स सिन्सिअरली, तुम्हारा अपना, युअर्स एफक्शनेटली, आपका सस्नेह, सस्नेह, आपका ही, आपका अपना, युअर्स ओन, जैसे इस्तेमाल हैं। हो सकता है कि मनोवैज्ञानिक पड़ताल से इन बातों के कुछ अर्थ निकाले जा सकें। लेकिन जिस मानसिक उथल-पुथल और अस्थिर स्थितियों से दोनों ही रचनाकार उस दौरान गुजर रहे थे उसका एक संकेत तो कहीं न कहीं इनसे मिलता ही है। और उस बात का भी जिसे नेमि जी ने भूमिका में सम्बन्धों के उतार चढ़ाव कहा है। एक ऐसी स्थिति में जब कि आप दोनों ही रचनाकारों को बहुत करीब से न जानते हों, पत्रों को पंक्तियों के बीच में पढ़ना, उनके अन्तर्पाठ कर पाना सम्भव नहीं होता। लेकिन इन पत्रों को पढ़ते हुए उस अन्तरंगता को महसूस किया जा सकता है जो मुक्तिबोध और नेमिजी के बीच रही होगी। सबसे महत्त्वपूर्ण और दिलचस्प बात यह है कि ये पत्र निरे साहित्यिक या राजनैतिक पत्र नहीं हैं। इन्हें अलग-अलग खाँचों में वर्गीकृत करना भी सम्भव नहीं। एक ही पत्र में नौकरी, परिवार, साहित्य, राजनीति, अपना अकेलापन, अपना स्वभाव, अपनी आर्थिक हालत और जरूरी काम सब कुछ एक साथ मौजूद है।

5

पाया पत्र तुम्हारा की शुरुआत में नेमिजी की एक कविता है इसका एक अंश जैसे इस लम्बे, गहन, बौद्धिक और हार्दिक सम्बन्ध की आत्यंतिक और आन्तरिक तहों में धँसने का प्रवेश-द्वार है :

ओ सहयोगी
मेरे अन्तर की कटुता के
जीवन के विष से तीखे कड़वे अनुभव के
तीव्र यन्त्रणा को घुट घुटकर सहनेवाले
अन्तराल की मूल व्यथा के...
आज हमारे अन्तर की भाषा में होगी
व्यापकता दोनों जीवन की
दोनों मन की
एक अजाने मंगल क्षण के सन्धिकाल में
हुआ अलक्षित संगम
मुड़कर एक हो गई
मौन अकेले चलते-चलते ये दोनों जीवन की धारा
बन्धु, आज जब पाया मैंने पत्र तुम्हारा।

विष भी : औषधि भी

समकालीन रचना परिदृश्य में मुक्तिबोध और परसाई, दोनों ही ऐसे लेखक हैं जिन्हें अपने रचना-मूल्यों और जीवन-मूल्यों के लिए सबसे अधिक जोखिमों का सामना करना पड़ा। आज अगर ये दोनों ही लेखक सबसे अधिक विश्वसनीय हैं और उनकी रचना हमारी सबसे बड़ी जरूरत है तो इसका स्पष्ट मतलब उन मूल्यों की पराजय भी है जिनके लिए नई कविता और नई कहानी आन्दोलन ने अपनी सम्पूर्ण प्रगतिशील परम्परा को नकार दिया था। 'नई कविता का आत्मसंघर्ष और अन्य निबन्ध' में मुक्तिबोध ने इस ओर स्पष्ट संकेत किया था कि नई कविता प्रतिगामी मूल्यों की ओर मुड़ गई है और इस तरह वह दो भागों में बँट गई है। मुक्तिबोध ऐसे तनाव और आत्मसंघर्ष से गुजर रहे थे कि उनकी रचना जटिल से जटिलतर होती गई और उन्हें अपनी पक्षधरता और रचना में अन्तर्निहित मूल्यों की स्पष्टता के लिए निबन्ध और टिप्पणियाँ लिखने को बाध्य होना पड़ा। परसाई ने अपनी लड़ाई को दो स्तरों पर विभाजित होकर नहीं लड़ा, उन्होंने कमोबेश एक अधिक कठिन और कारगर रास्ता अख्तियार किया—व्यंग्य का रास्ता। व्यंग्य का यह विशिष्ट गुण है कि वह लेखक के समकालीन संसार की प्रक्रियाओं का सीधा विरोधी होता है। अपनी प्रवृत्ति में ही व्यंग्य शोषित की अभिव्यक्ति का माध्यम है, क्योंकि वह बेहद तीखे गुस्से के साथ अपने समय की विद्रूपताओं को बेनकाब करता है। व्यंग्य निश्चित ही एक कठिन शैली है, उसके लिए बेहद सन्तुलित दक्षता और काफी महीन शिल्पकारिता की आवश्यकता होती है। परसाई की रचना के विकास को देखें तो यह स्पष्ट हो जाता है कि प्रारम्भिक रचनाओं वाली भावुकता एक वयस्क संवेदना की तरह विकसित हुई है और शिल्पगत अनुशासन केवल बढ़ा ही नहीं है, बल्कि उनमें विविधता भी आई है। इसके ठीक विपरीत नई कहानी के अन्य कथाकारों ने अपने लिए जिस भाषा और मुहावरे की खोज की थी वे आज भी उसी में गोते लगा रहे हैं।

'तिरछी रेखाएँ' के पहले लेख 'व्यंग्य क्यों? कैसे? किसलिए?' में व्यंग्य के सन्दर्भ में कुछ मान्यताएँ दी हैं। परसाई ने लिखा है, **''सच्चा व्यंग्य जीवन की समीक्षा**

होता है'' और ''व्यंग्य मानव सहानुभूति से पैदा होता है ××× अच्छे व्यंग्य में करुणा की अन्तर्धारा होती है।'' एवनेरजिस (AVNERZIS) ने अपनी पुस्तक 'फाउंडेशन्स ऑफ मार्क्सिस्ट एस्थेटिक्स (Foundations of Marxist Aestheties)' में लिखा है–''व्यंग्य–वस्तुनिष्ठ और आत्मनिष्ठ दोनों ही कारणों से पैदा होता है, इसका नुकीलापन केवल उन चीजों की ही आन्तरिक सड़न का परिणाम नहीं होता, जिन्हें वह सुधारना या दण्ड देना चाहता है, बल्कि वह उन लोगों की मानवीय चिन्ता (या उत्सुकता) को भी प्रतिबिम्बित करता है जो ऐसी तमाम चीजों को समाप्त कर देना चाहते हैं, जो प्रतिगामी हैं।'' परसाई ने जिसे मानव सहानुभूति कहा है, वह वस्तुतः सर्वोदयी हवाई सहानुभूति नहीं है। वह निश्चित ही शोषित के प्रति सहानुभूति है, जो उनकी रचना से एकदम स्पष्ट है। व्यंग्य में कॉमेडी के अन्य रूपों के बनिस्बत हास्य का एक अधिक कारगर और जीवन्त उपयोग होता है। व्यंग्य में वह एक धमकाने वाला, एक क्रूर हास्य होता है, जो निहत्थे शोषित का हथियार भी है और विसंगतियों को उद्घाटित करने में जो व्यंग्य को तीखे और आलोचना के उच्चतम रूप में परिणत कर देता है। परसाई मानते हैं कि संगति के गड़बड़ हो जाने से चेतना में चमक पैदा होती है और ''इस चमक से हँसी भी आ सकती है और चेतना में हलचल भी पैदा होती है।'' परसाई ने प्रच्छन्न हास्य का प्रयोग किया है और अतिनाटकीयता तथा मसखरेपन का भी। कई रचनाओं में वे क्लासिक के पात्रों या पौराणिक कथाशैलियों द्वारा इस नाटकीयता को रचते हैं और कुछ जगहों पर घटनाओं की अतिरंजना द्वारा। पात्रों के बोलने की टोन्स मुद्राएँ या वैयक्तिक विशिष्टताओं का उनकी रचना में भरपूर उपयोग है। लेकिन यह कोरा चरित्र-चित्रण नहीं है बल्कि समाज में स्थित विशिष्टताओं और विविधताओं और भाषा में डायलेक्ट के प्रति एक सूक्ष्म और संवेदनशील दृष्टि का परिणाम है।

भोलाराम का जीव, वाक आउट–स्लीप आउट! ईट आउट, सुदामा के चावल, फेल होना कुँअर अस्तभान का (उपन्यास-अंश) तथा 'और अन्त में' आदि रचनाओं में जिस मसखरेपन का उपयोग परसाई ने किया है, वह केवल 'मजा' पैदा करने के लिए नहीं है। लेनिन ने एक जगह कहा है, ''मसखरापन प्रचलित रीतियों की तार्किक असंगतियों को रेखांकित करके एक व्यंग्य-उद्देश्य की पूर्ति करता है।'' इस वाक्य में दो महत्त्वपूर्ण बातें हैं (एक) तार्किक असंगतियों को रेखांकित करना और (दूसरी) व्यंग्य-उद्देश्य की पूर्ति। याने पूरा व्यंग्य न तो एक मसखरापन है ना ही इस अकेले औजार से पूरी रचना सम्भव है, वह केवल व्यंग्य के उद्देश्य की 'पूर्ति' मात्र है। लेकिन इसके साथ ही यह मसखरापन निरुद्देश्य नहीं है, वह 'तार्किक असंगति' को रेखांकित करता है। परसाई भी संगतियों की गड़बड़ को ही इसका मुख्य कारण मानते हैं।

यह अप्रत्याशित नहीं है कि परसाई ने मुक्तिबोध पर एक लेख 'मुक्तिबोध : एक संस्मरण' लिखा। जितनी आत्मीयता और वस्तुनिष्ठता के साथ इस लेख में मुक्तिबोध के व्यक्तित्व और रचना का विश्लेषण उन्होंने किया है, उतना बेबाक और आत्मीय ढंग से अपने समकालीन का विश्लेषण हिन्दी में दूसरा दुर्लभ है। ऐसा क्यों है कि मुक्तिबोध के विरोधाभासों का विश्लेषण परसाई इतनी आत्मीयता के साथ करते हैं? क्या केवल इसलिए कि वे मुक्तिबोध से व्यक्तिगत रूप से तथा विचारधारात्मक रूप से जुड़े हुए हैं? यह एक कारण हो सकता है पर यही एकमात्र कारण नहीं है। परसाई की अपने पात्रों के प्रति या कहें मनुष्य के प्रति एकांगी दृष्टि कभी नहीं रही। 'करुणा की अन्तर्धारा' जो उनकी रचना-प्रक्रिया का मुख्य हिस्सा है उसने उन्हें मनुष्य को उसकी पूर्णता में देखने की दृष्टि दी है। वे जिसके विरुद्ध हैं, क्रूर हैं, उसके प्रति भी एक साफ्ट कार्नर उनमें हर वक्त मौजूद होता है, जो उन्हें एक बड़ा और मानवीय लेखक बनाता है। वे व्यक्ति के प्रति हिंसक नहीं हैं। गलत व्यवस्था और प्रतिगामी विचार के विरुद्ध हैं, उनको संचालित करनेवाली शक्तियों के विरुद्ध हैं। मुक्तिबोध पर लिखना, मुक्तिबोध में अपने को और अपनी तकलीफों को तथा अपने में मुक्तिबोध को तलाशना भी है। यदि इस लेख और आत्मकथ्य (गर्दिश के दिन) को बारीकी से मिला-जुलाकर देखें तो इस बाध्यता और आन्तरिक निकटता की परतें खुलती चली जाती हैं। मुक्तिबोध के बाबत उन्होंने लिखा, "वे गहरे अन्तर्द्वन्द्व और तीव्र सामाजिक अनुभूति के कवि थे", एक दूसरे पैरे में लिखा, "मुक्तिबोध जैसे पारदर्शी सचाई के सरल आदमी को अपने आसपास की यह अविश्वसनीयता और अकेलापन देती थी" और आत्मकथ्य में परसाई ने लिखा; **"मैं एक निहायत बेचैन मन का संवेदनशील आदमी हूँ।"** इसके अतिरिक्त आर्थिक तंगी, प्रतिक्रियावादियों के हमले, यारबाजी, मस्ती, शक्की नजर और उसी स्कूल में नौकरी जहाँ पहले मुक्तिबोध थे, आदि अनेक बातें हैं जहाँ परसाई ने मुक्तिबोध की तकलीफों और प्रवृत्तियों में अपने को भी खोजा होगा। इसके बावजूद दोनों की रचना के स्वभाव में अन्तर है। मुक्तिबोध की रचना में व्यंग्य की जगह तकरीबन नहीं है। वहाँ आतंक है, बेचैनी है। परसाई के पास लड़ने का माध्यम दूसरा है। एक-से जीवन-संघर्षों के बीच रहते भी हुए मानसिक बुनावट भिन्न है—पर रचना और जीवन के मूल्य एक हैं—पक्षधरता एक है।

परसाई की काव्यदृष्टि पर बात करना कुछ लोगों को नागवार गुजर सकता है।

लेकिन उनके लेखन में कविता की एक महीन बुनावट है। यह एक 'तीव्र सामाजिक अनुभूति' की कविता है। कलावादी कविता नहीं—बल्कि कलावादी कविता और यथार्थ के विरोधाभासों को खोलते हुए, जो कलावादी रचना को हास्यास्पद स्थिति में ला खड़ा करती है। ऋतुराज बसन्त को पहले तो परसाई उधारी के तगादे लगाने वाला बसन्त समझ लेते हैं और आखिरकार जब दरवाजा खोलते हैं तो कहते हैं ''उमंगें तो मेरे मन में भी हैं पर यार ठण्ड बहुत लगती है। वह जाने के लिए मुड़ा तो मैंने कहा—जाते-जाते एक छोटा-सा काम मेरा करते जाना। सुना है तुम ऊबड़-खाबड़ चेहरों को चिकना कर देते हो; फेसलिफ्टिंग के अच्छे कारीगर हो तुम। तो जरा यार मेरी सीढ़ी ठीक करते जाना, उखड़ गई है'' (घायल वसन्त)।

या

''मगर अमराई और कुंज बगीचे भी हमें प्यारे हैं। हम कारखाने को अमराई से घेर देंगे और हर मुहल्ले में बगीचा लगा देंगे। अभी थोड़ी देर है। पर कोयल को धीरज के साथ हमारा साथ तो देना था। कुछ दिन धूप तो हमारे साथ सहना था। जिसने धूप में साथ नहीं दिया, वह छाया कैसे बँटाएगी? नहीं, तब तक तो कौए अमराई पर भी कब्जा कर लेंगे। कोयल को अभी आना चाहिए। अभी जब हम मिट्‌टी खोदें, पानी सींचें और खाद दें, तभी से उसे गाना चाहिए।'' यहाँ एक पूरा दृश्य है, एक पूरा बिम्ब, जो कविता की तरह हमारी सामाजिक विसंगतियों को खोलता है। एक तीव्र सामाजिक अनुभूति और एक सच्चे समाज का स्वप्न जहाँ कारखाने अमराई से घेरे जाएँगे।

फंतासी और यथार्थ के समन्वय के अद्‌भुत प्रयोग परसाई ने किए हैं। वे कहानी और निबन्धों में एक समर्थ शिल्पकार भी हैं। उनकी कला में लोककथाओं की सरलता और नाटकीयता, दोनों है। आत्मकथ्य में उन्होंने लिखा, 'जिम्मेदारी को गैर-जिम्मेदारी की तरह निभाने' की कला उन्होंने सीखी। इसका एक निश्चित उपयोग परसाई के लेखन में भी स्पष्ट दीखता है। रचना का ऊपरी कलेवर हर बार यह एहसास देता है जैसे फक्कड़िया अन्दाज में कोई सामाजिक विद्रूपताओं को उधेड़ रहा है, पर उसके भीतर एक गहरी जिम्मेदारी अन्तर्निहित है। यह अप्रत्याशित नहीं है कि कबीर और गालिब को ही बार-बार परसाई ने अपनी रचना में याद किया है। परम्परा में सबसे अधिक लगाव इन्हीं दोनों कवियों के प्रति जाहिर किया है। क्यों? इसलिए कि फक्कड़ता और सामाजिक जिम्मेदारी का गहन बोध जो इन कवियों में है, परसाई की अपनी मानसिकता के एकदम निकट है।

एक कहानी है 'जैसे उनके दिन फिरे' यह लोककथा शैली में एक राजनैतिक कहानी है। राजनीति परसाई की रचना का एक सबसे महत्त्वपूर्ण पक्ष है। परसाई

ने लिखा है, ''राजनीति मनुष्य की नियति तय कर रही है।'' यह केवल सतही राजनीति नहीं है, यह मुख्य राजनीति अर्थात् वर्गों की राजनीति है जो सारे सामाजिक सम्बन्धों और समाज के तमाम क्रियाकलापों में हस्तक्षेप करती है। समाज की संरचना, विसंगतियों और रूढ़ियों, यथास्थिति को कायम रखनेवाली शक्तियों और गतिशीलता के लिए जूझने वाली शक्तियों की गहरी पड़ताल परसाई ने अपनी रचना में की है। इसीलिए राजनीति भी यहाँ दिखती है। समाज को उसकी सम्पूर्ण विविधता में समझने और पकड़ने का यह परिणाम है कि, कथ्य और शिल्प दोनों ही स्तरों पर विराट विविधता उनकी रचना में है। 'जैसे उनके दिन फिरे' में लोककथाओं वाली शैली है तो 'भोलाराम का जीव' में पौराणिक पात्रों और धार्मिक कथाओं के शिल्प का प्रयोग है। इसी तरह 'सुदामा के चावल' में क्लासिक की कथा को एकदम नए सन्दर्भ में बदल डाला है। नई कहानी आन्दोलन के अधिकांश कथाकार जिस 'तथाकथित आधुनिकता' को ओढ़-बिछा रहे थे उससे उनकी रचना ने अपनी जातीयता की पहचान को पूरी तरह खो दिया था। जबकि परसाई की रचना में 'भारतीयता की पहचान' निरन्तर गहरी होती गई है। केवल इसलिए नहीं कि उन्होंने जातीय सूत्रों और बिम्बों का प्रयोग किया, वरन् इसलिए भी कि उन्होंने हमारे समाज की संरचनात्मक विशेषताओं और सामान्य प्रवृत्तियों को गहरे में जाकर पकड़ा है। परसाई की रचना की दो और विशिष्टताएँ हैं। एक तो यह कि अधिकांशतः कहानी के बीच जो मुख्य कहानी और मुख्य पात्र हैं वे मात्र रचना को रचने की समाग्री होते हैं और रचना का जो मुख्य उद्देश्य है, या वह बात जो वस्तुतः परसाई कहना चाहते हैं, उसे कहानी के भीतर एक सेकेण्ड्री इम्पार्टेन्स की तरह कहा जाता है। जैसे बात में से बात निकल गई हो, इसलिए कह दी गई हो। 'भोलाराम का जीव' में इस खूबी का बेहद अच्छा उपयोग हुआ है। दूसरी विशिष्टता है—परसाई रचना का जब अन्त करते हैं वहाँ रचना कनक्ल्यूड होती है। उसका एक निश्चित अन्त भी होता है—लेकिन प्रक्रिया की निरन्तरता—या कहें विचार की निरन्तरता जारी रहती है। लेकिन ऐसा अन्त होते हुए भी वह अटपटा नहीं होता। यहाँ दो उद्धरणों से बात अधिक स्पष्ट होगी।

धर्मराज और चित्रगुप्त में भोलाराम के जीव के गायब होने पर चर्चा चल रही है। चित्रगुप्त इसी सन्दर्भ को बढ़ाते हुए कहते हैं, ''महाराज आजकल पृथ्वी पर इस प्रकार का व्यापार बहुत चला है। लोग दोस्तों को चीज भेजते हैं और उसे रास्ते में ही रेलवे वाले उड़ा देते हैं। ××× राजनैतिक दलों के नेता विरोधी नेता को उड़ाकर बन्द कर देते हैं।''

इस कहानी का अन्त इस प्रकार होता है।

''नारद ने कहा—मैं नारद हूँ। मैं तुम्हें लेने आया हूँ। चलो, स्वर्ग में तुम्हारा

इन्तजार हो रहा है।

आवाज आई—मुझे नहीं जाना। मैं तो पेंशन की दरख्वास्तों में अटका हूँ। यहीं मेरा मन लगा है। मैं अपनी दरख्वास्तें छोड़कर नहीं जा सकता।" परसाई कहानी को यहीं समाप्त कर देते हैं, याने तंत्र का भ्रष्टाचार और नौकरशाही की सारी लालफीताशाही की निरन्तरता यहाँ जारी है। भोलाराम के जीव के गायब होने और उसके पेंशन के मामले को लेकर बुनी गई यह फंतासी वस्तुतः एक ऑफिस की कहानी से उठकर पूरे देश की व्यवस्था और उसमें फैले भ्रष्टाचार, असंगतियों और अन्याय को बेहद ठंडे ढंग से परत-दर-परत उधेड़ती चली जाती है। अपने समय और परिवेश का यह सूक्ष्म अन्वेषण ही परसाई को प्रेमचन्द की परम्परा से जोड़ता है। अन्य अनेक कथाकारों की तरह न तो उन्होंने प्रेमचन्द की परम्परा से जुड़ने के मुखर दावे किए और ना ही गाँव की फार्मूला कहानी लिखने का छद्‌म और शार्टकट का रास्ता उन्होंने चुना। वस्तुतः परम्परा से जुड़ने का यह अर्थ है भी नहीं, कि आप उन अग्रजों (जिनसे आप जुड़ना चाहते हैं) द्वारा अर्जित मुहावरे की नकल करने में जुट जाएँ। मीर की परम्परा के नाम पर उर्दू में मीर की अन्दाजेबयानी की भरपूर नकल हुई और हिन्दी में वही तमाशा प्रेमचन्द की परम्परा का ढिंढोरा पीटने वालों ने किया। परम्परा से जुड़ने का अर्थ 'उस' गहन दृष्टि को प्राप्त करते हुए, अपने वर्तमान को विश्लेषित करना और अगली रचना लिखना होता है। रवीन्द्रनाथ त्यागी ने ठीक ही लिखा है, "आजादी के पहले का हिन्दुस्तान जानने के लिए जैसे सिर्फ प्रेमचन्द पढ़ना ही काफी है, उसी तरह आजादी के बाद के भारत की पूरी दस्तावेज परसाई की रचनाओं में सुरक्षित है।"

परसाई की संवेदनशीलता, पक्षधरता और व्यंग्य की शक्ति उनके जीवनानुभवों का ही रूपान्तरण है। निराला की ही तरह उन्होंने भी प्लेग की विभीषिका का सामना किया। इस महामारी के बीच अनेक आत्मीयों की असामयिक मृत्यु और विलाप का साक्षात्कार उन्हें बचपन में ही करना पड़ा। फिर जंगल विभाग की नौकरी और बेरोजगारी के निरन्तर सिलसिले, आर्थिक कठिनाइयों और उसके बीच आने वाले सामाजिक (रूढ़) दायित्वों ने उन्हें निराशा और अस्तित्ववाद के अँधेरे में नहीं धकेला, वरन् अपने इस सारे संघर्ष और मृत्यु के भयावह साक्षात्कार के बाद उनकी जीवन में आस्था अधिक दृढ़ हुई। वे अन्तर्मुखी से बहिर्मुखी हुए। और दृष्टि अधिक तीक्ष्ण और विस्तृत हुई। आत्मकथ्य में पिता की मृत्यु के बारे में लिखते हुए परसाई ने लिखा, "माँ के जेवर बेचकर पिता का श्राद्ध किया" होने को यह एक साधारण घटना है। परसाई ने इसके आगे-पीछे कोई कमेण्ट भी नहीं किया है। पर इस वाक्य को लिखने का ही मतलब है कि परसाई पर इस घटना का एक विशेष प्रभाव पड़ा है। पतनशील बूर्ज्वा मूल्यों, धार्मिक बाध्यताओं के प्रति जो तीखी आलोचनात्मक

दृष्टि परसाई ने अर्जित की है उसमें इसी तरह के छोटे-छोटे निजी अनुभवों ने प्रारम्भिक भूमिका अदा की है।

एक घटना का जिक्र 'गर्दिश के दिन' में परसाई ने किया है। नौकरी की तलाश में होशंगाबाद जाना था और जेब का एकमात्र रुपया भी वे कहीं खो चुके थे। दूसरे महायुद्ध का जमाना था, गाड़ियाँ बेहद लेट चल रही थीं। परसाई ने लिखा—"पेट खाली। पानी से बार-बार भरता। आखिर बेंच पर लेट गया। 14 घंटे हो गए। एक किसान परिवार पास आकर बैठ गया। टोकने में खरबूजे थे, मैं उस वक्त चोरी भी कर सकता था। किसान खरबूजा काटने लगे। मैंने कहा—तुम्हारे ही खेत के होंगे। बड़े अच्छे हैं। किसान ने कहा—सब नर्मदा मैया की किरपा है भैया! शकर की तरह हैं। लो खाके देखो। उसने दो बड़ी फाँकें दीं। मैंने कम-से-कम छिलका छोड़कर खा लिया।" यहाँ 'कम-से-कम छिलका छोड़कर' बहुत सरलता के साथ, बिना किसी अतिरंजना के भूख की सारी तकलीफ को उजागर कर देता है। परसाई तकलीफों को बेहद साधारण और सरल ढंग से कहकर उनकी आन्तरिक पीड़ा को अधिक ठंडेपन से उजागर कर देते हैं, यही कारण है कि वह हमारे अन्दर अधिक दूर तक हलचल पैदा करती है।

हमारे समाज की शासक राजनीति के ढोंग कठमुल्लेपन, क्रूरताएँ और विसंगतियों को जितना परसाई ने बेनकाब किया है, उतना हमारे समय के किसी अन्य लेखक ने नहीं। (यहाँ कुछ उद्धरण देना चाहूँगा)

(1) "धर्म की नजर अक्सर ऐसी ही विसंगत हो जाती है। जो पानी छानकर पीते हैं, वे आदमी का खून बिना छना पी जाते हैं।"

[गेहूँ का सुख]

(2) "आखिर मन्त्री ने जवाब दिया—विरोधी सदस्यों के सब आरोप झूठे हैं! हमने उस कुत्ते का पोस्टमार्टम कराया है। बस के पहिए की भी रासायनिक जाँच कराई है। रासायनिक की रिपोर्ट है कि कुत्ता बस से कुचलकर नहीं मरा। पहिए पर जो खून लगा था, उसके सम्बन्ध में रासायनिक का मत है कि वह कुत्ते का खून नहीं है।

एक सदस्य—तो वह किसका खून है?

मन्त्री—वह आदमी का खून है।" **[वाक आउट! स्लीप आउट! ईट आउट!]**

(3) "लेकिन हम नहीं बजा रहे हैं, फिर भी तालियाँ बज रही हैं। मैदान में ज़मीन पर बैठे वे लोग बजा रहे हैं जिनके पास हाथ गरमाने के लिए कोट नहीं है। लगता है गणतन्त्र ठिठुरते हुए हाथों की तालियों पर टिका है।

[ठिठुरता गणतन्त्र]

(4) "उन्होंने कागज की पर्ची पर लिखा—हिन्दू राष्ट्र, गोरक्षा, भारतीय संस्कृति

××× वे एक औजार से कृष्ण का सिर खोलने लगे। कृष्ण चौंककर हट गए। बोले—क्या कर रहे हो?

उन्होंने समझाया—आपका बौद्धिक संस्कार कर रहे हैं। सिर खोलकर ये विचार आपके दिमाग में रखकर ताला लगा देंगे और चाबी नागपुर गुरुजी के पास भेज देंगे।''

ऐसे अनेक उद्धरण हैं जिनमें परसाई ने मानव विरोधी राजनीति की क्रूरताओं को उद्‌घाटित किया है, लेकिन यहाँ उनके व्यंग्य के निशाने और उनकी सहानुभूति एकदम स्पष्ट है। मैदान में बैठकर जो लोग तालियाँ बजा रहे हैं उन पर राजनीति को न समझने पर परसाई कमेण्ट भी करते हैं लेकिन इसके साथ ही वे यह नहीं भूलते कि उनके पास 'हाथ गरमाने के लिए कोट नहीं है।' ठीक इसी प्रकार पूँजीवादी संसद के अमानवीय स्वरूप को वे 'वाक आउट, स्लीप आउट, ईट आउट' में उजागर करते हैं।

प्रसिद्ध मध्यकालीन फिजीशियन पेरासेलसस (Paracelsus) ने लिखा है, 'all is poison—all is physic' व्यंग्य की भूमिका के सन्दर्भ में परसाई ने भी यही बात कही है अर्थात् वह विष भी है औषधि भी। परसाई ने लिखा है, ''डॉक्टर के पास जो लोग जाते हैं उन्हें वह रोग बताता है। तो क्या डॉक्टर कठोर है? अमानवीय है? ××× जीवन की कमजोरियों का निदान करना कठोर होना नहीं है।''

कविता के नए प्रतिमान उर्फ एक ग्रुप फोटोग्राफ और नामवर बनाम नामवर

आलोचना की किताब को एक ग्रुप फोटो की तरह होना चाहिए। कम से कम किसी साहित्यिक आन्दोलन या एक समयावधि के रचना परिदृश्य पर लिखी गई आलोचना की किताब को। कविता के नये प्रतिमान पढ़ते हुए मुझे हर बार ऐसा महसूस होता है जैसे वह पचास के दशक के कविता और आलोचना के कुटुम्ब का ग्रुप फोटोग्राफ है। इसमें कुर्सियों वाली कतार में छायावाद और प्रगतिवाद के पुरखों के चेहरे भी नज़र आ जाते हैं। कुछ समकालीन कुर्सियों पर बैठे हैं, कुछ पीछे की कतार में खड़े हैं। कुछ नए कवि भी हैं जो नीचे बैठे हुओं की कतार में दिखाई दे रहे हैं। जैसा कि अक्सर हरेक ग्रुप फोटो में होता है कि...मुस्कुराइए कहने के बाद भी कुछ लोगों की भृकुटियाँ तनी ही रहती हैं या अचानक तन जाती हैं, कुछ लोग साइड पोज देने के चक्कर में अपना मुँह एक तरफ घुमा लेते हैं। इस तरह कई लोगों के चेहरे एक दूसरे से विपरीत और कई लोगों के चेहरे एक-दूसरे से मुखातिब हो जाते हैं, यह सब इस ग्रुप फोटों में भी दिख सकता है। कौन कहाँ किस कतार में बैठा है और केन्द्र से उसकी स्थिति क्या है, यही उसका कैनन है। कैनन एक ऐसा शब्द है जो नामवर जी की आलोचना में शब्द की तरह चाहे कम दिखे, लेकिन वह, उनकी आलोचना का एक बीच शब्द है।

तो नामवर एक अच्छे फोटोग्राफर हैं। एक समझदार फोटोग्राफर! उन्हें मालूम है कि कैमरा किस कोण पर रखना है। फोकस किस चेहरे पर किया जाना है। शायद गोदार ने कहीं कहा है न कि आप कैमरा किस कोण पर रखते हैं, इससे आपकी राजनीति तय होती है।

पचास के दशक में याने आजादी के बाद के उस सबसे अधिक गहमागहमी से भरे समय में कौन आलोचक क्या सोच रहा था, कैसे रिएक्ट कर रहा था, कवि क्या लिख रहे थे, क्या सोच रहे थे और क्या कह रहे थे? साहित्य में क्या चर्चाएँ चल रही थीं, साहित्य संस्कृति का दृश्य किस तरह की राजनीतिक हलचलों से अनुप्राणित

था? कविता में किन नई प्रवृत्तियों का प्रवेश हो रहा था? पश्चिमी दुनिया में क्या बातें हो रही थीं? इस ग्रुप फोटोग्राफ में छठे दशक की कविता और कविता की आलोचना के इस विश्व कुटुम्ब की, इसकी बातों, विचारों की कई छवियाँ एक साथ एक ही जगह देखी जा सकती हैं। इस ग्रुप फोटों को देखना, बार-बार देखना मुझे अच्छा लगता है। पढ़ना भी तो देखना ही है। और भला ऐसा कौन-सा फोटोग्राफ है जिसमें मीन मेख न निकाली जा सके, सो इसमें भी निकाली ही जा सकती है। किसी फोटोग्राफ को इतना ज्यादा मुकम्मल होना भी नहीं चाहिए कि आगे फोटो खिंचाने और खींचने का मजा जाता रहे।

मेरे एक मित्र कहा करते थे कि रूपक को कभी भी बहुत ज्यादा नहीं खींचा जाना चाहिए। यह रूपक यूँ भी लम्बा हो गया है। लेकिन फिर भी यह पूछने की इच्छा होती है कि आलोचना भी क्या रचना का एक खास किस्म का रूपक नहीं है? एक समय के पूरे रचना परिदृश्य का रूपक?

2

नामवर सिंह की आलोचना को हर वक्त एक बनाम की, वर्सेस की जरूरत होती है। इस बनाम को कभी खलनायक कहा गया है और कभी शत्रु। मुझे लगता है इस बनाम को समझने के लिए नामवर सिंह की आलोचना की एक क्लोज रीडिंग जरूरी है। उनका बनाम क्या सचमुच कोई व्यक्ति है? कविता के नये प्रतिमान में नगेन्द्र क्या एक खलनायक हैं? नई कविता में मुक्तिबोध की केन्द्रीयता के स्वीकार में, क्या मुक्तिबोध अज्ञेय का बनाम हैं? रचना, राजनीति या सावर्जनिक जीवन में व्यक्ति व्यक्ति होता है या प्रतिनिधि? कहना न होगा कि वैचारिक विमर्ष में वह किसी विचार सारणी का या विचारधारा का या एक खास तरह की सौन्दर्य दृष्टि या साहित्य दृष्टि का प्रवक्ता या प्रतिनिधि होता है। कविता के नये प्रतिमान नई कविता का डिफेन्स है। नई कविता के कई डिफेंस उस दौर में तैयार हो रहे थे। लक्ष्मीकान्त वर्मा, जगदीश गुप्त और विजयदेव नारायण साही भी नई कविता का अपना डिफेंस बना रहे थे। इनमें कई डिफेंस एप्रीसिएशंस मात्र थे। और दूसरी तरफ एक दृष्टि वह भी थी जो नई कविता को पूरी तरह खारिज कर रही थी। इसके बीच ही नामवर भी नई कविता का एक डिफेंस तैयार करते हैं, एक क्रीटिकल डिफेंस। दूसरे डिफेंस से इसके मतभेद भी हैं और सहमतियाँ भी। नई कविता के इस डिफेंस का बनाम छायावाद है। उत्तर छायावाद भी है लेकिन उत्तर छायावाद की स्थिति एक काव्य आन्दोलन या प्रवृत्ति के रूप में ऐसी नहीं है कि वह बहुत दूर तक नई कविता का बनाम बनाया जा सके। डिफेंस का ताकतवर होना बनाम के ताकतवर होने पर मयस्सर करता है। मुझे लगता

है कि नगेन्द्र हों, अज्ञेय, रामचन्द्र शुक्ल या रामविलास शर्मा—नामवर की आलोचना में वे व्यक्ति नहीं, एक विचार के प्रतिनिधि के रूप में ही आते हैं। उनकी आलोचना का बनाम एक साहित्यिक आन्दोलन या एक सौन्दर्य दृष्टि या एक साहित्यिक प्रवृत्ति है। किसी व्यक्ति का विद्रूप या व्यक्तिगत रागद्वेष नहीं। इलियट का वाक्य उद्धृत करते हुए उन्होंने लिखा है कि आलोचक को समझदार होना चाहिए। एक समझदारी और ईमानदारी—जो कि कविता के नये प्रतिमान में कई बार प्रयुक्त हुआ एक शब्द है, के चलते नई कविता को छायावाद का बनाम बनाते हुए नामवर छायावाद के बेहतर को रेखांकित करना या नयी कविता की कमजोर नब्ज़ पर उँगली रखना कभी नहीं भूलते। यह बनाम सिर्फ छायावाद बनाम नई कविता या उत्तर छायावाद बनाम नई कविता तक ही सीमित नहीं रहता। यह इससे आगे छायावादी संस्कार तक अपने पाँव पसारता है और आत्मपरक प्रगीत बनाम वस्तुपरक लम्बी कविता तक फैल जाता है। अँधेरे में : पुनश्च में उन्होंने लिखा है कि कविता के नए प्रतिमान की मुख्य स्थापना मेरी दृष्टि में यह है कि *कविता के प्रतिमान को व्यापकता प्रदान करने की दृष्टि से आत्मपरक नई कविता की दुनिया से बाहर निकल कर उन कविताओं को भी विचार की सीमा में ले आना आवश्यक है जिन्हें किसी अन्य उपयुक्त शब्द के अभाव में सामान्यतः लम्बी कविता कहा जाता है।* नामवर सिंह के लिए यह फार्म की नहीं काव्य की समस्या है। इसी अध्याय में आगे कहा गया है कि *दरअसल आत्मपरक प्रगति बनाम वस्तुपरक लम्बी कविता के इस संघर्ष के मूल में केवल काव्य रूपों के वरण की समस्या नहीं है, बल्कि इसका सम्बन्ध पूरी कविता की बनावट सम्बन्धी दो भिन्न काव्य दृष्टियों से है जिनके अन्तर्गत भावबोध से भाषा तक के सभी स्तर शामिल हैं।*

स्पष्ट है कि काव्य दृष्टियों की इस भिन्नता में उनका पक्ष वस्तुपरक लम्बी कविता के साथ है और इसीलिए वे बार-बार वैयक्तिक और आत्मपरक छायावादी संस्कारों का विरोध करते नजर आते हैं। यहाँ अज्ञेय या मुक्तिबोध अलग-अलग काव्य दृष्टियों के प्रतिनिधि हैं। प्रश्न व्यक्ति का नहीं, दृष्टि का है।

3

कविता के नये प्रतिमान के प्रकाशन के लगभग 21 वर्ष बाद 22-23 अप्रेल 1989। इलाहाबाद में निराला व्याख्यान माला के अन्तर्गत डॉ. नामवर सिंह ने *कविता के नये प्रतिमान : पुनर्विचार* शीर्षक से एक व्याख्यान दिया था। कथ्यरूप में यह व्याख्यान प्रकाशित हुआ है। निराला व्याख्यान माला के संयोजक दूधनाथ सिंह की एक टिप्पणी व्याख्यान के साथ छपी है। इसमें लिखा है यह रपट न होकर विवरण है। इस व्याख्यान

में नामवर स्वयं के ही बनाम हैं। व्यक्ति के नहीं अपनी ही पूर्व अवधारणाओं के बनाम। बकौल उन्हीं के नई कविता से बाहर की कविता एक दूसरी परम्परा भी मौजूद थी जो समूची नई कविता को चुनौती देती है और जो नई कविता का अपना काव्य शास्त्र है, उसकी उपेक्षा करके, जो ठेठ हिन्दी की अपनी परम्परा थी उस परम्परा के नए ढंग की कविता थी। नागार्जुन और त्रिलोचन की कविता के जरिए नामवर उसका निरूपण करते हुए उसके लिए एक नए सौन्दर्यशास्त्र को प्रस्तावित करने की कोशिश करते हैं। ऐसा करते हुए नामवर बहुत साहस के साथ कविता के नए प्रतिमान की अपनी सीमाओं और शीत युद्ध के काव्य शास्त्र का खुलासा करते हैं। नामवर जी ने कहा है कि *कविता के नए प्रतिमान पुस्तक मैंने जब लिखी थी तो उन मूल्यों, उन शब्दावलियों अनुभूति की प्रामाणिकता जटिलता, विसंगति, तनाव विडम्बना इत्यादि की राजनीति का खुलासा मैंने नहीं किया था। इसलिए मैं कहना चाहता हूँ कि उन मूल्यों और प्रतिमानों की भी एक राजनीतिक भूमिका थी जो विरोध का विचारधारात्मक संघर्ष का निषेध करती रही। किसी न किसी रूप में यथास्थिति का पोषण करती रही।*...अशोक वाजपेयी के लिए कविता के नए प्रतिमान लिखने वाले नामवर शायद दृष्टि के बन्दी नहीं यायावर थे। क्योंकि वे नई कविता से बाहर और उसे चुनौती देती प्रगतिशील कविता को लगभग अनदेखा सा कर रहे थे। लेकिन ये नामवर जो कविता की दूसरी परम्परा को रेखांकित करते हैं, दृष्टि के बन्दी हैं, शायद। मुझे लगता है हममें अपने किसी भी रचनाकार के द्वैत को समझने का धैर्य और उसे विश्लेषित करने की क्षमताएँ बहुत कम हैं। निष्कर्ष पर पहुँच जाने की हड़बड़ी जैसे हमारा संस्कार है।

आलोचक का रुचिबोध ही उसकी आलोचना का मूल आधार होता है। और यह रुचिबोध उसके समकालीन रचना परिदृश्य से ही बनता है। वह अपनी परम्परा का मूल्यांकन करे या भविष्य की रचना का, हर जगह उसकी अपनी समकालीनता से बना रुचिबोध ही उसे नियन्त्रित करता है। रचना परिदृश्य में होने वाले बदलाव के साथ उसके रुचिबोध में कुछ परिवर्तन हो सकते हैं बशर्ते कि उसमें नए को ग्रहण करने की गहरी संवेदनशीलता और बौद्धिक आग्रह बचे हुए हों। अपने रचना परिदृश्य का क्रिटीक तैयार करते समय उसकी विचारधारा की भूमिका होती है या हो सकती है। नामवर जी ने अपने व्याख्यान में कहा था कि *नई कविता कोई ठोस मोनोलिथिक धारा नहीं थी। मुख्यतः दो धाराएँ नई कविता के अन्तर्गत लक्षित की गई हैं। उन धाराओं को समेटते हुए और उनका अतिक्रमण करते हुए मुक्तिबोध ने जो कविता लिखी और जो किन्हीं कारणों से उपेक्षित रह गई थी, उसी के महत्त्व को रेखांकित करने के लिए, उसकी सार्थकता के निरूपण के लिए यह किताब लिखी गई थी।* इसी किताब

में नागार्जुन और केदारनाथ अग्रवाल की कविता का भी संदर्भ आता है, जो वस्तुतः नई कविता की धारा और मुहावरे के कवि नहीं हैं। नई कविता के, साही और नामवर के डिफेंस में एक भेद को देखा जाना चाहिए। साही किसी भी विचारधारा के बरक्स *एक बौद्धिक सघनता मात्र* पर आकर ठहर जाते हैं, शीतयुद्ध की समझ की सीमा को वे लाँघते नहीं बल्कि उस लक्ष्मण रेखा के भीतर ही खड़े रहते हैं। रूपक का सहारा लें तो कह सकते हैं कि वे रावण द्वारा हरे जाने से बच जाते हैं पर ऐसा करते हुए वे एक अनिवार्य संघर्ष को भी टरका देने का काम करते हैं। नामवर चाहे प्रतिमानों के हिडन राजनीतिक एजेन्डा की सघन जाँच-पड़ताल न करते हों पर कविता में वे उसके प्रतिवादी काव्य स्वरों को चुन लेते हैं। शायद यही कारण है कि वे शीतयुद्ध की चालाक अवधारणाओं का अतिक्रमण भी अपने स्तर पर कर पाते हैं।

मुझे लगता है कि दो धाराओं की अवधारणा या हर बार एक बनाम तैयार करना भी, वस्तुतः बीसवीं सदी में दो महाशक्तियों के द्वन्द्व की अवधारणा से ही उपजा एक साहित्यिक प्रतिमान है।

4

कविता के नए प्रतिमान को पढ़ते हुए यह सवाल मेरे मन में कई बार उठता है कि नामवर किस नई कविता का डिफेंस तैयार करते हैं और उसके लिए किस नई कविता की गवाही लेते हैं? एक प्रश्न यह भी कि नामवर का रुचिबोध वास्तव में किस नई कविता से बना है? बार-बार किस नई कविता पद का इस्तेमाल करना शायद अनुचित लगे पर मुझे लगता है कि जिसे नई कविता कहा जाता रहा है, उसमें एक बड़ी फाँक है। यह कह देना भर काफी नहीं है कि नई कविता मोनोलिथिक नहीं थी और उसमें दो धाराएँ थीं। यह विभाजन उतना महत्त्वपूर्ण कम से कम मुझे नहीं लगता। नई कविता का एक विभाजन नई कविता और उत्तर नई कविता में किया जा सकता है। याने नई कविता और वह कविता जो 55-56 के आस-पास आकार ले रही थी। नामवर जी को इसका अहसास है, इसके संकेत कविता के नए प्रतिमान में मौजूद हैं। लेकिन हर बार लगता है जैसे वे इस विभाजन से कतराने की कोशिश करते हैं। वे दूसरे विभाजन को रेखांकित करते हैं, जो लगभग दो धाराओं वाली अवधारणा के अनकरीब है। लिखा है कि *मुक्तिबोध को छोड़कर नई कविता का स्वीकृत होना इस बात का पक्का प्रमाण है कि नई कविता ने कहीं न कहीं पूर्ववर्ती रोमांटिकता के साथ चुपचाप समझौता कर लिया था। इस बारे में नई कविता के अन्तर्गत मुक्तिबोध की स्थिति बहुत कुछ वही है जो छायावाद के अन्तर्गत निराला की थी।*

नई कविता आन्दोलन के चालीस, बयालीस साल बाद आज जब पीछे मुड़ कर देखो तो लगता है कि कविता को छायावादी रोमांटिकता से मुक्त करने का काम नई कविता ने नहीं, उत्तर नई कविता ने किया था। और ऐसा कहते हुए मैं मुक्तिबोध को भी कुछ दूर तक नई कविता की ही परिधि में रखना चाहूँगा। उत्तर नई कविता के पाँच प्रमुख कवि हैं—रघुवीर सहाय, केदारनाथ सिंह, श्रीकान्त वर्मा, कुँवर नारायण और सर्वेश्वरदयाल सक्सेना। इन कवियों ने पहली बार कविता को छायावादी रोमांटिकता से मुक्त करने की शुरुआत की। और अकविता ने इसे अंजाम तक पहुँचाया। नेहरू युग से मोहग्रस्त कविता का पहला क्रिटीक भी उत्तर नई कविता के कवियों ने ही तैयार किया। मोह का काव्य-उत्पाद प्रगति या प्रगीतात्मकता ही हो सकता था और नेहरू युग के स्वप्नमयी मोहक संसार के प्रति मोहग्रस्तता ने उसी को पैदा किया। लेकिन छठे दशक के उत्तरार्ध में कविता में आई नाटकीयता ने नेहरू युग से मोहभंग की सूचना देना शुरू कर दिया था। यह वह समय है जब भारतीय राजनीति में लोहिया और लोहियावादी समाजवाद का प्रभाव बढ़ रहा था। इस समाजवादी विचार ने नेहरू के समाजवाद की तीखी आलोचना शुरू कर दी थी। जनता में उसे व्यापक स्वीकृति चाहे न मिली हो लेकिन बौद्धिक वर्ग में इसका व्यापक प्रभाव हुआ। रघुवीर सहाय, श्रीकान्त वर्मा और सर्वेश्वरदयाल सक्सेना की कविता में इसकी निशानदेही की जा सकती है। प्रकटतः चाहे ऐसा माना जाता रहा है कि नेहरू युग से मोहभंग एक साठोत्तरी फिनामिना है लेकिन मुझे लगता है कि यह प्रक्रिया साठ से पहले याने छठे दशक के अन्तिम वर्षों में प्रारम्भ हो चुकी थी। मुक्तिबोध जिनका मानस वस्तुतः उसी नेहरू युग में बना था, जिसके कवि अज्ञेय हैं। लेकिन मुक्तिबोध की रचनात्मकता का जो श्रेष्ठ समय है वह लगभग 55 के आसपास शुरू होकर 63-64 तक फैला है। यह वही समय है जब कविता में एक अलग राजनीतिक दृष्टि का प्रवेश हो रहा था, सम्भवतः इसीलिए मुक्तिबोध नयी कविता के अन्य कवियों से एकदम अलग दिखाई देते हैं लेकिन यह बात एकदम साफ-साफ देखी जा सकती है कि मुक्तिबोध की राजनीतिक दृष्टि रघुवीर सहाय, श्रीकान्त वर्मा, सर्वेश्वर और कुँवर नारायण से बहुत भिन्न थी। नेहरू युग का जो क्रिटीक मुक्तिबोध की कविता में दिखाई पड़ता है वह रघुवीर सहाय आदि से बहुत अलग है। यहाँ इसे भी लक्ष्य किया जाना चाहिए कि केदारनाथ सिंह, रघुवीर सहाय या श्रीकान्त वर्मा न केवल नई कविता को संदेह की दृष्टि से देख रहे थे बल्कि उसके प्रति उनका रुख आलोचकीय था। केदारनाथ सिंह मान रहे थे कि *रोमांटिक और आधुनिक के बीच जो स्पष्ट विभाजन अब तक हो जाना चाहिए था वह अगली पीढ़ी तक के लिए स्थगित कर दिया गया।* रघुवीर सहाय भी 1958 में ही यह मान रहे थे कि *ऊपर*

से दिखने में नई लगने वाली अनेक कविताएँ अपने अन्तर में आधुनिक नहीं हैं : आधुनिक साहित्य के पाठकों के लिए सपाट और फीकी हैं : पर ऊपर से प्रकांड दिखती हैं और नई कविता के उत्कृष्ट उदाहरण कहकर घोषित की जाती हैं—यह अपने में रोचक और चिंत्य दोनों हैं।

नई कविता की फाँक का आधार मात्र विचारधारात्मक नहीं है। उत्तर नई कविता ने अपने लिए अलग नामकरण करने की कोशिश नहीं की। लेकिन यह तो स्पष्ट है कि वह अपनी प्रकृति और संरचना में भी नई कविता से बहुत अलग थी। वह नई कविता की गवाही नहीं बन सकती थी। बनाम और गवाहियों, प्रमाणों और प्रतिमानों की इस निरन्तर चलती प्रक्रिया के बीच कई बार नामवर इसीलिए फँसे-फँसे से नजर आते हैं। बिम्ब बनाम सपाटबयानी। प्रगीतात्मकता बनाम नाटकीयता, अनुभूति की जटिलता और तनाव जैसे आलोचना के उपकरण रघुवीर सहाय, केदारनाथ सिंह, श्रीकान्त वर्मा आदि की कविता को नई कविता की मुकम्मल गवाही नहीं बना पाते। मुद्दई और गवाह के मुँह एक दूसरे से विपरीत दिशा में घूमे हुए हैं। नामवर जी मुक्तिबोध और अज्ञेय के तनाव की प्रकृति के अन्तर को और अज्ञेय के मौन और शमशेर के मौन की प्रकृत्या भिन्नता को तो रेखांकित कर देते हैं लेकिन मुक्तिबोध द्वारा नेहरू युग की सभ्यता समीक्षा और रघुवीर सहाय, केदारनाथ सिंह, श्रीकान्त आदि द्वारा की जा रही सभ्यता समीक्षा के भेद को लक्ष्य नहीं करते। मुक्तिबोध की कविता में नाटकीयता और उत्तर नई कविता के कवियों की नाटकीयता का फर्क मात्र शैलीगत फर्क नहीं दृष्टिगत फर्क है। रघुवीर सहाय और श्रीकान्त वर्मा की कविता में जिस तरह की प्रहसनीय नाटकीयता है, जिसे कुँवर नारायण ने जीवन के कार्निवाल में एक बहुरूपिये की नाटकीयता कहा उसमें और मुक्तिबोध की तनाव भरी नाटकीयता में लगभग उतना ही फर्क है जितना एक त्रासदी और कामेडी में होता है। हालाँकि एक अच्छी त्रासदी कामेडी भी होती है और एक अच्छी कामेडी त्रासदी भी लेकिन फिर भी उनमें एक फर्क तो होता ही है...! नामवर जी राजनीतिक परिदृश्य में आ रहे बदलाव के साथ नाटकीयता में आ रहे बदलाव को देखने में जैसे चूक से जाते हैं। शायद इसीलिए वे इस बहुत जरूरी विभेद पर उँगली नहीं रखते। हो सकता है कि वे जिन प्रतिमानों की स्थापना का काम कर रहे थे उसमें अपनाई गई आलोचना पद्धति के लिए वे इसे रेखांकित करना बहुत जरूरी न समझते हों।

आधुनिकता का यह एक ऐसा दौर था जिसमें पुराने विचारधारात्मक उपकरण अपर्याप्त हो गए थे। जंग खाई तलवारों से क्विगजोटिक लड़ाइयाँ ही लड़ी जा सकती थीं। कई लोग नई पवन चक्कियों पर आक्रमण कर भी रहे थे। कोई भी समझदार आलोचक इसमें शामिल नहीं हो सकता था। काव्यालोचना के नए उपकरण संदेह से परे नहीं थे लेकिन उन्हें न तो पूरी तरह छोड़ा जा सकता था

न पूरी तरह से अपनाया जा सकता था। अपने समय की रचना से रूबरू होने की रणनीति बहुत आसान नहीं थी। आधुनिकता से रूबरू होने के लिए कभी फ्रेंकफर्त स्कूल की मार्क्सवादी आलोचना ने जोखिम मोल लेकर नए औजार और पद्धतियाँ ईजाद की थीं। कुछ वैसी ही आवश्यकता नई कविता के दौर में थी और कहना न होगा कि आजादी के बाद के आधुनिक साहित्य को समझने के लिए मार्क्सवादी आलोचना के उपकरणों को आवश्यक विजातीय उपकरणों के साथ मिलाकर आलोचना की नई पद्धतियों को निर्मित करने का काम, हिन्दी में मुक्तिबोध और नामवर सिंह ने किया और एक दूसरी दृष्टि के साथ कुछ हद तक विजयदेवनारायण साही ने भी।

5

जरूरत पड़ने पर नामवर किसी भी अनुशासन के किसी भी आवश्यक सूत्र की गवाही का उपयोग कविता के पक्ष में और कविता के बारे में अपनी धारणाओं के पक्ष में जुटा लेते हैं। फिर वह भारतीय काव्यशास्त्र हो, हिन्दी की अपनी काव्य परम्परा हो या पश्चिम की नई आलोचना की अवधारणाएँ और सूत्र हों। वे बहुत कुशल रणनीतिकार हैं। जो कि एक आलोचक को होना ही चाहिए। उनमें साहित्यिक, सांस्कृतिक, सामाजिक और राजनीतिक अनुशासनों के साथ रचना के सम्बन्ध को रेखांकित करने का अद्‌भुत कौशल है। मुझे लगता है वे वस्तुतः इस सम्बन्ध बिन्दु के आलोचक हैं।

उनको पढ़ते हुए लगता है जैसे एक व्यक्ति अपने वर्तमान से, अपने अतीत से और अपने भविष्य से निरन्तर बहसरत है। वे निरन्तर बहस करते हुए आलोचक हैं। उनमें निर्णय देने की कोई हड़बड़ी नहीं। वे पद्धतियों को खोजते, टोहते और टटोलते हैं और उस पर संदेह भी करते हैं। उनके यहाँ प्रतिमान पूर्व निर्धारित नहीं हैं। उन्होंने अपनी अवधारणाओं को और प्रतिमानों को पहले से तय नहीं कर लिया है। वे लगातार अपने रचना-आलोचना संसार के बीच बहस कतरे हुए उन्हें पाने की, उन्हें बनाने की, उन्हें खोजने की कोशिश करते नजर आते हैं। मुक्तिबोध के यहाँ अन्तिम रूप ले चुकी अवधारणाएँ मिल जाती हैं। विजयदेवनारायण साही की आलोचना में भी लगभग आप्त वाक्यों को पढ़ा जा सकता है। रामविलास जी की आलोचना में भी नई कविता पर सुना दिए गए निर्णय मौजूद हैं। पर नामवर सारी बहस को एक ऐसे बिन्दु तक ले जाकर छोड़-सा देते हैं जहाँ सहृदय को आत्मनिर्णय का स्पेस मिल जाता है।

उनकी आलोचना पद्धति एक ऐसी निरन्तर बहस है जिसमें आप कहीं भी दाखिल होकर उस बहस में हिस्सेदारी कर सकते हैं।

श्रीलाल शुक्ल के मकान में कुछ दिन
[कुछ नोट्स : बेतरतीब से]

'अचानक बकरी का एक बच्चा किसी ओर से उछलता हुआ आया और बच्चे के गिरोह में फँस गया। वे सब किलकारी मारकर उसका पीछा करने लगे, उल्लास और हँसी की आवाजें हमारे पीछे-पीछे हो गईं। हम लोग जब फ्लैट नम्बर सी-फाइव के बरामदे में पहुँचे तो बच्चों की दूरागत हँसी चिड़ियों की सायंकालीन चहक में घुलमिल गई थी।'

मकान : श्रीलाल शुक्ल

जैसे एक मकान की तलाश में तामीर किया गया यह एक मकान है। इसमें दो महीने उन्नीस दिन याने 3 अक्टूबर 1974 से 22 दिसम्बर 1974 तक का समय है। यह कोई ऐतिहासिक समय नहीं है, इसलिए इसके तिथि-क्रमित होने का कोई खास अर्थ नहीं। पर शायद तिथि-क्रमित होने से वह एक डायरी जैसी विश्वसनीयता हासिल कर लेता है। इस समय के साथ ही एक स्पेस है, जिसमें नगर निगम का दफ्तर है, होटल का कमरा है, श्यामा का घर है, सिम्मी का कमरा है, स्वामी शतानन्दजी महाराज का आश्रम है, रेडियो स्टेशन है, अस्पताल है, बारीन हालदार का घर है और बीच-बीच में शहर की गलियाँ हैं, गलियों जैसी। मतलब यह है कि एक अति-परिचित और एकरस-सा लैण्डस्केप है। इसमें अब आपको नारायण बनर्जी के साथ-साथ चलना फिरना है। इस सीमित और अनिश्चित से अनुभव संसार के बीच एक सितार है। जैसे संगीत की एक सुसंगत लय और जीवन की टूटी-बिखरी विश्रृंखलित लय के बीच ही एक द्वन्द्व है। एक द्वैत है। जीवन की टूटी-बिखरी-विश्रृंखलित लय, संगीत की लय को अपनी अराजकता में खींच लाना चाहती है और संगीत की लय जैसे बार-बार उसे जीवन की सारी ऊबड़-खाबड़ से बाहर लाकर अपने में समेट लेने की कोशिश करती है। सारी कथा में जैसे यही मूल तनाव है। नारायण बनर्जी बार बार अपना लोक रचता है, उसे तिरस्कृत करता है। वह एक लोक से, जिसे उसने रचा है, से बाहर एक दूसरे लोक में फेंक दिया-सा जाता है। यह ऐसा लोक है जो पूरी तरह अनचाहा नहीं है, लेकिन यह पूरी

तरह उसका चाहा लोक भी नहीं है। आसक्ति और पलायन का अजीब रिश्ता इस लोक के साथ है उसका। वह बार-बार अपने लिए एक जगह तलाशना चाहता है, कभी बाहर, कभी अन्दर। उसे एक आश्रय की तलाश है। एक मकान की। जो सुरों के भीतर है। जो एक मकान और परिवार के कहीं बीच है। जो श्यामा के पास है। सिम्मी के पास है। या इनमें से कहीं नहीं।

नारायण बनर्जी अपने ही बजाये राग विहाग को बार-बार सुनता है। अपने अतीत में गोता लगाता है। उस राग को फिर से रचना चाहता है, पहले से भी बेहतर। एक निश्चित समय के भीतर, याने इन दो माह और उन्नीस दिनों के भीतर, स्मृति और सपनों के बीच आवाजाही के दरवाजे खुल गए हैं। इस तरह एक निश्चित समयावधि फैलकर अनिश्चित और असीम हो जाती है। ऊपरी तौर पर श्रीलाल शुक्ल का पूरा व्यवहार एक सामान्य यथार्थवादी कथा शैली का व्यवहार बन जाता है। कम से कम ऐसा लगता है। यह व्यवहार कभी-कभी बहुत एकरसता और ऊब पैदा करता है। लेकिन वे स्पेस के साथ एक खेल रचते हैं। उसे कभी बहुत मूर्त, ठोस स्थापत्य में तब्दील कर देते हैं, कभी व्यक्ति में और कभी एक उलझे हुए आभ्यन्तर लोक में। ये सारी जगहें एक-दूसरे से पूरी तरह अलग लगती हैं, लेकिन ये लगातार एक-दूसरे की सीमा का अतिक्रमण करती रहती हैं। एक-दूसरे की सीमा में हस्तक्षेप करती रहती हैं। जैसे एक तिथि-क्रमित समय, एक गैर तिथि-क्रमित समय में आवाजाही करने लगता है।

कभी कभी मुझे लगता है नायक का मानवीय सम्बन्धों के बारे में भी रवैया, एक मकान के साथ बनने वाले सम्बन्ध जैसा ही है। (घर के साथ सम्बन्ध जैसा नहीं) श्यामा के साथ सम्बन्ध श्यामा की मृत्यु के साथ खत्म हो जाता है। सिम्मी से उसका सम्बन्ध भी तकरीबन उतना ही है। वह कहता भी है 'मत भूलो कि श्यामा से मेरे सम्बन्ध पारिवारिक नहीं थे, पूरे तौर से व्यक्तिगत थे। श्यामा के साथ ही मेरे सम्बन्धों की भी मृत्यु हो गई...।' 'यह वैसा ही है जैसा कि मेरे और तुम्हारे बीच में है। जैसे कि मेरी मृत्यु हो जाने पर मेरे और तुम्हारे सम्बन्धों की भी मृत्यु हो जाएगी...।' इन सम्बन्धों में पारिवारिकता नहीं है। निरन्तरता नहीं। इनमें आत्मीयता के बावजूद निर्वैयक्तिकता है। लेकिन सितार से भी क्या नारायण बनर्जी का सम्बन्ध इसी तरह का है? कला के साथ भी एक प्रत्यक्ष सम्बन्ध तो मृत्यु के साथ खत्म हो ही जाता है, लेकिन रचे जा चुके के साथ एक सम्बन्ध बाद में भी बचा ही रहता है। यह एक जटिल सम्बन्ध है। शायद उपन्यास में यह पहला संकेत है। नायक की मृत्यु का एक पूर्वाभास यहाँ होने लगता है। इसलिए जब उपन्यास के अन्त में नायक की मृत्यु होती है तो लगता है कि लेखक ने जैसे इसे पहले से ही तैयार कर लिया था।

नारायण बनर्जी की नियति शायद होटल के उस छोटे कमरे में बने रहना ही है। एक अस्थिर स्थिति। मकान मिलने के बाद भी वह एकदम उसमें चला नहीं जाता, वह होटल में ही बना रहता है। नए मकान में जाने को जैसे टालता रहता है। वह दस-पन्द्रह दिन तक उस मकान को देखने भी नहीं जाता। यह वही मकान है, जिसके लिए उसने अनेक चक्कर लगाए हैं। लेकिन मिलने के बाद वह उसे प्राप्त नहीं करना चाहता। जैसे श्यामा से मिली टीस कई दिनों तक उसे सालती है, पर जब श्यामा अपने को देना चाहती है या स्वीकार कर लेती है तो वह उससे दूर चला जाता है। वह उस घुड़सालनुमा कमरे में बना रहता है। अनमनेपन से ही सही पर वह कहता है अपनी कुटिया तो यही है।' एक मकान और घर के बीच जैसे उनकी नियति यही है।

सितारवादक नारायण बनर्जी एक दफ्तर में नौकरी करता है और संगीतकार होने के बावजूद आजादी के बाद का एक टिपिकल मध्यवर्गीय चरित्र है। चापलूस, मक्कार, लम्पट, महत्त्वाकांक्षी आदि, आदि। लेकिन आजादी के युग के रोमान का, लगता है, एक अन्तिम चिथड़ा इसकी भी जेब में रखा है। इसमें अहं, आत्मस्वाभिमान और कलाकार वाला मन भी है, जो कभी-कभी दिखता है। शराब के नशे में वह अक्सर बाहर आता है। एक दमित व्यक्तित्व। सारे शहर को अपना ही घर कहने और एक साधारण से लड़के को लेकर पाँच सितारा होटल में शराब पीने जाने वाला बोहेमियन चरित्र, आमतौर पर प्रकट नहीं होता। सामान्य रूप से तो एक औसत व्यावहारिक मध्यवर्गीय चरित्र ही सामने बना रहता है।

यह उन्हीं पंडित नीलमणि बनर्जी का पुत्र है जो डॉक्टर के इतना पूछने पर कि 'आप शराब पीते हैं?' भड़क गए थे। डॉक्टरों की लानत-मलामत कर दी थी। और बिना इलाज कराए ही जो अस्पताल से बाहर चले आए थे। वे एक शास्त्रीय परम्परा के संगीतकार थे। रियासत से उन्हें सम्मान मिला था। उनमें 'दरिद्रता, अहंकार और कला की साधना में उच्चतम मानकों का मेल' था। इसलिए वे जनप्रिय नहीं थे। कलाकारों की दुनिया में 'एक अजूबा बन कर रह गए थे।' नारायण बनर्जी इस स्थिति को जानता है। उपेक्षा ने उसके पिता को चिड़चिड़ा बना दिया था क्योंकि वे न तो व्यावहारिक थे, न व्यावसायिक। वे अपने साथ के समकालीनों की गलतियाँ निकालते और उनकी निन्दा करते। 'समकालीन संगीतज्ञों, जिज्ञासुओं और प्रशंसकों के लिए (उनके शब्दकोश में) सिर्फ दो शब्द थे, मूर्ख और गधा।'

पंडित नीलमणि बनर्जी एक दुर्घटना में मारे गए थे। दूसरा विश्वयुद्ध समाप्त हो चुका था। लेकिन 'सड़कों पर तब भी बचे रह गए फौजी ट्रकों की हुकूमत थी।'

इसी तरह के एक ट्रक की टक्कर से वे मारे गए। नारायण बनर्जी बच गया। आजादी के ऐन पहले घटी यह दुर्घटना जैसे हमारे मध्यवर्गीय चरित्र की चारित्रिक बनावट के बीच घटी दुर्घटना है। 'अमरीकी गोरे' द्वारा चलाये जाने वाले ट्रक ने जैसे अतीत और भविष्य के बीच एक विभाजक रेखा खींच दी थी। नारायण बनर्जी क्योंकि उस साइकिल को चला रहा था। जिस पर पंडित नीलमणि बैठे थे। नारायण बनर्जी का अपराध बोध जैसे बाद की पूरी पीढ़ी का अपराध बोध है। उसमें अपने पिता जैसा हठ नहीं है। अपने पिता के विक्षोभ ने उसे व्यावहारिक और चालाक बनाया है। एक हद तक अराजक भी। दोनों के बीच दूरी लगातार बढ़ती गई है। व्यक्तित्व के स्तर पर भी और मूल्य के स्तर पर भी। अपने अपराध बोध से छुटकारा पाने नारायण बनर्जी कई वर्ष बाद याने 2 दिसम्बर, 1974 को उसी कैजुऐलिटी वार्ड में जाता है, लेकिन प्रेत हाथ से बचकर निकल जाता है। प्रेतबाधा दूर नहीं होती।

प्रेत नारायण बनर्जी के हाथ नहीं आया। उस वार्ड से लौटने के बाद उसे खबर मिली 'श्यामा नहीं रही।' 'उसका एक्सीडेन्ट हो गया था।' याने यह दूसरी दुर्घटना है। हालाँकि इस दूसरी दुर्घटना का ठीक-ठाक औचित्य समझ नहीं आता। श्यामा तो यूँ भी दृश्य से बाहर चली गई थी फिर श्रीलाल शुक्ल उसे हटाना क्यों चाहते हैं? क्या अपने पिता की मृत्यु के सदमे से बाहर आने के लिए अस्पताल में आई जली हुई देह ही पर्याप्त नहीं थी? क्या सिम्मी को करीब लाने के लिए श्यामा की मृत्यु आवश्यक थी? या सिम्मी के साथ सम्बन्ध में श्यामा की मृत्यु अन्तर्निहित है? कभी कभी लगता है जैसे नारायण बनर्जी का पूरा चरित्र ही राग विहाग है। रात्रि के दूसरे पहर का राग। अक्सर वह कलाकार कम और लम्पट ज्यादा लगता है। उसकी व्यावहारिक बुद्धि, उसका लालच, दारूखोरी और कामुकता उसके कलाकार को बड़ा नहीं होने देते—एक चरित्र की तरह। उसका आभ्यन्तर कलाकार का आभ्यन्तर नहीं बन पाता। वह एक 'दियासिलाई और आतिशबाजी की मिली जुली दुकान' ही ज्यादा बना रहता है। हालाँकि उत्तरायण में 'आज छुट्टी के दिन, भरे बाज़ार में आवारागर्दी करते हुए उसने सिम्मियों और अफसरों और बिल्लियों से घिरी दुनिया में अपने बचाव की जरूरत को जैसा अनुभव किया, वैसा पहले कभी नहीं किया था।' 'यहीं से एक नए संकल्प का आरम्भ हुआ।' हालाँकि यह संकल्प न तो उसे सिम्मी से दूर ले जा पाता है और न अपनी कला साधना से किसी कठिन योग तक। हाँ कुछ कीर्तिदायक, व्यावसायिक से नए आयाम जरूर प्रकट होते हैं।

2

उपन्यास का केन्द्र है—नगर निगम का दफ्तर और उसका सिटी एडमिनिस्ट्रेटर। यह सत्तर-पिचहत्तर के दौर का नौकरशाह है जो कुटिल और काइयाँ तो है ही लेकिन ऊपर से बहुत शालीन है। मक्खन में छुरी चलाता है। इसके पास एक बौद्धिक कौशल है। यह अपने लिए एक सांस्कृतिक छवि चाहता है। इसलिए संस्कृति, साहित्य संगीत और कला में रुचि दिखाता है। वह संगीत की दुनिया की जुमलेबाजी भी जानता है। वह यह कहकर कि 'मैं कलामर्मज्ञ नहीं हूँ' कोई अलग-सी और गहरी बात कहता है, जिससे दूसरे जान लें कि पहले कहा गया वाक्य मात्र विनम्रतावश ही कहा गया है। यह विनम्रता नहीं, उसका स्वाँग है। नारायण बनर्जी को मकान के लिए बार-बार तंग करने वाला यह एडमिनिस्ट्रेटर उसकी मृत्यु पर नारायण बनर्जी की सितार की खूबियाँ गिनाता है। 'नारायण जी का सितारवादन सुनकर मुझे हमेशा यही जान पड़ा कि मैं कोई उपासना संगीत सुन रहा हूँ। विशेषरूप से आप उनका आलाप सुनें और मीड़ का काम देखें 'विलायत खाँ के विशेष प्रशंसक होते हुए भी वे इस विषय में रविशंकर के अधिक निकट हैं।' ××× 'वह लगातार नारायण बनर्जी के सितार वादन को लेकर चिन्ता जताता है। यह अपनी बेटी को विश्व भूगोल से परिचित कराने के लिए नकली तत्सम शब्दावली में लम्बे-लम्बे पत्र लिखता है। इन पत्रों की एक किताब भी भविष्य में छपवाना चाहता है 'विश्व भूगोल की झलक' किताब के नाम के साथ ही आप समझ सकते हैं कि यह नेहरू का प्रशासनिक प्रहसन है। (त्रासदी नहीं, प्रहसन)!

एडमिनिस्ट्रेटर के चरित्र को श्रीलाल शुक्ल ने बहुत तबियत से रचा है। नारायण का कहना है 'सवेरे जिस सड़क से मैं दफ्तर की ओर आता हूँ उसका बड़ा पौराणिक महत्त्व है। मुझे विश्वास है कि द्वापर में युधिष्ठिर को नरक-दर्शन कराने के लिए इसी सड़क पर लाया गया था।' इस नरक-दर्शन में एडमिनिस्ट्रेटर के साथ-साथ नारायण बनर्जी का चरित्र भी परत दर परत उजागर होता है। व्यक्ति और कलाकार के बीच का अन्तर्विरोध और व्यक्तित्व का विघटन भी सामने आता है। नारायण को उससे मिलकर लगता है कि 'उस निगाह के आगे मनुष्य न रह कर मैं पदार्थ हो गया; लगा कि किसी महान् दार्शनिक के आगे मैंने कोई बड़ा ओछा सवाल उठा दिया।' जीवन के सबसे जरूरी सवालों को किस तरह यह संस्कृतिकर्मी नौकरशाह एक ओछा सवाल बना देता है। किस तरह का हीनताबोध सामने बैठे व्यक्ति में पैदा करता, यह इसी का उदाहरण है। सत्तर के बाद के भारतीय परिदृश्य पर नजर डालें तो 1974 के आसपास सारे देश में

ऐसे अनेक संस्कृतिकर्मी अथवा संस्कृति, साहित्य और कला रुचि से सम्पन्न अधिकारी दृश्य पर नजर आएँगे, जिन्होंने न केवल अपनी सांस्कृतिक छवि निर्मित करने की कोशिश की बल्कि शासन में बैठे लोगों को भी एक सांस्कृतिक छवि देने के लिए योजनाएँ बनाईं और कार्यक्रम चलाए। यह नौकरशाह कला के प्रति संवेदनशील दिखने का भरसक स्वाँग करता है। जबकि कलाकार व्यक्ति के प्रति उसकी कोई चिन्ता नहीं है। कला साधना या कलाकार को किस तरह की सुविधा उसके कार्य के लिए, उसके जीवन के लिए मिले इसमें भी इस नौकरशाह की कोई रुचि नहीं है। एक वायवीय चिन्ता और एक शगल उसमें है। इसलिए वह नारायण बनर्जी के सितारवादन की प्रशंसा करता है, उसके कार्यक्रम हो रहे हैं या नहीं इसके बारे में पूछताछ करता रहता है। लेकिन उसके नाम मकान एलॉट करने में टालमटोल करता रहता है। नारायण बनर्जी जब होटल के अपने कमरे में अभ्यास करता है तो उसे सुनना पड़ता है 'आसपास शरीफ लोग रुके हैं। इतने सवेरे आपको शोरगुल नहीं करना चाहिए। क्या समझे?'

इस एडमिनिस्ट्रेटर को यह फिक्र है कि 'सितार का इधर कोई कार्यक्रम नहीं हुआ?' इसे नारायण बनर्जी की पत्नी की बीमारी की भी चिन्ता है। 'आर्थराइटिस हो तो होम्योपैथी का इलाज कीजिए।' यह विश्वसनीयता हासिल करने के लिए कभी-कभी अपनी चालाकियों का खुद भी बखान करता है। 'लोग समझ रहे हैं कि मैं आज शहर के बाहर गया हूँ, मुझे मिनिस्टर से मिलने जाना था भी, तभी आज सन्नाटा है।' दूसरी ओर इसके चरित्र का एक पहलू यूनियन लीडर बारीन हालदार के साथ सम्बन्धों में खुलता है। इसी ने 'निहत्थे मजदूरों और बाबुओं पर अपने दफ्तर में लाठी चार्ज कराया था।' बाद में यही घायल बारीन हालदार को देखने अस्पताल भी जाता है। माफी भी माँग लेता है—सबके सामने। लगता है जैसे वह कायर है लेकिन वस्तुतः वह मक्कार है। इन सम्बन्धों में लेकिन परतें सिर्फ एडमिनिस्ट्रेटर की ही नहीं खुलतीं, बारीन और नारायण के चरित्र की भी कई-कई पर्तें उजागर होती चलती हैं। श्रीलाल शुक्ल की यह बड़ी खूबी है कि उनकी रचना ऊपरी तौर पर बहुत सरल-सी नजर आती है लेकिन आब्जर्वेशन की उनकी अद्भुत क्षमता सरल-सी दिखती रचना में तह के अन्दर कई तहों तक झाँकती हैं।

मार्क्स ने लिखा है कि उत्पीड़क समाज में 'नौकरशाही स्टेट के सारतत्व को अपने

आधिपत्य में रखती है।' इस तरह उसका चरित्र एक स्तर पर राजनीति से ज्यादा काइयाँ होता है। श्रीलाल शुक्ल इस दुनिया के इनसाइडर की तरह उसे हमारे लिए उजागर करते हैं। नेता ठठाकर हँसा, बोला, 'उसकी न कहिए। यह आपकी सूझबूझ है। महँगाई भत्ता दिया सो दिया, पर बारीन हालदार की नेतागिरी का कबाड़ा कर दिया। लेकिन इस चापलूसी के बाद जब यही नेता एडमिनिस्ट्रेटर से अपने हित के लिए काम करवाना चाहता है तो पहले तो एडमिनिस्ट्रेटर उसे आँकड़े गिनाकर अपनी असमर्थता बताता है–

'इस शहर की आबादी अब हो गई है ग्यारह लाख, तेईस हजार सात सौ। यानी लगभग दो लाख चौबीस हजार परिवार हुए। मकानों की संख्या है करीब एक लाख पचासी हजार, सही-सही कहें तो एक लाख छियासी हजार, तीन सौ अड़तालीस मकान हैं...' नेता जब थोड़ा सख्त होने की कोशिश करता है, तब भी एडमिनिस्ट्रेटर के चेहरे पर शिकन नहीं आती। वह मुस्कुराता रहता है। वह फुसफुसाकर नेता को बताता है कि उसने अपने भतीजों के नाम जो प्लाटों का एलाटमेन्ट किया है, उसकी शिकायत ऊपर हो चुकी है और नेता को पहले जाकर सब ठीकठाक कर लेना चाहिए। वरना नेता मुसीबत में फँस सकता है। यह एक धमकी भी है। इस रहस्य उद्घाटन के साथ ही नेता ढीला पड़ जाता है। राजनीति पर जब भी ब्यूरोक्रेसी भारी पड़ती है, तो सामान्य रूप से हम ब्यूरोक्रेसी के पक्ष में होते हैं। ऐसे समय हम भूल जाते हैं कि नौकरशाही के इसी तंत्र ने हमें कितनी दिक्कतें दी हैं, कितने चक्कर लगवाए हैं। नारायण भी अफसर के कमरे से निकलते हुए सोचता है, 'मैंने मन में अफसर नेता काण्ड को दोहराया। क्या चुस्ती थी मेरे शेर में। जिस दाँव से उसने नेता का टेंटुआ दबाकर उससे म्याँव निकलवाई और जिस तरह नेता की म्याँव-म्याँव उसके जाते-जाते 'नमस्कार नारायण जी' में बदल गई वह मँजे हुए उस्तादों का ही काम था।' इस तरह सत्तर के दशक के नौकरशाह का ढंग बहुत प्लेफुल ढंग से धीरे-धीरे खुलता जाता है।

श्रीलाल शुक्ल सीधी और सहज भाषा के बावजूद उसमें एक खास तरह का खेल पैदा करते हैं। लेकिन कल्पना का खेल उनके लेखन में बहुत कम है। कुँवर नारायण ने राग दरबारी की समीक्षा करते हुए लिखा था 'लेखक यदि इतना अधिक यथार्थ के पीछे न पड़ता तो अच्छा होता।' इस पुनर्सृजित यथार्थ को देखने के लिए जिस तरह का और जितना स्पेस, जितना सृजनात्मक अन्तराल जरूरी है, उसकी कमी कभी-कभी महसूस होती है। मकान के शिल्प में लेकिन मुझे लगता है कि राग दरबारी की तुलना में श्रीलाल शुक्ल ज्यादा कल्पनाशील नजर आते हैं। सारा

आख्यान समान्तर रूप से 'दो स्टोरी-टेलर्स' बारी-बारी सुनाते हैं। पहला स्टोरी-टेलर उपन्यास का नायक याने नारायण बनर्जी खुद है। इन हिस्सों पर तिथि और दिन शीर्षक की तरह दिया गया है। लगता है जैसे वह नारायण बनर्जी की डायरी हो। इस हिस्से के साथ दूसरा हिस्सा जिस पर अलग-अलग शीर्षक हैं, उसका 'स्टोरी टेलर' लेखक है। इस तरह एक जीवन और उसके आसपास का एक यथार्थ इस जुगलबन्दी से धीरे-धीरे प्रकट होता है। एक ही जीवन बारी-बारी आत्मनिष्ठ और वस्तुनिष्ठ दृष्टि से देखा-परखा जाता है। इस तरह नायक का लेखक से अलग, पूरी तरह स्वतन्त्र अस्तित्व बन जाता है।

उपन्यास वस्तुतः नारायण की मृत्यु के साथ ही समाप्त हो जाता है। उपसंहार इस त्रासदी के बाद बची रह गई सिसकी ही है। यह मात्र संयोग तो नहीं ही है कि उपन्यास में तीन मृत्यु होती हैं—पंडित नीलमणि बनर्जी, श्यामा और अन्त में नारायण बनर्जी की और तीनों ही दुर्घटनाएँ हैं। तीनों दुर्घटनाएँ आकस्मिक हैं और अकारण हैं। नारायण बनर्जी के अलावा दोनों दुर्घटनाएँ तो अप्रत्याशित भी हैं। हालाँकि नारायण बनर्जी भी जिस तरह मारा जाता है वह अप्रत्याशित ही है। वह किसी लक्ष्य या उद्‌देश्य के लिए नहीं मारा जाता।

लगता है नारायण बनर्जी की मृत्यु के साथ ही आजादी के बाद की, सपने देखने वाली, महत्त्वाकांक्षी, अन्तिम रोमेन्टिक पीढ़ी का भी जैसे अन्त हो जाता है। 'जब लोग वहाँ पहुँचे तो उन्होंने नारायण को रिक्शे के नीचे पड़ा हुआ पाया। सितार लुढ़क कर कई हाथ दूर चला गया था। टार्च की रोशनी में उसका टूटा हुआ तूम्बा किसी एक खोपड़ी जैसा दीख पड़ा जिसे जंगल में सियार-भेड़ियों ने खखोला हो। रम की बोतल नाली में पड़े हुए मुर्दे के पेट के नीचे दबी पड़ी थी और खून और कीचड़ से लथपथ होने के बावजूद सुरक्षित थी। हवा बन्द थी पर उल्टे हुए रिक्शे का अगला पहिया अब भी धीरे-धीरे घूम रहा था।'

यह अतार्किक और अकारण हत्या ही जैसे हमारे समय की सबसे भयानक त्रासदी है जो इस पूरे आख्यान को, जो एक हद तक कॉमिकल भी है एक त्रासदी में बदल देती है।

राग दरबारी : कुछ टिप्पणियाँ

हिन्दी उपन्यास के भूगोल में तीन गाँव अलग से रेखांकित किए जा सकते हैं। गोदान का वेलारी जो होरी का गाँव है और इसी से पाँच मील की दूरी पर लगभग जुड़ा हुआ रायसाहब का सेमरी। मैला आँचल का मेरीगंज और राग दरबारी का शिवपालगंज। वेराली तीस के दशक का गाँव है। मेरीगंज चालीस के दशक का गाँव। आजादी से थोड़ा पहले और आजादी के तत्काल बाद का और साठ के दशक का शिवपालगंज। तीस से साठ के दशक के बीच चार दशकों में भारतीय गाँवों के बदलते हुए चरित्र का एक समाजशास्त्रीय अध्ययन इनके आधार पर तैयार किया जा सकता है। इसके अलावा आधा गाँव या बलचनमा का गाँव और कई अन्य गाँव भी याद आ सकते हैं। लेकिन वेलारी, मेरीगंज और शिवपालगंज भारतीय गाँवों में बदलती हुई सूरत को समझने के लिए सबसे उपयुक्त उदाहरण हो सकते हैं। गोदान और मैला आँचल को पढ़ना शुरू करते हुए हम सीधे गाँव के भीतर होते हैं और उससे बाहर की दुनिया में झाँकने या बाहर निकलने की कोशिश करते हैं। वेलारी में ग्राम स्वराज की स्वायत्तता पूरी तरह टूटी नहीं है। गाँव से छोड़कर शहर की तरफ जाने की लगभग शुरुआत हो रही है। सामाजिक तानाबाना बचा हुआ है। उसमें दरारें पड़ना शुरू ही हुई हैं। मेरीगंज का समाज आजादी के तत्काल बाद याने 1948 तक ही आया है और शिवपालगंज तो आजादी के बाद का गाँव है। गोदान 1936 में लिखा गया, मैला आँचल 1954 में और राग दरबारी 1968 में। तीनों उपन्यासों के बीच लगभग चौदह-चौदह साल के अन्तराल है। तीनों उपन्यासों को साथ-साथ रखें तो लगता है कि भारतीय ग्रामीण इनके बीच दो वनवास काट चुका है।

राग दरबारी शिवपालगंज से शुरू नहीं होता। *शहर का किनारा। उसे छोड़ते ही भारतीय देहात का महासागर शुरू हो जाता है। वहीं एक ट्रक खड़ा था।* इस ट्रक में रंगनाथ के साथ, जो गाँव लौट रहा है, में बैठकर हम शिवपालगंज में प्रवेश करते हैं। शिवपालगंज आने की सूचना भी हमें एक खास अन्दाज में मिलती है। *थोड़ी देर में ही धुँधलके में सड़क की पटरी पर दोनों ओर कुछ गठरियाँ-सी रखी हुई नजर आईं। ये औरतें थीं, जो कतार बाँधकर बैठी हुई थीं। वे इत्मीनान से बातचीत करती हुई*

वायु सेवन कर रही थीं और लगे हाथ मल मूत्र का विसर्जन भी। सड़क के नीचे घूरे पटे पड़े थे और उनकी बदबू के बोझ से शाम की हवा किसी गर्भवती की तरह अलसायी हुई-सी चल रही थी। कुछ दूरी पर कुत्तों के भूँकने की आवाजें हुईं। आँखों के आगे धुँए के जाले उड़ते हुए नजर आए। इनसे इन्कार नहीं हो सकता था कि वे किसी गाँव के पास आ गए थे। यही शिवपालगंज था।

इस उपन्यास का रचना समय नेहरू युग से मोहभंग के बाद का समय है। साठ के दशक में भारतीय राजनीति में बहुत बड़ी उथल-पुथल हो रही थी। पहली बार कांग्रेस का एकाधिपत्य समाप्त हो रहा था। संसदीय राजनीति में लोहिया का गैर कांग्रेसवाद राज्यों के स्तर पर आकार ग्रहण कर रहा था और संविद सरकारें बन रही थीं। नक्सल आन्दोलन की शुरुआत हो रही थी। इन्दिरा गांधी ने नेहरू युग की राजनीति की परदादारी को परदाविहीन कर दिया था। रंगनाथ ट्रक ड्राइवर से कहता है—*ड्राइवर साहब, तुम्हारा गियर तो बिल्कुल अपने देश की हुकूमत जैसा है। ड्राइवर ने मुस्कराकर यह प्रशंसा पत्र ग्रहण किया। रंगनाथ ने अपनी बात साफ करने की कोशिश की। कहा, उसे चाहे जितनी टाप गियर में डालो, दो गज चलते ही फिसल जाती है और लौटकर अपने खाँचे में आ जाती है।* यह टिप्पणी राग दरबारी को मैला आँचल या गोदान से अलग करती है।

राग दरबारी के शिवपालगंज में प्रवेश करते ही सबसे पहले गाँव का थाना आता है। इसके बाद गाँव का स्थानीय कॉलेज। और इसके बाद गाँव के वास्तविक शक्ति केन्द्र याने वैद्य जी की बैठक में हम प्रवेश करते हैं। वैद्य जी कॉलेज के मैनेजर हैं और कोऑपरेटिव यूनियन के मैनेजिंग डाइरेक्टर हैं। इस तरह गाँव की वास्तविक शक्ति-संरचना का खाका तैयार होता है। ये वैद्य जी अंग्रेजों के जमाने में अंग्रेजों के लिए श्रद्धा दिखाते थे और देसी हुकूमत आई तो देसी हाकिमों के प्रति श्रद्धा दिखाने लगे। भारतीय समाज में पावर का स्थानान्तरण किस तरह और किस तरह के लोगों के बीच हुआ ये छोटा-सा उदाहरण इसको बहुत बारीकी से और बिना किसी अतिरिक्त आग्रह से दिखा देता है। यह उपन्यास एक ऐसा रूपक है जो आजादी की कथा और आजादी के बाद बने शक्ति केन्द्रों को महीन कुशाग्रता से उजागर करता है। कई बार लगता है कि राग दरबारी की सबसे बड़ी दिक्कत यह है कि उसे बिटवीन दॅ लाइन्स नहीं पढ़ा गया। उसकी विचक्षणता उसकी ताकत भी है और उसकी दिक्कत भी। वह एक ही घटना के बीच अनेक स्थितियों पर टिप्पणी करता चलता है। कुछ दिलचस्प टिप्पणियों के उदाहरण इसके लिए काफी होंगे :

1. *रंगनाथ इन हमलों से लड़खड़ा गया था। पर उसने इस बात को मामूली जाँच-पड़ताल का सवाल मानकर सरलता से जवाब दिया खद्दर तो आजकल सभी पहनते हैं।*

अजी कोई तुक का आदमी तो पहनता नहीं। कहकर उसने (ड्राइवर ने) दुबारा खिड़की से बाहर थूका और गियर को टाप में डाल दिया।

2. *वर्तमान शिक्षा-पद्धति रास्ते में पड़ी हुई कुतिया है, जिसे कोई भी लात मार सकता है।*
3. *रिश्वत, चोरी, डकैती–अब तो सब एक हो गया है...पूरा साम्यवाद है।*
4. *इन्हीं सब इमारतों के मिले जुले रूप को छंगामल विद्यालय इण्टरमीजिएट कॉलिज शिवपालगंज कहा जाता था। यहाँ से इंटरमीजिएट पास करने वाले लड़के सिर्फ इमारत के आधार पर कह सकते थे कि हम शान्तिनिकेतन से भी आगे हैं : हम असली भारतीय विद्यार्थी हैं : हम नहीं जानते कि बिजली क्या है, नल का पानी क्या है, पक्का फर्श किसको कहते हैं, सैनिटरी फिटिंग किस चिड़िया का नाम है। हमने विलायती तालीम तक देसी परम्परा में पाई है और इसीलिए हमें देखो, हम आज भी उतने ही प्राकृत हैं! हमारे इतना पढ़ लेने पर भी हमारा पेशाब पेड़ के तने पर ही उतरता है, बन्द कमरे में ऊपर चढ़ जाता है।*
5. *झिलमिलाते हवाई अड्डों और लकलकाते होटलों की मार्फत जैसा सिम्बालिक माडर्नाइजेशन इस देश में हो रहा है, उसका असर इस मकान की वास्तुकला में भी उतर आया था और उससे साबित होता था कि दिल्ली से लेकर शिवपालगंज तक काम करने वाली देसी बुद्धि सब जगह एक-सी है।*
6. *ईंट गारा ढोने वाला मजदूर भी जानता था कि बैठक का मतलब ईंट और गारे की बनी हुई इमारत भर नहीं है। न.10 डाउनिंग स्ट्रीट, व्हाइट हाउस, क्रेमलिन आदि मकानों के नहीं, ताकतों के नाम हैं।*
7. *हमारे यहाँ आज भी शास्त्र सर्वोपरि है और जाति प्रथा मिटाने की सारी कोशिशें अगर फरेब नहीं हैं तो रोमांटिक कार्रवाइयाँ हैं।*
8. *इस देश में लड़कियाँ ब्याहना भी चोरी करने का बहाना हो गया है। एक रिश्वत लेता है तो दूसरा कहता है क्या करे बेचारा! बड़ा खानदान है, लड़कियाँ ब्याहनी हैं। सारी बदमाशी का तोड़ लड़कियों के ब्याह पर होता है।*

2

राग दरबारी जैसे खिलंदड़े गद्य के उदाहरण आधुनिक हिन्दी उपन्यास में बहुत कम ही मिलेंगे। कुछ हद तक शायद एक-दूसरे किस्म के खिलंदड़े गद्य का उदाहरण मनोहरश्याम जोशी हो सकते हैं। हिन्दी पाठक और साहित्यिक की भी एक

दिक्कत यह है कि वह खिलंदड़े गद्य को अक्सर एक गम्भीर कृति नहीं मानता। वह उसे पढ़ते हुए मजा लेता है। लेकिन उसका जो अन्तर्पाठ है वह उसकी नजर से चूक जाता है। इसलिए अक्सर ऐसी कृतियाँ बहुत दिनों तक गम्भीर विचार विमर्श के केन्द्र में नहीं आतीं। राग दरबारी पर काफी चर्चा हुई है लेकिन हर बार उसकी चर्चा में कई लेकिन...किन्तु...परन्तु...लगे होते हैं। व्यंग्य को अक्सर आटे में नमक जितना तो स्वीकार कर लिया जाता है लेकिन यह अनुपात उलट जाए तो उसे हम महत्त्वपूर्ण रचना की तरह नहीं स्वीकार कर पाते। मुझे अक्सर लगता है कि आजादी के बाद की भारतीय राजनीति का विद्रूप बिना ताकतवर व्यंग्य के व्यक्त ही नहीं किया जा सकता। राग दरबारी, परसाई और शरद जोशी के व्यंग्य और नागार्जुन की कविता आजादी के बाद के भारतीय समाज के राजनीतिक सामाजिक और सांस्कृतिक विद्रूप की जितनी अधिक परतों में झाँकने और उसे उधेड़ने का काम करते हैं उतना कम ही रचनाकार कर पाते हैं।

आखिरी कलाम याने श्मशान का तद्भव है अयोध्या

[आखिरी कलाम पर कुछ असम्बद्ध-सी टीपें]

आखिरी कलाम अपने को पढ़े जाने में अड़चन पैदा करता है। एक सायास असुविधा। यह उसके वाक्य की बनावट या भाषा से नहीं, उपन्यास की संरचना के कारण होती है। ठीक-ठीक शायद उससे भी नहीं। शायद वह उपन्यास के प्रचलित ढाँचों के प्रति बनी हमारी अभ्यस्तताओं के टूटने के कारण होती है। पाठ की इस असुविधा को पार किए बिना इस उपन्यास में प्रवेश करने या इससे गुजरने वालों को निराशा ही हाथ लगेगी। औद्योगिक समय ने उपन्यास के जो साँचे तैयार किए थे उनमें प्रौद्योगिक समय की गतियाँ और आख्यान पूरी तरह अँट नहीं सकते। जाने-अनजाने भी इस समय की गतियों और इसके वृत्तांतों को रचने की कोशिश अगर आप करेंगे तो उपन्यास के उस पुराने ढाँचे को टूटने से नहीं बचाया जा सकता। आखिरी कलाम में यह ढाँचा अनचाहे या अनजाने नहीं टूटा है, सोच-समझकर उसे तोड़ा गया है। हमारे समय में बहुत कुछ टूटने और तोड़े जाने का यह वृहत आख्यान उपन्यास के ढाँचे को तोड़े बिना शायद सम्भव ही नहीं था। वितर्क और विरचना जैसे दो पदों का उपयोग उपन्यास में हुआ है। एक का किंवदंती के साथ हमारे व्यवहार के संदर्भ में, तो दूसरे का मीडिया की भूमिका के संदर्भ में। ये दोनों ही पद इस उपन्यास के मिजाज को समझने के लिए बहुत जरूरी संकेत हैं। हमारे समय में असत् के प्रति आस्था के अन्धत्व ने मिथक को इतिहास में और इतिहास को बदबू में बदल दिया है। यह उपन्यास इस प्रक्रिया की नब्ज को टोहने-टटोलने की एक बड़ी और महीन कोशिश है।

औद्योगिक समय की टिक-टिक से संचालित विगत चार शताब्दियों में भी उपन्यास का स्वरूप एक जैसा तो नहीं रहा है, उसमें काफी तोड़-फोड़ हुई है। कई महत्त्वपूर्ण और दिलचस्प प्रयोग भी। बहुत कुछ बदल गया है लेकिन फिर भी एक हद तक यह सही है कि बीसवीं सदी के उत्तरार्ध तक आते-आते वह उपन्यास पूरी तरह संतृप्ति की सीमा तक पहुँच चुका था जिसे अपनी सारी कसमसाहट के बावजूद वह पार नहीं कर पा रहा था। शायद इसीलिए उपन्यास की मृत्यु की घोषणाएँ हुई

होंगी। चाहे ऐसी घोषणाएँ बहुत महत्त्वपूर्ण न हों लेकिन कहीं-न-कहीं वह औद्योगिक समय के उपन्यास की सीमा और सामर्थ्य की ओर इशारा तो करती ही है। विनोद कुमार शुक्ल और दूधनाथ सिंह उन विरल उपन्यासकारों में हैं जिन्होंने हिन्दी में एक नए उपन्यास को सम्भव किया है। हालाँकि दोनों में अनेक असमानताएँ हैं। और गद्य के साथ दोनों का व्यवहार भी एकदम अलहदा है। आखिरी कलाम पढ़ते हुए कई बार महसूस होता है जैसे उसका वर्णनकर्ता, उसका नरेटर एक किस्म के जेट-लेग से गुजर रहा है। दो अलग समयों और गतियों के बीच आवाजाही करता हुआ। समय और गति का गणित जैसे एकाएक गड़बड़ा-सा गया है। बीसवीं सदी से इक्कीसवीं सदी में आए अधिकांश लेखकों की यह समस्या है। वक्त की रफ्तार एकाएक बदल गई है। दूधनाथ सिंह इस नई गति को दर्ज़ करते हैं जबकि विनोद कुमार शुक्ल इस गति को अस्वीकार करके एक प्रति-गति अपने लिए चुनते हैं। आखिरी कलाम में प्रस्थान पर्व की यात्रा मात्र फैजाबाद और अयोध्या तक की यात्रा भर नहीं है। वह एक समय से दूसरे समय में की जा रही यात्रा भी है और उपन्यास की उपन्यास से बाहर निकलने की यात्रा भी। उपन्यास की शुरुआत में ही *मेरी तरफ से* में सर्वात्मन ने स्पष्ट कर दिया है कि यह कृति उन अर्थों में उपन्यास नहीं है। और यह भी कि इसका प्रारूप सफरनामे का है कि यह औपन्यासिक गद्य के भीतर एक *स्वतन्त्रता आन्दोलन है।* निराला ने छन्द के बन्ध खोलते हुए उसे स्वतन्त्रता आन्दोलन से जोड़ा था। दूधनाथ उपन्यास के ढाँचे को तोड़ने के लिए एक आन्तरिक स्वतन्त्रता की ओर इशारा करते हैं। यह स्वतन्त्रता भी हालाँकि समय के एक खास दबाव ने ही पैदा की है। बदली हुई गतियाँ समय के बारे में एक विभ्रम पैदा करती हैं। तत्सम पांडे भी जैसे एक किस्म के जेटलेग से बार-बार गुजरते हैं। तत्सम पांडे के आगे-पीछे, अलग-अलग समयों में, यथार्थ से फंतासी में और फंतासी से यथार्थ में आवाजाही को दूधनाथ ने एक दिलचस्प प्रविधि की तरह उपयोग किया है। स्मृति और यथार्थ के बीच होने वाली उलटफेर उपन्यास की लय को बार बार विखंडित करती है। यह आख्यान मूल कथा और विषयान्तरों के बीच निरन्तर आवाजाही से बना है। आख्यान बार बार असम्बद्ध या गैर जरूरी से लगते विषयान्तरों में भटकने के बाद वापस मूल घटना की तरह चला आता। ब्रेख़्तियन नाटक की तरह इस प्रविधि से एक ऐसा एलियनेशन इफेक्ट पैदा होता है जो उपन्यास की मूल घटना को मात्र एक घटना की तरह देखने और निश्चिन्त हो जाने की सुविधा में खलल पैदा करता है। हालाँकि विषयान्तर भी आभासी विषयान्तर ही हैं। स्वाधीनता संग्राम की राजनीति, घर-परिवार की घटनाएँ, विश्वविद्यालय की आन्तरिक उठापटक और चरित्र बखान सबका ही एक अदृश्य तार मूल कथा से जुड़ा हुआ है। ये विषयान्तर एक बड़ी त्रासदी के प्रति हमारे व्यवहार, हमारी उदासीनता, हमारी अवसरवादिता और समझौतापरस्ती की ओर

ही इंगित करते हैं। यह युक्ति एक ऐसी दूरबीन है जिसके जरिये उपन्यास हमारे बाह्य व्यवहार के साथ ही हमारे आभ्यन्तर में भी ताकझाँक करता चलता है। उसके पास एक किस्म की खोजी आँख है। खोजीपन या खोजी पत्रकारिता की हिकमतें उसके शिल्प का हिस्सा नहीं हैं, उनका इस्तेमाल दूधनाथ एक अलग स्तर पर करते हैं। यह उपन्यास घटना के घट जाने के बाद से शुरू नहीं होता इसलिए खोजबीन की युक्तियाँ उसके शिल्प में मददगार हो भी नहीं सकती थीं। पूरा उपन्यास वस्तुतः तीन-चार दिन में ही घटित होता है, याने 4, 5, और 6 दिसम्बर और उसके बाद कारसेवक एक्सप्रेस का दिन। 4 दिसम्बर को तत्सत पांडेय फैजाबाद में एक व्याख्यान देते है—किताबें शक पैदा करती हैं। अशोक स्तंभ की तरह इस पद की परछाईं भी इस किताब के जलाशय में उलटी दिखाई देती है। यह आस्था के अन्धत्व का प्रत्याख्यान है। इसके बाद 6 दिसम्बर याने जिस दिन वह उन्माद जिसने 4 दिसम्बर को सचल ग्रामीण पुस्तकालय जलाया और तत्सत पांडेय के व्याख्यान के कार्यक्रम को तहस-नहस कर दिया अपने चरम पर पहुँच कर बावरी मस्जिद का ध्वंस कर डालता है। हालाँकि उपन्यास 4 दिसम्बर से एक सप्ताह पूर्व सविनय के फोन आने से शुरू होता है और 6 दिसम्बर के दस बरस बाद पुनश्च पर समाप्त होता है। हालाँकि तत्सत पांडेय के मुख्य घटना स्थल तक ले जाए जाने का बहाना घटना से एकदम अलग चुना गया है। लेकिन फोन पर सविनय से होने वाली चर्चा में अयोध्या में हो रहे गदर की सूचना भी मिल जाती है। उपन्यास के अन्तिम अध्याय में जो घटित होता है, पहले अध्याय और दूसरे अध्याय वस्तुतः उसके मूल कारणों को ही खोजने का उपक्रम है। अगर उपन्यास उल्टी तरफ से शुरू होता याने 6 दिसम्बर की घटना के बाद से तो शायद उसके पहले और दूसरे अध्याय को जोड़ लेना किसी भी पाठक के लिए आसान होता। तब खोजबीन की तकनीक का इस्तेमाल भी बहुत आसानी से किया जा सकता था। लेकिन दूधनाथ सिंह आसान रास्ते चुनने वाले लेखक नहीं हैं। उनका पाठ कई अन्तर्पाठों के साथ गुँथा बुना होता है। वे साठोत्तरी के लेखक हैं। पूरे विश्व के स्तर पर यह बहुत हलचलों से भरा समय था। हमारे यहाँ नेहरू युग से मोहभंग को भले ही इस पूरे दौर का एक रूपक मान लिया गया हो, लेकिन भाषा और शिल्प के स्तर पर ही नहीं विचार और संवेदनाओं की बनी-बनाई संरचनाओं और परिपाटियों को तोड़ने का काम इस दौर की रचना और बौद्धिकता ने किया था। दूधनाथ सिंह की रचना में उस दौर का तिर्यक मौजूद है।

मुझे लगता है इस शिल्प में एक पेंच है। उपन्यास में वर्णित यथार्थ की जो गति है सर्जक द्वारा रचे जाने की वास्तविक गति उससे उल्टी है। याने उपन्यास 4 दिसम्बर से 6 दिसम्बर की ओर जाता है लेकिन उसे कन्सीव किए जाने की प्रक्रिया तो तय

है कि 6 दिसम्बर की घटना के घटित हो जाने के बाद ही शुरू हुई। और यह घटना ही उपन्यास के केन्द्र में है। इसलिए उपन्यास के पहले और दूसरे अध्याय में जो भारतीय समाज का वृहत क्रिटीक तैयार किया गया उस वक्त भी रचनाकार के मानस में यह घटना ही प्रमुख बनी रही होगी। शायद इसीलिए उस आलोचनात्मक पाठ की दिशा बहुत बार पूर्व निर्धारित सी लगती है। सारे तर्क एक ही दिशा में जाते से लगते हैं। चाहे चेतस रूप से या अचेतस रूप से। यह इस उपन्यास की रचना-प्रक्रिया का एक ऐसा संकट है जिसके लिए वह अभिशप्त है। इसीलिए शायद भारतीय समाज का वह पूरा आलोचनात्मक पाठ बहुत दूर तक निषेधात्मक अधिक है। दूधनाथ सिंह कई विषयान्तरों और तत्सत पांडेय के व्यक्तित्व के अन्तर्विरोधों से इसमें कई व्यवधान पैदा करते हैं लेकिन एक जिद्दी पात्र इन सारी कोशिशों और हिकमतों को बार-बार गच्चा देता है।

उपन्यास के चार, मुख्य पात्र याने तत्सत पांडेय, सविनय, सर्वात्मन और बिल्लेश्वर के नाम सिर्फ नाम भर नहीं लगते, लगता है जैसे ये किसी अन्य अर्थ की ओर भी संकेत करते हैं। हालाँकि उसे पूरी तरह डिकोट करना आसान नहीं है। सविनय के प्रति एक संकेत तो शुरुआत में ही है कि तत्सत पांडेय उसे सविनय अवज्ञा आन्दोलन कहते हैं। और जब सविनय कहता है कि गदर फैजाबाद में नहीं है तो एक दूसरा वाक्य तत्सत पांडेय बोलते हैं कि तुम अभी भी भोले हो सविनय अवज्ञा आन्दोलन। इस *अभी में* एक अलग अर्थ ध्वनि है। क्या वह गांधीवाद और उसके अहिंसक आन्दोलन की वर्तमान असफलताओं की ओर इशारा करती-सी नहीं लगती! जहाँ प्रस्थान पर्व समाप्त होता है वहीं सविनय खड़ा हुआ दिखता है। आचार्य जी उसे स्वप्न पुरुष कहकर सम्बोधित करते हैं और सर्वात्मन की ओर देखकर हँस देते हैं। इसके बाद ही शुरू होता देव श्मशान नाम का अध्याय। क्या एक स्तर पर यह सविनय अवज्ञा का विलोम नहीं है! सर्वात्मन एक हद तक इस पूरी कथा का नरेटर है। सर्वात्मन और बिल्लेश्वर ही तत्सत पांडेय की पूरी यात्रा में उनके साथ होते हैं। सर्वात्मन के बारे में खुद तत्सत पांडेय की टिप्पणी है कि *वह सिर्फ मेरी आत्मा में झाँकने में समर्थ है।* बिल्लेश्वर एक महत्त्वपूर्ण पात्र है और सबसे ज्यादा जीवन्त और सामान्य भी। उसके बारे में तत्सत पांडेय का कथन है कि यह नचिकेता है। *यह मेरी मृत्यु का रहस्य जानना चाहता है और चौबीसों घंटे मेरी रखवाली करता है।* बकौल तत्सत पांडेय यही सिर्फ यही मेरा कृतित्व है। तय है कि जो कृतित्व है वही सर्जक की मृत्यु का रहस्य जानता है और उसकी हिफाजत भी करता है। उसे जीवन के घूड़े पर से उठा कर लाया गया है और फिर पाला गया है। लेकिन एक बिल्लेश्वर

ही है जो बार-बार सारी बात को बिगाड़ भी देता है। वह एक ठक-ठक है। वह एक शोर है। वह एक एंटी थीसिस है। वह तत्सत पांडेय की सोच की लय को भंग करता है। खंडित करता है। *क्योंकि हर महान कला की लय खंडित है। सम्पूर्ण प्रशान्ति एक दुखद असत्य है।* तत्सत पांडेय जिनका जीवन आदमी के जिद की नैतिक रिपोर्ट है, बिल्लेश्वर इस नैतिक रिपोर्ट का क्रिटीक भी है। इसलिए वह कृतित्व है और सर्जक की बेचैनी भी।

देश विभाजन के बाद अयोध्या में बावरी मस्जिद का ध्वंस भारतीय समय को विभाजित कर देने वाली पहली घटना है और सम्भवतः आखिरी कलाम हिन्दी और उर्दू में इसका पहला आख्यान। और अभी तक शायद अकेला भी। इस उपन्यास को उदास नस्लें, आग का दरिया और झूठा-सच जैसे उपन्यासों के साथ रखा जा सकता है। विभाजन को लेकर हिन्दुस्तान और पाकिस्तान में लिखे गए महत्त्वपूर्ण उपन्यासों को पढ़ते हुए उस पूरी त्रासदी को हम कई कोणों से देख और समझ सकते हैं लेकिन यही स्थिति कम से कम अभी तक अयोध्या प्रकरण में उपलब्ध नहीं है। मुझे लगता है यह घटना एक स्तर पर विभाजन से ज्यादा दुखदाई थी। यहाँ किसी किस्म का भौतिक विभाजन मौजूद नहीं था। यह हमारी जातीय संस्कृति का एक आन्तरिक विघटन था। यह सिर्फ हिन्दू और मुसलमान के बीच घटित नहीं हो रहा था, यह एक सैक्यूलर और कट्टरपंथी हिन्दू को भी विभाजित कर रहा था। इसलिए इसके जितने विक्टिम मियाँ जमील हैं उतने ही तत्सत पांडे हैं। इसलिए यह आख्यान हमारी जातीय चेतना के विखंडन का आख्यान है। वह सैक्यूलर ताकतों का भी क्रिटीक है और उस वामपंथ का भी जो नेहरू के साथ सहयोग और आलोचना के रिश्ते बनाते हुए वर्तमान स्थिति तक आया है। तत्सद पांडे के घायल होने और फिर उनकी मृत्यु और उनके शव की दुर्गत में समाजवाद के विखंडन की ध्वनि को भी बहुत हल्के से ही सही मगर महसूस तो किया ही जा सकता है। उस सपने के टूटने को जिसके बारे में तत्सत पांडेय ने कहा था *हमने भी सपने देखे थे। हमारे सपने चकनाचूर हो गए*। यह एक सपने के टूटने का आख्यान है। कई बार मुझे लगता है इस वृहत आख्यान का केन्द्रीय पद ही टूटना है। उपन्यास में कुछ चीजें बेआवाज टूटती हैं और कुछ बहुत शोर के साथ लेकिन दोनों के टूटने में एक बहुत महीन-सा रिश्ता है जिसे दूधनाथ बहुत बेआवाज ढंग से दिखाने की कोशिश करते चलते हैं। बिना किसी अति भावात्मक टिप्पणी या वाचालता के।

गृह जंजाल में नई बहू के रूप में गायत्री का आना और पूरी आक्रामकता के साथ उस घर में जिसमें कहीं पूजाघर नहीं है, पूजाघर की स्थापना करना, एक ऐसी घटना है जिसे अयोध्या आन्दोलन का बीज रूपक कहा जा सकता है। पूजाघर की स्थापना के बाद ही एक और दिलचस्प दृश्य है जब नई बहू आरती लेकर निकलती है और आचार्य तत्सत पांडेय के सामने आती है :

ये क्या है? आचार्य जी ने एकाएक तल्खी से पूछा।

आरती ले लीजिए। बहू ने कहा।

आचार्य जी की समझ में नहीं आया कि वे क्या बोलें। अभी-अभी वे इतने उत्फुल्ल थे।

आरती? आरती क्या? उन्होंने कड़क-भरी आवाज में पूछा।

भगवान की आरती। बहू ने सिर नीचा किए-किए कहा।

आचार्य जी ने पलटकर माताजी की ओर ताका।

माताजी चुप! बहू चुपचाप खड़ी। आरती की लौ हिलती हुई।

पकड़ें! आचार्य जी ने थाली की ओर हाथ बढ़ाया।

बहू उनके इस अनाड़ीपन पर मुस्कुराई।

ऐसे आरती लेते हैं। माताजी ने आरती की लौ को दोनों हाथों से घेरते हुए फिर हाथों को अपने माथे से लगाया। आचार्य जी एकदम भ्रमित। उनकी समझ में नहीं आया कि तुरन्त क्या करें! फिर न जाने क्या सूझा, जैसे बला टालने के लिए उन्होंने माताजी की शैली का अनुकरण किया।

द्वन्द्व और द्वन्द्व को टालने की यह मानसिकता तत्सत पांडेय के चरित्र का हिस्सा है। एक हद तक पूरे भारतीय वाम की मानसिक बनावट भी जो वास्तविक प्रतिरोध के बजाय एक बौद्धिक बहस में उलझकर अक्सर सीधे टकराव से कन्नी काट जाता है। दूधनाथ सिंह इसे अयोध्या के प्रसंग में अपने क्रिटीक का हिस्सा बनाते हैं। हालाँकि इसमें भारतीय वाम आन्दोलन के उन प्रसंगों की स्मृतियाँ संदर्भ के रूप में भी लगभग नदारत-सी हैं, जहाँ उसने बड़े प्रतिरोध को संगठित और संचालित किया। भारतीय कम्युनिस्ट आन्दोलन के विभाजन और उसकी आन्तरिक बहसें भी इसके विमर्श का हिस्सा नहीं बनतीं। इसलिए कामरेड मिसिर जी हों या शशांक जी जैसे कम्युनिस्ट चरित्र, वे मात्र स्थानीय चरित्र ही बनकर रह जाते हैं, उनका ऐसा सामान्यीकरण नहीं हो पाता जो पूरे कम्युनिस्ट आन्दोलन के चरित्र का रूपक बन सके। लेकिन जब तत्सत पांडेय आने वाली पीढ़ियों के संदर्भ में बोलते हैं तो पुनः एक बड़ा समाज हमारे सामने होता है। तत्सत पांडेय कहते हैं...*मैंने एक पीढ़ी*

का निर्माण किया। किस तरह? मर-खपकर। जीवन देकर। और उसका हश्र अब ये है! कुछ नहीं बचता। नालायक पीढ़ियाँ बस। मैंने क्या सोचा था और हुआ क्या! सिर्फ हनुमान चालीसा का पाठ और टुनटुनाती घंटियाँ। गधों और खच्चरों का घर है यह। और फाटक पर टँका है–प्रोफेसर तत्सत पांडेय। और छत पर भरे हैं स्पेयर पार्ट्स और मोबिल और टायर्स! कन्ज्यूमरिज्म और धार्मिक पाखंडवाद का गहरा रिश्ता है। यही वह पीढ़ी है जो आगे जाकर आक्रामक रूप लेती है। जिसके चलते *राजनीति अन्तर्राष्ट्रीय गुण्डों लम्पटों का खेल हो चुकी है।* इसका मानस रचने में एक भूमिका हमारे हिन्दू परिवार की है, आजादी के आन्दोलन की भी, आजादी के बाद की राजनीति की भी और विश्वविद्यालयों की भी। दूधनाथ सिंह अपने आलोचनात्मक पाठ में इन तमाम पहलुओं की खबर तो लेते ही हैं प्रसंगवश वे भाषा, तत्सम और तद्भव के साथ हमारे रिश्ते जैसी कई बातों पर भी टिप्पणी करते चलते हैं। आखिरकार यह औपन्यासिक गद्य के भीतर एक स्वतन्त्रता आन्दोलन है और लेखक ने भूमिका में इसे कह दिया है। आजादी के आन्दोलन में नेहरू और गांधी के फर्क के साथ ही नेहरू के साथ वाम के रिश्ते पर भी वे कई टिप्पणियाँ करते हैं। आजादी का आन्दोलन और विशेषरूप से नेहरू पृष्ठभूमि में कई बार आते जाते हैं। कई बार लगता है नेहरू युग से मोहभंग का साठोत्तरी हैंगओवर दूधनाथ सिंह का अभी भी कभी-कभी पीछा करता है। मुझे अक्सर लगता है नेहरू की चाहे जितनी आलोचना भारतीय राजनीति ने की हो लेकिन नेहरू के मेनरिज्म के मोह से वह कभी मुक्त नहीं हुई।

हिन्दू धार्मिकता चाहे अति उग्रता की ओर जाए या तन्मयता की अति में, दोनों ही जगह आत्यन्तिक रूप से अपने को इरोटिक बिम्बों में व्यक्त करती है। शाक्तों की तान्त्रिकता हो, शैवों का लिंग पुराण या वैष्णवों की रासलीला। इन दोनों अतियों के युग्म को गायत्री के चरित्र में देखने की बहुत संयत कोशिश दूधनाथ करते हैं। अपने पिता के पराई स्त्री के साथ सम्बन्ध और उससे उपजे संदेह तथा गैबियाला के प्रति प्रचंड रूप और हनुमानजी के सामने अर्धसाष्टांग मुद्रा में *जै हो महाबली वीर विक्रम जै* हो का जाप। इन दृश्यों और टिप्पणियों के कई-कई अर्थ, अलग अलग स्थितियों में उपन्यास में खुलते हैं। दूधनाथ सिंह को इरोटिसिज्म के बहुत महीन हुनर में महारत हासिल है। रीछ और रक्तपात जैसी अनेक कहानियाँ इसका साक्ष्य दे सकती हैं। लेकिन आखिरी कलाम में धार्मिकता और कामोद्दीपकता के इस युग्म का इस्तेमाल वे काफी हाथ खींचकर करते हैं। इस विकट त्रासदी पर वे कहीं भी सनसनी को हावी नहीं होने देते। वीरेन्द्र यादव ने आखिरी कलाम पर लिखते

हुए इसी दौर में इस घटना के आसपास लिखे गए कुछ अंग्रेजी उपन्यासों का जिक्र किया है। मैंने वे उपन्यास नहीं पढ़े लेकिन वीरेन्द्र यादव के लेख से यह महसूस होता है कि उन उपन्यासों में भी उग्र धार्मिकता और सेक्स बिम्बों के बीच एक रिश्ता बनता है। मुझे लगता है यह युग्म उग्र धार्मिकता के आख्यान की अनिवार्य परिणति है। इसे तो बंकिमचन्द के आनन्द मठ तक में देखा जा सकता है। आखिरी कलाम के आखिरी अध्याय *छह दिसम्बर एक और छह दिसम्बर :* दो को देखें तो लगता है कि धार्मिक उन्माद जब हिंसक साम्प्रदायिक उन्माद में रूपान्तरित होता है तो वह यौन हिंसा में भी अपने को अभिव्यक्त करता है और फासिस्ट अमानवीयता में भी। अयोध्या से लेकर गुजरात तक इसके उदाहरण देखे जा सकते हैं। आखिरी कलाम में भी माधवानन्द और गायत्री और गैबियाला के बीच घटित घटना का उग्र और उन्मादी रूपान्तरण छह दिसम्बर के बाद के उन्माद में देखा जा सकता हैं। जिसमें वैज्ञानिक तर्क पराजित होता है या पलायन कर जाता है। तत्सत पांडेय के प्रलाप जिनमें अक्सर यथार्थ और स्मृति के उलटफेर घटित होते हैं, इसका बहुत दिलचस्प उपयोग अक्सर दूधनाथ सिंह अलग-अलग अध्यायों में आई घटनाओं के बीच सम्बन्ध को रेखांकित करने के लिए करते हैं। तत्सत पांडेय के चरित्र की इसी खूबी से वह गृह जंजाल में गायत्री की उग्रता और देव श्मशान में घटित हो रही उग्रता को जोड़ देते हैं। तत्सत पांडेय अपनी बड़बड़ाहट में भी अम्मा याने गायत्री के बारे में कहते हैं अयोध्या में आते ही उसके हाथ में गदा पकड़ा दी।

दूधनाथ सिंह जीवन के कई पक्षों को शामिल करते हुए हमारे समाज का एक वृहत आलोचनात्मक पाठ तैयार करते हैं और अयोध्या को उसके परिणाम के रूप में देखते हैं। इसमें परिवार और संस्कार की संरचनाएँ हैं। धर्म है जो हमें डराता है, अन्धत्व प्रदान करता है। दर्शन है जो तर्क का विरोधी है। जो तर्कातीत पर आधारित है और अमूर्तन की सृष्टि करता है और फिर अमूर्तन के लिए तर्क बनाता है। हमारी चेतना इतिहास विरोधी है और उसे इतिहास और मिथक में घालमेल करने की संस्कारित लत है। उसे लगता है कि *लोग बिना इतिहास के जीने के आदी हैं। बल्कि लत पड़ चुकी है। यहाँ हर कथा पुराण कथा है। इसमें सत्य रोमान में बदल जाता है। सब कुछ सुघड़ और ग्राह्य और लालित्यमय। यहाँ तक कि हिंसा और क्रूरताएँ भी।* इसका परिणाम यह है कि तथ्य लुप्त हो जाते हैं। दूधनाथ का मानना है कि यही पूर्वीय संरचना है। उन्हें लगता है कि *पूरब के मन का अभिप्रेत सत्य नहीं संरचना है।* इसके साथ ही वह आजादी के आन्दोलन, गांधी और नेहरू की राजनीति।

वामपंथ की भूमिका और आजादी के बाद संविद सरकारों के बनने और लोहिया और जयप्रकाश की मानसिकता और राजनीति को भी अपने आलोचनात्मक पाठ का हिस्सा बनाता है। आचार्यजी कहते हैं *दरअसल लोहिया की दो नाड़ियाँ सदा से हिन्दुत्व की ओर जाती हैं। उनकी इड़ा पिंगला में राम कृष्ण शिव तथा पौराणिक चिन्तन का जो कचरा बहता रहता है वह उन्हें सावरकर के अधिक निकट ले जाता है, नेहरू के कम। कांग्रेस सोशलिज़्म की धार सिर्फ उनकी तीसरी नाड़ी में बहती है जब वे अगड़ों-पिछड़ों की बात करते हैं, जब वे कहते हैं कि भारत में जातियाँ ही वर्ग हैं।* हालाँकि यह मानना कठिन है कि जाति वर्ग भी आर्थिक वर्ग ही हैं। मुझे लगता है यह निष्कर्ष एक गलत वर्गीय समझ की तरफ ले जाता है। लोहिया के सोशलिज़्म में जो पौराणिक कचरा था उसकी एक अनिवार्य नियति यह जरूर रही कि वह अक्सर सबसे प्रतिक्रियावादी बल्कि हिन्दुत्ववादी राजनीतिक शक्तियों के साथ गए लेकिन मार्क्सवाद के विरोध और हिन्दुत्ववाद के गठजोड़ और जिस अन्तर्राष्ट्रीय सोशलिज़्म से उनके सम्बन्ध थे, ने उनमें एक खास किस्म के फासीवादी रुझान भी पैदा किए। दूधनाथ मंडल आयोग, भारत में जाति व्यवस्था और राजनीति के जातिवादी स्वरूप को भी इस वृहत आलोचनात्मक पाठ में शामिल करते हैं। तुलसी और मानस का एक बड़ा क्रिटीक इसमें से उभरकर आता है। तत्सत पांडेय मानते हैं कि *मानस में सघन कवित्व है लेकिन वह विचारों की तानाशाही में जाकर खत्म होता है।* उसी वैचारिक तानाशाही का कमाल है यह अयोध्या आन्दोलन। *1575 में जो कथा रची गई उसका असर चार सौ बरस बाद हो रहा है।* यह एक उत्कृष्ट कवि कर्म तो है लेकिन वह विचारों की इज़ारेदारी में बदल गया है। तत्सत पांडेय प्रश्न करते हैं कि *कोई भी कवि कर्म अगर हिंसक धर्मग्रंथ में परिणित हो जाए तो उसको आप क्या कहेंगे? रवीन्द्रनाथ के साथ तो ऐसा नहीं हुआ।* एक जगह वह कहते हैं *अरे भाई किताबों का अर्थ है सच्चा ज्ञान और तुलसीदास कवि होते हुए भी धर्मग्रंथ हैं।* तुलसी की यह आलोचना हिन्दी आलोचना में तुलसी के विवेचनों से एकदम अलग कुछ तीखे मगर महत्त्वपूर्ण सवाल उठाती है। और तुलसी के धर्मग्रंथ बन जाने का कारण उसके भीतर ही देखने की कोशिश करती है। वह किंवदंतियों में अन्तर्निहित फासिस्ट तत्त्व और अयोध्या में मार्शल धुन पर जैश्रीराम-जैश्रीराम नारे निकालते अन्धाधुन्ध नाच रहे लोगों के बीच एक सम्बन्ध को रेखांकित कर देता है। धार्मिक उन्माद के पागलपन का यह आनन्द अपनी हिंसकता में तत्सत पांडेय के व्याख्यान को तितर-बितर कर डालता है, पुस्तकालयों को जला देता है, पूरे शहर को कानाफूसी और अफ़वाहों से भर देता है! रघुपति राघव राजाराम में से ईश्वर अल्लाह निकाल देता है। तत्सद पांडेय को पहले घायल करता है और फिर मार देता है। बावरी मस्जिद का ध्वंस कर

डालता है। बस्तियाँ जलाता है। अपने को अयोध्या की महारानी का दर्जी कहने वाले मजेदार बूढ़ों को मार डालता है। उग्र धार्मिकता के पागलपन का आनन्द मियाँ जमील को सचमुच का पागल कर देता है। सारी रेलगाड़ियों को कारसेवक गाड़ियाँ बना लेता है। रूपक के रूप में इसे देखें तो वह देश की सारी गतियों पर हावी हो जाता है। रास्ते में आती नदियों-नालों को गन्दा करता है। पूरी अयोध्या को कारसेवकों का संडास बना देता है। खेतों और किसानों को लूट लेता है। चाय बेचने वाले लड़कों को मारता है। उनकी केतली को रेल की पटरी पर फेंक देता है। इन उन्मादी धार्मिकों के पागलपन और क्रूरताओं का बहुत साधारण से लगते छोटे-छोटे ब्यौरों से जिस तरह का वर्णन दूधनाथ करते हैं वह आपको बेचैनी और वितृष्णा से भर देता है। कारसेवक एक्सप्रेस का वर्णन भारतीय धार्मिक लुंपेनों की क्रूरताओं का एक अद्वितीय बखान है।

दूधनाथ सिंह की एक बड़ी खूबी है कि जब-जब नदियों का जिक्र आता है वे लगभग मुक्त होकर वर्णन करने में खो-से जाते हैं। इसलिए उनकी अयोध्या के किनारे पर सरयू नहीं है, सरयू के किनारे पर अयोध्या है। उपन्यास में ऐसे कई प्रसंग हैं जहाँ वे लगभग कवि की तरह बिम्बों में बात करते हैं। घाघरा नदी का वर्णन, जमील मियाँ की माँ और बन्दरों का किस्सा, भूल जाने के बारे में, झूठ के बारे में, निराशा के बारे में और गाय का रोना और तत्सत पांडेय का उससे बात करना। काव्यात्मक और बहुत सुन्दर गद्य को पढ़ने का सुख लेने के लिए भी इस उपन्यास को पढ़ा जाना चाहिए। ये ऐसे बिन्दु हैं जहाँ विनोद कुमार शुक्ल और दूधनाथ सिंह बहुत करीब लगते हैं, बहुत अलग अन्दाज़ के बावजूद। कई बार लगता है कि दूधनाथ सिंह कविता को लगभग गद्य में सम्भव बनाते हैं और विनोद गद्य को लगभग कविता में। वर्णन की कला में दूधनाथ सिंह बेजोड़ हैं। अगर सिर्फ एक अध्याय ही उनकी वर्णन कला को देखने के लिए चुनना हो तो कारसेवक एक्सप्रेस वाले अध्याय को देखना भी काफी है। बर्बरता का ऐसा वर्णन और बिना किसी अतिरिक्त बलाघात के। इस अध्याय का स्वर इतना संयत और सधा हुआ है कि वह कारसेवकों की बर्बरता को उसके सबसे वीभत्स रूप में हमारे सामने साकार कर देता है।

उपन्यास में दो अलग-अलग सन्दर्भों में दो वाक्य हैं *असफल लोगों का कोई इतिहास नहीं होता* और दूसरा वाक्य है *विजयी लोगों का कोई भविष्य नहीं होता।* उपन्यास के लगभग अन्त में एक छोटा-सा दृश्य है। कारसेवक एक्सप्रेस रुकी हुई है। *छोटा*

स्टेशन था। वहाँ कोई माइक सिस्टम नहीं था। अतः स्टेशन मास्टर और गार्ड रमाशंकर पूरी गाड़ी का फेरा लगाते हुए चिल्लाते रहे कि आगे-पीछे दोनों ओर ट्रैक टूटने की वजह से गाड़ी यहाँ से आगे-पिछू किधर को भी नहीं जाएगी। और इस अध्याय की आखिरी पंक्ति है *और फिलहाल रात थी।* इस तरह आखिरी कलाम में समाज के वृहत आलोचनात्मक पाठ से गुजरते हुए जो बार-बार लगता है कि यह क्रिटीक लगभग हर चीज के प्रति नकारात्मक है वह एकाएक कहीं-न-कहीं यह अहसास भी दिलाता है कि इन विजयी लोगों का भी कोई भविष्य नहीं है। उपन्यास वस्तुतः *रात है* पर समाप्त होता है लेकिन उसमें एक महत्त्वपूर्ण शब्द है *फिलहाल।* यह रात फिलहाल ही है। क्योंकि इससे पहले ही एक मार्मिक दृश्य है जब गायत्री रविकान्त से गाड़ी निकालने को कहती है और उधर माधवानन्द विदेश से नई दिल्ली आने के लिए एक टिकट निकालने के लिए फोन करता है। रविकान्त माँ से पूछता है *बाबा ठीक हैं अम्मा?* किसी को भी तत्सत पांडेय के मर जाने की खबर नहीं है। एक इन्ट्यूशन का बहुत मार्मिक इस्तेमाल यहाँ है। इस टूटने और तोड़े जाने के बर्बर घटनाक्रम के इस वृहत आख्यान में मानवीय सम्बन्ध के बीच अभी भी बची हुई यह ऊष्मा और आत्मीयता एक सकारात्मक टीप की ओर ले ही जाती है साथ ही निजी धार्मिक आस्था और उन्मादी धार्मिक पागलपन को भी अलगा देती है। सब कुछ नहीं टूट गया है। और रात होने के बावजूद सिर्फ फिलहाल ही है। यह दिलचस्प है कि साठोत्तरी कहानी में अपनी रचना में मूल्यगत अराजकता के लिए जाने-जाने वाले लेखक ने एक वृहत सामाजिक राजनीतिक अराजकता को बहुत अनुशासित वैचारिक विमर्श के साथ इस उपन्यास में सम्भव किया है।

दस वर्ष बाद के पुनश्च में खेतों की जगह साधुओं के डेरे बन चुके हैं और मियाँ जमील के घर की तरफ वाले हिस्से को लोहे की छड़ों से घेरकर एक दरवाजा और लगा दिया गया है। वहाँ सफेद इबारत से लिखा था—*इधर आना मना है।* पागलपन के उन्माद ने कभी मंटो के यहाँ टोबा टेकसिंग को पैदा किया था, दूधनाथ सिंह के यहाँ वह जमील की तरह मौजूद है। तत्सत पांडेय की मृत्यु और जमील का पागल होना ही जैसे इस पूरे उन्माद की अनिवार्य परिणति है।

नंगातलाई का गाँव : विधाओं के खाँचे से मुक्त गद्य

असल किस्सा तो नंगातलाई के पच्छू टोला, गाँव बिस्कोहर का है। इसे बिसनाथ ने लिखा है, कहीं-कहीं अपनी भाषा का करतब भी दिखाया है। बिस्कोहर ने बिसनाथ को इसे अपने नाम से छपवाने की इजाजत भी दे दी थी। क्योंकि बिसनाथ को लेखक बनने कहलाने का शौक है। लेकिन किताब विश्वनाथ त्रिपाठी ने अपने नाम से छपा ली। बड़ा उलझा हुआ-सा मामला है। खैर यह उनका आपस का मामला है। अपन कौन जो उनके फटे में टाँग अड़ाएँ। बिस्कोहर जाने बिसनाथ जाने और विश्वनाथ त्रिपाठी जानें। एक उलझन और है, विश्वनाथ त्रिपाठी इसे स्मृति आख्यान कहते हैं। और नंगातलाई का गाँव इसे ऐसा गल्प मानता है जिसमें सौ फीसदी सच नहीं है। बहुत कुछ सुनी-सुनाई बातें हैं और कुछ लिहाज भी बरता गया है जिससे किसी का दिल न दुखे। यह लिहाज और संकोच कितना बरता गया है यह तो बाद में देखेंगे। बिसनाथ बाबू संकोच की मुद्रा और लिहाज की भाषा में ऐसी-ऐसी बातें कह जाते हैं जिन्हें कहने में हिन्दी के अक्सर गद्यकारों की जबान सूख जाती है। पांडेय बेचन शर्मा उग्र की अपनी खबर जैसे दो-चार ही अपवाद हिन्दी में मिलेंगे। अब एक तो यह स्मृति आख्यान है और दूसरा यह कि बोले हुए को लिपिबद्ध किया गया है। स्मृति आख्यान है इसलिए कोई क्रमबद्ध सीधा सिलसिला जरूरी नहीं। और बोलने में तो यह छूट अन्तर्निहित है कि आप कभी भी कहीं-से-कहीं मुड़ जाइए, आगे-पीछे दाएँ- बाएँ कहीं भी निकल जाइए और छूटे हुए सूत्र को जब चाहें वापस पकड़ लीजिए। ऐसी हिकमत इस किताब में अपनाई गई है कि जब जैसी चाहें छूट ले सकते हैं। विश्वनाथ त्रिपाठी जब चाहें बिसनाथ हो जाएँ, जब चाहें बिस्कोहर गाँव हो जाएँ। गाँव के साधारण परिवार के व्यक्ति से किस्सागो हो जाएँ, किस्सागो से आलोचक बन जाएँ और आलोचक से काम न चले तो अध्यापक हो जाएँ। गल्प को छोड़कर व्याख्या पर उतर आएँ और एक वाक्य में गाँव की तरह पूरबी अवधी में बोलें और दूसरे वाक्य में खड़ी बोली में उसका अर्थ भी समझा दें।

तद्भव के ताजे अंक में विश्वनाथ त्रिपाठी ने आचार्य हजारीप्रसाद द्विवेदी के परिवार पर एक अद्भुत संस्मरण लिखा है। नंगातलाई में भी हजारीप्रसाद जी कई जगह मौजूद हैं। लेकिन यहाँ पंडित जी के शिष्य विश्वनाथ नहीं बिसनाथ है।

मेरे एक मित्र ने इस किताब को पढ़ा तो बोला कि इस किताब के शिल्प में जो युक्ति है वह तो विश्वनाथ त्रिपाठी की है लेकिन एक किस्म के उन्मुक्त युक्तिकौशल का जो संस्कार है वह उन्होंने पण्डित हजारीप्रसाद द्विवेदी से पाया है। पण्डित जी जैसे उपन्यास के शुरू में ही कह देते हैं कि इसमें मेरा कुछ नहीं, यह पाण्डुलिपि तो मुझे कहीं से प्राप्त हुई है। इस कौशल के बाद जहाँ चाहो और जितनी चाहो छूट ले लो। मित्र बोला पंडित जी में जो सृजनात्मक खिलंदड़ापन, प्रफुल्ल लालित्य और लचीलापन था वह लगता है विरासत में विश्वनाथ त्रिपाठी को मिला और बौद्धिक कड़ापन, वैचारिक प्रखरता और पाण्डित्य उनके दूसरे शिष्य को। सृजनात्मक विरासत का बँटवारा तो ऐसा ही होता है, जो अच्छा लगा जितना अच्छा और काम का लगा और जितना दिमाग के कटोरे में समाया उतना बटोर लिया बाकी छोड़ दिया। बड़ी किस्मत से अच्छे गुरु और अच्छे गुरु को अच्छे शिष्य मिलते हैं जो उसकी विरासत को आगे ले जा सकें। मेरे मित्र ने कहा कि यह कमाल है कि पण्डित जी को दो ऐसे शिष्य मिले जिनकी स्मृति विलक्षण है। इधर स्मृति के आख्यान की कई महत्त्वपूर्ण किताबें आई हैं—काशीनाथ सिंह की आछे दिन पाछे गए, सुधीर विद्यार्थी की पहचान बीसलपुर, श्रीनरेश मेहता की प्रदक्षिणा अपने समय की या सृजन परिवेश में संकलित लक्ष्मीकान्त वर्मा, भैरवप्रसाद गुप्त, अमृत राय आदि के संस्मरणात्मक व्याख्यान या इलाहाबाद को लेकर ज्ञानरंजन के संस्मरण आदि। इसे एक फिनामिना की तरह भी देखा जाना चाहिए। जब एक समाज में विस्मृति बढ़ती जाती है तो उसमें भविष्य के सपने धुँधले होने लगते हैं और संघर्ष का माद्दा पस्त होने लगता है। नंगातलाई के गाँव का यह स्मृति आख्यान हमारे सपनों और संघर्षों की स्मृतियों को फिर से जीवित करने का काम करता है।

2

हमारे हजारों-लाखों गाँवों के नाम कैसे बने और बिगड़े इनको तलाशना एक टेढ़ी खीर है। लेकिन बिसनाथ को अपने गाँव का किस्सा लिपिबद्ध करना था तो पहले उसके नाम का सूत्र खोजना जरूरी था। उत्स को तलाशने के लिए भला हजारीप्रसाद जी से बेहतर कौन होता...*एक बार जब पंडित हजारीप्रसाद द्विवेदी ने बिस्कोहर का नाम सुना तो उन्होंने कहा बिस्कोहर? फिर मन में कुछ मुनमुनाकर बोले—विंशकूपधर यानी बिस्कोहर गाँव में बीस कुएँ रहे होंगे। प्राचीनकाल में गाँवों के नाम इस बात पर भी रखे जाते थे कि उसमें कुएँ कितने हैं। बिसनाथ ने कहा कि पंडित जी हमारे गाँव की बगल में एक गाँव है—*सिकटोहर। *उन्होंने कहा कि वह शतकूपधर—वहाँ सौ कुएँ रहे होंगे। बिसनाथ ने फिर कहा कि पंडित जी एक गाँव है डेंगहर। तो वे हँसने*

लगे और कहा कि ये मैं नहीं बता पाऊँगा। लोक के शब्द कौशलों के आगे शास्त्र कई बार घुटने टेक देता है। तत्सम तद्भव से पंजा नहीं लड़ा पाता। नित्यानन्द तिवारी ने नंगातलाई का गाँव पर लिखा है कि *तद्भवता केवल भाषिक प्रक्रिया नहीं, वह सामाजिक और सांस्कृतिक प्रक्रिया भी है।* मुझे लगता है इस तद्भवता में विश्वनाथ त्रिपाठी की राजनीतिक दृष्टि भी अन्तर्निहित है। यह तद्भवता उन्हें उनकी अन्तर्बाधाओं से मुक्त करती है।

3

पहचान बीसलपुर में सुधीर विद्यार्थी की कोशिश एक जनपदीय इतिहास को टटोलने की थी। विश्वनाथ त्रिपाठी का ऐसा कोई दावा नहीं लेकिन नंगातलाई का गाँव में इतिहास के एक बड़े कालखण्ड की स्मृतियाँ चाहे टूटी-बिखरी ही सही पर मौजूद हैं और उनसे चाहे कोई इतिहास तलाशा जा सके या नहीं लेकिन आजादी से पहले के हमारे गाँवों में सामन्तवाद की कदकाठी और नाकनक्श जरूर पहचाने जा सकते हैं। ज़मीदारों के अत्याचारों की कथाएँ ही नहीं उनके विरुद्ध की जा रही प्रतिरोध की जन कार्यवाहियों के भी कई विवरण इसमें मौजूद हैं। सामन्तशाही के विरुद्ध कम्युनिस्टों के मिलीटेन्ट विद्रोह की भी कई स्मृतियाँ देखी जा सकती हैं। चिराऊ पाण्डे के अत्याचार की कथा बहुत प्रचलित थी। वो किसी से नाराज़ होते तो फौरन उसका कत्ल करवा देते। एक आदमी को तो उन्होंने जिन्दा ही तीसी के बखार में डलवा दिया। दो-तीन साल बाद जब अनाज बेचने के लिए बखार खोला गया तब उसका कंकाल उसमें मिला। यह किस्सा लेकिन यहीं खत्म नहीं होता। *चिराऊ पाण्डे की हत्या का किस्सा ये है कि शाम या रात के समय वे घोड़े पर सवार होकर खेत से जा रहे थे। एक खेत से गुजर रहे थे। अरहर का खेत था। अरहर का पौधा लम्बा होता है। किसान उसमें छिपे हुए थे। उन्होंने लाठी से पीट-पीटकर चिराऊ पाण्डे को मार डाला।* इसी तरह ज्वाला बाबू थे जिससे नाराज होते तो उसे लालटेन से मारते थे। जलती हुई लालटेन उठाते और मारने लगते। एक किस्सा कनफटे नागा बाबा का है। वो साल में एक-दो बार ही आते थे। *वे बड़े उज्जड और उपद्रवी थे। कई तरह की अश्लील मुद्राएँ करते। कभी-कभी अपने गुप्तांग को बहुत बड़ा कर दिया, कभी उसमें पैसा भर दिया! कभी उसमें कोई चीज टाँग दी यानी वे असामान्य ढंग की क्रियाएँ करते थे। वे सब बाबू साहेब ज़मीदार के यहाँ रुकते। घूम-घूमकर लोगों से पैसा वसूलते। जिस तरह से पुलिस आतंक मचाती है और सामान्य जनता को भयभीत करती है उसी तरह से नागा बाबा भी करते। जिसको चाहते मारते-पीटते। पता नहीं क्यों उनके ऊपर ज़मींदार साहब का प्रश्रय रहता था।* इस सारे वर्णन के बाद एक टिप्पणी है कि ऐसा

लगता था कि जैसे ये नागा बाबा अंग्रेजों के समर्थन में सामन्तवाद की फौज हों। यह टिप्पणी ज़मींदारों और अंग्रेजों के बीच ही नहीं इससे साधुनुमा धार्मिक पण्डों के क्या सम्बन्ध थे इसे भी उजागर करती है। 1948 में बी. टी. रणदिवे के नेतृत्व में किसानों के सशस्त्र आन्दोलन, कम्युनिस्ट पार्टी की भूमिका, उसमें मारे गए लखन सिंह और परसा और शोहरतगंज स्टेशनों पर की गई तोड़-फोड़ की स्मृतियों को भी इसमें समेटा गया है।

ग्राम समाजों में विभिन्न जातियों, सम्प्रदायों और वर्गों के बीच बने और बचे हुए मानवीय सम्बन्ध, सामन्तशाही की क्रूरताएँ और उनके विरुद्ध चलने वाली प्रतिरोध की जन कार्यवाहियाँ इस स्मृति आख्यान के सबसे महत्त्वपूर्ण हिस्से हैं। शायद ग्राम समाजों की ऐसी जटिल और गझिन संरचनाओं को समझने और पूरी तरह तोड़ सकने में अंग्रेज शासक कभी सफल नहीं हो पाए। शायद इन गझिन सम्बन्धों के बचे रह गए अवशेष और उनसे बना हुआ जनता का सहज बोध आक्रामक धार्मिक राजनीति चला कर सत्ता प्राप्त करने की कोशिश करनेवाले राजनीतिज्ञों के लिए आज भी एक पहेली बना हुआ है। जो भरसक कोशिशों के बाद भी उन्हें पूरी तरह कभी सफल नहीं होने देता। मित्र ने कहा कि हिन्दी पट्टी की तकलीफें और वामपंथ की सम्भावनाएँ तलाशने के लिए सिद्धान्त घोटने से ज्यादा बेहतर होगा कि इस तरह के आख्यानों के अन्तर पाठ को गहराई से समझा जाए। मित्र ने एक लम्बी साँस ली और बोला कि एक वाक्य पर तुमने गौर किया—बिसनाथ ने लिखा है कि *सामन्ती मूल्यों में बड़ी गड़बड़ियाँ थीं। अत्याचार तथा शोषण भी बहुत था लेकिन उन सामन्ती मूल्यों में कुछ मानवीय भी था, कुछ ऐसा भी था जिसे बचाकर रखा जाना चाहिए था। एक तरीके से वह सब समाप्त हो गया।* पूरा वाक्य बोल जाने के बाद उसने कहा—यह मानवीय क्या था, जिसे बचाया जाना चाहिए था? बिसनाथ इसे बिना बताए ही कन्नी काट गए। फिर क्या सामन्तवाद सचमुच खत्म हो गया? बिसनाथ क्या सचमुच ऐसा मान रहे हैं? हालाँकि बिसनाथ की आँख पूरी जागृत हैं। गाँव में हो रहे परिवर्तनों पर उनकी पूरी निगाह है। बिजली के कनेक्शन से भी पहले चली आई मैंड्रिक्स पर भी और इस बात पर भी कि *स्कूल अस्पताल खुल रहे हैं। टेलीफोन आ गया है। दलित पहले से ज्यादा सीना तानकर चल रहे हैं। उनकी आर्थिक स्थिति भी सुधर रही है।*

4

विश्वनाथ त्रिपाठी ने इस आख्यान में अपने को हर अन्तर्बाधा से मुक्त रखा है या कहें कि किया है। अब किताब की शुरुआत में ही उन्होंने कह दिया कि गाँव

की याद प्रेमिका की आँखों की शीतलता की तरह है और फिर इन आँखों की शान में फिराक साहब का एक शेर भी जड़ दिया है। आम्रमंजरी से गुजरते हुए उन्हें याद आता है कि बौर की लपट मारती गन्ध तो साक्षात् रति गन्ध है। इस रोमान में तो थोड़ा कवियाना भी है लेकिन किन्नी बाबा का एक चरित्र है जो शारीरिक सम्पर्क स्त्रियों से नहीं, पुरुषों से ही करते थे। और नैपाल और माने का सम्बन्ध तो कल्पनातीत था। ऐसे कई प्रसंग इस स्मृति आख्यान में हैं। गाँव की बोलचाल में प्रयुक्त होती गालियों से कोई परहेज है न वैसी कहावतों से मसलन–*खुसी के मारे तुहार गाँड कटोरा होइ गई।* बिसनाथ का कहना है कि *अश्लील शब्दों का प्रयोग इतने खुले रूप में, धड़ल्ले से होता था कि उनका सारा अश्लीलत्व ही क्षरित हो गया था। वे अश्लील न रह कर सामान्य शब्द हो गए थे...यहाँ तक कि पारिवारिक भाषा में भी अश्लील शब्द सहजता से बोले जाते थे।* मित्र ने कहा–अश्लीलत्व के क्षरित होने का जवाब नहीं।

बिसनाथ जो विश्वनाथ भी हैं, बिस्कोहर भी हैं, आलोचक भी हैं, अध्यापक भी हैं लेकिन एक बात तो छूट ही गई कि बिसनाथ या कह लो कि विश्वनाथ त्रिपाठी एक कवि भी हैं। यह आख्यान एक कवि का आख्यान है। अपनी बोलीबानी, कहावतों, ब्यौरों और पूरी ऐन्द्रिकता के साथ। एक ही उद्धरण देख कर पूरी हँडिया का पता चल जाएगा–*घास पात से भरे मेड़ों पर, मैदानों में, तालाब की भीटों पर नाना प्रकार के साँप मिलते थे। साँप से डर तो लगता था लेकिन वे प्रायः मिलते दिखते थे। डोंड़हा और मजगिदवा विषहीन थे। डोंड़हा को मारा नहीं जाता। उसे साँपों में वामन जाति का मानते थे। धामिन भी विषहीन है लेकिन वह लम्बी होती है, मुँह से कुश पकड़कर पूँछ से मार दे तो अंग सड़ जाए। सबसे खतरनाक गोंहुअन जिसे हमारे गाँव में फेंटारा कहते थे। और उतना ही खतरनाक घोर कड़ाइच जिसके काट लेने पर आदमी घोड़े की तरह हिनहिनाकर मरे। फिर भटिहा जिसके दो मुँह होते हैं। आम, पीपल, केवड़े की झाड़ी में रहने वाले साँप बहुत खतरनाक।* अब इसमें कितना यथार्थ और कितना कवि समय है, कहना मुश्किल है। विश्वनाथ त्रिपाठी ने लेकिन दोनों को एक-दूसरे से गूँथ दिया है।

नंगातलाई का गाँव एक ऐसी किताब है जिसने गद्य की कई विधाओं के बने हुए खाँचे तोड़ कर उन्हें अपने लिए मुक्त कर लिया है। लीलाधर मंडलोई ने ब्लर्ब में इस ओर संकेत किया है कि यह स्मृति आख्यान किस्सागोई, निबन्ध, रेखाचित्र, संस्मरण, कविता, नाटक आदि विधाओं की एक अन्तर्क्रिया से बना है। यह विधाओं के खाँचे में पढ़ने और सोचने की आदत से मुक्त करता है।

कथाकार की कमीज पहनना एक लम्बी नींद में चलने जैसा है

[शशांक की कहानी पर कुछ नोट्स]

शशांक की कहानी के गद्य को थोड़ा रुककर, ठहरकर पढ़ना होता है। उसे बहुत रफ्तार से नहीं पढ़ा जा सकता। वहाँ पूर्ण विराम सिर्फ वाक्य को विराम नहीं देता, वह गद्य में अन्तर्निहित गति को भी विराम देता है। वह आपको ठहरने के लिए विवश करता है। आप नहीं रुकेंगे तो आपके हाथ से कुछ या बहुत कुछ फिसल जाएगा। कुछ ऐसा छूट जाएगा कि आप कहानी के मर्म को नहीं पकड़ पाएँगे। शशांक विचार को कथानक में, बिम्ब में डिजाल्व कर देते हैं। विचार उनके यहाँ अलग से कथाकार के हस्तक्षेप की तरह या एक वक्तव्य की तरह नहीं आता। वह कहानी में पूरी तरह अन्तर्लीन हो जाता है। इसलिए कई बार ऐसा लगता है कि एक हद तक वह डाइल्यूट भी होता है। इसलिए अगर हम संकेतों को पकड़ने में जरा भी चूकें तो कहानी पकड़ में नहीं आती। यह शशांक की कहानी की खूबी भी है और कमी भी। क्योंकि इस तरह की बनावट आपसे अतिरिक्त सतर्कता की माँग करती है। शिल्प और अन्तर्वस्तु का वहाँ ऐसा महीन आनुपातिक रिश्ता या सन्तुलन है कि कहानी के हाथ से छूटते ही लगता है कि बनावट और बुनावट कहानी पर बहुत हावी है।

शशांक की कहानी में गद्य का तापमान बहुत सधा हुआ है। वह बहुत ऊपर नीचे नहीं होता। 'गलत तापमान में शब्द मरते हैं'। यह उसे पता है। वो इसलिए हर शब्द को पूरी स्पेस के साथ रखना चाहता है, जिससे शब्द का पूरा-पूरा व्यक्तित्व प्रकट हो। इसलिए शशांक के वाक्य की बनावट बहुत अलग है और अनूठी भी।

शामिल बाजा की कहानियों में उसके पिछले दोनों संग्रहों **कोसाफल** और **उन्नीस साल का लड़का** की स्मृतियाँ और अनुगूँजें मौजूद हैं। इसका यह अर्थ नहीं कि सब कुछ पहले जैसा ही है। उसके यहाँ बदलना एकाएक नहीं होता। **बबूल मेज** में उसने

कहानी की अपनी रचना-प्रक्रिया, कहानी पर अपनी सोच और लिखने के अपने ढंग आदि के बारे में बहुत सारी बातें की हैं। यह विनिबन्ध इस संग्रह की भूमिका नहीं है पर इसमें उसकी कहानी को समझने के संकेत हैं। शशांक ने लिखा है :

'कथाकार की कमीज पहनना एक लम्बी नींद में चलने जैसा है। तुम उसे नींद में वैसा ही करते देखते हो जैसा कि वह और तुम भरी दोपहर में देखना चाहते हो।' एक ट्रांस के बावजूद दोपहर का आइडियल वह बन नहीं पाता। वह वैसा नहीं बन पाता जैसी कि कहानी की इच्छा होती है। किताब की पंक्तियों में हम जिसकी तलाश करते हैं। यह आइडियल क्या है? 'भीषण परिस्थितियों में क्रूरतम दिमागों का भंडाफोड़। तहस-नहस घरों के मलबे पर शान से बैठा वह आदमी। सच्चा, नेक, उदात्त, लड़ाकू, प्रेमी, दरियादिल, विश्वासी इत्यादि।' इस पूरे उद्धरण के अन्त में जो 'इत्यादि' है वह कहानी की अपूर्ण इच्छा के बावजूद इस आदर्श की हमारे समय की कहानी में निरर्थकता को भी प्रकट कर डालता है।

अपने लिखने की प्रक्रिया पर *बबूल मेज* से एक उद्धरण और—

'यदि तुम किसी विवरण को एक अपनी तरह और साथ-ही-साथ एक कहानीकार की तरह देखते हो तो बतलाना कि तुम्हें कैसा लगता है? और तुम महसूस करो कि तुम्हें इसकी आदत पड़ गयी है तब? तुम पाओगे कि तुम्हें नींद में चलने की तमन्ना है और दोपहर से कतराने लगे हो। लगातार यह एक दुविधा है। एक जिद है। इसमें रहकर ही मैं लिखता हूँ। और तब किसी विवरण को चुनना आसान नहीं रह जाता। उसे केवल अपना बनाकर लिखना और उसे भूल जाने का नाटक करना अभिनय करते पात्र नहीं, परदे के पीछे छिपे प्राम्प्टर का काम है। उसके वजनी सिर में कोई नाटक नहीं रह जाता।'

वह यथार्थ का सिर्फ प्राम्प्टर नहीं होना चाहता। पर किसी विवरण को न तो अपने रंग में पूरी तरह रंगकर अपना बनाकर लिखना चाहता है न उससे तटस्थ होकर। इस दुविधा के बीच एक जिद के साथ वह लिखना चाहता है। वह अपनी विशिष्टता को भी पाना चाहता है पर मात्र अपने शिल्प की बुनावट-बनावट से नहीं। वह ऐसा कौशल नहीं पाना चाहता जिसमें 'भिन्नता, विशिष्टता, कोमल सच्चाइयाँ न जाने कहाँ बिला जाती हैं।' वह एक बने बनाए ढाँचे या रचाव का, कुछ खास किस्म के कथानकों या विवरणों का कारागृह अपने आसपास नहीं बनाना चाहता। कहे और लिखे के बीच बजते कारागृह के पीतल के घंटे की आवाज से वह दूर रहना चाहता है। क्योंकि यह एक ठंडी, मनहूस और अपने से अलग कर देने वाली ध्वनि है।

2

मुझे लगता है इस समय की कहानी का एक बहुत बड़ा संकट यह है कि वह विचार के स्तर पर जिस उपभोक्तावाद, हिंसा और बाजारू संस्कृति का विरोध कर रही है, दूसरे स्तर पर वह अपने कौशल में, अपनी भाषा और शिल्प में इसी उपभोक्ता संस्कृति की मूल प्रवृत्तियों को इन्टर्नलाइज (आभ्यन्तरीकृत) कर रही है। इसलिए अधिकांश चर्चित कहानियों की भाषा सनसनी और बाजार की तीव्र गति का अनुगमन करती नज़र आती हैं। वे हिंसा, कामुकता और छद्म आक्रामकता से लबरेज़ हैं। लगभग उनका गद्य हमारे समय के पापुलिस्ट सिनेमा की भाषा के आसपास टहलता नज़र आता है। इसी समय में शशांक की कहानी हमारे जीवन के बेहद दैनन्दिन प्रसंगों को उठाती है और अलक्ष्य होते जा रहे विवरणों को हमारे सामने रखती है। शशांक में अनुभव से ज्यादा ऑब्जर्वेशन महत्त्वपूर्ण है। वे चीजों को उनके पूरे परिप्रेक्ष्य में रखकर नए अर्थों को अन्वेषित करते हैं। इसका यह अर्थ नहीं कि बदलती हुई दुनिया, उसकी हिंसा और अमानवीयता को उसने दरकिनार कर दिया है। उसकी कहानी इस विकट अमानवीय परिस्थिति के बीच एक साधारण मनुष्य के जीवन के जटिलतम होते जाने को ज्यादा गहराई से समझने का प्रयास करती है। क्योंकि वह वास्तविकता के विभिन्न संस्तरों में एक साथ धँसते हुए उसे एक साथ ऑपरेट करने की कोशिश करती है। इसलिए उसकी कहानी कभी-कभी थोड़ी जटिल और उलझी हुई भी लग सकती है।

शशांक की कहानी की भाषा में वैसी तीव्र गति और सनसनी नहीं है जो हमारे सोचने को निरस्त कर देती है। यह सोचने-समझने और विश्लेषित करने की गति का गद्य है। वह समाज में बदलते दृश्य का अनुगमन नहीं करता, वह उसे समझने की कोशिश करता है। चीजों और सम्बन्धों को भाषा में बनाने की कोशिश।

3

संग्रह की अन्तिम कहानी **रमाकान्त लोली** अन्य कहानियों से कुछ भिन्न है। यह लोककथा और आधुनिक कहानी के युग्म से बनी है और मजा यह है कि इसमें दोनों का ही स्वाद बना हुआ है। (उत्तर आधुनिक क्षमा करें, लेकिन यह कोई उत्तर आधुनिक करतब की कहानी नहीं है)।

रमाकान्त लोली में कहानियाँ स्वयं पात्रों की तरह हैं। उनका पर्सोनीफीकेशन कर दिया गया है। वे रमाकान्त के पेट में हैं और वहाँ से मुक्त होना चाहती हैं। क्योंकि रमाकान्त पहले तो कहानी सुनाने का काम करता था पर अब उसने वह काम बन्द कर दिया है। कहानियाँ आपस में बातचीत करती हैं। यह बातचीत *बबूल मेज* की

बातों में तो कुछ जोड़ती ही हैं साथ ही पिछले दिनों हुई *न लिखने का कारण की बहस* का भी अपने ढंग से उत्तर ढूँढ़ती लगती हैं।—सच है तुम ठीक कहती हो, रमाकान्त आलसी हो गया है अब कहानी कहने से कतराता है। हमारा इसके पेट में पड़े-पड़े क्या काम?

'कहानी अपने और दूसरों के लिए होती है। जब ये गाँव में था, हिलता-डुलता था, तब हमारा कैसा पीछा करता था।'

'जाँगर चलते हैं तब कहानी मिलती है।'

इस बातचीत में ही आगे कहानियाँ कहती हैं, 'हम इसे तो क्या शब्दों को भी छोड़कर चले जाते।' लेकिन कहानियों की यह बात रमाकान्त नहीं सुनता। लोली सुनता है, और अन्त में भी रमाकान्त नहीं लोली ही पत्थर बन जाता है। जो कहानियों की अन्दर की बात को सुन लेगा और दूसरों को बताएगा वह पत्थर हो जाएगा। रमाकान्त उपाय जान जाते हैं पर लोली को उसके पत्थरपन से मुक्त नहीं करते। क्योंकि तब कोई कहानियाँ सुनेगा-सुनाएगा नहीं। शशांक कहानी और जीवन के अनेक जटिल रिश्तों को इस कहानी में खोजने की कोशिश करते हैं।

शामिल बाजा में दो कहानियाँ हैं जिन्हें प्रेम कहानी कहा भी जा सकता है और नहीं भी। मामला बहुत सीधा नहीं है। एक कहानी है **बालू भीत पवन का खम्बा**। यह एक नाजुक-सी प्रेम कथा है। इधर हिन्दी में प्रेम कहानियाँ बहुत कम ही दिखती हैं और अगर कहीं कोई नाजुक-सी कोशिश दिखती भी है तो वह बहुत जल्दी ही निर्मल वर्मा की छाया में चलने लगती है। शशांक की कहानी इस अर्थ में बहुत भिन्न है। अपने पूरे अन्दाज़ में भी। ट्रेन में अपनी पत्नी और बच्चों के साथ निकला रमेश अगले स्टेशन पर चढ़े परिवार के साथ आई एक पन्द्रह बरस की लड़की को देखता है और उसके सहारे अपनी पत्नी के बचपन के उस फोटो को याद करता है जो वह शादी में अपने साथ लाई थी।

इस तरह वह शादी के कुछ बरस बाद एकरस हो गए जीवन की नीरसता को तोड़ते हुए बुझ से गए प्रेम को पुनः जीवित करना चाहता है। वह उस बचपन को तलाशता है जो एक फोटो भर रह गया है और एक लोहे की पेटी में बन्द हो गया है। पीला पड़ गया है। शशांक के यहाँ चीजें, चीजों की तरह भी होती हैं और बिम्ब की तरह भी। सबसे दिलचस्प यह है कि रमेश उस पन्द्रह बरस की लड़की में अपनी पत्नी की तलाश कर रहा है लेकिन क्योंकि पत्नी और बच्चे दूसरे वर्तमान में यात्रा

कर रहे हैं इसलिए पत्नी अपने स्तर पर और रमेश की बेटी अपने स्तर पर उस पन्द्रह बरस की बेटी से ईर्ष्या करते हैं और रमेश से भी चिढ़ते हैं।

दूसरी कहानी है **हलाल**। यह भी एक तरह की प्रेम कहानी है। या कहा जा सकता है कि प्रेम कहानी के बाद की कहानी। प्रेम विवाह के बाद जब बाल-बच्चे हो जाते हैं और वे बड़े होने लगते हैं, जब उनके ब्याह की बात चलने लगती है तो किस तरह आदमी वापस रूढ़ियों की ओर, अपने कर्मकांडों और जात-पाँत, नाते- रिश्तों की ओर झाँकने लगता है। सारा विद्रोह धीरे-धीरे समझौतों में परिणित हो जाता है। धीरे-धीरे स्त्री अपने पति के अनुसार ही ढल जाती है और बच्चों के लिए पति की जात बिरादरी में ही लड़की ढूँढ़ती है।

शशांक की यह कहानी दो स्तरों पर चलती है। एक ओर करीम भाई की मांस की दूकान है और दूसरी ओर वह परिवार है। जीवन जैसे एक हलाल की प्रक्रिया बन जाता है जहाँ झटके से नहीं काटा जाता, रेतकर काटा जा रहा है। रेतकर मारने में क्योंकि मांस अन्दर-ही-अन्दर खिंचता है इसलिए सरोज अन्दर-ही-अन्दर खिंचती जाती है लेकिन बदलती जाती है।

लेकिन इस कहानी का एक और बहुत सुन्दर पक्ष है कि सारे समझौतों के बावजूद हर समर्पण के बावजूद ऐसा नहीं है कि सरोज का अन्तःकरण पूरी तरह बदल गया है, वह स्वाद नहीं भूली है। विद्रोह का एक रेशा जीवन में बचा है।

शशांक की कहानी श्वेत-श्याम में बंटी कहानी नहीं है। जड़ और नीरस हो रहे जीवन में वहाँ उससे बाहर निकलने की कुछ संधें बची हुई हैं। जीवन के ठूँठ के फिर से हरियाने की इच्छा और उम्मीद बची है। समझौतों के बीच खत्म होती विद्रोह का, विद्रोही रोमान का एक रेशा शेष है। पुराना स्वाद और लीक तोड़ने की इच्छा अभी बची है।

4

धूप घड़ी को पढ़ते हुए कई बार *कोसाफल* कहानी की याद आती है। यह कहानी भारतीय समाज ने किस तरह व्यक्ति की वास्तविक प्रतिभा को दरकिनार कर उस पर दूसरे ही काम लाद दिए हैं, इस प्रक्रिया को जानने के लिए एक महत्त्वपूर्ण कहानी है। इस सारी प्रक्रिया में व्यक्ति और उसकी प्रतिभा—उसके 'स्किल' ने किस तरह दम तोड़ा है, इसकी बेआवाज चीख की कहानी है धूप घड़ी। दौलत भाई जो एक बेहतरीन घड़ीसाज थे, एक जरा-सी घटना के चलते फ्रीडम फाइटर बना दिए जाते हैं। उनके हाथों में जो हुनर है वह खत्म नहीं होता, लेकिन उनकी दूकान खत्म हो जाती है क्योंकि लोगों को उनका उपयोग एक स्वतन्त्रता संग्राम सेनानी की तरह करना है। इस कहानी में शशांक एक साथ बहुत सारी चीजों

पर टिप्पणियाँ करते हैं। स्वतन्त्रता संग्राम सेनानियों को लेकर आजादी के बाद पैदा हुए लोगों की भावनाएँ क्या हैं। समाज में उनका क्या सम्मान बचा है। स्वयं फ्रीडम फाइटर्स में आजादी के आन्दोलन के दिनों को लेकर जो नास्टेलजिया है... जो एक निरीहता उनमें पनप रही है और साथ ही समय जिस तेजी से बदल रहा है उसने सारे संघर्ष को किस तरह अप्रासंगिक बना दिया है...यह कहानी जैसे फर्स्ट क्लास के कूपे, उसके चार यात्री और एक टिकट चेकर के सहारे सब कुछ को उजाकर करती चलती है। बिना किसी अतिरिक्त टिप्पणी के। शशांक की भाषा में वाक् विदग्धता का बहुत महीन इस्तेमाल होता है। वह बहुत 'सटल' ढंग से अनेक चीजों पर टिप्पणी करता चलता है। एक छोटा-सा वाक्य है 'साबुन का धन्धा भी खूब चलता है। आजकल जितनी देर आप नहाते हैं, उतने में पाँच साबुन के नए नाम आ जाते हैं।' यह अकेला वाक्य उपभोक्तावाद और बाजार की गति को जानने के लिए काफी है।

कहानी एक स्तर पर मूल्यों के बदलने या कहें कि मूल्यहीनता की स्थिति तक पहुँच जाने और गति में हो रहे परिवर्तन की कहानी है।

'इन दिनों इंजन उसाँसते नहीं। धीरे-धीरे सरकते नहीं। भाप के गुब्बारे नहीं छोड़ते, छोटी सीटी देकर एकदम चल पड़ते हैं।'

शामिल बाजा की कहानियों में शशांक की नज़र वस्तुतः तेजी से हो रहे बदलावों पर है। लेकिन इन बदलावों को वह मात्र विज्ञापन और बाजार की बहुत प्रकट चीजों के सहारे ही नहीं देख रहा है। उसकी नज़र इससे परे जाकर गाँव, कस्बों और शहरों में हो रहे बदलावों पर भी है। हमारी अधिकांश कहानियाँ बाजार मीडिया और सत्ता की धुरी पर ही रुक जाती हैं। **नीचे और नीचे** कहानी का एक उद्धरण देखना दिलचस्प होगा :

'गाँव के एक भी न जाएँगे। सबको आस लगी है, उनकी ज़मीन कारखाना खरीद लेगा। जिनके खेत बाँझ हैं, पत्थर से भरे पड़े हैं, उनकी अब चाँदी हो गई। इसी से सीमेण्ट बनेगा। वे काहे को पर्यावरण में नाक घुसेड़ेंगे?

मजे की बात है जितनी सिंचाई वाली ज़मीन है वो शहर वालों के पास है। जिनमें सूखासट्ट है उनमें पत्थर हैं।'

'यह गाँव शहर के आँगन में बसा हुआ है। बहुत पहले पुश्तैनी घर हुआ करते थे। अब ये ईंट की दीवारों के पीछे छिप गए हैं। मुख्य सड़क के दोनों ओर पोल्ट्री फार्म हैं, खलबली मचाती मुर्गियाँ। तीखी गन्ध। इसी से जुड़े खेत हैं। उन पर भी फार्म के बोर्ड लगे हैं।'

दूसरा एक उद्धरण, शहर में हो रहे बदलाव को लेकर **रमाकान्त लोली** कहानी से : 'दुकान किसी और दुकान में बदल रही थी। अधेड़ पिछड़ जाने के डर से रात में कम्प्यूटर खटखटाना सीख रहे थे। दुकान की छूटी सीढ़ियों के बीच पी. सी. ओ. खुले थे। वे बेचैन ग्राहकों की अन्तर्राष्ट्रीय बातचीत कराते रहते। वे भी बड़ी मुश्किल से किसी चौक या किसी गली का पता बतला पाते।'

इस बदलाव की यही विडम्बना है कि अपने पड़ौस को जाने बगैर अन्तर्राष्ट्रीय होने का स्वाँग कर रहा है। शशांक की कहानी में विडम्बना उसका केन्द्रीय तत्त्व है। इसलिए अपनी स्थितियों और उसके अन्तर्विरोधों को जाँचते-परखते हुए सामान्य मनुष्य के प्रति उसकी करुणा ही उसकी राजनीतिक दृष्टि का साक्ष्य भी है। *पूरी रात* कहानी दलितों और सवर्णों के बीच के अन्तर्विरोध के जरिए अपने समय के सभी वर्णगत, जातिवादी और साम्प्रदायिक अन्तर्विरोधों को देखने की कोशिश है। यह मात्र इस सवर्ण और दलित के टकराव तक सीमित नहीं। यह हमारे दोमुँहेपन और चालाकियों को टटोलती और उजागर करती है।

हम अच्छे सपने देखना चाहते हैं। उनकी रक्षा के लिए चाकू रखने के बारे में सोचते हैं। चाकू तकिये के नीचे पहले से होता है पर सपने भयावह होते जाते हैं। यही विडम्बना है। क्योंकि दोमुँहापन हमारा चरित्र है। क्योंकि हर चीज से हमारा रिश्ता दिनोदिन यांत्रिक हो रहा है। उसमें आँकड़े हैं। तर्क हैं। बातें हैं। नहीं है तो भावना नहीं है। **समय को किसी-न-किसी भावना से जुड़ा रहना चाहिए।** खोब्रागढ़े की खोज हो या दौलत भाई की इच्छा वह शशांक की इच्छा से जुड़ी है, जो कहानियों में सारी विशिष्टताओं के साथ कोमल भावनाओं को भी देखना चाहता है।

5

'सीढ़ियों के नीचे हमेशा खाली जगह होती है। ऊपर-ऊपर को सीढ़ियाँ चली जाती हैं। उसके नीचे बेढंगी जगह बचती है। निस्पंद अंधकार से लबालब। अन्दर देखो तो विस्मय होता है।'

तरक्की की इन सीढ़ियों के नीचे बची उस निस्पंद और अँधेरी जगह में झाँकने की कोशिश करती कहानी है **शामिल बाजा।** यह एक ऐसी जगह है जहाँ खारिज किया हुआ सामान फेंक दिया जाता है। इस जगह में सिर्फ अन्धकार ही नहीं है, विस्मय भी है। इस अंधकार में मात्र चीजें ही नहीं हैं, वे मूल्य भी हैं जिन्हें हमने परे हटा दिया है। वे सच भी हैं जिनका हम सामना नहीं करना चाहते। जिसे हमने अपनी अवसरवादिता, महत्त्वाकांक्षा या चालाक व्यावहारिकता के चलते उसे अँधेरे में फेंक दिया है। जब एक बच्चा उसे हमारे सामने लाकर दिखाता है

तो हम उससे कतराना चाहते हैं। उससे आँख चुराना चाहते हैं। हँसी में टालना चाहते हैं। हम इस अंधकार से निकली ऐसी चीज से सामना नहीं करना चाहते जो मिलावट का पता देती हो। लेकिन इसी अन्धकार से निकले उस शामिल बाजे से बच्चे को बहलाना चाहते हैं। जो अभी भी कहीं हमारा निश्छल मानवीय पक्ष है इस शामिल बाजे से खेलना नहीं चाहता, जो अब बेसुरा हो चुका है।

शशांक की कहानी सीढ़ियों के नीचे बचे अंधकार में, हमारे अँधेरे कोने-कुचालों में झाँकने और उन्हें दिखाने का उपक्रम करती कहानियाँ हैं। अँधेरे में देखने के लिए आँख को अभ्यस्त होने में थोड़ा समय लगता है। ये कहानियाँ हमसे उस धैर्य की अपेक्षा करती हैं।

स्वयंप्रकाश की कहानियाँ

स्वयंप्रकाश की एक छोटी-सी दिलचस्प कहानी है—*कहानी की शुरुआत*। इस कहानी का अन्त इस संवाद के साथ होता है :

लेकिन एक प्रॉब्लम है?
क्या?
वही जो पहली थी। शुरुआत कहाँ से की जाए?
पीछा करने से भाई, जाओ भागो।

शायद यह एक चाबी है। इससे स्वयंप्रकाश की कहानी के शिल्प को खोलने की कोशिश की जा सकती है। स्वयंप्रकाश की कहानी का शिल्प ऐसा शिल्प है जो अपनी कहन की सादगी में लगभग शिल्पहीन होने का भ्रम पैदा करता है। कह सकते हैं कि एक भुलावा-सा देता है। वह अपने शिल्प होने या कला होने की ओर आपका ध्यान ही नहीं जाने देता। वह तो पीछा करते हुए आपको अपने साथ दबे पाँव चलने और कभी दौड़ने में शामिल कर लेता है। कभी किसी घटना का पीछा करते हुए। कभी किसी पात्र का या कभी किसी स्थिति का पीछा करते हुए वह उसके अन्तरलोक में हो रही हलचल में ताकझाँक करने लगता है। वह उसके भीतर के सच का पीछा करने लगता है। निर्मल वर्मा ने किसी के हवाले से इसे आत्मा का डिटेक्टिव कहा था। अन्तःकरण का यह जासूस पीछे तो है लेकिन बाहर नहीं। वह पीछा करता रहता है और एक जगह ले जाकर एकाएक आपको छोड़कर चुपचाप खिसक जाता है। आप जान ही नहीं पाते कि वह कब चला गया। पाठक उसके आगे निकल आता है। इसीलिए स्वयंप्रकाश की कहानियों का अन्त बहुत नाटकीय लगता है या कभी-कभी लगता है जैसे अधबीच कहीं छोड़ दिया गया है। अभी कुछ और होना था जो छूट गया है। वह तो यह कहकर गायब हो जाएगा कि *यहीं से अशोक और रेनु की असली कहानी शुरू होगी*। कथाकार का भरोसा लेकिन बहुत पुख्ता है। वह जानता है कि वह जहाँ तक ले आया है, वहाँ आप न तो अचकचाकर रुकेंगे और न पीछे लौटेंगे।

स्वयंप्रकाश की कहानियों का पहला वाक्य अक्सर बहुत सादा-सा होता है। वस्तुतः उसे किसी तरह के चमत्कार या सनसनी की ज़रूरत ही नहीं है। वह अपनी कहानी के पास आने के लिए किसी तरह का अतिरिक्त प्रलोभन नहीं देता। वह एक सादे से वाक्य से आपसे बातचीत शुरू करता है। *नीलकान्त का सफर* का पहला वाक्य है *नीलकान्त सफर कर रहे थे। सूरज कब निकलेगा* कहानी का पहला वाक्य है *भैराराम झोपड़ी से बाहर आ गया। पार्टीशन* कहानी का पहला वाक्य है *आप कुर्बान भाई को नहीं जानते? चोर की माँ* का पहला वाक्य है। *क्या आप इस आदमी को जानते हैं, जिसका चेहरा कीचड़ से, बाल खून से और कपड़े उल्टी से सने हुए हैं और जो इस कदर पिये हुए है कि खुद चल नहीं सकता और जिसे चैन सिंह हवलदार और सत्तारभाई पानवाला एक तरह से कंधों पर टाँगे थाने से बाहर ले जा रहे हैं?* इस तरह की एक लम्बी सूची बन सकती है। वह पीछा करने या एक बारीक-सी कोई संध तलाश लेते हैं और फिर यहाँ से ताक-झाँक करते हुए अपनी कहानी का पीछा करना शुरू कर देते हैं। पीछा करने और ताक-झाँक करने की एक कला है जिसमें स्वयंप्रकाश माहिर हैं। कई बार लगता है कि स्वयंप्रकाश का कहानीकार कुछ-कुछ उन लोगों की तरह है, जो सफर में बहुत जल्दी अपने आसपास के अपरिचित लोगों से बातचीत शुरू कर देता है और देखते-ही-देखते उसके घर-परिवार और उनकी समस्याओं को जान लेता है।

अपनी बहुचर्चित कहानी *सूरज कब निकलेगा* के बारे में स्वयंप्रकाश ने 10 प्रतिनिधि कहानियाँ की भूमिका में लिखा है कि *यह कहानी मैंने जोधपुर की रेल यात्रा में एक ऐसे शख़्स के मुँह से सुनी, जिस पर एक गरीब निहत्थे आदमी को ट्रेक्टर से कुचलकर मार डालने का आरोप था, जो जमानत पर छूटा हुआ था और पेशी भुगतने जोधपुर जा रहा था।* स्वयंप्रकाश ने लिखा है कि *भारतीय रेल का मैं बहुत आभारी हूँ, जिसकी अनारक्षित तृतीय श्रेणी में मैंने खूब यात्राएँ की हैं और वहाँ से अनेक कहानियाँ कमाई हैं।* इस सन्दर्भ में भूमिका में उन्होंने *नीलकान्त का सफर* और *क्या तुमने कभी कोई सरदार भिखारी देखा है?* के स्रोतों का भी हवाला दिया है। आधुनिक कहानी में तो कहानीकार इस तरह स्थितियों, घटनाओं या पात्रों का पीछा करते हुए एक कहानी को प्राप्त कर सकता है। लेकिन स्वयंप्रकाश ने कुछ एकदम भिन्न किस्म की कहानियों को भी सम्भव किया है। जिसके लिए उनकी भूमिका के शब्दों को उधार लेकर कहूँ तो ये कहानियाँ *उत्तर आधुनिकता के मुकाबले लोककथा की पारम्परिक कहन* में लिखी गई हैं। इसे एक हद तक उन्होंने गप्प भी कहा है। कोई पूछ सकता है कि यहाँ उस पीछा करनेवाले कहानीकार का क्या हुआ? मैं कहना चाहता हूँ कि यहाँ पीछा करने की कला का एक और ढंग दीख पड़ता है। मिथकीय या लोककथा के पात्रों का कहानीकार पीछा करता है लेकिन यह

पीछा उन पात्रों के अपने मिथकीय समय या लोकवार्ता के समय में नहीं है। वह अपने वर्तमान में उन मिथकीय चरित्रों का या लोकवार्ता के चरित्रों का पीछा करता है। कहानी बहुत मजेदार और ऊपरी तौर पर एकदम सादी-सी लगते हुए भी पेंचदार है। *गौरी का गुस्सा* और *बाबूराम तैली की नाक* जैसी कहानियाँ इसे जानने के दिलचस्प उदाहरण हो सकते हैं। गौरी का गुस्सा का मिथकीय चरित्र रतनलाल अशान्त के पास आकर अपने समय से बाहर आ जाता है और एक हद तक रतनलाल अशान्त मिथकीय गौरी से संवाद करते हुए अपने समय से बाहर जाकर एक मिथकीय समय में प्रवेश कर जाता है। यहाँ हरिशंकर परसाई की कहानी *भोलाराम का जीव* का स्मरण किया जा सकता है। दो अलग-अलग समयों में आवाजाही करते पात्रों का पीछा करते हुए एक कहानी को सम्भव करना आसान काम नहीं है। इसके लिए कुछ महीन हुनर की ज़रूरत होती है। स्वयंप्रकाश बहुत उस्तादाना ढंग से इसे साध लेते हैं और इसका ढिंढोरा भी नहीं पीटते।

आठवें दशक की शुरुआत में ही असगर वजाहत और पंकज बिष्ट का *अँधेरे से* शीर्षक से एक कहानी संग्रह आया था। इसकी भूमिका में एक वाक्य था कि हमारी कहानी गोबर के शहर आ जाने के बाद की कहानी है। इस दौर में जिन कहानीकारों ने ध्यान खींचा था उसमें स्वयंप्रकाश का रास्ता असगर वजाहत, शशांक और संजीव से थोड़ा अलग था। गोबर के शहर आ जाने की कहानी तो वह थी लेकिन यहाँ गोबर के पाँव में गाँव की मिट्टी लगी हुई थी और उसके कपड़ों से अभी भी पुआल की गन्ध आती थी। *मात्रा और भार* में मध्यवर्गीय संयुक्त परिवार के टूटने की आवाजों में साठोत्तरी कहानी से उसके रिश्तों की अनुगूँज को सुना जा सकता है लेकिन शायद यही वह प्रस्थान बिन्दु भी है जहाँ से वह एक अलग रास्ते की ओर बढ़ जाती है। आगे की कहानी नीलकान्त के सफर की कहानी है। वह बाढ़ में जूझते भैराराम की कहानी है। लेकिन वह पार्टीशन के कुर्बान भाई की भी कहानी है। स्वयंप्रकाश एक नगरीय कथाकार हैं। लेकिन गाँव या कस्बों के जीवन से उनके तागे पूरी तरह टूटे नहीं हैं। मुझे लगता है कि शायद यही कारण है कि नैतिकता और विकास के प्रश्न उनकी कहानी में बार-बार उठते हैं। नैतिकता हालाँकि उनके यहाँ कोई जड़ सूत्र नहीं है। वे जानते हैं कि सुदर्शन के जमाने की नैतिकता से कहानी नहीं लिखी जा सकती। कभी-कभी मुझे लगता है कि एक शोधपरक काम इस सन्दर्भ में किया जाना चाहिए कि किसी एक ही सन्दर्भ में नैतिकता के प्रश्न पर अलग-अलग दौर की कहानियों में क्या फर्क आया है। *कहानी की शुरुआत* में स्वयंप्रकाश एक अलग ढंग से इस बहस को कहानी में उठाते हैं। नीलकान्त का सफर की जो सांकेतिकता थी वह आगे की कहानियों में बहस और कभी-कभी वाग्मिता का

बाना पहन लेती है। यह रैहटारिक उनके आख्यान को कई बार क्षति भी पहुँचाता है। मुझे लगता है कि नैतिक और विचारधारात्मक आग्रहों का आवेग इतना प्रबल हो जाता है कि कहानी अपनी मूल अन्तर्वस्तु की लक्ष्मण रेखा को लाँघने लगती है। उनकी मुखरता बहुत तार्किक और रैशनल है। लेकिन वह कई बार कथाकार के विज़न को बड़ा कर देती है और कला को छोटा। विज़न और कला के बीच तालमेल गड़बड़ा जाता है। यह और बात है कि ऐसा हमेशा नहीं होता। मुझे कई बार कई कहानियों में ऐसा भी लगता है कि स्वयंप्रकाश पीछा करते हुए खो-से जाते हैं। पीछा करना ही जैसे उनका लक्ष्य हो जाता है और वह आब्जेक्ट जिसका वे पीछा कर रहे थे उनकी आँखों से ओझल हो जाता है। लेकिन ऐसा कुछ देर के लिए ही होता है। वे इधर-उधर की किसी गली से निकलकर वापस अपने आब्जेक्ट के पीछे पहुँच जाते हैं। बहकने और भटकने की स्वतन्त्रता लेना एक रचनाकार का अधिकार है और वह स्वयंप्रकाश भी लेते हैं। इसमें ऐसा कुछ बुरा भी नहीं, गलत भी नहीं, लेकिन रचनाकार को यह जरूर पता होना चाहिए कि उसकी कहानी के भूगोल में कौन-सी गली कहाँ निकलती है। सो स्वयंप्रकाश को अच्छी तरह से पता है।

सूनी, काली पानीदार, बड़ी-बड़ी आँखें टग-टग आसमान को ताक रही हैं, उनमें कोई ऊष्मा, कोई जीवन, कोई हरकत नहीं है। एक त्रासद याचना है सिर्फ।

ये नैनसी की आँखें हैं। एक बैल की इस कहानी को पढ़ते हुए मुझे अचानक ही सुमित्रानन्दन पन्त की एक कविता *वे आँखें* की याद आई। कविता और कहानी में कोई साम्य नहीं है। लेकिन पन्त की कविता में भी एक गाय की आँखें हैं जो अपने किसान पर होने वाले अन्याय और उसके परिवार के दुख-दैन्य, मृत्यु और उजाड़ की साक्षी हैं। वर्ग सभ्यता में सत्ता एक सामान्य किसान पर किस तरह अत्याचार करती है उसे एक गाय की आँखों से सुमित्रानन्दन पन्त ने देखने की कोशिश की है। नैनसी का धूड़ा में भी नैनसी की आँखें बार-बार अपने पर होते अत्याचार का वातायन बनती हैं। यहाँ दो कहानियाँ जैसे समानान्तर चलती हैं एक नैनसी की और दूसरी धूड़ा की। नैनसी की कहानी एक स्तर पर जानवरों के प्रति हमारी क्रूरताओं की भी कहानी है।

सत्ता के प्रकट और अप्रकट दोनों ही स्वरूप स्वयंप्रकाश की कहानी में देखे जा सकते हैं। चोर की माँ का टेलीफोन तन्त्र आज पूरी तरह बदल गया है लेकिन इंस्टीट्यूशन का आन्तरिक स्वरूप और उसके कार्य व्यवहार, उसका भ्रष्टाचार और उसमें पैदा हो रही जड़ताएँ और अमानवीयता का स्वरूप बहुत नहीं बदला है। हिन्दी

में इंस्टीट्यूशन्स की आन्तरिकताओं को लेकर लिखी गई कहानियाँ बहुत कम हैं। अक्सर सत्ता और शासक के काल्पनिक प्राटोटाइप बनाकर ही प्रतिरोध की कहानियों को सम्भव किया जाता रहा है। स्वयंप्रकाश सत्ता के मूर्त स्वरूपों को उनके बारीक विवरणों के साथ रचते हैं। उनकी कहानी में सत्ता और शासक के प्रोटाटाइप कम ही आते हैं। चीं घोड़ी या तलबी में सत्ता के ही अलग-अलग स्वरूप प्रकट होते हैं। हमारे समाज में जीवन के ही अनेक संस्तर नहीं हैं, सत्ता के भी कई संस्तर हैं। स्वयंप्रकाश की खूबी यह है कि वे किसी एब्सल्यूट या केन्द्रीय सत्ता की ओर संकेत करने से पहले उसके कई छोटे-छोटे स्वरूपों की ओर भी संकेत करते हैं।

पार्टीशन साम्प्रदायिक उन्मादों को लेकर पिछले लम्बे अर्से में लिखी गई कहानियों में शायद एक सर्वाधिक महत्त्वपूर्ण कहानी है। इस कहानी में कोई दंगा नहीं होता। वह कम्युनल बनाने की प्रक्रिया की कहानी है। घर स्कूल और ऑफिस सभी संस्थाएँ मनुष्य को साम्प्रदायिक बनाने की एक कुटिल प्रक्रिया में संलग्न हैं। यह दृश्य आजादी के बाद का दृश्य है। बल्कि यह कहना भी ज्यादा गलत नहीं होगा कि विगत दो-ढाई दशक में इसका स्वरूप ज्यादा भयानक हो गया है। अजीब त्रासदी है कि कुर्बान भाई को विभाजन के वे दंगे जिनमें उनके अपने परिजन भी मारे गए, फिरकापरस्त नहीं बना पाए लेकिन आजाद भारत के पिछले दशकों में एक ऐसी प्रक्रिया घटित हुई है जिसने विशेष रूप से अल्पसंख्य समुदाय के सैक्यूलर लोगों को भी साम्प्रदायिक होने को बाध्य कर दिया है। पार्टीशन इस बाध्य करनेवाली प्रक्रिया की कहानी है। विगत दो दशकों में कम्यूनल कामनसेन्स का बहुत कुटिल उपयोग करते हुए साम्प्रदायिक और दक्षिणपंथी शक्तियों ने ऐसे कुचक्र रचे हैं कि सामान्य व्यक्ति ने अपनी सुरक्षा के लिए कम्युनेलिज़्म को अपनी शरणस्थली मान लिया है। स्वयंप्रकाश की यह कहानी साम्प्रदायिकता के कई अलक्षित अँधेरे कोनों-कुचालों में झाँकने की कोशिश करती है।

स्वयंप्रकाश की कहानी में एक प्रच्छन्न किस्म की किस्सागोई भी है। इस किस्सागोई के कई-कई रंग हैं। इसमें लोक का रंग भी है और आधुनिक कहानी का भी। एक हद तक कहा जा सकता है कि स्वयंप्रकाश किस्सागोई को पुनर्नवा करते हैं। साठोत्तरी कहानी ने अपने कथानक का कहानी की भाषा में विलयन कर दिया था। स्वयंप्रकाश की कहानी स्वभाव में साठोत्तरी कहानी का प्रति-आख्यान कही जा सकती है। स्वयंप्रकाश अनेक कहानियों में एक खास अन्दाज़ का इस्तेमाल करते हैं। वह कई

छोटे-बड़े विषयान्तरों के साथ कहानी को आगे बढ़ाते हैं। विषयान्तरों के साथ कहानी कहने की यह कला मुझे लगता है, हमारी जातीय कथा-परम्परा के सबसे निकट है। स्वयंप्रकाश एक बेचैन किस्म के कहानीकार और इंसान हैं। वे कहानी की बनी-बनाई संरचनाओं को अपने ढंग से इस्तेमाल भी करना चाहते हैं और उनमें तोड़-फोड़ भी कर डालना चाहते हैं। वह बहुत कुछ करना चाहते हैं। बहुत तरह से करना चाहते हैं। उनमें एक कहानीकार का धीरज कम और कवि की बेचैनी ज्यादा नज़र आती है। एक निजी पत्र में उसने मुझे लिखा था *कि हम बदमाशों से घिरे हैं। पर ठीक। यह भी एक चैलेन्ज है। कष्ट एक ही है कि दिन में साले सिर्फ चौबीस घंटे ही होते हैं। और मैं बुरी तरह कसमस हो जाता हूँ जब लिख नहीं पाता हूँ। और तुम्हें क्या बताऊँ जिगर में क्या-क्या करना चाहता हूँ। कार्टून बनाना चाहता हूँ। टेपेस्ट्री बुनना चाहता हूँ। यात्राएँ करना चाहता हूँ। दोस्तों के बीच घंटों नॉनवेज लतीफेबाज़ी करना चाहता हूँ। एक टीम बनाना चाहता हूँ जन कवि लोकगायकों की जो खंजड़ी ढपली गिटार इकतारा लेकर गाँव-गाँव जाए कि जिनसे सरकारें थर्रा जाएँ। और पता नहीं क्या-क्या-क्या...।*

अरघान

रामचरित मानस को पढ़ने के सुख और दुख

[कुछ बहकें, कुछ जिज्ञासाएँ, कुछ टिप्पणियाँ]

अगुन सगुन दुइ ब्रह्म सरूपा

मानस की रूपरेखा इतनी सुविचारित है कि तुलसी की कविता उसमें अक्सर ही एक नैसर्गिक प्रवाह नहीं ढूँढ़ पाती। स्वतःप्रवर्तित घुमावों और मोड़ के लिए उसमें कोई गुंजाइश नहीं। अधिक सुविचारित ढाँचों में अप्रत्याशित और अज्ञात की ओर संधान करनेवाले अंधे तीरों के लिए अवकाश नहीं होता। पूर्वनिर्धारित लक्ष्य प्रवाह में आए रोड़ों की तरह खटकते हैं। तुलसी की कल्पना एक अपोह कल्पना है। जिरह करती हुई। वह अपने मुख्य चरित के अन्तर्विरोधों और खोट को छुपाने या उनका निराकरण करने के लिए नए रूपकों की सृष्टि करती है। दूर की कौड़ियाँ खोजती है। उनका मुख्य चरित अद्वितीय है, विराट रूप है, मर्यादा पुरुषोत्तम है। बाल्मीकि से लेकर लोक तक फैली तमाम रामकथाओं के मुख्य चरित में जहाँ-जहाँ भी और जो-जो भी खोट उन्हें नज़र आए उन सबको उन्होंने या तो सम्पादित कर दिया है या अपनी कल्पना और तर्क शक्ति से कथा के स्वरूप को ही बदल डाला है। तुलसी अपने समय के सभी विवादों के निराकरण की युक्तियाँ खोजते हैं। शैवों और सनातनियों के बीच पुल बनाने के लिए शिव और सति की एक वृहत कथा को नहीं जोड़ते, शिव ही पार्वती को रामकथा सुनाते हैं और *रामकथा कलि बिपट कुठारी* कहते हैं। अयोध्या काण्ड का तो प्रारम्भ ही शिव स्तुति से होता है।

सगुण और निर्गुण जैसे परस्पर विरुद्धों के बीच सामंजस्य तलाशने के लिए तुलसी काव्य कौशल और तर्क कौशल की जैसे सारी उक्तियों का इस्तेमाल करते हुए दिखते हैं। सगुण और निर्गुण दोनों ही ब्रह्म स्वरूप हैं। दोनों ही अकथ, अगाध, अनादि और अनूपा है। निर्गुण अप्रकट अग्नि है जो काठ के अन्दर है और सगुण प्रकट अग्नि है। याने दोनों ही समान हैं। दोनों को ही जानना कठिन है। लेकिन नाम एक ऐसा उपाय है जिससे दोनों को जानना सुगम हो जाता है। नाम इन दोनों से बड़ा है जिसने अपने बल से दोनों को अपने वश में कर लिया है। प्रमाण के लिए मुनि, पुराण, पण्डित

और वेद का हवाला देते हुए तुलसी जिरह करते हैं कि जो निर्गुण है वही भक्तों के प्रेम के कारण सगुण हो जाता है। याने जो निर्गुण का उपासक है वह भक्त नहीं है। बहुत निपुणता के साथ तुलसी निर्गुण सम्प्रदाय की विद्रोही चेतना को अवमूल्यित और अदेखा कर देते हैं। भक्तिकाल की शायद ही कोई और कृति होगी जो मानस की तरह इतना अधिक तर्क-वितर्क करती हो। शायद की कोई दूसरा कवि होगा जिसने अपने मुख्य चरित की रक्षा के लिए इतनी विकट युक्तियाँ ईजाद की होंगी जिनमें कई बार तो कवि स्वयं ही फँसता-सा नज़र आने लगता है।

तुलसी जितनी निपुणता से सगुण और निर्गुण दोनों को ब्रह्मस्वरूप स्वीकार कर लेते हैं उससे लगता है जैसे दोनों सम्प्रदायों में कोई टकराव ही नहीं हो। जैसे दोनों के चरित्र और सारतत्त्व में कोई फर्क ही न हो। युवा कवि और आलोचक सुधीर रंजन मानते हैं कि मूर्ति-पूजा और मन्दिरों पर उच्च वर्णों का आधिपत्य था। निम्न जातियों के लिए मन्दिर प्रवेश और मूर्ति-पूजा दोनों के निषेध ने ही उन्हें निर्गुण भक्ति के लिए बाध्य किया होगा। निर्गुण भक्ति अपने तेवर में भी सगुण से काफी भिन्न थी। मुक्तिबोध ने लिखा है कि निर्गुण भक्तिधारा ने जातिवाद के विरुद्ध आवाज़ बुलन्द की और उसमें निम्न जातीय धार्मिक जनवाद का पूरा जोर था। उसका संदेश क्रान्तिकारी था। उत्तर भारत में कृष्ण भक्ति शाखा का निर्गुण मत के विरुद्ध गहरा संघर्ष हुआ। क्या इस विवाद से कतरा कर ही तुलसी रामभक्ति की तरफ आए होंगे? क्योंकि तुलसी से पहले रामभक्ति शाखा में कोई बड़ा कवि उत्तर भारत में नहीं था। तुलसी न तो निर्गुणधारा से टकराने का कोई बौद्धिक जोखिम मोल लेते हैं ना ही सगुण और निर्गुण के बीच एक सन्तोषजनक सामंजस्य ढूँढ़ पाते। तुलसी की कविता उच्चवर्णीय शक्ति केन्द्रों के मूल्यों का अतिक्रमण नहीं करती। शायद इसीलिए वह यथास्थितिवादियों के बीच हमेशा ही समादृत और स्वीकृत बनी रही। निम्नजातियों में उसकी व्याप्ति शायद इसलिए बनी रही कि इस कविता में कहीं-न-कहीं उन्हें अपने दुख, अपने दैन्य की छवियाँ दीख पड़ती थीं। हालाँकि इस कष्ट के विरुद्ध संघर्ष का कोई हौसला मानस ने जनता में पैदा किया हो इसका कोई साक्ष्य नहीं मिलता।

स्वाधीनता संग्राम में अलग-अलग विचारधाराओं से जुड़े नेताओं और विद्वानों ने गीता के कई भाष्य कई पुनर्पाठ तैयार किए। तिलक, गांधी, विनोबा, डी.डी. कोशाम्बी, भगवतशरण उपाध्याय आदि अनेक नाम गिनाए जा सकते हैं। लेकिन जनता में अतिव्याप्ती के बावजूद मानस ने इसी तरह पुनर्पाठ या भाष्य के लिए किसी किस्म की चुनौतियाँ पैदा की हों, इसका कोई प्रमाण नहीं मिलता। मानस की कविता रावण या रावणों के विरुद्ध संघर्ष के लिए नहीं उकसाती। वह कर्म के लिए भी

प्रेरित नहीं करती। वह सब कुछ राम पर छोड़ देने की सलाह देती है। कोउ हो नृप हमको का हानी जैसा पद सन्दर्भ से अलग होकर प्रचलित हो जाना उस मनोदशा की ओर संकेत करता है जो मानस ने पैदा की।

अवधपुरी यह चरित प्रकासा

तुलसी मानस की संरचना को एक लैण्डस्केप की तरह व्यक्त करते हैं। इसमें कौशल्या पूर्व दिशा की तरह है। अवधपुरी में जिस दिन यह चरित याने राम प्रकट होते हैं उस दिन सारे तीर्थ अवधपुरी में चले आते हैं। एक छोटा भूगोल एक वृहत भूगोल में रूपांतरित हो जाता है। रामकथा एक सरोवर है। इसमें चार संवाद हैं भुशुण्डि-गरुड़ संवाद, शिव-पार्वती संवाद, याज्ञवल्क्य और भारद्वाज संवाद और तुलसी और संतों के बीच संवाद। ये चार संवाद इस पवित्र सरोवर के चार घाट हैं। सात काण्ड इस सरोवर की सात सीढ़ियाँ हैं। राम की महिमा का वर्णन ही जल की अथाह गहराई है। चौपाइयाँ पुरइन हैं। काव्य युक्तियाँ सीप हैं। सोरठा और दोहा जैसे छन्द रंग-बिरंगे कमल हैं। ज्ञान वैराग्य और विचार हंस हैं। कविता की ध्वनि वक्रोक्ति गुण और जाति अनेक तरह की मछलियाँ हैं। प्रसंग कथाएँ रंग-बिरंगे पक्षी हैं। रोमांच वाटिका और वन है। अति दुष्ट बगुले और कौए हैं जो इस सरोवर के पास नहीं आते क्योंकि यहाँ घोंघे मेंढक और सेवार के समान विषय रस की नाना कथाएँ नहीं हैं। इस वृहत रंगमंच पर ही सारी लीला रची जाना है। मानस पढ़ते हुए कई बार वह एक महाकाव्य से ज्यादा एक वृहत नाटक की तरह महसूस होता है। इसमें नट हैं, विदूषक हैं, संगीत की मंडली है, करतब करनेवाले कलाकार हैं :

घंट घंटि धुनि बरनि न जाहीं।
सरव करहिं पाइक फहराहीं॥
करहिं बिदूषक कौतुक नाना।
हास कुसल कल गान सुजाना॥

मुझे लगता है कि मानस के आधार पर एक अलग नाट्य सिद्धान्त और नए नाट्य व्यवहार को विकसित किया जा सकता है। उत्तरकाण्ड का एक दोहा देखना दिलचस्प होगा। कहा जा सकता है कि ब्रेख्त के एलियेनेशन इफेक्ट का यह आदि विचार है :

जथा अनेक बेष धरि नृत्य करइ नट कोई।
सोइ सोइ भाव देखावइ आपुन होइ न सोइ॥

जैसे कोई नट अनेक वेश धारण करता है और वेश के अनुकूल ही भाव दिखलाता है लेकिन वह स्वयं उनमें से कोई हो नहीं जाता।

पद पाताल सीस अज धामा

उत्तरकाण्ड में राम का जो विराट स्वरूप तुलसी रचते हैं उसे देखकर लगता है जैसे गीता में कृष्ण का विराट स्वरूप और मिट्टी खाने पर डाँटने वाली यशोदा को मुँह के भीतर ब्रह्मांड दिखाने वाले कृष्ण को जोड़ कर एक कर दिया गया है। राम का यह विराट स्वरूप अधिक विराट भी है और अधिक काव्यात्मक भी। गीता के ही नहीं कई बार भर्तृहरि की कविता के भी प्रभाव तुलसी की कविता में ढूँढ़े जा सकते हैं। भर्तृहरि में बिना साहित्य और ज्ञान के जो मनुष्य बिना सींग और पूँछ वाला जानवर है वह यहाँ राम के भजन बिना ज्ञानवंत होकर भी बिना पूँछ और सींग का पशु है। भुशुण्डि राम के विराट स्वरूप को दिखाने के लिए गरुड़ को एक कथा सुनाते हैं जिसमें बालस्वरूप राम भुशुण्डि को पकड़ने को दौड़ते हैं। भुशुण्डि आकाश में दूर-दूर तक उड़ान भरते हैं लेकिन हर जगह राम की भुजा उन्हें घेर लेती है। ब्रह्म लोक तक और सातों आवरणों को भेद कर भी राम की भुजा उनका पीछा करती है। राम के हँसते ही भुशुण्डि उनके मुँह में चले जाते हैं तब भुशुण्डि राम के पेट में ब्रह्माण्डों के समूह देखते हैं। अनेक लोक वहाँ हैं। करोड़ों ब्रह्मा, शिव, अनगिनत तारे, सूर्य, चन्द्रमा, लोकपाल, यम और काल, विशाल पर्वत और पठार। असंख्य समुद्र, नदी, तालाब, वन और सृष्टि का विराट विस्तार। कौशल्या के कहने पर बाल रूप बने राम उत्तर काण्ड तक आकर एक विराट स्वरूप बन जाते हैं। मुझे लगता है राजघराने की आंतरित कलह के कारण अयोध्या के राजपाट से च्युत होकर पारम्परिक सत्ता से निर्वासित राम बनवास और रावण वध आदि लीलाओं के बाद जिस तरह वापस अपनी खोई हुई सत्ता को ही नहीं प्राप्त करते हैं बल्कि वे उस सत्ता का और अधिक विस्तार करके उसे प्राप्त करते हैं। रामराज्य एक नई शक्ति संरचना है जो अयोध्या के राजपाट से ज्यादा विस्तृत है। ज्यादा शक्तिशाली है। इस रूपक के सहारे तुलसी भी पारम्परिक मूल्य-व्यवस्था की एक नई और ज्यादा विस्तृत शक्ति संरचना का पाठ तैयार करते हैं। चौहदवीं और पन्द्रहवीं शताब्दी के आसपास नई कारीगर जातियों के उदय के कारण उच्च वर्गों के हाथ से सामाजिक ही नहीं दार्शनिक सत्ता भी फिसलती हुई लगती है। तुलसी मानस में इसी छिन चुकी मूल्य व्यवस्था की पुनर्स्थापना का प्रारूप तैयार करने की कोशिश करते दीखते हैं। लेकिन यह पुरानी मूल्य व्यवस्था का ज्यादा व्यापक प्रारूप है। इसलिए तुलसी विभिन्न धार्मिक और दार्शनिक मतवादों के बीच फैले मतभेदों और अन्तर्विरोधों के बीच सामंजस्य बनाने के लिए नए-नए रूपक तैयार करते हैं। विरुद्धों के बीच सामंजस्य तलाशने की यह कोशिश बहुत उलझी हुई है। तुलसी बहुत बार अधिक शक्तिशाली विद्रोही परम्पराओं के साथ सामंजस्य बिठाने के लिए उन्हें कमतर बनाकर उच्च जातियों की मूल्य व्यवस्था के समतुल्य लाने की कोशिश करते हैं। उनके टकरावों से टरकाने की

कोशिश करते हुए कोई तीसरे रास्ते की प्रस्तावना करते हैं। लेकिन यह निश्चय ही मध्यमार्ग नहीं है। तुलसी व्यवस्था विरोधी, सामन्तवादविरोधी, जातिवाद और धार्मिक कट्टरतावाद विरोधी विद्रोही परम्पराओं को बहुत चतुराई से प्रतिस्थापित करके पारम्परिक उच्च जातीय मूल्य व्यवस्था की स्थापना का ज्यादा व्यापक प्रारूप तैयार करते हैं। तुलसी के पास अद्भुत तर्क शक्ति है। लेकिन इस विडम्बना का कोई क्या करे कि तुलसी जहाँ सफल होते हैं, भक्ति आन्दोलन लड़खड़ाकर ढह जाता है।

सारद दारूनारि सम स्वामी

तुलसी शैवों और सनातनियों के बीच जिस तरह सामंजस्य बनाने की कोशिश करते हैं, शाक्तों के साथ उस तरह की कोई मंशा मानस में नज़र नहीं आती। हो सकता है इसका एक कारण तो यह रहा हो कि शाक्तों का कोई व्यापक प्रभाव उत्तर भारत के सांस्कृतिक परिदृश्य और भक्ति आन्दोलन में नहीं था। इसलिए कृतिवास रामायण की तरह तुलसी को अपने राम से शक्ति की आराधना करवाने की कोई बाध्यता महसूस नहीं हुई हो। लेकिन मुझे कई बार लगता है कि शक्ति के स्वरूप को मानस में जगह नहीं देने के पीछे एक बड़ा कारण तुलसी के स्त्री सम्बन्धी विचार भी रहे होंगे। ऐसा करने से मानस के स्वरूप में या तो कई विरोधाभास पैदा हो जाते या उसमें काफी तोड़-फोड़ करने की ज़रूरत होती।

जो लोग एम. एफ. हुसैन के द्वारा बनाए गए सरस्वती के एक अनफिनिश्ड स्कैच को लेकर इतनी हायतौबा मचाते रहे हैं, क्या उन्होंने सरस्वती के सन्दर्भ में उत्तर भारत में व्याप्त पौराणिक कथाओं और मानस में सरस्वती की उपस्थिति आदि पर कभी विचार किया है? उत्तर भारत में सम्भवतः सरस्वती का कोई मन्दिर नहीं है। सरस्वती पूजा का भी कोई रिवाज नहीं है। उत्तर भारत में बहुत पहले ही सरस्वती को गणेश से प्रतिस्थापित किया जा चुका है। दुर्गा उत्सव के पंडालों में भी बंगाल की तरह दुर्गा के साथ लक्ष्मी और सरस्वती की मूर्तियों की स्थापना हमारे यहाँ नहीं होती। निराला के अलावा छायावाद के किसी अन्य कवि या बाद में भी हिन्दी के किसी कवि ने वीणा वादनी वर दे या देवी सरस्वती जैसी कोई उल्लेखनीय कविता लिखी हो, याद नहीं पड़ता। यहाँ यह याद रखना चाहिए कि निराला की पृष्ठभूमि भी बंगाल थी। शायद इसी संस्कार के कारण वे सरस्वती पर इतनी सुन्दर कविताएँ और राम की शक्तिपूजा जैसी क्लासिक कविता लिख सके। उत्तर भारत की लोक भाषाओं में गणेश की हजारों वन्दनाएँ हैं। सरस्वती के प्रति हमारे व्यवहार का एक उदाहरण उस पौराणिक आख्यान में मिलता है जिसके अनुसार सरस्वती ब्रह्मा की पुत्री है, शतरूपा है। उसके सौन्दर्य पर स्वयं ब्रह्मा मोहित हो जाते हैं।

यह शतरूपा ब्रह्मा के चारों ओर प्रदक्षिणा करती है। वह जिस दिशा में जाती है उसी दिशा में ब्रह्मा का एक सिर और उग आता है। कथा तो ब्रह्मा द्वारा शतरूपा के साथ बलात् सम्बन्धों की भी है।

होने को तो मानस के प्रथम श्लोक में विनायक के साथ वाणी की भी वन्दना है लेकिन सरस्वती किस-किस तरह मानस में आती है यह देखना दिलचस्प हो सकता है। बालकाण्ड में ही तुलसी कहते हैं *सारद दारूनारि सम स्वामी। रामु सूत्रधर अंतरजामी॥ जेहि पर कृपा करहिं जनु जानी। कबि उर अजिर नचावहिं बानी॥* सरस्वती एक कठपुतली है जिसके सूत्रधार राम हैं। जिस कवि पर वे कृपा करते हैं उसके हृदयरूपी आँगन में सरस्वती को वे नचाया करते हैं। इसी सरस्वती को उन्होंने अति मुखर कहा है। वह अक्सर अशक्त है। बहुत बोलने वाली है फिर भी राम को देखकर कौशल्या के मन में जो सुख होता है उसे हजारों सरस्वती भी कह सकने में समर्थ नहीं हैं। मानस में मुख्य रूप से देवता दो बार सरस्वती का आह्वान करते हैं और सरस्वती आती है। दोनों ही बार व्यवधान पैदा करने के लिए सरस्वती का आह्वान किया गया है। पहली बार राम का राज्याभिषेक होना है। देवता सरस्वती का आह्वान करते हैं कि वह कुछ ऐसा करे कि राम राज्य त्यागकर चले जाएँ। देवता बार-बार सरस्वती के पैरों में गिरकर उससे अनुनय-विनय करते हैं। सरस्वती सोचती है कि देवताओं की बुद्धि ओछी है। निवास इनका ऊँचा है लेकिन करतूतें नीची हैं। तुलसी ने यहाँ करतूत शब्द का ही प्रयोग किया है। अन्ततोगत्वा सरस्वती कैकई की एक मंदमति दासी मंथरा की बुद्धि फेरकर, उसे अपयश की पिटारी बनाकर चली जाती है। सरस्वती इस कार्य को करने से पहले जब सोच में पड़ जाती है तो देवता उसकी मनुहार करके कहते हैं कि—मातु तोहि नहिं थोरिउ खोरी। याने इसमें आपको ज़रा भी दोष नहीं लगेगा।

लेकिन अयोध्याकाण्ड में जब भरत दुखी होते हैं तो ऋषि उनसे कहते हैं कि माता की करतूत मानकर तुम हृदय में ग्लानि मत करो, इसमें कैकेई का कोई दोष नहीं है, उसकी बुद्धि तो सरस्वती बिगाड़ गई है। दोष नहीं लगेगा समझाकर काम भी निकाल लिया और परोक्षरूप से सरस्वती पर दोष भी मढ़ दिया। दूसरी बार सरस्वती का आगमन तब होता है जब भरत राम से मिलने जाते हैं और राम से वापस अयोध्या लौट चलने की मनुहार करते हैं। इन्द्र को लगता है कि राम स्नेह और संकोच के कारण लौट न जाएँ। इन्द्र देवताओं से प्रपंच रचने को कहते हैं और देवता पुनः सरस्वती का आह्वान करते हैं। देवता इस बार भरत की मति को फेर देने का अनुरोध करते हैं। बुद्धि की देवी को दो बार याद किया और दोनों ही बार मति फेर देने के लिए। यहाँ भरत इतने बलशाली हैं कि सरस्वती कहती है कि *बिधि हरि हर माया बड़ि भारी। सोउ न भरत मति सकइ निहारी।* तुम मुझसे भरत

की मति फेरने को कहते हो, अरे चाँदनी कहीं सूर्य को चुरा सकती है? भरत के सामने सरस्वती को इतना अक्षम असमर्थ बनाने के पीछे कौन-सी धारणाएँ काम करती रही होंगी, उनके सांस्कृतिक आशय क्या रहे होंगे इस पर विचार किया जाना चाहिए। अगर यह मान भी लिया जाए कि एक अच्छे लक्ष्य के लिए ही सरस्वती का आह्वान किया गया तो भी यह बात तो मन में आती ही है कि वाणी के साथ जिन विनायक की वन्दना की गई थी उनकी इस मानस में क्या भूमिका है?

तुम्ह पावक महुँ करहु निवासा

मानस में सीताहरण नहीं होता। लेकिन बिना सीताहरण के रामकथा कैसे हो। तुलसी ऐसे तमाम प्रसंगों को सम्पादित करके हटा देते हैं जो राम और सीता के चरित को कहीं चोट पहुँचाएँ। कालिदास ने महाभारत के लम्पट राजा दुष्यंत के चरित्र की रक्षा करने के लिए अँगूठी के खोने और विस्मृति हो जाने का प्रसंग रचा था। तुलसी को लगा होगा कि उनके आराध्य की पत्नी को एक राक्षस उठाकर ले जाए, यह कैसे हो सकता है। तुलसी चाहे प्रसंगों में से बहुत सारे प्रसंग हटा दें लेकिन कहीं-न-कहीं उनका सन्दर्भ या उनकी अनुगूँज कथा में बनी रहती है। धोबी द्वारा उलाहना दिए जाने का प्रसंग हटा दिया लेकिन चलते-चलाते उसका सन्दर्भ चौपाई में आता है। शम्बूक वध तो हटा लेकिन दलितों के प्रति विचार में परिवर्तन नहीं आया। जगह-जगह दलितों के प्रति उच्च जातियों की घृणा कवि के वक्तव्य की तरह आती है। *पूजिअ बिप्र सील गुन हीना। सूद्र न गुन गन ग्यान प्रवीना॥* इसी तरह उत्तरकाण्ड में एक जगह तुलसी कहते हैं—*सूद्र करहिं जप तप ब्रत नाना। बैठि बरासन कहहिं पुराना॥ सब नर कल्पित करहिं अचारा। जाइ न बरनि अनीति अपारा॥* इस पद में शम्बूक वध की पूरी गूँज मौजूद है।

सीताहरण के सन्दर्भ में अद्‌भुत कल्पनाशीलता के दो ही उदाहरण हैं। एक रामचरित मानस और दूसरा शक्तिभद्र का संस्कृत नाटक आश्चर्य चूड़ामणि। आश्चर्य चूड़ामणि में तो हर पात्र डबलरोल में है। रावण राम के भेष में सीता को लेने आता है। शूर्पणखा सीता के भेष में राम के पास आती है। मारीच लक्ष्मण के भेष में मारा जाता है। पूरा नाटक ही कामेडी ऑफ इरर या कह लें ट्रेज़ेडी ऑफ इरर है।

तुलसी भी सीताहरण की उलझन को सुलझाने के लिए एक दिलचस्प प्रविधि का इस्तेमाल करते हैं। राम सीता से कहते हैं *सुनहु प्रिया ब्रत रूहचर सुसीला। मैं कछु करबि ललित नरलीला॥ तुम्ह पावक महुँ करहु निवासा। जौ लगि करौं निसाचर नासा॥* सीता तत्काल अग्नि में प्रवेश कर जाती हैं और अपनी जगह एक छाया सीता को रख देती हैं जो बिल्कुल उन्हीं की तरह शील और रूपवाली

है। तुलसी यहीं स्पष्ट कर देते हैं कि इस रहस्य को लक्ष्मण भी नहीं जानते थे। इस छाया सीता का ही हरण रावण करता है। इस बात को चाहे लक्ष्मण न जानते हों लेकिन राम तो जानते थे। फिर राम का सारा विलाप क्या मात्र नरलीला भर है? रावण वध के बाद अग्नि परीक्षा के समय भी राम नाटक करते हैं। वे अग्नि के भीतर बैठी सीता को पुनः पाने के लिए किया गया नाटक है। इस तरह अग्नि परीक्षा लेने के आरोप से भी राम को तुलसी बरी कर देते हैं।

रामचरित मानस को पढ़ने का सबसे बड़ा सुख शायद यही है कि अनेक बार कई समर्थ कवियों द्वारा कही जा चुकी रामकथा को जब तुलसी जैसा समर्थ कवि छूता है तो उस हजारों बार कही जा चुकी कथा को अपनी कल्पना और कौशल से एक बार फिर नया कर देता है। तुलसी की रामकथा वही नहीं है जो वाल्मीकि से लेकर अन्य अनेक कवियों द्वारा कही जा चुकी है। अपने समय और समाज का रूपक बनाने में तुलसी अद्वितीय कवि हैं। भक्तिकाल में प्रबन्ध का ऐसा कोई दूसरा कवि नहीं। मानस पढ़ने का सुख भी है और दुख भी। तुलसी की कविता जितना सुख देती है अपनी वैचारिकता और विचारधारात्मक आग्रह के कारण उतना ही आहत भी करती है। कई बार मन में एक विचार आता है कि तुलसी के पास अगर निर्गुण संतों की दृष्टि होती तो मानस का स्वरूप क्या होता...?

●●●